普通高等教育"十一五"国家级规划教材

教师教育精品教材

职业教育学

（第三版）

马建富◎编　著

VOCATIONAL EDUCATION

华东师范大学出版社
·上海·

图书在版编目(CIP)数据

职业教育学/马建富编著.—3 版.—上海:华东师范大学出版社,2023
ISBN 978-7-5760-3163-8

Ⅰ.①职… Ⅱ.①马… Ⅲ.①职业教育-高等职业教育-教材 Ⅳ.①G71

中国国家版本馆 CIP 数据核字(2023)第 024115 号

职业教育学(第三版)

编　　著　马建富
责任编辑　范美琳
责任校对　郑海兰
装帧设计　庄玉侠　俞　越

出版发行　华东师范大学出版社
社　　址　上海市中山北路 3663 号　邮编 200062
网　　址　www.ecnupress.com.cn
电　　话　021-60821666　行政传真 021-62572105
客服电话　021-62865537　门市(邮购)电话 021-62869887
地　　址　上海市中山北路 3663 号华东师范大学校内先锋路口
网　　店　http://hdsdcbs.tmall.com

印 刷 者　上海景条印刷有限公司
开　　本　787 毫米×1092 毫米　1/16
印　　张　19
字　　数　410 千字
版　　次　2023 年 2 月第 3 版
印　　次　2023 年 2 月第 1 次
书　　号　ISBN 978-7-5760-3163-8
定　　价　54.00 元

出 版 人　王　焰

(如发现本版图书有印订质量问题,请寄回本社客服中心调换或电话 021-62865537 联系)

第三版前言

党的十八大以来,特别是《国务院关于印发国家职业教育改革实施方案的通知》颁布以来,我国职业教育面貌发生了格局性的变化。2022年5月1日起正式施行的新《中华人民共和国职业教育法》更是传递出了许多利好职业教育发展的信息,职业教育发展迎来了又一个春天。改革开放以来的四十多年,我国经济社会的发展推升了职业教育的发展,也促进了人们对职业教育本质及其发展规律的探究。

本教材自2008年初版、2015年修订再版以来,受到了越来越多的读者的欢迎。据不完全统计,目前有23个省市自治区共80多所高校将其作为教师教育类专业教材和硕士研究生复试指定教材,或职业教育教师培训教材;与此同时,本教材在获得多项奖励、获评江苏省高校精品教材后,2020年再次获评首批江苏省本科优秀培育教材。

然而,随着职业教育发展进入新时代,在职业教育教学实践中,我们也深感职业教育教材要基于时代发展和职业教育实践的需要进一步完善,为此,我们在征询了部分本科高校从事职业教育学教学教师以及学生意见和建议的基础上,进行了本次教材的修订。

本次修订的主要内容包括以下三个方面:

1. 进一步优化了教材的体系结构。主要是作了四个方面的调整:一是将原第七章"职业教育教学"进一步细分为两章,并相应地调整、充实了相关"节"的内容,一方面体现职业教育教学的重要性,另一方面解决了职业教育教学内容多而重要,仅用一章难以涵盖的问题;二是根据班主任的角色定位及功能,将原第十一章"职业学校班主任工作"与原第八章"职业学校德育"合并,既体现职业学校德育体系的完整性,又避免了前后内容不必要的重复;三是将原第十章"职业教育教师的成长与发展"调整为"职业教育教师与学生",并相应增加了"职业教育学生的特点"和"职业教育的师生关系"两节内容;四是由于创新创业教育是职业教育人才培养中的重要内容,因此,在原第九章"职业指导"中增加了一节"创业教育的实施"。

2. 进一步更新了"相关链接"的内容。将原书中的16个相关链接进行增删和更新,调整为21个,主要体现时代性、指导性和参考性。

3. 进一步充实了各章内容。主要是基于国内外最新的职业教育研究成果以及我国职业教育发展的方针和政策,进行内容的充实和完善,对部分章节内容作了较大调整。

参加本次修订的作者(按修订章节顺序)主要有:吕莉敏、陈春霞、陈朝阳、孙健、孙建波、陈东勤、赵晓川、马欣悦、马建富等。陈春霞、陈东勤、陈朝阳等协助进行了全书的统稿工作。

马建富
2023年1月

目 录

第一章 职业教育的内涵、特性及其发展 …………………… 1
  第一节 职业概述 ………………………………………… 3
  第二节 职业教育的内涵与特点 ………………………… 6
  第三节 职业教育的产生与发展 ………………………… 9
  第四节 职业教育改革与发展趋势 ……………………… 18
  相关链接一 巴洛夫与福斯特职业教育思想 …………… 25
  相关链接二 主要国家职业教育模式 …………………… 25
  相关链接三 国家职业教育改革实施方案（节选）……… 27

第二章 职业教育功能 ………………………………………… 31
  第一节 职业教育与社会发展 …………………………… 33
  第二节 职业教育与个体发展 …………………………… 42
  第三节 职业教育与教育自身发展 ……………………… 45
  相关链接 舒尔茨人力资本理论 ………………………… 47

第三章 职业教育培养目标 …………………………………… 49
  第一节 确定职业教育培养目标的依据 ………………… 51
  第二节 我国职业教育培养目标的定位 ………………… 55
  第三节 职业教育培养目标的实现 ……………………… 64
  相关链接 教育部关于职业院校专业人才培养方案制订与实施
      工作的指导意见（节选）…………………………… 68

第四章 职业教育体系 ………………………………………… 71
  第一节 构建职业教育体系的依据与原则 ……………… 73
  第二节 我国现行职业教育体系的基本结构与特点 …… 77
  第三节 我国现代职业教育体系的构建 ………………… 81
  相关链接一 澳大利亚职业教育体系 …………………… 86
  相关链接二 德国职业教育体系 ………………………… 87
  相关链接三 江苏现代职业教育体系 …………………… 89

第五章 职业学校专业设置 …………………………………… 91
  第一节 专业设置概述 …………………………………… 93
  第二节 职业学校专业设置的依据与原则 ……………… 97

第三节 职业学校专业设置的内容与步骤 …………………… 100
第四节 职业学校专业设置的方法与策略 …………………… 103
相关链接一 中等职业学校专业设置管理办法(试行)(节选) … 109
相关链接二 中等职业学校专业目录(2010年修订)(例选) …… 110

第六章 职业教育课程 …………………………………… 113

第一节 职业教育课程的涵义与特点 ………………………… 115
第二节 职业教育课程模式 …………………………………… 120
第三节 职业教育课程开发 …………………………………… 128
第四节 职业教育课程改革与发展趋势 ……………………… 133
相关链接一 慕课(MOOCs)简介 …………………………… 136
相关链接二 "1+X"证书职业教育课程模式 ……………… 137

第七章 职业教育教学(上) ……………………………… 139

第一节 职业教育教学特点 …………………………………… 141
第二节 职业教育教学规律 …………………………………… 143
第三节 职业教育教学原则 …………………………………… 146
相关链接一 工作场所学习理论 ……………………………… 151
相关链接二 项目教学理论 …………………………………… 153

第八章 职业教育教学(下) ……………………………… 155

第一节 职业教育理论教学 …………………………………… 157
第二节 职业教育实践教学 …………………………………… 164
第三节 职业教育教学方法 …………………………………… 167
第四节 职业教育教学组织形式 ……………………………… 172
相关链接一 建构主义的教学理论 …………………………… 177
相关链接二 多元智力理论的教育观 ………………………… 178

第九章 职业学校德育 …………………………………… 181

第一节 职业学校德育概述 …………………………………… 183
第二节 职业学校德育原则和模式 …………………………… 188
第三节 职业学校德育途径和方法 …………………………… 191
第四节 职业学校班主任工作 ………………………………… 198
相关链接一 国外中学德育课程模式简介 …………………… 210
相关链接二 教育部办公厅关于加强和改进新时代中等职业学校
            德育工作的意见(节选) ……………………………… 211

第十章 职业指导 ………………………………………… 215

第一节 职业指导的功能 ……………………………………… 217

  第二节　职业指导的内容 …………………………………… 221
  第三节　职业指导的实施 …………………………………… 224
  第四节　创业教育的实施 …………………………………… 229
  相关链接　国外主要职业指导理论简介 …………………… 232

第十一章　职业教育教师与学生 ……………………………… 235
  第一节　职业教育教师的作用与角色 ……………………… 237
  第二节　职业教育教师的素质结构及专业化 ……………… 239
  第三节　职业教育学生的特点 ……………………………… 252
  第四节　职业教育的师生关系 ……………………………… 255
  相关链接一　中等职业学校教师专业标准（试行）………… 258
  相关链接二　教师成长理论 ………………………………… 261

第十二章　职业教育研究 ………………………………………… 263
  第一节　职业教育研究的意义和定位 ……………………… 265
  第二节　职业教育研究的基本原则 ………………………… 267
  第三节　职业教育研究的基本过程 ………………………… 269
  第四节　职业教育常用研究方法 …………………………… 279
  相关链接　教育部关于加强新时代教育科学研究工作的意见
     （节选）………………………………………………… 288

主要参考文献 ……………………………………………………… 291

第一章
职业教育的内涵、特性及其发展

教学目标

1. 了解职业的涵义、特征及分类。
2. 理解和掌握职业教育的内涵与特点。
3. 了解职业教育的产生与发展。
4. 了解当今世界职业教育的发展趋势。

第一节 职业概述

一、职业的涵义及特征

职业活动源于社会分工,其产生与发展反映了社会的进步。社会经济的发展、生产力水平的提高使社会分工体系不断地发生变化,从而直接促使职业的分化与演变。

(一) 职业的涵义

基于不同的角度或侧重点,人们对职业的涵义有着不同的理解:

(1)《辞源》对"职业"的界定:①职,指官事;业,指士、农、工、商所从事的工作。《荀子·富国》:"事业所恶也,功利所好也,职业无分,如是,则人有树事之患,而有争功之祸矣。"(原注:"职业,谓官职及四人(民)之业也。")也泛指所从事的主要工作。②分内应做之事。[1]

(2)《职业技术教育词典》对"职业"的界定:一种相对固定的并要求工作(生产)者具备一定专业知识、技术技能和劳动能力的劳动活动,是人们在社会生活中所承担的一定职责和专门业务。[2]

(3)《教育大辞典:增订合编本》中对"职业"的界定:个人在社会中所从事的并以其为主要生活来源的工作。[3]

(4)《现代汉语大词典》对"职业"的界定:①个人服务社会并作为主要生活来源的工作;②专业的,非业余的。[4]

作为一种社会现象,职业的概念界定不仅会随着人们分析问题的角度和层面的不同而有所差异,也会随着时代的变迁而不断变化更新。

职业是社会分工的产物,是具有一定专业素养的人为了获得一定的回报而从事的经常性的、专业化的、相对稳定的社会活动。

(二) 职业的特征

一般而言,职业具有以下特征:

(1) 目的性,即职业以获得一定的回报为目的。这种回报不仅仅限于一般意义上所指的物质、金钱等报酬,还可以包括非物质层面的,如理想的实现、个人价值的实现、兴趣爱好的满足等。随着人们生活条件的改善,部分职业人越来越重视非物质层面的回报。

(2) 规定性,即职业对从业人员所须具备的素质的一定规定和内在要求。从事特定职业的从业人员必须达到职业所要求的专门素质,且必须在职业中承担一定的职责。

(3) 社会性,即职业是从业人员在特定社会生活环境中所从事的一种与其他社会成员相

---

[1] 广东广西湖南河南辞源修订组商务印书馆编辑部.辞源:1-4合订本[M].北京:商务印书馆,1988:1378.
[2] 周广德.职业技术教育词典[M].长春:吉林科学技术出版社,1989:8—9.
[3] 顾明远.教育大辞典:增订合编本(下)[M].上海:上海教育出版社,1998:2027.
[4]《现代汉语大词典》编委会.现代汉语大词典[M].上海:汉语大词典出版社,2000:2838.

互关联、相互服务的社会活动。

(4) 稳定性，即职业在一定的历史时期形成，一旦形成后会比较稳定地存在较长时间，具有较长的生命周期。

(5) 规范性，即职业必须符合国家或地区的法律和社会道德规范。

(6) 群体性，即职业必须具有一定数量的从业人员。

(7) 可变性，即职业的内涵与种类并不是一成不变的，会随着社会经济的发展和人们需求的变化而产生改变，具有一定的时代性。

二、职业分类

职业分类是指基于一定的标准和方法，遵循一定的分类原则，对从业人员所从事的各种专门化的社会职业进行全面、系统的划分与归类。职业分类客观地反映了国家经济、社会和科技等领域的发展和变化，在某种程度上也反映了一个阶段的社会管理水平。职业分类是进行劳动力需求预测与规范、制定国家职业资格标准、对劳动力质量进行认证和监控的重要工具。[①]

(一)《国际标准职业分类》

1949年，由国际劳工组织召开的第七届国际劳动统计专家会议通过了《国际标准职业分类(草案)》，1958年，《国际标准职业分类》出版发行，后经1968年、1988年、2008年等多次修订，现已成为世界各国建立职业分类体系的蓝本。《国际标准职业分类》划分职业类别所采用的基本原则是按照从事工作的类型来归类的，并根据具体职业范围确定从事工作类型的同一性的含义。

《国际标准职业分类》对国际性标准职业分类体系作了详尽描述，其结构共分四个层次：大类、中类、小类和细类。2008年版的《国际标准职业分类》对大类进行了修订，修订后的大类是：①管理者；②专业人员；③技术和辅助专业人员；④办事人员；⑤服务与销售人员；⑥农业、林业和渔业技工；⑦工艺与相关行业工；⑧工厂，机械操作与装配工；⑨初级职业；⑩武装军人职业。[②]

(二) 我国的职业分类

自20世纪50年代以来，我国有关部门先后制定了国家标准《职业分类与代码》、《中华人民共和国工种分类目录》《中华人民共和国职业分类大典》(以下简称《大典》)，根据社会经济发展的需求，于2010年底启动《中华人民共和国职业分类大典》的修订工作，历时五年，七易其稿，最终形成了《中华人民共和国职业分类大典(2015年版)》(以下简称《大典(2015年版)》)。这本《大典(2015年版)》在国民经济信息统计服务、人力资源开发管理、职业教育培

---

① 陈慧梅,谢莉花. 美国标准职业分类的新发展及其启示[J]. 当代职业教育,2019(02):95—101.
② 张迎春. 国际标准职业分类的更新及其对中国的启示[J]. 中国行政管理,2009(01):105—107.

训引导和职业资格制度改革等方面发挥了重要作用,对进一步加强人力资源开发与管理、促进人才队伍建设、服务经济社会发展有着重要作用。《大典(2015年版)》是在1999年版《大典》的基础上,运用科学的职业分类理论和方法,参照最新修订的国际职业分类原则,充分考虑我国社会转型期社会分工的特点,将职业分类原则由"工作性质同一性"调整为以"工作性质相似性为主、技能水平相似性为辅",依据"技能水平"的差异进行职业分类,增加了分类维度,提高了分类结果的合理性,有利于淡化职业的"身份"界限,促进从业者职业能力的发展。①

《大典(2015年版)》将我国职业归为8个大类、75个中类、434个小类、1481个职业,并列出了2670个工种,标注了127个绿色职业。② 8个大类分别是:

第一大类:党的机关、国家机关、群众团体和社会组织、企事业单位负责人,其中包括6个中类、15个小类、23个职业;

第二大类:专业技术人员,其中包括11个中类、120个小类、451个职业;

第三大类:办事人员和有关人员,其中包括3个中类、9个小类、25个职业;

第四大类:社会生产服务和生活服务人员,其中包括15个中类、93个小类、278个职业;

第五大类:农、林、牧、渔业生产及辅助人员,其中包括6个中类、24个小类、52个职业;

第六大类:生产制造及有关人员,其中包括32个中类、171个小类、650个职业;

第七大类:军人,其中包括1个中类、1个小类、1个细类(沿用1999版《大典》做法,维持原大类名称及内容表述不变);

第八大类:不便分类的其他从业人员,其中包括1个中类、1个小类、1个细类(沿用1999版《大典》做法,维持原大类名称及内容表述不变)。

职业具有很强的发展性特征。随着社会的发展,许多旧职业已经或者正在消失,与此同时,随着科学技术及社会的发展,新职业不断产生。我国自2004年起建立了新职业信息发布制度,继《大典(2015年版)》发布之后,我国政府相关部门又陆续发布了许多新的职业。所谓新职业是指经济社会发展中已经存在一定规模的从业人员,具有相对独立成熟的职业技能,但在《大典(2015年版)》中未收录的职业。③ 2020年5月,人力资源和社会保障部、国家市场监管总局、国家统计局3部门联合发布了区块链工程技术人员、区块链应用操作员、城市管理网格员、互联网营销师、信息安全测试员、在线学习服务师、社群健康助理员、老年人能力评估师、增材制造设备操作员共9个新职业。此次发布是经过职业分类专家按照职业分类原则、标准和程序严格评估论证公示后确定的最终版本,将记入《中华人民共和国职业分类大典》,成为我国自《大典(2015年版)》颁布以来正式发布的第三批新职业。

---

① 李黄珍,强音.《中华人民共和国职业分类大典(2015年版)》新在哪?[J].职业,2015(34):12—13.
② 2022年7月,人力资源和社会保障部向社会公示了新修订的《中华人民共和国职业分类大典(2022年版)》(以下简称《大典(2022年版)》),包括8个大类、79个中类、449个小类、1636个细类(职业)。
③ 来啦!"新职业人群"报告[J].中国工人,2018(12):8.

三、职业教育的产生

职业的产生与发展是职业教育产生与发展的基础和前提。伴随着职业的分化和演变,职业的内涵日益丰富,对从业人员的要求也随之越来越高,要求从业人员必须掌握从事职业所必须的知识、技能、态度、经验等必备素质,而这些都需要依靠职业教育得以实现。

职业和职业教育的内在联系是通过从业人员的职业素质得以建构的。一方面,一定的职业必然要求从业人员具备相应的素质。在古代社会,由于生产力发展水平有限,社会分工比较简单,而且对从业人员的素质要求也不是很高。随着社会生产力的发展,职业的分工越来越细,专业化程度越来越高,对从业人员的素质要求也越来越高。另一方面,从业人员的素质需要通过职业教育来获得。

职业和职业教育的关系具体外显为三个方面:第一,职业的产生和发展是职业教育产生和发展的前提;第二,职业发展的层次和水平决定着职业教育发展的层次和水平;第三,职业的分化决定着职业教育专业的细化。

第二节 职业教育的内涵与特点

一、职业教育的内涵

国内外对职业教育的理解存在一定差别,比较典型的论述有以下几种。

(一)国际上对职业教育内涵的界定

(1)《国际教育标准分类法》(1997)——职业前或技术前教育:①主要为学生进入劳务市场和准备让他们学习职业或技术教育课程而设计的教育。②主要为引导学生掌握在某一特定的职业或行业,或某类职业或行业中从业所需的实际技能、知识和认识而设计的教育。完成这类课程之后可以获得所在国家的主管当局(如教育部、雇主协会等)认可的在劳务市场上从业的资格。

(2)联合国教科文组织(2001)——"技术与职业教育"是作为一个综合术语来使用的,它所指的教育过程除涉及普通教育之外,还涉及学习与经济和社会生活各部门的职业有关的技术及各门科学,以及获得相关的实际技能、态度、理解能力和知识。技术与职业教育还可以进一步理解为:准备进入某一就业领域以及有效加入职业界的一种手段;终身学习的一个方面以及成为负责任的公民的一种准备;有利于环境的可持续发展的一种手段;促进消除贫困的一种方法。

(二)我国对职业教育内涵的界定

黄炎培先生认为:"职业教育,以广义言之,凡教育皆含职业之味。……若以狭义言,则仅以讲求实用之知能者为限,……职业教育,则专重实用,能为生活起见。……专以职业上之学识、技能教授不能久学之青年……"黄炎培先生这段精辟的描述包含有两层意义:一是职业教育属于专业教育,有别于普通教育,它是培养"从事某种职业的人";二是职业教育是传授实用知识和技能的教育。目前,国内关于职业教育概念界定具有代表性的表述有以下几种:

(1) 职业教育是给予学生或者在职人员从事某种生产、工作所需的知识、技能和态度的教育。分就业前和就业后两类。从广义上说,它泛指一切能增进人们的职业知识和技能,培养人们的职业态度,使人们能顺利从事某种职业的教育活动。从狭义上说,即在普通教育的基础上,通过职业学校和职业培训机构,对劳动者进行的从事非专门性的职业知识、技能和态度的培训,以使他们现在或将来能顺利获得职业的活动。[1]

(2) 职业教育是专门以职业为目的的教育,是使受教育者达到职业资格的获得、保持或转变职业生涯质量的获得与改进的教育。[2]

(3) 职业技术教育是指在一定普通教育的基础上,为适应某种职业需要而进行的专门知识、技能和职业道德教育,使受教育者成为社会职业所需要的应用人才的教育。[3]

综合各家之言,职业教育作为一种与普通教育具有同等重要地位的教育类型,是指为了培养高素质技术技能人才,使受教育者具备从事某种职业或者实现职业发展所需要的职业道德、科学文化与专业知识、技术技能等职业综合素质和行动能力而实施的教育,包括职业学校教育和职业培训。

二、职业教育的特点

职业教育是一种根据人的发展和社会的发展需要,通过适宜的职业教育活动,使受教育者个体的综合职业素质得到和谐发展,成为应用型人才的教育活动。职业教育的人才培养目标及培养过程等与普通教育存在着明显的差别,有着自身鲜明的特点。

(一) 职业性

职业教育是培养人的实践活动。这是任何教育都具有的最原始的本质属性,但是职业教育培养的是应用型人才。所谓职业性是指职业教育培养生产、服务、技术和管理所需要的高素质技术、技能型人才,注重学生职业能力的培养,具有以职业为导向、为就业服务的特点。职业性集中体现为就业导向性。职业教育以学生能够就业,并能使学生在未来的职业实践中得到发展为主要目标;教学内容以学生就业岗位需要为导向,教学环境强调与真实的环境相同或相似。

黄炎培曾说过,职业教育的根本目的就是"使无业者有业,有业者乐业"。美国的社区学

---

[1] 辞海编辑委员会. 辞海[M]. 上海:上海辞书出版社,1999:156.
[2] 国家教委职业技术教育中心研究所. 职业技术教育原理[M]. 北京:经济科学出版社,1998:7.
[3] 纪芝信. 职业技术教育学[M]. 福州:福建教育出版社,1995:19.

院校门口写着"就业教育是我们的宗旨"。在我国职业教育发展愈益成熟的今天,更是明确地提出了职业教育要以就业为导向的宗旨。进入职业学校的学生都有基本的职业定向,已初步选择了自己未来的职业方向,学生通过职业教育获得相应的职业资格,为毕业后直接参加社会生产第一线的工作打下坚实的职业技术基础。学校在教育过程中重视培养学生良好的职业道德、职业意识、职业纪律、职业习惯、敬业精神,学校的教学计划、教学过程、教学方法、教学组织形式、生产实习和教学实习等都与社会职业需要、与学生将来的职业活动紧密联系。

(二) 社会性

黄炎培先生认为,职业学校"从其本质来说,就是社会性;从其作用说来,就是社会化"。职业教育是现代教育的重要组成部分,与现代生产及人民生活需要密切相关。相对于普通教育来说,职业教育与经济发展的关系更密切、更直接,是实现劳动力再生产的重要手段,具有广泛的社会性。

职业教育是一种社会需求制约型的教育,其培养目标、发展规模、结构和速度,既受社会需求的推动,又受社会需求的约束。在不同的历史时期,随着社会需求的变化,必然会引发职业教育的发展与变革。

另外,从职业教育实施的过程来看,其也被深深地打上了社会的烙印。除了在培养目标确定、专业设置、教学内容和教学方式选择等方面要紧紧围绕社会实际需要之外,职业教育在实施过程中也需要广泛吸引社会力量的参与。这不仅表现在职业教育办学需要广泛吸引社会力量的参与,职业教育的教学管理、教学过程也需要企业和行业的大力支持和参与,即便是职业学校学生的就业,也同样需要社会力量的介入。

(三) 实践性

职业教育与经济发展联系最为密切,主要是为企业培养具备一定技术、技能的应用型人才。因此,职业教育必须根据企业技术创新、劳动组织方式变革以及生产经营活动的特点,使教育过程与生产实践紧密结合,面向企业、面向生产。

职业学校教学必须重视理论联系实际,要求教师在教学中用科学知识和实践技能去充实学生,联系学生实际,联系专业实际,使书本知识转化为技能、技巧;同时要求学生在学习时要理论联系实际,做到学用一致、学以致用,使学生获得比较全面的知识和技能。理论联系实际就是强调在职业活动实践中培养学生以知识为中介分析问题和解决问题的能力。

(四) 大众性

职业教育的大众性有两层含义:

第一层含义是职业教育的人民性。职业教育是面向人人的教育。因此,职业教育必须"有教无类",代表人民群众的教育利益,最大程度地满足广大民众的需要,以服务民众为宗旨。应保证人人都享有平等的接受职业教育的机会,努力促使失业者、早期辍学者、残疾人、农村贫民、战争难民和复员士兵接受正规或非正规的职业教育与培训,使职业指导和职业咨询面向社会所有成员。

第二层含义为每个公民都必须接受一定的职业教育。在当今社会,绝大多数的社会职业,无论是技术的还是非技术的,都需要经过一定的职业训练并获得职业资格的人来从事。我国实行"先培训,后就业"的制度,就是对职业教育普及性、大众性的肯定,也是为达到普及职业教育而实行的一项重要措施。

(五) 终身性

职业教育贯穿于人的一生,是实现终身教育的一种形式。一个人在一生中只有接受多次职业教育,才能不断地具有胜任相应工作的能力。

职业教育贯穿于人的一生:在学前及小学教育阶段,对儿童进行包括职业意识、劳动光荣等最基本的职业素质教育;进入初中阶段后,接受职业教育的机会越来越多,既可以通过普通教育教学内容的渗透,使学生接受初级职业教育和培训,也可以通过分流使学生接受以就业为导向的职业教育;进入职业社会以后,人们也必须根据生产、科技发展的需要,接受各种职业培训,以完善自己;当人们到达一定年龄,离开职业岗位,仍然可以根据自己的特点和需求选择职业教育内容和类型,以充实、完善自己,满足自己对教育享受的需要。

第三节 职业教育的产生与发展

如果说人类的历史就是一部人类思想发展史,那么,世界职业教育史就是一部关于科学技术的发展史。科学技术每向前发展一步,职业教育也必然作出相应的回应。职业教育的产生与发展经历了漫长的发展过程。从纵向上梳理职业教育的产生与发展进程,能使人们对职业教育的本质有更深刻的认识,从而准确地把握职业教育的发展规律。

一、职业教育的萌芽

学徒制是古代社会实施职业教育的主要形式,如和尚、道士、工匠和商贩等职业人,就是通过学徒制在寺院、道观、工地、店铺等场所培养出来的。古埃及的《汉谟拉比法典》中就有工匠收养子以传授技艺的规定。古希腊柏拉图的《理想国》等经典著作中也有关于学徒的记载。当时的手工业者主要是奴隶,他们在作坊工作,职业和身份都是世袭的。古罗马的学徒制开始有了行业组织的干预,相对来说,职业教育结构更系统,内容更广泛,有的职业甚至还有了一些专门的设施。中世纪的雄辩家、律师、医师等地位较高的职业人员也是通过学徒制培养的。[①]

除了学徒制,官学也承担着一部分职业教育。如在古罗马时期,就有专门的学校教育,但其教育内容主要是通识教育,虽然有些学校在教育内容上体现出职业教育的特色,但无论

---

① 石伟平. 比较职业技术教育[M]. 上海:华东师范大学出版社,2001:4.

是从学生的数量还是教育内容来看,都还只是普通教育的补充。中国古代的官学中虽然也蕴含着职业教育的内容,但那只是普通教育的附庸。

因此,古代社会的职业教育系统还远没有形成,还只停留在零散的、非正规化的、个别化的职业教育形式上。

二、学校职业教育的产生

(一)国外学校职业教育的产生

从产业革命开始到19世纪末为职业教育的开创阶段。工业技术革命爆发后,社会生产力得到了空前发展,新的社会经济环境要求职业教育的振兴和发展。

18世纪开始出现大规模的机器生产,取代了以往的手工场生产,这带来了生活条件以及生产组织结构的根本变化。机器的应用对劳动者的素质提出了新要求,劳动者需要具有物理、化学和数学等普通文化科学知识,以及懂得机器的工作原理并具有生产应变能力。此外,大工业生产又需要补充一大批能进行技术管理、调节、监督的专门人才。在这种情况下,劳动后备力量和技术人员的补充,如果还只靠师徒制的培养方式,无论其规模、速度以及内容,都不能适应形势发展的需要。18世纪之后,各国开始进行了学校职业教育的尝试。

1. 早期的技术教育理想的构建

英国早在16世纪至17世纪,就已经开始酝酿关于职业教育的构想了。莫尔(T. More)的《乌托邦》和拉伯雷(F. Rabelais)的《巨人传》等著作都谈到了职业教育,并把其作为理想社会的重要组成部分,但这还只属于技术教育的理想构建阶段,未能实施。

2. 德国实科学校的实验

17世纪末,德国的弗郎斯(A. H. France)把技术教育的理想变为现实,首先创办了实科学校,把技术作业引进学校教育。他于1696年创办的"孤儿院",突破了普通学校的形态,聘请行业师傅讲授裁缝、刺绣、制图、研磨、纺织等课程,还设有简易工场,让学生进行出版、印刷、制药的实习。

3. 法国的工艺学校

1786年,为解决牺牲、伤残和退伍军人子女的就学与就业问题,法国里昂库尔公爵创办了初等教育兼技术教育的学校。

4. 职业培训的尝试

英国最早提倡机工讲习所。英国第一个讲习所是由格拉斯哥大学安德逊学院自然哲学教授乔治·伯柯贝克于1800年创办的以技工为对象的讲习班,后来慢慢发展演变为"格拉斯哥机工讲习所"。随后美国也创办了机工讲习所,但规模不及英国。另外,英国通过"工厂学校"开展企业内部的员工培训。这种"工厂学校"在19世纪中期以后逐渐变得普遍起来。在美国,到了19世纪前半叶和中期,人们才清楚地认识到对员工进行培训的重要性,因此,大多数工厂和企业都非常积极地开展企业培训。

在这个时期,无论是学校形态的职业教育,还是职业培训活动,基本上都是由个人或私人机构组织承办,国家很少参与,因此,学校形态的职业教育还只是处于萌芽状态。

(二) 我国学校职业教育的产生

清末至民国初期,以反对帝国主义侵略为中心的爱国主义教育思潮发展到了一个新的水平,响起了改革空疏无用的科举教育的呼声。这一思潮的先驱者龚自珍、林则徐、魏源等人最先倡导"经世致用"的教育,主张改革。这些主张当时虽未能唤起统治者的警醒,但产生了积极的社会影响。19世纪中叶,随着洋务运动的兴起,在从西方引进机器工业的同时,也引进了西方近代学校的职业教育,从此,我国职业教育进入了一个新的发展阶段。

太平天国提出用革命的手段推翻清朝封建统治,改革封建文化教育,实现革命的反封建的教育,倡导符合人民利益的新教育。太平天国除重视以政治、宗教为中心的教育外,各级军政首领还重视生产劳动教育,提倡科学技术教育。太平天国建立后两次修订历法,废除旧历中封建迷信的内容,传播农业科学知识。

19世纪60年代至90年代,洋务派创办的洋务学堂达30余所,它们是随着洋务运动的开展而逐渐创办的,主要有外国语("方言")学堂、军事("武备")学堂和技术实业学堂三类。

鸦片战争后,出于国防和外交的需要,带有封建买办性质的洋务派官僚奕䜣、曾国藩、李鸿章、张之洞等人兴办洋务运动,推行"新政变法",主张"师夷技",以谋求自强、致富。张之洞等人提倡"中学为体,西学为用"的方针,主张学习西方教育,以创办技术学堂和派遣留学生出国学习,双管齐下,培养技术人才。这成为中国近现代学校职业教育的开端,也是教育与工业生产结合的肇始。1866年6月,由左宗棠奏设的福建船政学堂,用以培养国防需要的造船、驾驶技术人员,这是中国最早的技工教育,也是中国最早的职业学校。

甲午战争后,以康有为、梁启超等为代表的维新派,在光绪皇帝的支持下掀起了"维新变法"运动。这一运动不仅主张发展实业,而且提出从政治上变法维新,并极力主张兴办学堂。康有为主张创新政、废科举、强新学、广设学校。"近者日本胜我,亦非其将相兵士能胜我也。其国遍设各学,才艺足用,实能胜我也。""才智之民多则国强;才智之士少则国弱。"当时兴办的有较大影响的实业学堂当推1879年由杭州太守林启创设的浙江蚕学馆。另外,1898年,康有为奏设各省农务学堂,光绪帝发布上谕——正式命各省府州县"皆立农务学堂",并劝谕绅民兴农。此事虽因政变遭挫折,但为提倡地方普遍设立农业学堂开了先例,也开启了鼓励绅民兴办实业学堂的先河。

三、职业教育的发展

(一) 国外职业教育的发展

依据社会经济、科技发展水平以及国外职业教育的成熟度,以第二次世界大战为界,可以把国外职业教育的发展划分为成长阶段和新发展阶段。

1. 国外职业教育的成长阶段——19世纪中叶至第二次世界大战前

伴随着工业经济的发展,生产力的日益提高,世界职业教育得到了长足的进步。从19世纪中叶到20世纪中叶,国外职业教育的规模、体系、管理制度都日趋成熟,这一时期国外职业教育发展呈现出如下特点:

(1) 国家认同、确立职业教育的作用和地位。随着各国工业革命的普遍开展和完成,从19世纪中叶开始,技术对经济和军事竞争的作用逐渐发挥出来,各国政府开始重视技术教育,技术教育也因此成为国家事务。当时各国之所以重视发展职业教育,主要有以下几个方面的原因:一是技术革命。职业教育直接决定经济发展的水平。二是国际战争。技术对于战争成败的作用越来越关键,因此,加强职业教育成为各国谋取军事胜利的重要手段和措施。三是国际博览会。这是各国在这个时期展现自己国家力量的一个大舞台,而这直接取决于职业教育开展的力度,也是保持技术领先或实现追赶的重要方面。四是工人觉醒。工人自身发展需要国家发展职业教育以为其提供受教育的机会。

(2) 以立法、拨款等举措推进职业教育的发展。以立法、拨款的方式支持职业教育的发展,是西方发达国家发展职业教育的主要经验。如英国于1889年公布了《技术教育法》,1902年颁布了《巴尔福教育法》;1917年,美国国会通过了被称为美国教育史上第二个里程碑的《史密斯—休斯法》,这是以振兴中等程度的职业教育作为目标的法令。该法以拨款的方式大大促进了美国职业教育的发展,据统计,从1918年至1925年,美国职业教育教师在原有的基础上增加了176%,学生增加了224%,职业教育经费增加了518%。

(3) 重视职业教育科学研究。为了能更科学地发展职业教育,从而充分发挥职业教育在国家发展战略中的作用,世界各国纷纷重视对职业教育的科学研究,这是各国重视职业教育的另外一种表现形式。如1881年,英国国会任命了一个调查外国技术教育的委员会,这是从职业教育这个角度去探索经济强国之路;1914年,美国总统威尔逊指定成立了"全国职业教育委员会",研究国家对职业教育的支持问题。

(4) 以政策和法制形式调动人们参与职业教育的积极性。在这一时期,各国都以法律、政策、拨款等方式广泛调动人们参与职业教育的积极性。如1919年通过的德国《魏玛宪法》明确规定:青少年于八年义务教育之后,必须进职业补习学校学习至18岁。1920年后,德国各州争相制定法令,贯彻《魏玛宪法》,要求14岁至18岁的青年都进职业补习学校学习。这就以法律的形式强制规定了国民必须全面参与职业教育。

2. 国外职业教育的新发展阶段——第二次世界大战后

第二次世界大战后(20世纪四五十年代),出现了一次人类历史上影响极其深远的全面的技术革命。这次革命以原子能、电子计算机和空间技术的应用为主要标志。

国际上有关专家和学者围绕职业教育的发展问题进行了广泛深入的调查研究,并形成了比较系统的发展职业教育的思想。具有代表性的人物主要有巴洛夫(Thomas Balogh)与福斯特(Philip J. Foster),他们是二战后国际职业教育界极具影响力的两位学者,他们的观点代表了二战后职业教育发展的不同理念。

二战以后,由于国情不一,各国职业教育的发展也不尽相同,但总的来说,还是呈现出以下一些共同特点:

(1) 各国都非常重视职业教育的发展,职业教育发展国际化。现代科学技术的进一步发展,新技术的广泛应用,对工人及工程技术人员在科技水平方面的要求日益提高,各国都十分重视职业教育的发展。为了能够积极吸纳和借鉴别国职业教育的发展经验,国家之间加强了联系。国际上一些重要的机构或组织也积极为职业教育的发展作出贡献,如联合国教科文组织、世界银行等。职业教育越来越成为一项国际性的事业。

(2) 注重依法治教。发达国家职业教育迅速发展的重要原因之一就是这些国家都十分重视教育立法,会在不同时期通过立法的形式促进职业教育的发展。如1958年,美国通过了对教育变革有重要意义的《国防教育法》,推进地区职业教育计划,加强与国防有关的职业教育。联邦德国于1969年通过了《职业教育法》,1981年又通过了《职业教育促进法》,以促进和协调"双元制"职业培训。20世纪50年代,日本先后制定了《产业教育振兴法》《职业训练法》等法律法规,通过法规强化全民对职业教育的重视,从而促进了日本职业教育的发展。

(3) 完善职业教育体系,形成严密的职业教育网络。职业教育体系涉及职业教育的学校布局、结构层次、专业设置等方面的问题,同时也涉及职业教育、普通教育、普通高等教育以及成人教育之间的衔接和沟通问题。二战以后,各国职业教育形成了比较完善的职业教育体系和严密的教育网络。例如,日本职业教育分初级、中级和高级三个层次;美国职业教育从高中开始,有三种学校,即综合高中、职业高中和职业教育中心,另外还有适合中等教育后的各种类型的社区学院。

(4) 重视职业教育师资的培养。教师是保证职业教育质量的关键。发达国家极为重视职业教育师资队伍建设,主要体现在培养培训的正规化、职业教育师资的专职化以及职业教育教师优厚的待遇上。发达国家职业教育的师资有着健全的培养体系和稳定的来源。

职业教育师资培养主要有四个渠道:一是开办专门培养职业教育师资的高等技术师范学院;二是在工科技术学院进行培训;三是在文理学院、综合大学内另设教育学院或教育系来培养;四是通过专门的职业教育师资进修、培训机构来培养,如在教育培训中心或地区职业教育中心、大型企业培训部等设置继续教育和专业培训课程。

(二) 我国职业教育的发展

自20世纪初以来,我国的职业教育迎来了一个难得的发展机遇,从而获得了空前的发展,分为以下四个阶段。

1. 实业教育制度的确立与改革发展(1903—1921年)

我国近代实业教育制度是与清末近代新学制一起诞生的。1902年,清政府颁布了《钦定学堂章程》,亦称壬寅学制,这是我国首次从学校体系的角度对我国职业教育作出系统规定。

然而,实业学堂多附设于普通学堂内,整个职业教育并未形成完全独立的系统,而且由于种种原因,这个学制并没有得以实施。我国近代第一个正式颁布并实施的学制是癸卯学制,即1904年清政府以日本学制为蓝本制定的《奏定学堂章程》。癸卯学制详尽地规定了各级各类实业学堂的性质、任务、入学条件、修业年限和实业学堂间的关系,从制度上确立了我国学校职业教育的体系。

1911年爆发的辛亥革命推翻了清朝的统治。1912年,南京临时政府设立教育部,任命蔡元培为教育总长,颁布新的学校系统图并付诸实施,旧称壬子学制。此后至1913年间,陆续制定并颁布了大、中、小学校与师范学校令与规程(《专门学校令》《公立私立专门学校规程》),以及工业、农业、商业、政法、商船、医学、药学、外国语等类专门学校规程(《实业学校令》与《实业学校规程》等)。这些规程与壬子学制相互补充,总合而成为一个更为完整的学校系统,统称为壬子癸丑学制,这一学制到1922年新学制产生时才被废止。

这一时期产生了一些重要的职业教育思想。在清末张之洞等人推崇的"尚实"教育宗旨的基础上,1912年,蔡元培提出实利主义的教育方针。而在这个时期对实业教育产生最大影响的莫过于黄炎培先生。黄炎培先生于1913年在《学校教育采用实用主义之商榷》一文中提倡"实用主义"教育,并主张把"实业教育"改名为"职业教育"。

2. 职业教育的兴起与初步发展(1922—1948年)

1920年10月,江苏召开了第六次全国教育联合会,会上提出了改革学制系统提案。在广泛论证的基础上,北洋政府于1922年颁布了以美国学制为蓝本的壬戌学制,即《学制系统改革案》,以职业学校代替了旧学制中的实业学校,第一次从学制上确立了职业学校的名称。

中华职业教育社自1917年成立以来,继续通过集会、讲座、出版活动、职业指导、兴办职业学校等方式,致力于职业教育的宣传和实践工作,为中国职业教育的改革和发展作出了巨大贡献。

1927年至1937年,国民政府对职业教育更多的工作是制定了一系列的法规和章程,使之日臻完备,并付诸实施。1937年卢沟桥事变爆发,国民政府自谋国防工业与经济建设的出路,工业得到了一定程度的发展;再加上抗战期间职业教育一方面为战争培养各种急需的技术人才,另一方面为经济建设培养各种应用人才,因此,这一时期职业教育并没有停滞,反而呈现出多规格、多层次、多形式的发展态势。但抗战胜利后,国民政府忙于内战,经济凋敝,职业教育又陷入了困境。

这个时期职业教育的兴起与发展,离不开当时一些热心于职业教育事业的教育家和实业家的支持与奉献。其中黄炎培先生堪称中国近代职业教育的奠基人。1926年,黄炎培先生提出了"大职业教育主义"[①]。

在黄炎培先生提出大职业教育主义之后,陶行知先生从美国学成回国,针对当时教育

---

① 《黄炎培职业教育思想的研究与实验》课题组. 黄炎培职业教育思想初探[J]. 教育与职业,1992(07):2—5.

"教用脑的人不用手,不教用手的人用脑,所以一无所能"的通病,以及"教人分利不生利"①"教农夫子弟变成书呆子"②的现状,大力倡导职业教育,逐渐形成了"教育与社会生活相结合""生利主义""教学做合一"的职业教育思想。

这一时期,陈嘉庚的集美职业教育事业、何香凝的仲恺农工学校、新西兰国际友人路易·艾黎创办的培黎工艺学校等,都对这一时期的职业教育发展作出过巨大贡献。

3. 职业教育的改革与波动发展(1949—1977年)

中华人民共和国成立之初,百废待兴,国民经济恢复与建设急需大量的技术技能人才。1949年9月发布的具有临时宪法作用的《中国人民政治协商会议共同纲领》明确提出,中国的文化教育是新民主主义的,教育的目标是有计划有步骤地实行普及教育、加强中等教育和高等教育、注重技术教育、加强劳动者的业余教育和在职干部教育。1949年后,我国在1949年前职业教育的基础上对职业教育进行了整顿和调整,兴办了中等专业学校,并在对失业人员进行就业培训的基础上兴办了技工学校。这个时期我国主要开展了三方面的重大改革:一是把1949年前的职业教育改称为技术教育;二是改造1949年前的职业教育;三是建立新中国的学制。1958年,我国职业教育进入了扩张调整时期。1958年后创办了农业中学,1964年前后根据刘少奇同志实行"两种教育制度、两种劳动制度"的精神,发展了半工(农)半读中学,并创办了城市职业中学,开创了中国职业教育新阶段,职业教育成为中国教育体系的一个重要组成部分。在中央的大力倡导下,全国范围内建立起了大量的农业中学、职业中学和半工半读学校。截至1965年,农业中学、职业中学和中专学校总数达61626所,在校生达443.34万人,占全国中等学校学生总数的31%。

然而,"文革"十年,职业教育事业遭到了严重摧残。到1976年,十年间,普通中学的数量增长了36倍多,普通中学学生占全部中等学校在校生人数的98%,整个教育结构各系统之间比例严重失调,中学毕业生普遍处于"升学困难,就业又缺乏职业训练"的困境之中。

4. 职业教育的恢复与快速发展(1978—1999年)

1976年10月粉碎"四人帮"后,教育战线"拨乱反正",教育工作开创了新局面。党的十一届三中全会作出了把工作重点转移到社会主义现代化建设上来的战略决策。1976年4月,邓小平同志代表中共中央在全国教育工作会议的讲话中指出:"应该考虑各级各类学校发展的比例,特别是扩大农业中学、各种中专学校、技工学校的比例。"1980年,国务院批准的《关于中等教育结构改革的报告》提出:"发展职业教育,适应四化建设需要,是当前亟待解决的问题。"此后,党中央又发出了一系列调整中等教育结构、发展职业教育的指示,各级政府部门积极贯彻党中央的指示,到1980年,"文革"中被破坏殆尽的中等职业教育有所恢复,各类中等职业学校达到8671所,在校生人数191.54万人。

---

① 陶行知. 华中师范学院教育科学研究所. 陶行知全集(卷2)[M]. 长沙:湖南教育出版社,1985:300.
② 陶行知. 华中师范学院教育科学研究所. 陶行知全集(卷2)[M]. 长沙:湖南教育出版社,1985:653.

1985年，全国教育工作会议发布了《中共中央关于教育体制改革的决定》这一具有重要历史意义的文件，指出："社会主义现代化建设不但需要高级科学技术专家，而且迫切需要千百万受过良好职业培训的城乡劳动者。没有这样一支劳动大军，先进科学技术和先进设备就不能成为现实社会生产力。但是，职业教育恰恰是我国整个教育事业的薄弱环节。一定要采取切实有效的措施改变这一状况，力争职业教育有一个大的发展。"1986年7月，全国职业教育工作会议召开，"会议任务是贯彻党中央关于教育体制改革的决定，总结经验，研究和确定今后一个时期改革和发展职业教育工作的任务、工作方针和政策措施"。1993年2月，中共中央、国务院颁发了《中国教育改革和发展纲要》，提出"职业技术教育是现代教育的重要组成部分，是工业化和生产社会化、现代化的重要支柱。各级政府要高度重视，统筹规划、贯彻积极发展的方针，充分调动各部门、企事业单位和社会各界的积极性，形成全社会兴办多形式、多层次职业教育的局面"。

到了1990年，我国职业教育已经获得了很大的发展，全国高中阶段职业学校招生数占整个高中阶段招生数的比重从1980年的21%上升到1990年的48%。1991年1月，国家教委、国家计委、劳动部、人事部及财政部在北京联合召开了全国职业教育工作会议，并审议通过了《关于发展改革职业教育的决定》（以下简称《决定》）。《决定》为20世纪90年代职业教育发展指明了努力的方向，并使得"八五"时期成为截至20世纪90年代中期以前我国职业教育发展最快的历史时期。

1996年5月，《中华人民共和国职业教育法》颁布实施。这是我国职业教育发展史上具有里程碑意义的大事，为职业教育的发展和改革提供了有力的法律保障。自该法颁布实施以来，我国职业教育的发展步入了法制化时代。

1999年9月，教育部印发《关于调整中等职业学校布局结构的意见》的通知指出，我国中等职业学校要适应教育体制改革的需要，做好四个"改变"，从布局结构、教育内部管理、办学效益和内涵发展着手，对中等职业教育进行优化改革。

5. 职业教育的协调与稳定发展（2000—2009年）

进入21世纪，伴随着我国改革开放与经济建设的日益加快与深化，社会经济对职业技术技能人才的需求量迅速增加，层次也不断提升，先后在我国的"珠三角"和"长三角"地区相继出现"技工荒"现象，并在全国蔓延，职业教育发展更是受到了全社会的关注。

2000年3月，教育部下发《关于全面推进素质教育 深化中等职业教育教学改革的意见》，以素质教育为抓手，对中等职业教育教学改革提出了明确要求；2002年，国务院组织召开了全国职业教育工作会议，出台了《国务院关于大力推进职业教育改革与发展的决定》，进一步加强了对职业教育工作的领导和支持。以就业为导向改革与发展职业教育逐步成为社会共识，职业教育规模进一步扩大，服务经济社会的能力明显增强。为了进一步促进职业教育快速健康发展，缓解经济社会对职业技术技能人才的需求，2004年，《教育部等七部门关于进一步加强职业教育工作的若干意见》提出，要深入推进职业教育改革，加大结构调整力度，扩大中等职业教育的招生规模,保持职普比例大体相当。2005年,国务院又一次组织召开了全国职业教育工作会议,制定出台了《国务院关于大力发展职业教育的决定》,指出:"到2010年,中等职业教育招生规模达到800万人,与普通高中招生规模大体相当;高等职业教育招生规模占高等教育招生规模的一半以上。在扩大规模的基础上,职业教育要密切联系市场需求和劳动就业,进行校企合作、工学结合。"

进入21世纪初的这十年,职业教育进入全面发展时期,实现了三大转变:第一,发展方式由注重规模数量向注重质量效益转变;第二,培养模式由学校本位逐渐向校企合作、工学结合转变;第三,重视教育公平,促进区域协调发展。[1]

6. 职业教育的质量提升与创新发展（2010年至今）

随着我国社会经济转型升级的步伐日益加快,国家逐渐将职业教育的发展纳入到国家战略发展体系。2010年,《国家中长期教育改革和发展规划纲要（2010—2020年）》(以下简称《纲要》)提出:"到2020年,基本实现教育现代化,基本形成学习型社会,进入人力资源强国行列;"同时,指出:"发展职业教育是推动经济发展、促进就业、改善民生、解决'三农'问题的重要途径,是缓解劳动力供求结构矛盾的关键环节,必须摆在更加突出的位置。职业教育要面向人人、面向社会,着力培养学生的职业道德、职业技能和就业创业能力。到2020年,形成适应经济发展方式转变和产业结构调整要求、体现终身教育理念、中等和高等职业教育协调发展的现代职业教育体系,满足人民群众接受职业教育的需求,满足经济社会对高素质劳动者和技能型人才的需要。"《纲要》把提高质量作为教育改革发展的核心任务,树立以提高质量为核心的教育发展观,注重教育内涵发展。

2014年6月,第七次全国职业教育工作会议召开。会议以"加快构建以就业为导向的现代职业教育体系"为主题,进一步深化认识了职业教育在国家经济建设、民生幸福、提高就业以及实现中华民族伟大复兴中国梦中的重要意义,并就未来我国职业教育的改革创新做出了部署。为更好地落实会议精神,推进职业教育发展,国务院颁发了《国务院关于加快发展现代职业教育的决定》,明确提出:"到2020年,形成适应发展需求、产教深度融合、中职高职衔接、职业教育与普通教育相互沟通,体现终身教育理念,具有中国特色、世界水平的现代职业教育体系。"与此同时,教育部、发展改革委、财政部、人力资源社会保障部、农业部及国务院扶贫办六部门联合颁发了《现代职业教育体系建设规划（2014—2020年）》。

2015年,教育部《关于深化职业教育教学改革 全面提高人才培养质量的若干意见》指出,要深化职业教育教学改革,全面提高人才培养质量。2016年,中央大力推进供给侧结构性改革,反映在职业教育中,就是要求职业院校优化专业结构,提高人才培养质量。为推动制造强国战略实施、全面提高产业工人素质,党的十九大报告明确提出"完善职业教育和培训体系"。2018年,国务院专门出台《关于推行终身职业技能培训制度的意见》,提出构建"从

---

[1] 张兆诚,曹晔. 新中国成立70年来我国中等职业教育发展历程与成就[J]. 职教通讯,2019(23):16—22.

劳动预备开始,到劳动者实现就业创业并贯穿学习和职业生涯全过程的终身职业技能培训体系",并对重点群体就业技能培训、企业职工岗位技能提升、高技能人才培训等做出具体安排。

2019年1月,国务院印发《国家职业教育改革实施方案》,指出:"职业教育与普通教育是两种不同教育类型,具有同等重要地位。"要求经过5—10年左右的时间,实现职业教育由追求规模扩张向提高质量转变,由参照普通教育办学模式向企业社会参与、专业特色鲜明的类型教育转变。"完善学历教育与培训并重的现代职业教育体系,畅通技术技能人才成长渠道";在高等职业教育领域提出了研究生层次的职业教育,即专业学位硕士研究生培养;明确要求"开展本科层次职业教育试点"。在职业院校、应用型本科高校启动了"学历证书+若干职业技能等级证书"制度试点(简称1+X证书制度试点)工作,对建设国家资历框架进行了开创性的探索。

这一系列举措折射出我国职业教育发展正在由"供给导向"转向"需求导向"、由"规模扩张"转向"质量提升",是在数量与质量、规模与效益统筹发展的情况下,以质量提升为主的一种新的发展方式。①

第四节 职业教育改革与发展趋势

早在1999年,联合国教科文组织在韩国汉城召开的第二届国际技术与职业教育大会,将会议主题确定为"终身学习与培训——通向未来的桥梁",并就以下六个议题进行了深入讨论:21世纪变化中的需求对技术和职业教育的挑战;改进提供终身教育和培训的系统;革新教育和培训过程;全民技术和职业教育;改变政府和其他相关部门在技术与职业教育中的作用;加强技术与职业教育的国际合作。

2012年5月,第三届国际职业技术教育大会在中国上海召开。会议将"职业技术教育和培训转型:为工作和生活培养技能"确定为大会主题,分为三个议题:一是深入研究当前和今后职业教育面临的挑战,探讨正确的应对措施;二是促进各国深化对职业教育的认识和交流经验;三是促进职业教育领域的国际合作,确定支持各国发展职业教育的战略方针。

从第二届到第三届国际职业教育大会的主要议题和会议精神可以看出,21世纪世界职业教育改革与发展主要呈现出如下七大趋势与特点。

一、职业教育与普通教育融合化

职业教育与普通教育融合是教育对社会经济发展需求的一种必然反映,是社会发展对教育提出的新要求。人类已经进入知识经济时代,社会经济的发展对人才的需求不仅体现

---

① 刘文杰.新中国成立70年我国职业教育发展回顾与前瞻[J].内蒙古社会科学(汉文版),2019,40(02):192—197.

出层次的高移化特征,也体现在人才类型的综合化和多元化特征。知识经济时代要求从业人员同时兼备理论知识与实践能力。就教育层面而言,职业教育普通教育化和普通教育职业教育化将是迎合时代需求的必然趋势。

一方面,职业教育普通教育化。在知识经济时代下,职业教育普通教育化至少具有以下几个方面的意义。第一,职业教育需要以普通教育为基础。不论是中等职业教育还是高等职业教育,都是在普通基础教育之后才开始,任何职业知识和能力的掌握都离不开基础文化知识的系统学习。第二,职业教育普通教育化是提升职业教育吸引力的重要举措。随着知识经济时代的到来以及技术升级的需要,社会经济发展对人才的知识和技能提出越来越高的要求,即便是作为一个技术工人,也需要具有较为扎实和宽广的文化知识作为基础。在某些职业领域,从业人员不仅要"知其然",还要"知其所以然";不仅要会做,还要掌握其工作原理,甚至要求会进行创新。这都要求职业教育在教育内容方面注意文化专业理论知识的系统掌握,要求对学生进行更为宽广和深厚的系统知识培养。第三,职业教育普通教育化也是职业教育自身优化发展和可持续发展的重要举措。职业教育在教育内容、形式、方法等方面向普通教育学习和借鉴,可以进一步优化职业教育系统,从而进一步提升职业教育的吸引力和发展能力。

另一方面,普通教育职业教育化。随着社会经济发展对综合型人才需求的增加,普通教育在人才培养方面"重理论、轻实践"的弊端日益暴露出来。尤其是在部分国家和地区相继出现的"技工荒"现象,不仅暴露出职业教育在技能技术型人才培养方面的不足,也反映出普通教育在人才培养方面的欠缺。在部分国家和地区,持续多年出现了职业教育毕业生就业率远远高于普通高等教育的现象。这也反映出普通教育在人才培养方面的缺陷。可见,在知识经济时代,普通教育学习和借鉴职业教育的办学模式,不仅有利于社会经济发展对人才的多元化和综合化需求,也有利于普通教育自身的可持续发展。

职业教育与普通教育的综合化是当今世界教育发展的一种趋势,是教育适应现代社会需要的一种反应。为了适应新时代经济发展的需要,世界各主要发达国家纷纷使职业教育与普通教育相互沟通,相互渗透,取长补短,普遍采取职业教育与普通教育综合化发展的措施。以往人们通常把职业课程与普通课程划分为对立的两部分,以至于学生不得不择其一而习之,结果导致社会内部的分化和技术的不适当发展。现在,世界上出现了职业课程与普通课程综合化趋势,各国都将综合的职业课程与普通课程作为未来教育课程的基础。

在美国,没有单独的职业教育体系,职业教育和普通教育课程被结合成综合课程向学生提供。在欧洲,受经济危机和失业的威胁,人们早已意识到青年在接受普通教育的同时熟悉技术学习和工作实际的必要,他们从义务教育阶段就开始引入技术教育课程——法国于1985年、英国于1986年、荷兰于1989年、西班牙于1990年引入。德国、瑞典和意大利的高中改革也朝此方向进行。在德国,获得中学毕业证书(Abiour,此证书为高校入学资格)的学生中,有15%—20%的学生接受了"双元制"职业教育;相当数量的学生在完成职业学习后进入学术性的完全中学(Gymnasien)学习。而日本政府在20世纪80年代以后,设立了综合高中,在这种新型高中里,专业设置打破了传统的专业划分,开设一系列适应时代发展的综合学科供学生选修,把普通教育的内容置于职业教育的课程之中。

二、职业教育国际化

信息化时代的到来拉近了世界上各个国家和地区间的距离,地球村的概念也日益深入人心,世界上国家和地区之间的交流和合作变得愈益频繁。教育领域的交流与合作也成为一种世界潮流。为了促使职业教育更快、更好地走上国际化发展道路,联合国教科文组织特别强调与其他国际机构如国际劳工组织、经济合作组织、世界银行等之间的合作,目的是便于各组织在政策制定、实施职业教育等方面相互衔接和配合。这种趋势主要是适应于经济全球化、就业国际化、生源全球化、师资全球化、人才培养标准全球化、培养方式信息化、全面国际交流与合作的需要。

1999年,联合国教科文组织在韩国汉城召开的第二届国际技术与职业教育大会,将"加强技术与职业教育的国际合作"作为一个专门议题进行了讨论,以说明加强国际间职业教育合作对促进全球经济一体化的重要性。

2014年,上海召开第三届国际职业技术教育大会,其中的三大议题都是关于职业教育的国际合作问题的。一是关于国际上职业教育共同面临的困境与出路;二是加强和促进各国深化对职业教育的认识和交流经验;三是促进职业教育领域的国际合作。

欧盟从1995年开始实施"达·芬奇"跨国职业教育和培训计划,旨在加强职业教育学生外语能力的培养,提出学生在毕业时应掌握两门外语的要求。实施职业教育学生的跨国交流,各国联合开发外语课程和适应每个职业领域或经济部门具体需要的教材。

国际上职业教育合作办学规模日益扩大,互派留学生已成为各国(地区)合作办学的主要形式。许多国家的职业学校走出国门,进入国际市场,开门办学。德国、澳大利亚、加拿大等国的职业学校是进入国际合作办学最活跃的国家,它们的许多学校均走向世界各地,扩大办学领域。中国作为发展中的大国,改革开放后也积极发展国际合作办学。

三、职业教育终身化

知识经济时代,社会发展的不断加速和经济发展方式的不断转型与升级,要求从业人员不断地更新自己的知识和能力,以迎合不断变化的社会需要。相应地,职业教育必须做出改革和战略调整,将原来的一次性教育转变为适应人的需求的终身教育。在这样的时代背景下,终身教育理念逐步深入人心,职前与职后教育有机结合,职业教育不再被看作是终结性教育,而是一种阶段性、过程性教育。时代的发展要求职业教育具有动态的适应性和延续性。如何使职业教育向终身教育延伸,已成为新世纪职业教育发展的关键问题。为此,世界各国都在职业教育终身化方向作出了努力和尝试。

联合国教科文组织也非常关注与重视职业教育终身化趋势。1999年,联合国教科文组织在韩国汉城召开的国际技术与职业教育大会将主题定为"终身学习与培训——通向未来的桥梁"。大会的致各成员国的建议书中写道:"技术与职业教育对于所有人来说,都应成为一种主流教育渠道,而不是像以前认为的那样,只是从普通教育体系中延伸出来的一个庞大的附属品。""终身教育的概念不应仅限于作为一种专业进修渠道,只是以为某人在其原有专业领域基础上提高技能为目的,而也应作为向人们提供更多职业机会的手段。"

从1998年的卡尔·帕金斯职业教育法案(简称"帕三")到2006年的卡尔·帕金斯2006生涯与技术教育修订(简称"帕四"),对职业教育的定义有一个重要的变化是用生涯与技术教育代替了职业教育。① 可见,美国直接将职业教育视为终身教育,从终身教育的视角来对职业教育进行系统设计。

日本政府于1978年5月颁布的《部分修改职业训练法的法律》,明确提出终身职业训练及终身技能评价是职业教育的根本方向。后来又制定了《终身职业能力开发促进法》《生涯学习振兴法》。1995年11月24日,第十九届东京都产业教育审议会发表"关于在终身学习社会期待的职业教育"的咨询报告。报告提出,要构筑丰富的终身学习社会,把走上社会后的学习作为人生体系的重要一环。目前,日本已组建了包括终身职业能力开发中心、职业设计指导中心以及地方职业能力开发综合中心在内的,面向21世纪的终身职业能力开发体系。德国职业培训条例明确规定,职业教育是一种就业教育;转职培训是为在业人员转换新的职业岗位而进行的一种补充教育;职业进修是为从业人员在某一领域进一步深化而开展的职业继续教育。三者均属职业教育范畴。据联邦劳动局统计,每年要求职业进修的人员约占在业总人数的20%。②

四、职业教育管理法制化

职业教育为经济社会的发展提供合格的劳动技术大军,是事关国家经济社会发展战略的大问题;职业教育还关乎每个社会公民的就业和生计问题。可见,职业教育事关社会生活的方方面面,事关国家政府、企事业单位和社会公民个人等多方面相关利益。因此,如何规定和规范职业教育的利益相关者,将是事关职业教育能否健康发展的关键因素。基于此,世界上诸多国家和政府都通过法律和制度来进一步加强职业教育的发展。

20世纪以来,世界上各发达国家都争相把职业教育列为战略发展重点。除了国家的宏观政策外,还建有一整套相应的法律法规体系作为切实的保障。德国的"双元制"职业教育之所以举世闻名,其法律基础的完善是至关重要的。德国于1969年8月14日开始实施的

---

① 姜大源,王泽荣,吴全全,陈东.当代世界职业教育发展趋势研究——现象与规律(之三)——基于纵横维度交替发展的趋势:实然与应然[J].中国职业技术教育,2012(24):15—27+39.
② 乐传永.发达国家职业教育发展的趋势及其启示[J].中国成人教育,2001(07):56—57.

《职业教育法》，规定了关于职前培训教育、职业继续教育、职业转岗教育的所有重要方面，包括培训合同、培训教师、培训企业、培训职业与培训条例、考试与监督等，所以也被称为职业教育的基本法。在德国企业界和职业教育界，但凡遇到有必要进行解释的行为时，往往言必称《职业教育法》的某条某款，其规定非常具体明确。当然，仅有这样一个基本法是不够的，适用于全德国的职业教育法律法规还有《职业教育促进法》《劳动促进法》《青年劳动保护法》《企业法》《手工业条例》《实训教师资格条例》，还有 370 多种国家承认的培训职业的培训条例，使整个经济社会都有法可依。

美国职业教育的成功之处在于以立法推动职业教育发展。自 1862 年颁布了著名的《莫雷尔法案》之后，美国又陆续推出台了《史密斯—休斯法》《乔治—里德法》《职业教育法》《职业训练协作法》《伯金斯职业应用技术教育法》等一系列法律规范来指导职业教育发展。

日本也非常注重通过法制来推进职业教育的发展。日本政府在 1983 年对原《产业教育振兴法》作出了适应性修订；1985 年，日本政府在 1969 年和 1978 年先后两次对《职业训练法》作出较大修改的基础上，进一步将其修订命名为《职业能力开发促进法》。

五、职业教育办学层次高移化

科技水平的日益提高和职业的细分，必然会对从业人员的专业技术技能提出更高的要求，这势必会引起职业教育层次的不断高移。

在日本，随着中高等职业教育多渠道、多途径的广泛开展，其重点将逐渐转向中等以后的教育阶段。日本兴起的"专修学校"是短期大学性质的专门学校。它属于后期中等职业教育范畴，在发展中显示出其独有的鲜明特点和特殊地位，富有强大的生命力。此外，日本也有高专、短期大学，培养专门的技术骨干和技术研究人才。所以，日本职业教育层次就是通过专修学校、高等专科学校、短期大学等三种形式上移的。"1994 年，文部省对专科学校的毕业生授予'专业士'称号，还规定可以进入大学三年级继续学习。2005 年 9 月规定，专科学校的学生如修业 4 年以上，完成总授课时数 3400 学时以上者，可以获得'高级专业士'的称号，也相应取得了研究生院的学习资格。从 2005 年 10 月开始，短期大学的毕业生也可被授予'短期大学士'学位。"[①]

"高移"现象还包括中高等职业教育的一体化。如美国现有 800 多所社区学院提供高中后职业教育，加拿大有 175 所属于高等职业教育性质的大学，韩国职业高中与二年制职业专科学院联办五年制高等职业教育已超过了 145 所。德国"双元制"职业教育向高等教育的延伸则起步于 20 世纪 70 年代，如今已建立了 22 所三年制职业学院，近年来又在发展本科层次的"双元制"高等专科大学（应用技术学院）。统一后的德国东部地区的大多数专科学校已升格为高等专科大学。

---

① 李文英，史景轩."二战"后日本职业教育的发展趋势[J].教育与职业，2010(12)：20—22.

为满足青年升入中学后接受职业教育的需要,美国各级政府大力开办"社会大学"。在"社会大学"取得规定学分者,可授予硕士学位。它既是美国高等教育的一种形式,又是中等职业教育向高等教育发展的一种模式,深受美国政府部门的重视和推崇。由于高新技术的广泛应用、第三产业的蓬勃发展、职业岗位的不断变化,使得高等职业教育不能仅仅停留在专科教育层次上。有些西方国家的职业教育已经发展到博士教育阶段,我国台湾地区的职业教育已有硕士、博士学位教育。

六、职业教育全民化

进入21世纪,世界上许多国家和地区开始实行经济发展方式的转型升级。与之相适应的是,全体社会公民也必将进行全面的知识和技能的更新,以适应社会转变的需要。终身教育、全民教育将是教育发展的大势所趋。作为与社会经济发展联系最为紧密的职业教育,将在终身教育和全民教育方面体现出更大的价值。在当代社会,下岗失业人员、城镇富余劳动力、待业青年、农村转移劳动力等,都需要接受职业教育或培训,以便更顺利地、更高质量地就业。即便是从普通高等教育学校毕业的学生,很多也需要进入专门的职业教育机构或用人单位举办的职业培训中"回炉",以适应自己的工作岗位。

联合国教科文组织1999年在韩国召开的第二届国际技术与职业教育大会指出,"技术和职业教育与培训应能使社会所有群体的人都能入学、所有年龄层的人都能入学,它应为全民提供终身学习的机会"。其特定含义包括:一方面,保证女童和妇女有同男子一样接受技术和职业教育的机会。另一方面,努力使下列人员都有机会接受正规或非正规的技术和职业教育与培训计划:失业者和各种处境不利的群体,包括早期辍学者、残疾人、农村贫民以及武装冲突结束后的流离失所者和复员军人。为此,职业教育的课程应是灵活多样的,并且要开展职业咨询与职业指导,以使所有的人都能根据自身需要接受技术和职业教育或培训。

七、职业教育办学协同化

职业教育协同化是指发展职业教育越来越成为政府、社会多部门、多行业通过共同协作而完成的事业。在2014年召开的第三届国际职业技术教育大会上,普遍认为,新的职业技术教育与培训办学形式肯定需要与众多利益攸关方建立更广泛的伙伴关系。职业教育协同化办学因具有多元主体、权责利明确等多重优势而成为提高现代职业教育办学成效的重要途径,它强调多元主体协同参与、共担职责、共享成果。

各国政府在职业教育中的职能是承担发展职业教育的首要责任,这种责任包括政策制定、提供经费、协调关系、制定标准等。而企业在职业教育中的职能是提供最有效的实习和培训场所,使学员在学习过程中了解和掌握企业动态,亲身经历并体验安全生产的重要,增强环保意识和责任感等。如许多发达国家的合作选择了国家培训委员会(National Training

Board)的模式。国家培训委员会通常由三方或四方的代表组成,有来自雇主、劳动者、政府和教育机构的代表。在合作组织中,各责任主体各司其职,共同促进职业教育的良性运行。总之,政府、教育机构及企业雇主之间的密切合作已成为发达国家职业教育改革与发展的重要保证。

教育部门与就业部门、经济部门、雇主组织的密切合作成为职业教育改革和发展的重要保证。"法国政府正在扩大由国民教育部领导的职业教育咨询委员会的作用;在意大利、西班牙、葡萄牙和瑞典,教育部门与就业部门和工业部门一起来制定职业资格。1986年,英国政府实行统一的国家专业证书(National Vocational Qualification,简称 NVQ)和普通国家专业证书(General National Vocational Qualification,简称 GNVQ),全面沟通学校管理机构、教育机构和雇主之间的联系,使各方面的力量形成统一的合力,从而使职业教育进入良性循环协调发展的状态。1995 年 7 月,又将教育部与就业部合并,成立了教育和就业部,成为继澳大利亚之后第二个把教育和就业由一个中央部门来领导的发达国家。"[①]

我国职业教育协同办学主要是要做到产教融合、城乡融合。产教融合是产业与教育的深度合作,是职业院校为提高其人才培养质量而与行业企业开展的深度合作。深化产教融合,促进教育链、人才链与产业链、创新链有机衔接,是推动教育优先发展、人才引领发展、产业创新发展、经济高质量发展相互贯通、相互协同、相互促进的战略性举措。[②] "城乡融合"指在经济社会发展过程中,充分挖掘并有机融合城市与乡村的积极要素,实现城市与乡村的共生、共建和共享,目的是"促进城乡要素自由流动、平等交换和公共资源合理配置,加快形成工农互促、城乡互补、全面融合、共同繁荣的新型工农城乡关系,加快推进农业农村现代化"。[③] 产教融合、城乡融合本质上是一种跨界融合,要求职业院校和企业、城市职业院校和农村职业院校进行合作发展,以达到资源互补、发展共赢的目的。

思考题

1. 联系实际,说明职业与职业教育之间的内在联系。
2. 职业教育发展大致经历了几个阶段?每个阶段的主要特征是什么?
3. 联系职业教育的发展历史,试分析职业教育与科技发展的关系。
4. 当代世界职业教育呈现出怎样的发展趋势?

---

① 乐传永.发达国家职业教育发展的趋势及其启示[J].中国成人教育,2001(07):56—57.
② 吴钦景,董寅双.产教融合 打造新时代高质量协同育人新引擎[N].联合日报,2021-02-03(016).
③ 杨智,杨定玉,陈亦桥.城乡融合视域下易地扶贫搬迁移民社区教育发展探究[J].现代远程教育研究,2021,33(01):56—64+86.

 **相关链接一**

巴洛夫与福斯特职业教育思想[①]

巴洛夫(Thomas Balogh)与福斯特(Philip J. Foster)是20世纪60年代以来国际职业教育界极具影响力的两位学者。他们的观点代表了二战后职业教育发展的不同思路。

1. 职业教育是以"人力规划"还是以"市场需求"为出发点。巴洛夫主张，职业教育应以"人力规划"为出发点。即职业教育应当以经济发展预测为依托、以"人力规划"为出发点去培养和提供人才。福斯特对巴洛夫的这一观点持否定态度，他通过对非洲国家职业教育的研究得出结论：职业教育的发展必须以劳动力就业市场的实际需求为出发点。

2. 职业教育的重心是正规的"学校教育"还是非正规的"在职培训"。巴洛夫指出，职业教育的重心是发展正规学制的职业学校。巴洛夫的这一主张，虽然在当时得到了联合国教科文组织和世界银行的支持，但很快就遭到了学术界的质疑和批判，福斯特更是在文中提出了"职业学校谬误论"。福斯特认为，就结果而言，职业学校只能是一种谬误，而职业教育的重心则应是非正规的"在职培训"。

3. 职业教育的主要组织者是政府还是企业。巴洛夫认为职业教育的主要组织者应该是政府。而福斯特则指出，企业本位的职业培训优于学校本位的职业教育。西方早期学徒制的成功就已经证明了这一点。

4. 职业教育的办学形式是"学校本位"还是"产学合作"。巴洛夫主张按计划大力发展正规的学校形态的职业教育，坚持"学校本位"的办学形式，以求得人力培养上的规模效益。福斯特与巴洛夫的观点恰恰相反。福斯特指出，应该发展多种形式的职业培训，并对现有职业学校进行改造。

5. 职业教育与普通教育的关系是"替代关系"还是"互补关系"。职业教育与普通教育的关系问题是巴洛夫与福斯特职业教育思想上的又一重大分歧。巴洛夫认为，职业教育与普通教育之间是一种"替代关系"。福斯特对这一观点持否定态度。他指出，职业教育与普通教育之间的关系是"互补关系"，而非"替代关系"。

 **相关链接二**

主要国家职业教育模式

德国"双元制"职业教育

"职业教育"被誉为德国经济腾飞的秘密武器，而"双元制"职业教育模式则是德国职业

[①] 周正. 从巴洛夫到福斯特——世界职业教育主导思想转向及启示[J]. 湖南师范大学教育科学学报, 2006(01): 84—89.

教育走向成功的法宝,德国的"双元制"职业教育模式是其职业教育的绝对核心。

所谓"双元制"职业教育即企业(通常是私营的)与非全日制职业学校(通常是公立的)合作而进行职业教育的一种模式。受培训者以学徒的身份在企业里接受职业技能和知识的培训,同时在学校里以学生的身份接受与职业有关的专业理论、职业道德以及文化知识教育。在企业里主要解决怎么做的问题,在学校的任务则是要让学生知道为什么要这么做。在企业与学校的合作中,学生在企业与学校的时间比一般是 3∶2 或 4∶1,或采取离职进修制等形式。

"双元制"的双元特性主要体现在以下几个方面:"两个教育主体——企业与职业学校;受训者的双重身份——学徒与学生;两种法律依据——职业教育法与学校法。企业里的培训主要遵守联邦制定的职业教育法,属联邦管辖。职业学校的教学遵循各州制定的法律法规,各州负责。企业与学校分属两个不同的法律范畴。两个主管单位——联邦政府与州文教部。企业的职业培训由联邦政府主管。它按照联邦政府颁布的《职业培训体系条例》进行。而学校的教学则由各个州文教部管。它以各州文教部长联席会议制定的《理论教学大纲》为指导性文件。两类课程——实训课与理论课。实训课主要在企业里进行;理论课则主要在学校进行,但在企业的实训课里也会有一定的理论教学。"[1]

澳大利亚的 TAFE 学院

TAFE 即技术与继续教育(Technical and Further Education)的英文缩写,是澳大利亚职业教育与培训体系 VET(Vocational Education and Training)的教育实施系统。澳大利亚各州的 TAFE 体系各不相同,但文凭是全国通用的。每年有近 70% 的高中毕业生,即超过 100 万的学生在遍布全国的大约 300 所 TAFE 里读书。TAFE 在澳洲教育界上的定位相当于美国之社区学院(Community and Junior College)或英国的综合技术学校(Polytechnic System),或者国内的高等职业教育。TAFE 是一种在国家框架体系下以产业为推动力量,以客户为中心的,办学形式灵活多样的,与中学和大学有效衔接的高质量的教育培训体系。TAFE 逐步被联邦政府及州政府当作促进经济与社会发展的主要工具。

TAFE 学院最显著的特点就是以国家职业教育与培训体系提供的整套培训计划、大纲为目标,设计教学程序,并注重课程和训练的实践性,完全以市场需求为导向,以工业部门、行业协会和雇主对专业人才的需要为依据。TAFE 对教师的要求非常严格,除学历要求外,还必须有 3 至 5 年的职业工作经历。实训是澳大利亚 TAFE 的主要内容,TAFE 学院的教学主体是实践教学,如贺姆斯格兰学院开设的一些课程,实践操作和理论教学的比例为 7∶3。

美国的社区学院

社区学院(Community College)又称为社区大学,或初级学院。美国的社区学院教育是

---

[1] 石伟平.比较职业技术教育[M].上海:华东师范大学出版社,2001:101—102.

面向全人口的普及性教育,其对象包括不同种族、不同民族、不同年龄、不同政治经济地位、不同教育层次、不同文化素质的全体公民。社区学院是一种别具风格的教育机构:第一,它不是我们传统式的三或四年制形式的大学(University);第二,它不同于一些纯粹培训专业技术的理工学院(Polytechnic Institute)。社区大学是传统大学和理工学院的综合,它可以开办政府认可的大学课程,也同时提供社会教育和某类专业的知识和技能培训,具有多重目标,它集学术、文娱、职业教育于一身,不愧"人民的大学"之美称。

美国社区学院已经有一百多年的历史,截至2004年,美国共有1171所社区学院,其中公立的992所,在经济上依靠百姓纳税的支持。全美国有44%的大学生在社区学院就读,有1040万人,其中540万为学分制学生,500万为非学分制学生;63%为兼职学生,37%为全职学生。每个学生的平均学杂费为1518美元。社区学院的使命包括五个方面,它们是转学教育、职业生涯教育、一般教育、补偿教育以及社区教育。

中国的现代学徒制[①]

现代学徒制是中国教育部于2014年提出的一项旨在深化产教融合、校企合作,进一步完善校企合作育人机制,创新技术技能人才的培养模式。现代学徒制是通过学校、企业深度合作,教师、师傅联合传授,对学生以技能培养为主的现代人才培养模式。与普通大专班和以往的订单班、冠名班的人才培养模式不同,现代学徒制更加注重技能的传承,由校企共同主导人才培养,设立规范化的企业课程标准、考核方案等,体现了校企合作的深度融合。

中国现代学徒制以招生与招工一体化为基础,以工学结合人才培养模式为核心内容,校企共建师资队伍,形成与现代学徒制相适应的教学管理与运行机制。现代学徒制有利于促进行业、企业参与职业教育人才培养全过程,实现专业设置与产业需求对接,课程内容与职业标准对接,教学过程与生产过程对接,毕业证书与职业资格证书对接,职业教育与终身学习对接,提高人才培养质量和针对性。

国家职业教育改革实施方案(节选)

国发〔2019〕4号

总体要求与目标:坚持以习近平新时代中国特色社会主义思想为指导,把职业教育摆在教育改革创新和经济社会发展中更加突出的位置。经过5—10年左右时间,职业教育基本完成由政府举办为主向政府统筹管理、社会多元办学的格局转变,由追求规模扩张向提高质量转变,由参照普通教育办学模式向企业社会参与、专业特色鲜明的类型教育转变,大幅提升

---

① 教育部.关于开展现代学徒制试点工作的意见.[EB/OL]. http://www.gov.cn/gongbao/content/2015/content_2806020.htm, 2014-8-25.

新时代职业教育现代化水平,为促进经济社会发展和提高国家竞争力提供优质人才资源支撑。

具体指标:到2022年,职业院校教学条件基本达标,一大批普通本科高等学校向应用型转变,建设50所高水平高等职业学校和150个骨干专业(群)。建成覆盖大部分行业领域、具有国际先进水平的中国职业教育标准体系。企业参与职业教育的积极性有较大提升,培育数以万计的产教融合型企业,打造一批优秀职业教育培训评价组织,推动建设300个具有辐射引领作用的高水平专业化产教融合实训基地。职业院校实践性教学课时原则上占总课时一半以上,顶岗实习时间一般为6个月。"双师型"教师(同时具备理论教学和实践教学能力的教师)占专业课教师总数超过一半,分专业建设一批国家级职业教育教师教学创新团队。从2019年开始,在职业院校、应用型本科高校启动"学历证书+若干职业技能等级证书"制度试点(以下称1+X证书制度试点)工作。

一、完善国家职业教育制度体系

(一)健全国家职业教育制度框架

按照"管好两端、规范中间、书证融通、办学多元"的原则,严把教学标准和毕业学生质量标准两个关口,将标准化建设作为统领职业教育发展的突破口。深化产教融合、校企合作,育训结合,健全多元化办学格局,推动企业深度参与协同育人,扶持鼓励企业和社会力量参与举办各类职业教育。推进资历框架建设,探索实现学历证书和职业技能等级证书互通衔接。

(二)提高中等职业教育发展水平

优化教育结构,保持高中阶段教育职普比大体相当。完善招生机制,建立中等职业学校和普通高中统一招生平台,精准服务区域发展需求。积极招收初高中毕业未升学学生、退役军人、退役运动员、下岗职工、返乡农民工等接受中等职业教育;服务乡村振兴战略,为广大农村培养以新型职业农民为主体的农村实用人才。鼓励中等职业学校联合中小学开展劳动和职业启蒙教育,将动手实践内容纳入中小学相关课程和学生综合素质评价。

(三)推进高等职业教育高质量发展

把发展高等职业教育作为优化高等教育结构和培养大国工匠、能工巧匠的重要方式,使城乡新增劳动力更多接受高等教育。建立"职教高考"制度,完善"文化素质+职业技能"的考试招生办法,提高生源质量,为学生接受高等职业教育提供多种入学方式和学习方式。在学前教育、护理、养老服务、健康服务、现代服务业等领域,扩大对初中毕业生实行中高职贯通培养的招生规模。

(四)完善高层次应用型人才培养体系

发展以职业需求为导向、以实践能力培养为重点、以产学研用结合为途径的专业学位研究生培养模式,加强专业学位硕士研究生培养。开展本科层次职业教育试点。制定中国技能大赛、全国职业院校技能大赛、世界技能大赛获奖选手等免试入学政策,探索长学制培养高端技术技能人才。服务军民融合发展,把军队相关的职业教育纳入国家职业教育大体系,共同做好面向现役军人的教育培训。

二、构建职业教育国家标准

（五）完善教育教学相关标准

（六）启动1+X证书制度试点工作

启动1+X证书制度试点工作。鼓励职业院校学生在获得学历证书的同时,积极取得多类职业技能等级证书,拓展就业创业本领,缓解结构性就业矛盾。各类职业技能等级证书具有同等效力,持有证书人员享受同等待遇。院校内实施的职业技能等级证书分为初级、中级、高级,是职业技能水平的凭证,反映职业活动和个人职业生涯发展所需要的综合能力。

（七）开展高质量职业培训

（八）实现学习成果的认定、积累和转换

三、促进产教融合校企"双元"育人

（九）坚持知行合一、工学结合

健全专业设置定期评估机制,强化地方引导本区域职业院校优化专业设置的职责,原则上每5年修订1次职业院校专业目录,学校依据目录灵活自主设置专业,每年调整1次专业。每3年修订1次教材,其中专业教材随信息技术发展和产业升级情况及时动态更新。适应"互联网+职业教育"发展需求,运用现代信息技术改进教学方式方法,推进虚拟工厂等网络学习空间建设和普遍应用。

（十）推动校企全面加强深度合作

学校积极为企业提供所需的课程、师资等资源,企业应当依法履行实施职业教育的义务,利用资本、技术、知识、设施、设备和管理等要素参与校企合作,促进人力资源开发。在开展国家产教融合建设试点基础上,建立产教融合型企业认证制度。厚植企业承担职业教育责任的社会环境,推动职业院校和行业企业形成命运共同体。

（十一）打造一批高水平实训基地

（十二）多措并举打造"双师型"教师队伍

从2019年起,职业院校、应用型本科高校相关专业教师原则上从具有3年以上企业工作经历并具有高职以上学历的人员中公开招聘,特殊高技能人才(含具有高级工以上职业资格人员)可适当放宽学历要求,2020年起基本不再从应届毕业生中招聘。加强职业技术师范院校建设,优化结构布局,引导一批高水平工科学校举办职业技术师范教育。探索组建高水平、结构化教师教学创新团队,教师分工协作进行模块化教学。

四、建设多元办学格局

（十三）推动企业和社会力量举办高质量职业教育

（十四）做优职业教育培训评价组织

五、完善技术技能人才保障政策

（十五）提高技术技能人才待遇水平

（十六）健全经费投入机制

六、加强职业教育办学质量督导评价

（十七）建立健全职业教育质量评价和督导评估制度

（十八）支持组建国家职业教育指导咨询委员会

七、做好改革组织实施工作

（十九）加强党对职业教育工作的全面领导

（二十）完善国务院职业教育工作部际联席会议制度

第二章

职业教育功能

教学目标

1. 理解职业教育与政治的基本关系。
2. 理解和掌握职业教育对经济社会发展的重要作用。
3. 了解职业教育与科技进步及文化发展的关系。
4. 理解职业教育对个体发展的意义。
5. 理解职业教育对教育自身发展的作用。

教育功能，也称为教育作用，是教育本质的一种体现。教育作为人类社会特有的现象，具有多方面的功能。第一，教育具有保证人类延续的功能。人类的延续需要新一代学习前人的经验，以适应既有的社会生活状况，其中教育就充当了传递社会生活经验专门工具的角色。第二，教育具有促进社会发展的功能。教育根据社会发展需要培养人、造就人，而人则在社会生活中发挥积极的作用，从而推动社会进步。第三，教育具有个体的社会化功能。无论是广义还是狭义的教育，其目的都是促进个体身心健康发展，使其完成从自然人向社会人的转化。职业教育也具备上述教育的基本功能，但又具有自身的特殊性。本章主要从社会发展、个体发展和教育自身发展三个方面对职业教育的功能进行阐述。

第一节 职业教育与社会发展

不论职业教育具有什么功能，其真正生长的土壤是社会。[①] 正确认识职业教育与社会诸要素的关系，有利于我们从宏观上更好地认识职业教育在国家发展中的战略地位，促进职业教育地位的提升。[②] 职业教育的功能体现在多个方面，本节主要从职业教育的政治功能、经济功能、促进科技进步的功能和文化功能四个层面进行阐述。

一、职业教育的政治功能

（一）政治对职业教育的制约作用

政治对职业教育的作用，主要反映在政治系统利用政策、法律等手段来决定职业教育的发展方向，确定职业教育的方针、政策及制度、规范等，以此为社会提供职业教育机会，从而促进职业教育发展与政治需求的一致性。政治对职业教育的作用主要表现在以下几个方面。

1. 政治决定职业教育的地位

一方面，统治阶级通过国家机器制定职业教育的发展战略，规定职业教育发展的方针路线，决定职业教育受教育者的培养任用；另一方面，国家权力机关通过教育投资间接实现对职业教育的领导和管理，控制职业教育发展的规模和速度，决定职业教育机构的存亡。在我国，真正政治意义上的职业教育始于中华人民共和国成立初期对失业人员的职业培训，后随着经济发展的需要建立中等专业学校和技工学校，但到了20世纪60年代，上述两类学校被大量撤并。随着人们对职业教育作用认识的愈益深刻，职业教育得到了空前的发展，职业教育成为国家"人才强国"的基本战略之一，其具有里程碑意义的标志性事件就是2005年《国务院关于大力发展职业教育的决定》正式提出，要"落实科学发展观，把发展职业教育作为经济社会发展的重要基础和教育工作的战略重点"。

---

① 徐国庆. 职业教育原理[M]. 上海：上海教育出版社，2007：72.
② 胡斌武. 职业教育学[M]. 北京：高等教育出版社，2015：13.

2. 政治决定职业教育的目的和性质

教育的目的是关于培养什么样的人的问题,具体地讲,即要培养具有什么样的政治观念、政治态度的人。到了现代社会,虽然社会生产力的发展对职业教育目的的选择具有很大的制约作用,但是因为统治阶级控制着职业教育,因而使职业教育培养能够掌握国家机器、管理生产和维护本阶级利益的人才这一点并没有什么改变。职业教育明确地反映着统治阶级的需要,职业教育是政治统治的强有力工具;同时,统治阶级用思想宣传上的优势力量来影响或控制职业教育。统治阶级能够利用国家的宣传机器,将自己的思想、价值观念向社会传播,决定思想品德教育的内容,从而左右教育的发展方向。

3. 政治决定受教育者的权利与发展的机会

谁拥有接受职业教育的权利,拥有受什么样的职业教育的权利,这些都是由政治及经济制度决定的。改革开放前,中等专业学校和技工学校毕业生被人为地标识为"干部"和"工人"两种身份,其教育的接受者所享受的政治、经济待遇是截然不同的,这就决定了学生的来源和去向。21世纪以后,这种"身份"的界限被彻底打破,当今,人们接受职业教育的权利从理论上来说是平等的,而且,国家为了真正使职业教育权利公平,成为人民的、大众的教育,出台了一系列政策,促进人们享受公平的职业教育权利,如实行减免学费或免费的职业教育与培训政策和制度。

(二)职业教育对政治的维护与促进作用

政治与职业教育之间的关系,就其性质来说,是决定与被决定的关系,即政治决定职业教育,但这并不意味着两者之间的关系是单向的。事实上,职业教育对政治也有反作用,这种反作用也正是政治对职业教育作用的结果,表现为职业教育的政治功能。

1. 职业教育维护现实的政治关系

政治关系主要是阶级关系,其格局主要是社会各阶级、各阶层在社会中所处的地位。职业教育由于在政治上的方向性、教育上的有效性,使未来社会成员认同、服从并适应现实的政治关系格局,使这种现实的政治关系在受教育者的头脑中成为一种当然之物。职业教育还通过培养一定的政治人才,使统治阶级的力量得到补充,使现存的政治关系格局得到巩固。由职业教育来塑造的劳动者是现实政治格局得以维护和巩固的基石,没有这一基石,社会就可能产生动荡,政治关系也就不能稳定,就会导致社会不能正常发展。这是职业教育最重要的政治性功能。

2. 职业教育促进一定政治目标的实现

任何政府、政党的社会政治目标都是通过社会成员来实现的,而社会成员必须要有对社会政治目标的意识及与之相应的热情,同时还要有实现社会政治目标所必需的各种行为能力。职业教育可以有效地将一定的政治目标和意图通过职业培训传播到社会成员的头脑中,同时通过职业培训改善一定的社会成员分布结构,调节一定的社会阶层利益关系,从而达到一定的政治目的。这一点,在"三农"问题的解决中表现得尤为显著。

3. 职业教育影响社会政治生活质量

社会政治生活的主体是全体公民,国民的政治素质是影响社会政治生活质量高低的一个重要因素,而国民政治素质提高、政治意识与政治参与能力培养的有效途径之一便是包括职业教育在内的各类教育。职业教育自觉地、有意识地培养受教育者参政议政的意识,增强他们的民主观念和法制观念,同时还提高他们的政治参与能力。职业教育主要培养一线普通劳动者,他们既是社会经济建设的主力,又是社会政治的基础,他们的政治觉悟和政治水平状况直接决定我国社会政治生活的基本状况和发展前景。

4. 职业教育促进社会阶层合理流动

社会稳定与发展,是政治的最高目标。达到这个目标的途径之一是构建一个平等和谐的社会。历史经验表明,阶层流动有益于社会的稳定与和谐。因为这让社会底层的人们始终心存希望,怨愤得以消解,而维护阶层流动性的最佳途径便是教育。教育可以让每一个社会成员在一定的社会形态中有机会运用自身的能力和努力达到自己所追求的社会目标。作为义务教育之上的职业教育,不但给了社会成员接受不同类型教育的机会,也给了其选择职业方向的机会。就职业教育本身而言,既有中等职业教育,又有高等职业教育;职业教育与普通教育的衔接与沟通,使得人人都有向以职业为形式的社会阶层的"金字塔"塔顶攀登的机会。在这样的教育机制下,社会成员的流动通过包括职业教育在内的各种教育类型得以合理有序,从而使社会稳定和谐。

值得指出的是,职业教育的人民性、大众性特点决定了其相对于普通教育而言更具有公平性,能够对包括妇女以及残障人员在内的弱势群体提供公平的、有利于改变其自身处境甚至命运的教育机会,通过职业教育可以提高处于不利地位的弱势群体的就业能力,增加他们的就业机会,也有利于相关社会问题的解决。

5. 职业教育促进城乡社会和谐发展

建设社会主义新农村、实施乡村振兴战略是促进我国社会和谐发展的重要决策。党的十六届五中全会提出"推进社会主义新农村建设",表面上看是经济问题,实质上更是政治问题。这里面除了一系列有关农村、农业的政治、经济体制、机制因素外,最重要的是农民问题,要把现有的农民培养成适应农业农村现代化建设的新型职业农民,职业教育责无旁贷。乡村振兴战略的总体要求为"产业兴旺、生态宜居、乡风文明、治理有效、生活富裕"。乡村振兴的关键是人、地、钱,而人又是制约乡村振兴战略实现的核心要素。着眼长远,要实现乡村振兴战略目标,就必须解决作为"三农"核心的农民人力资本的积累问题,而农村职业教育具有不可替代的作用。[①] 因此,职业教育,尤其是广义的职业教育,实际上已经成为新农村建设、乡村全面振兴的关键环节。

---

① 马建富,陈春霞,吕莉敏. 乡村振兴与农村职业教育变革[M]. 北京:知识产权出版社,2020:3.

二、职业教育的经济功能

(一) 社会经济发展对职业教育的制约性

1. 社会经济制约着职业教育的人才培养目标

社会发展的历史证明,以生产力为标志的社会经济发展水平越高,它对劳动者科学技术素养的要求就越高。生产劳动的科技含量越来越高,对劳动者的职业素质要求也越来越严格,劳动者必须接受一定程度的职业教育才能胜任职业岗位工作。20 世纪 90 年代后开始的职业教育层次逐步上移就是社会经济对职业教育发展积极推动的结果。

2. 社会经济制约着对职业教育的需求,影响职业教育的发展规模和速度

第一,社会经济发展需求是职业教育存在的前提,也是其发展的根本动力所在。没有对职业教育的需求,也就没有职业教育的发展。从纵向上来看,我国职业教育在其发展的萌芽阶段,经历了漫长的几千年,但主要是以学徒制的形式存在。其原因是古代社会的生产力发展水平不高,缺乏对职业教育的有效需求。那时候,人们只需要通过师徒制,结合生产劳动就可以进行简单的技术和经验的传授。到了产业革命之后,生产工艺复杂性大大增强,对劳动者的职业素质要求不断提高,参加劳动的人们只有接受专门的职业教育与培训,才具有胜任职业岗位工作的能力,因此,职业教育无论在发展的规模上还是速度上都得到了空前发展。到了现代,不仅经济发展对职业教育提出了更多更高的要求,而且一些看似简单的工作,也必须接受专门的职业教育与培训才能胜任。从横向比较来看,当今世界上无论哪一个发达国家,都有着发达的职业教育系统;而欠发达国家和地区,其职业教育系统也相对落后。

第二,社会经济发展水平制约着职业教育发展的规模与速度。2010 年以来,我国中等职业教育招生数呈现下滑趋势,研究者通过对 1997—2018 年中等职业教育规模及经济发展情况的分析发现,中等职业教育规模"波动"既是一种阶段性现象,也具有一定的合理性。其中,经济发展态势或经济发展周期为影响职业教育稳定发展的潜隐关键因素。[1] 此外,职业教育活动必须投入一定的人力、物力、财力,而且职业教育比普通教育发展需要更多物质基础,所以,物力资源、财力资源的投入水平,决定并制约着职业教育发展的规模和速度。

3. 社会经济结构决定和制约着职业教育的结构

社会经济结构包括国民经济的产业结构、分配结构、消费结构、技术结构及劳动力结构等。一般而言,经济结构主要指产业结构,即第一产业、第二产业及第三产业的分布和构成状况。所谓职业教育结构,是指构成职业教育体系的各级各类职业教育的比例及其结合方式。职业教育结构必须与社会经济结构保持良好的吻合性,并形成动态调节适应机制。

首先,经济发展需要的人才结构决定职业教育的层次结构。职业教育的层次关系主要是指初、中、高等职业教育的比例关系。一般来说,各地都需要初、中、高不同层次的人才,这

---

[1] 马欣悦,石伟平. 现阶段我国中等职业教育招生"滑坡"现象的审视与干预[J]. 中国教育学刊,2020(11):66—71.

与经济社会发展的需求结构相一致。经济社会和科技越是发达,对高层次人才的需求越是强烈,对高层次职业教育的需求也就越是旺盛。

其次,产业结构决定职业教育专业结构。职业教育各类专业的设置,应该与区域社会经济结构相吻合,符合产业经济发展的方向。从发展趋势来看,我国第一产业专业逐渐减少、第二产业的专业持续平稳、第三产业的专业应该逐渐增加。另外,职业教育专业设置对新兴产业等发展应该具有前瞻的适应性。

最后,经济社会布局结构决定职业教育布局结构。职业教育布局结构,即指各级各类职业学校的分布以及各种专业的分布。要合理地对职业教育进行规划和布局调整,从而实现资源利用的最大化。这种布局结构的优化主要是对同一辖区内的城乡职业教育专业进行统筹规划,当然,有些专业也可以在一个具有相似性经济结构及需求的更大区域范围内进行区域性统筹规划与布局。

4. 经济发展水平决定职业教育的内容和方法

第一,经济发展水平对职业教育内容不断提出新的要求。职业教育只有密切关注经济对人力资源规格的需求提出的信号,适时地调整教育内容,才能培养符合社会需求的人才。例如,现代经济的发展,使得无论哪个岗位都要求从业者具有计算机的应用能力,因此,学校必须开设相应的课程或者渗透相应的内容。在乡村振兴背景下,"一二三产的融合"产生的六次产业,在给农业带来丰富的想象空间的同时,也对劳动者的素质提出了新的更高要求,因而进一步影响职业教育的培训内容。

第二,经济发展水平为职业教育信息化提供了条件。现代社会代表经济发展时代特征的信息传递系统和信息控制系统,使得职业教育能够在更为广阔的空间,无限制的时间内,传授最大量的教育信息,从而扩大学习范围,促成多种学习方式,选择最适合学生发展需要的课程内容。

(二)职业教育对经济发展的促进作用

1. 为经济社会发展培养高素质技术技能型人才

1985年发布的《中共中央关于教育体制改革的决定》指出:"社会主义现代化建设不但需要高级科学技术专家,而且迫切需要千百万受过良好职业教育的中、初级技术人员、管理人员、技工和其他受过良好职业培训的城乡劳动者。没有这样一支劳动技术大军,先进的科学技术和先进的设备就不能成为现实的社会生产力。"随着社会经济的发展,社会对具有高素质的技术、技能型人才的需求愈益旺盛。作为技术、技能型应用人才培养摇篮的职业教育,需要得到更好、更快的发展,才能满足社会经济的发展需要。

按照马克思关于"教育会生产劳动能力"的观点,职业教育可以改变劳动力的性质和形态,把一个非熟练劳动力培养成为一个熟练的劳动力;把一个简单劳动力、一般性质的劳动力,训练成为一个复杂的和专门的劳动力,使劳动能力具有专门性。实践告诉我们,一个国家或地区,先进的生产设备、科学技术可以引进,少数高层次的技术人才也可以引进,而千百万具有良好素质的劳动技术大军是无法引进的,必须通过职业教育进行培养和训练。

2. 职业教育提高劳动力资源配置的效率

职业教育不仅具有培养人才的功能,还有职业选择和人力资源配置的功能。这就是说,职业教育能将具有不同能力倾向、不同兴趣爱好的人导向相应产业的职业岗位,使劳动者个体需求与社会需要相吻合,从而充分发挥人的潜能,提高劳动力资源的配置效益,促进经济的健康发展。职业教育主要通过专业结构、课程结构的调整,开展职业指导以及终身职业教育的发展来实现劳动力的合理流动。社会经济的发展,必然会引发劳动力资源的流动与优化配置。这种配置如果不借助职业教育内部的专业结构、课程改革,很难符合经济发展的需要,就会降低社会生产效率。职业教育正是通过自身的不断调整,间接地调节着全社会劳动力的总体配置结构,满足社会生产对不同规格劳动力的需求,从而促进社会经济的发展。

职业教育通过促进劳动力的合理配置而促进经济发展的作用是十分巨大的。充分发挥职业教育的经济功能,首先要处理好职业教育与经济发展在布局和结构上的关系,努力使职业教育在各大产业的配置、地区布局、专业和程度结构上都与经济发展要求相一致。

3. 职业教育提高劳动生产率

适用的科学技术和工艺技能是职业教育的主要内容。第一,职业教育能够对技术技能加工改造,使之成为简约化的精华;第二,职业教育对实用技术技能的传播是一种高效、扩大的劳动力再生产活动,它通过有效的教学组织形式和教学方法使原来为少数人所掌握的技术技能为更多的人所掌握;第三,职业教育正是通过技术技能的传播,将科学技术这种一般的、潜在的生产力转化为现实的生产力,从而创造出新的生产力,促进经济的发展。

与普通教育相比,职业教育直接与经济生产结合,其目的就是通过对劳动者职业素质的培养来提高劳动生产率。具体地说,职业教育能提高劳动者运用新技术、新工艺、新设备的能力,并能使劳动者有更多的技术革新和生产创新。职业教育还通过培养劳动者的安全意识、设备保养和维修能力来减少生产事故,降低生产工具和设备的损坏率,从而间接提高劳动生产率。劳动者的劳动生产率不仅与他们的技术水平有关,还与他们的劳动态度有很大关系,积极进取的劳动态度能提高劳动生产率。职业教育通过为劳动者提供正确的政治观念、良好的职业道德教育,从正面影响他们的劳动态度,从而间接地提高劳动生产率。

4. 职业教育促进农村劳动力转移和农民工市民化

农村劳动力转移和农民工市民化是具有战略意义、利国利民的大事。随着我国新型城镇化的推进,农村劳动力转移将是一个长期的过程。通过职业教育与培训,不仅能够使农村劳动者具有更强的职业选择性和竞争性,更重要的是在我国户籍制度改革后,农村人口进城的"门槛"降低了,而职业教育可以从素质的角度再次提高这个"门槛",比如只有取得一定等级的职业资格证书者才能成为市民等。在农村劳动力转移到城镇之后,职业教育与培训将是促进"农民工市民化"的重要路径。职业教育与培训在人力资本生成与提高等方面的价值和功能表现为,能够更快地促进农民工实现市民化,并使该群体实现从"人口红利"时代转向"人才红利"时代。[1] 这样不但能够提高农民接受和投资职业教育的积极性,促进农村职业教育的发展,而且农村劳动力流向城市也将会从数量扩张逐步过渡到素质竞争,劳动力资源的配置才会更加优化合理。

三、职业教育促进科技进步的功能

社会生产力、科技、教育间的关系表现为:科技进步促进社会生产力的发展,社会生产力发展对人提出新的要求,从而推动教育的改革与发展。职业教育具有把科学技术转化为现实生产力的职能,因此职业教育能促进科技进步。

首先,科技进步推动了职业教育的产生与发展。与其他形态的教育相比,职业教育的产生与发展受科技发展的影响更为明显,从某种意义上说,职业教育是科技进步的产物。18世纪末,蒸汽机的发明推动了工业革命。由于大工业生产的技术进步,产生了近代职业学校。21世纪信息化社会到来,科学技术和社会经济的发展将以微电子、信息处理、新材料、新能源、海洋和宇宙开发,以及生命科学和生物工程等新兴领域为主导;信息、知识和智能成为社会和经济发展的最重要的战略资源。新技术的发展,必然引起职业教育的变革。当代智能科技的发展使劳动力结构向非体力的智能化演变的趋势进一步加强。这对职业教育提出了向高层次发展的要求,整个职业教育出现了高移化的趋势。

其次,科学技术的发展激发了人们接受职业教育的兴趣。一方面,只有具有娴熟职业技能的人才更具就业竞争力,才能够获得更高的劳动报酬;另一方面,科学技术的发展要求人们不断更新智能结构。近几十年在劳动组织结构中,非熟练劳动者与熟练劳动者、体力劳动者与非体力劳动者的比例发生了重要变化,从业结构也正发生着巨大的改变;再一方面,科学技术的加速发展,促使社会产业结构发生了相应的变化。劳动密集型、资本密集型的传统产业的比例不断降低,技术密集型的新兴产业迅速崛起。所有这些都带来了职业教育的专业结构和教育内容的不断更新,也激发了人们接受职业教育的兴趣。

最后,科学技术进步促进了职业教育教学模式及教学手段的变革与创新。在互联网+、AR/VR技术孕育发展的时代背景下,3D立体视觉仿真图形、机器人设备、实验动态仿真、网络教学系统、掌上型实验设施等将不断融入职业学校教学环境的变革之中,[2]势必会促进职业教育探索与创新"理实一体化、线上线下相结合"的教学模式与组织形式。运用现代电化教学手段,学生可以加速对所学内容的理解,促进科学概念的形成,促进思维的发展,提高教学效益,使学生得以生动活泼地、自主地学习;广泛运用电化教学手段,还可以缩短学校教育

---

[1] 马欣悦,陈春霞,吕航. 新型城镇化视域下新生代农民工市民化的职业教育培训策略[J]. 中国职业技术教育,2015(24):47—50.
[2] 陈春霞. 2030年,还需要职业学校吗? [N]. 中国教育报,2016-01-12(005).

教学内容与社会现实的距离。先进的教学手段能够有效地帮助学生掌握最新的科学技术发展动态,了解最先进的工艺。2011年掀起的大规模远距离在线课程的"慕课"(MOOCs)风暴,被誉为"印刷术发明以来教育最大的革新",呈现出了"未来教育"的曙光。慕课、网易公开课等正是科技进步对教育影响的现实反映。

与此同时,职业教育为科技进步培养所需要的科技人才和熟练劳动者。提高劳动者的素质,培养人才,已成为世界各国发展经济的重要国策。现代科学技术在世界各国的发展历史表明,一个国家缺乏受过良好教育的科技人才,将是阻碍经济与社会发展的极其重要的因素;建立一支训练有素、生气蓬勃的科技人才队伍,是保证其经济发展立于不败之地的重要措施。在当代国际市场激烈的竞争中,只有在劳动力素质、专业技术人才以及高科技人才上占有优势,才能拥有产品优势和市场竞争优势。因此,发展职业教育,提高劳动者素质,培养适应社会发展所需要的高质量的专门人才和大批熟练劳动者,是促进科技进步的主要手段。

职业教育的特殊职能在于,首先通过对科学技术知识的传播,使受教育者掌握现代科学技术成果,通过这些科学技术的利用和推广,转化成为直接的生产力,然后再将生产实践中积累的经验总结提高,开发出新的科技成果。由于现代教育的社会化以及教育、科研、生产之间的密切结合,使得科学技术转化为直接生产力的步伐越来越快。特别是教育部门、研究部门和产业部门之间的各种"合作教育""合作研究开发",以及"合作生产"等新体制的出现,使得科学技术的"生产"及其向直接生产力的转化,逐步成为一个完整的连续过程。职业教育对科学技术发展的促进作用主要表现为:一方面,职业教育承担着一些科学技术研究和开发活动,这主要以高等职业教育为主,直接进行科学技术的"生产",为社会提供有价值的科学技术成果;另一方面,最主要的是通过培养各种技术人才和熟练劳动者,从而保证科学技术"生产"部门的"再生产"得以有效进行。

四、职业教育的文化功能

职业教育不仅是在一定的政治、经济条件下进行的,同时也处于一定的文化背景之中。文化背景与职业教育之间必然产生一定的联系。这主要表现在职业教育发展过程中,文化以其特有的约束力,以一种潜在的方式影响职业教育,职业教育则通过选择、传播、整理等方式促进文化的发展。

(一)文化传递与保存功能

职业教育是保存文化的有效手段。文化的表现形式包括物质文化、制度文化和精神文化,无论哪一类文化的保存都离不开教育对人的培养。职业教育以文化为中介,客观上起着文化的传承和普及作用,正因为如此,才使人类积累的文化代代相传,并由少数人传向多数人,由一个地域传向另一地域。

（二）文化选择与活化功能

文化选择是文化变迁与文化发展的起始环节，它表现为对某种文化的自动选择或排斥。职业教育不是对所有文化都进行传播，而是具有选择性的。选择有两个标准：一是按照统治阶级的需要选择主流文化；二是按照学生发展的需要选择系统、科学、基本的文化。职业教育作为一种特定的文化传播现象，必须对浩瀚的文化作出选择，这不只是促进文化的发展和变迁，更重要的是提高受教育者的文化选择能力，以促进人的发展。

文化存在的形式可以分为两种：一种是存储形态的文化，一种是现实活跃形态的文化。从存储形态的文化转变为现实活跃形态的文化，这一过程就是文化活化的过程，而只有教育才能够把文化从物质载体转移到人身上，与人的思想、智慧、情感建立联系，从而使文化成为影响人的行为的现实力量。

（三）文化交流与融合功能

文化具有地域性，职业教育从两个方面促进文化的交流和融合：一是通过职业教育的交流活动如互派师生访问、学术交流等，促进不同文化间的相互协作、相互影响；二是通过对他域文化的"拿来""移植"和"改造"，为我所用，从而促进不同地域文化的交流、变革、融合，形成新的文化，促进文化的不断丰富和发展。

（四）文化更新与创造功能

没有文化的更新和创造，就没有文化的真正发展。职业教育激活文化的功能，最根本的体现就是对科学、技术文化的创新。一方面，职业教育对文化的选择、批判和融合，总是着眼于古为今用、洋为中用，适应社会发展变化的需要，构建新的文化特质和体系，使文化得到不断的更新和发展。另一方面，职业教育不断创造新的文化。职业教育创造文化有直接和间接两种途径：一是职业教育直接生产新的文化，包括新的产品、新的思想、新的科学技术，教师和学生成为新文化的生产者；二是职业教育通过培养创造型人才间接生产新的文化，并通过各种各样的岗位更新和发展文化。

（五）传递与发展企业文化的功能

现代职业教育是工业革命的产物，因此现代职业教育与企业有着天然的联系。这种联系表现在文化上，就是职业教育必须聚合企业文化、选择企业文化、传递传播企业文化、创新企业文化。

企业文化由物质文化、制度文化和精神文化按照一定的规则构成。职业教育的主要任务是为企业培养合格的一线生产骨干，因此企业文化必须在职业学校教育中得到体现。

1. 聚合企业文化

聚合企业文化包含两个层面的意思：第一，职业教育应该反映一定历史时期企业文化的精髓。这也是由职业教育的性质所决定的。一定历史时期的企业文化反映了一定历史时期生产力水平的状况，也反映了一定历史时期的生产关系状况。职业教育要为生产力服务，就必须用现实生产力和生产关系的内核决定教育的方向和内容。比如最先进的机器设备、管理制度和经营理念等。

第二，职业教育应复制企业的优秀文化。这主要指由一定教育制度决定的教育模式。典型的代表如德国"双元制"职业教育，受教育者直接在企业接受技能训练、生产管理和精神熏陶；职业学校反过来提炼企业文化，强化企业优秀文化。在我国，如果职业学校实施的是"订单式"教育，同样要复制"下单"企业的文化要素，然后进行优化、强化，进而在教育中渗透。

2. 选择企业文化

选择企业文化的意义在于：第一，职业教育受职业类型的制约，不同产业和行业的企业文化有时很难共生于一个教育实体内，这就需要选择。第二，企业文化有地域之分、绩效之分，甚至优劣之分，定向服务的职业教育必须选择。第三，企业文化有物质文化、制度文化和精神文化三个层面，有时并不是所有文化都能适合学校教育。比如制度文化，有些难以和校园文化融合，这也需要选择。虽然职业教育能够聚合企业文化，但基于上述原因，有时并不能照单全收，必须根据人才培养的规律和职业教育面临的社会政治、经济、文化背景选择最合适的企业文化。职业教育的规律之一是：合适的才是有效的。

3. 传递传播企业文化

企业文化的发展首先需要依靠文化的传递和传播。企业文化的传递是指文化在时间上的延续，优良的企业文化都不是一蹴而就的，都有一个形成、积淀与发展的过程，职业教育就是这种传递。企业文化传播是指文化在空间上的流动，职业教育让尽可能多的人接受企业文化，发扬企业文化。所以，职业教育是传递和传播企业文化的重要载体和途径，职业教育通过传递、传播文化而促进企业文化的发展。

4. 创新企业文化

企业文化只有被社会广泛接受，才能形成有活力的文化行为，从而推进企业的进步与发展。职业教育过程首先是把现有的企业文化不断转化为学习者的知识、能力、行为规范，又创造性地反作用于企业文化，给企业文化上打上新的文化烙印，赋予企业文化以新的特质。同时，在这一过程中，不同产业、不同行业、不同企业，甚至不同国度的文化，通过职业教育相互交融、彼此促进。现代科学技术、生产工艺有许多都是从国外传入我国，通过职业教育的加工、吸收、消化和传播，为我国广大劳动者所掌握的。这在客观上起到了创新我国企业文化的作用。

第二节 职业教育与个体发展

职业教育以自身的特色和方式，在帮助个体向社会化转变的基础上，帮助社会人实现自身的价值。这包括三个方面的内涵：一是职业教育对人的就业功能；二是职业教育对人的职业保障功能；三是职业教育促进个体全面成长的功能。

一、职业教育的就业功能

社会分工奠定了不同的职业基础,也决定了不同职业的素质要求。对个体来说,拥有技术、技能、具备从事某种职业的资格,才能在社会生活中立足。职业教育首先满足了个体的这种基于生存目的的需要,这就是职业教育的就业功能。

我国从1999年起普遍推行劳动预备制度,组织新生劳动力和其他求职者在就业前接受一至三年的职业教育与培训,使其取得相应的职业资格或掌握一定的职业技能,并在国家政策的指导和帮助下,通过劳动力市场实现再就业,并同时实施严格的就业准入控制。主要做法是:劳动预备制人员在培训或学习期满,取得相应证书后,方可就业。从事一般职业(工种)的,必须取得相应的职业学校毕业证书或职业培训合格证书;从事国家和地方政府以及行业有特殊规定职业(工种)的,在取得职业学校毕业证书或职业培训合格证书的同时,还必须取得相应的职业资格证书;从事个体工商经营的,也应接受必要的职业培训,其中从事国家规定实行就业准入控制职业(工种)的,必须在取得职业资格证书后,方可办理开业手续。对未经过劳动预备制培训学习,或虽经劳动预备制培训学习,但未取得相应证书的人员,职业介绍机构不得介绍就业,用人单位不得招收录用。对违反规定招收、录用的单位,劳动保障监察机构要责令其改正,并要求未经培训学习的人员,参加相应的劳动预备制培训学习,限期取得毕业证书、职业培训合格证书或职业资格证书。对用人单位因特殊需要招用技术性强,但当地培训机构尚未开展培训的特殊职业(工种)人员,经劳动保障部门批准后,可允许企业先招工后培训,取得相应职业资格后再上岗。

在现代社会,个体要成为一个职业人,要融入职业社会,就必须承认和适应职业的规定性。职业教育能使人们掌握某一特定的职业(或行业)或某类职业中从业所需的实用技能和技巧、专门知识和技术,获得就业准入资格,从而与这个职业社会共存。

二、职业教育的职业保障功能

个体的职业素质包括"质"与"量"两个方面:"质"主要是指个体具有的知识、技能、技巧和适应工作的能力等方面的品质状况;"量"主要是指个体接受教育和训练的时间等可以计量的内容。

个体在接受一定的职业教育,获得了职业资格并顺利就业后,还会面临新的职业挑战。这种挑战主要是:第一,新技术、新工艺的不断出现,需要从业者具备从简单劳动向复杂劳动跃迁的素质,由仅具备单一的从业能力向复合能力转化,而在这种转化的过程中,必定会发生个体对职业岗位新要求的不适应。第二,因现代社会进步和经济的发展,职业的流动和变换是一种必然趋势。这就要求个体必须具有多种职业技能。第三,从个体自身出发,生存问题解决后就会有发展的需求,个体希望谋求职业状况或处境的改变或改善,想要通过某种手段和途径实现社会地位的变动,尤其是那些处境不利或不好的个体要求更强烈,最直接的途径和方法就是通过改变职业来改变身份。这就需要个体不断提升自己的职业品质。

职业教育能使个体较快地掌握新技术、新工艺和新的职业技能,这样就可以满足个体适应职业内涵变化或工种变换的需要,也可以满足个体对于职业的流动和变换的需要。通过职业教育与培训,劳动者的劳动能力能够不断得到提升和增强,这样,在面对职业变化和转换时,能更为主动,更具有适应性,从而使个体的职业生涯及其发展得到保障。

三、职业教育促进个体全面成长的功能

关于职业教育促进个体全面成长的功能以及这一功能和职业教育促进个体就业功能的关系问题,理论界有许多的讨论和相对趋同的观点。有学者认为,人的全面发展并不是指个体的每个方面平均发展,它是在尊重个体发展全面性的前提下,每个人都可以自由充分地发展个性,使个性的每个方面都能得到充分而自由的发展;而职业教育是实现人的全面发展的一种具体形式,它可以根据人的个性差别,根据人的能力、智力、兴趣、爱好、性格、气质等选择个人发展的方向,使个体向自己可能的方向发展。

人的全面发展区别于其他一切事物的发展。人的生物学意义上的特征为人的全面发展提供了潜在的、自然的基础,然而这种潜在的、自然的基础要转化为一种现实可能性,则离不开社会实践。职业教育就提供了这样一种实现人的全面发展的具体方式和手段。

每一种职业和工作都需要一定的技术和知识,每一种行业和岗位都有一定的专业需要和技能需求。曾经的技术发展可以靠偶然性以及某些人的自觉,但现代技术的发展更加倚重每个人的自觉,尤其是那些直接运用技术的人,更应该具备这种自觉性。如果职业教育只是培养学生掌握技术却不能培养他们发展技术的能力,那么,从某种意义上说,这样的职业教育是低效的。而作为一种促进人的发展手段的职业教育,其最终归宿在于对意义的追寻和实现。因此,职业教育对于人的成长价值有着以下三个层面的发展水平。

(一)关注人的生存是最基本的层次

事物是由低级向高级发展的。职业教育对人的价值首先表现为满足人们生存的需要。从人的需要层次理论来看,生存是最基本的需要,那么,从职业教育自身的发展水平来说,这也是最基本的层次。

(二)持续提升人的职业品质是较高级的层次

持续提升是建立在人的生存(生活)基本得到满足的基础上的。社会在发展,科技在进步。我们意识到职业教育在满足人们的生存需要之后,它还具备更高层次的价值,职业教育自身的发展也走向了这一步。

(三)实现人的成长是最高层次

个体成长的最终意义在于全面发展。职业教育作为一种教育,它的核心功能仍然在于促进人的发展。这也是职业教育所追求的终极目标,自然也是最高层次的发展水平。

第一、二个层面可以说是职业教育就业功能和职业保障功能的意义所在。因为职业教育赋予了个体就业要求具备的劳动素质,以及适应职业变迁和自身发展所需的能力和品质;而第三个层面是人的成长功能的体现,它在人的一般发展的基础上实现了人的特殊发展。

第三节 职业教育与教育自身发展

职业教育是促进经济社会发展的"柱石",是基础,也是实现人的全面发展的有效途径。毫无疑问,促进经济社会发展以及个体发展是职业教育的首要功能和最重要的功能,但与此同时也应该看到,职业教育是与普通教育相平行的教育,其对促进整个教育体系的完善,促进教育整体功能更好地释放具有特殊的作用。

一、职业教育是促进中等教育结构调整,加速高中阶段教育普及的有效手段

教育结构主要是指教育这个社会现象总系统中各种子系统、各组成部分之间的排列、组合和结合方式,即教育纵向子系统的级与级之间的比例关系和相互衔接,教育横向子系统的类与类之间的比例关系和相互联系[1]。中等教育结构就其主要方面而言,是指普通中等教育与中等职业教育发展的比例结构。根据我国经济社会发展的特殊性及需要,职业教育与普通教育必须保持合理的比例关系,当然,这个比例关系在不同的经济社会发展区域以及不同的时期具有差异性、阶段性和发展性。我国"普九"之后普及高中阶段教育一个最重要的选择就是大力发展中等职业教育。职业教育具有人民性和大众性,是面向人人、面向全社会的教育。发展和扩大中等职业教育规模,使之与普通教育保持合理的比例,不仅能够促进中等教育阶段教育结构的优化,而且可以使更多的人找到适合于自己的教育类型,有效地满足人们接受职业教育的需求,还可以加速高中阶段教育的普及。

十年"文革"导致我国中等教育普教化、教育结构单一化,职业教育发展受到严重阻碍。统计资料表明,1977年我国普通高中毕业生726.1万人,中专毕业生18.1万人,技工学校毕业生12万人,后两类仅占高中阶段毕业生总数的4%[2]。党的十一届三中全会以来,全党工作重心转移到经济建设上来,社会急需大量技能型人才,中等职业教育得到快速发展,与普通教育保持了较为合理的比例。2002年以来,我国高中阶段教育普及率不断提高,高中阶段毛入学率由2001年的53.2%提高到2008年的74%,再到2011年的84%。中等职业学校对普及高中阶段教育的贡献率由2001年的20.5%提高到2011年的近40%[3]。由此看出,中等职业教育是普及高中阶段教育的重要力量。

---

[1] 高莉,杨家福. 转变教育发展方式背景下的教育结构调整[J]. 教育科学研究,2012(03):5—9+14.
[2] 杨明. 应试与素质——中国中等教育60年[M]. 杭州:浙江大学出版社,2009:81.
[3] 曹晔. 我国职业教育的主要贡献[J]. 职教论坛,2013(04):4—8.

二、职业教育在实现高等教育大众化和普及化中扮演着不可或缺的重要角色

高等教育大众化是一个量与质相统一的概念,就其量的增长而言,它指的是适龄青年高等学校入学率要达到15%—50%。根据美国学者马丁·特罗的研究,如果以高等教育毛入学率为指标,则可以将高等教育发展历程分为"精英、大众和普及"三个阶段。当高等教育毛入学率分别达到15%、50%时,高等教育就逐渐进入了大众化、普及化阶段。各个国家推进高等教育大众化的模式有多种。根据我国国情,实现高等教育大众化,从教育内部来看,不能单纯依赖传统的学术性普通高等教育规模的扩张,而应主要通过积极发展与之相对应的高等职业教育来实现这一目标,如此,既能够为经济社会发展培养需要的高素质应用型人才,又能够加快高等教育大众化的步伐。

在相当长的时期内,我国高等教育主要是发展传统意义上的"学术型"本科教育,自提出实现高等教育大众化目标以来,我国开始大力发展高等职业教育,优化高等教育结构,高等职业教育成为高等教育的重要组成部分,占有"半壁江山"。高等教育毛入学率由2008年的23.3%提高到2011年的26.9%。依据中国统计年鉴数据,2010年全日制高等教育对高等教育大众化的贡献率为69.3%,其中高等职业教育对高等教育大众化的贡献率为30%[①]。

三、职业教育促进了现代教育体系的构建与完善,加快了教育的现代化步伐

教育现代化是一个国家教育发展的较高水平状态,是对传统教育的超越,是传统教育在现代社会的转化。教育现代化的核心是实现人的现代化。纵观世界现代化可以发现,现代化的启动和发展都必须借助职业教育,职业教育是实现教育现代化的必要条件。

职业教育的发展与成熟,促进了现代职业教育体系的构建。一方面,随着中、高等职业教育规模的不断扩大,逐步建立起了与普通教育相平行的职业教育体系,在纵向上形成了初、中、高等职业教育相衔接的体系,甚至还形成了本科、研究生层次的高等职业教育。另一方面,在横向上,职业教育与普通教育之间,尤其是两类高等教育之间建立起了相互渗透的机制。这一纵向衔接、横向贯通的现代职业教育体系的构建,使得我国整个教育体系愈加完善,使得各级各类教育功能的更好实现有了现实的基础和载体,在一定程度上对我国教育的现代化起到了积极的促进作用。

四、职业教育是促进教育公平,实现教育均衡发展的必要策略

教育公平是社会公平的重要基础,是实现人的自由发展、全面发展的必要条件,它影响

---

① 曹晔.我国职业教育的主要贡献[J].职教论坛,2013(04):4—8.

着人们对幸福生活的追求。所以,必须坚持教育的公益性和普惠性,把促进公平作为国家基本的教育政策,保障公民依法享有受教育的权利。相对于普通教育而言,职业教育是更具民众性的教育,能够使"无业者有业,有业者乐业"。有关研究表明,人们发展的不平等,其原因更多的是教育的不平等。对于大部分人而言,社会收入不平等的根源在于个人的就业能力和就业机会的差异。职业教育是一种更为公平的教育,可以使人们掌握改善就业机会所需的技能。由于职业教育关乎社会民众的就业问题,对促进社会公平的基础性作用显得更加重要。

值得指出的是,一方面,教育公平并不是给所有人提供同样的教育,而是给智力条件不同的人提供不同的更适宜的教育,让每个人都有机会发展自己的潜力,解放和展现自己的才能;另一方面,职业教育还能给予处于社会底层的人们,尤其是弱势群体以尽可能地发展自己,获取就业机会的能力,这也是职业教育特殊的公平、公正意义之所在。

思考题

1. 简述职业教育政治功能的现实意义。
2. 简述职业教育经济功能的主要体现。
3. 简述职业教育对于人的职业生涯发展的作用。
4. 试理解职业教育在现代教育发展中的作用。
5. 结合职业教育对于政治、经济以及个体的功能与价值,反思当代社会对于职业教育的认知与偏见。

相关链接

舒尔茨人力资本理论

舒尔茨,美国经济学家,1970年因研究发展中国家农业经济成就卓著而分享诺贝尔经济学奖。1959年舒尔茨发表了他"人力资本"理论的第一篇论文,题为《人力资本——一个经济学的观点》。舒尔茨对人力资本理论进行了一系列的理论阐述,为这一流派的理论体系奠定了基础。

舒尔茨认为,传统经济理论中资本的概念仅包含生产资料和货币,而忽视了重要的生产要素——人的能力,这是不全面的,难以对经济增长作出合理的解释。他认为,研究经济增长问题,有必要将传统的资本概念中包括进人力资本的概念,而不仅仅考虑有形的物质资本。人力资本和物质资本都具有资本的属性,同时又有异质性。他认为,在经济生产过程中存在着两种形式的资本,即体现在物质形式上的资本是物质资本,体现在劳动者身上的资本为人力资本,这两种资本都对经济起着生产性的作用,作用的结果都会使国民收入明显增加。西方经济发展的实践已经证明,人力资本投资的收益率要高于物质资本的收益率。由于在市场经济条件下人们会对投资收益率的差异作出合理的反应,正确地选择自己的经济行为,结果就会使社会经济迅速增长,提高国民收入。因此,重视和加强人力资本投资,提高人口质量,便成为促进经济发展的关键。所以,在社会发展中,教育和医疗保健等因为可以提高人口素质,就变得十分重要。他认为决定人类前途的并不是空间、土地和自然资源,而是人口素质、技能和知识水平。

舒尔茨列举出五种主要的人力投资形式:一是医疗和保健,从广义上讲,它包括影响一个人的寿命、力量强度、耐久力、精力和生命力的所有费用;二是在职人员的培训;三是正规初等、中等和高等教育;四是非厂商组织的为成年人举办的学习项目(包括那些多见于农业的技术推广项目);五是劳动力适应于就业机会的迁移。后来又增添了用于移民入境的支出及提高企业能力方面的投资。舒尔茨把教育投资看作是整个人力投资的最主要的一部分,他指出,人们自我投资以增加生产能力与消费能力,而学校教育乃是人力资本的最大投资。教育的作用远远超过被看作是实际价值的建筑、设施、库存物资等物力的资本。

舒尔茨认为发达国家与发展中国家的经济发展道路是不同的。西欧早期的工业化并没有依赖于对劳动力的投资,而是靠物质的积累和劳动力数量的增加,伴随着此过程而产生的经济增长理论便很自然地把非人力资本的形成置于突出的地位,这种理论教条式地输向发展中国家,使得这些国家的领导人低估了人力资本的作用。很显然,处于科技迅速发展的当代,发展中国家的经济不应再走发达国家已经走过的老路,而应重视人力资本投资,重视对先进技术的吸引和采纳。他指出,采用和有效地利用优越的生产技术所要求的知识和技术,也就是我们能够为发展中国家提供的最有价值的资源,这在发展中国家里是最为缺乏的。舒尔茨的这些观点对发展中国家产生了广泛的影响,成为许多国家制定国家教育和经济发展规划的重要依据。

根据舒尔茨的人力资本理论,舒尔茨测算了美国各级教育的收益率,初等教育为35%,中等教育为10%,高等教育为11%,整个教育的平均收益率为17.3%,并据此估算出美国1929年至1957年间国民收入增加额1520亿美元中有近33%是由劳动者受教育程度的提高所致,它占不可解释的710亿美元的70%。这些结论在世界上引起了很大的影响。人们开始真正认识到,经济的持续发展必须通过人力资源的充分利用和改善,而人力资源的利用与改善必须通过多种形式的教育才能实现。教育绝不是纯粹的消费,而主要是一种能导致经济增长的投资活动。教育活动不是可有可无、可重可轻的,而是与国家经济发展紧密相关的。

第三章

职业教育培养目标

教学目标

1. 理解确定职业教育培养目标的依据。
2. 理解和掌握职业教育培养目标的定位及其内涵。
3. 领会职业教育培养目标的实现策略。

培养目标是教育领域中一个最基本的问题,它不仅是教育教学活动顺利开展的前提和基础,同时也是教育教学活动的必然归宿。培养目标始终与教育目的相关联。教育目的一般是由国家以法令的形式颁布的要求各级各类教育必须遵守的统一规范,是对各级各类教育的人才培养标准的总体要求;而培养目标则是对某一层次、类别教育的具体要求。培养目标的制定不应违背教育目的,但又不等于教育目的;同时,教育目的也影响、制约着培养目标。

职业教育是国家教育事业的重要组成部分,其培养目标是国家教育目的在职业教育领域的具体化。职业教育培养目标是指各级各类职业教育机构培养人才的质量和规格的总体要求,它明确了通过职业教育,要把不同学科、不同专业的受教育者培养成为什么样的人的问题,规定了对受教育者培养的方向、规格与内涵,是职业教育实践活动的出发点,也是检验职业教育实践活动是否富有成效的标准。

第一节 确定职业教育培养目标的依据

任何一种类型的教育,其培养目标都必定是社会生产力发展到一定水平的基础上对某一层次、规格人才需求的基本反映。职业教育作为与社会经济发展、产业结构调整紧密相连的教育类型,其人才培养目标的确定必定会体现这种反映。这就要求在确定职业教育培养目标的过程中,必须认真分析、研究对培养目标有着制约和影响作用的种种因素,尤其是国家相关政策、社会经济、产业结构以及人才使用等方面的因素,这些因素直接或间接地影响着职业教育培养目标的确定。

一、根本依据:党和国家的教育方针、政策与法规

党和国家的教育方针是根据国家的政治、经济和社会发展及个体发展的要求,为实现教育目的而规定的教育工作的总方向,体现的是国家的意志。教育方针以国家强制力保证各级各类教育政策与法规的颁布实施,从某种意义上说,教育方针是教育政策与法规的总概括。

与职业教育有关的国家教育政策与法规是影响职业教育培养目标的基本因素,其内容包括教育的指导思想、人才的培养规格及实现培养目标的基本途径等。因此,作为我国教育体系重要组成部分的职业教育,在确定职业教育培养目标时,必须以党和国家的教育方针、政策与法规作为最基本的依据。

《中华人民共和国宪法》第四十六条规定:"国家培养青年、少年、儿童在品德、智力、体质等方面全面发展。"《中华人民共和国教育法》第五条规定:教育要"培养德智体美劳全面发展的社会主义建设者和接班人"。1991年《国务院关于大力发展职业技术教育的决定》要求"突出实践性教学环节,加强职业技能训练"。1993年《中国教育改革和发展纲要》规定:"职业技术学校要注重职业道德和实际能力的培养。"2022年修订并实施的《中华人民共和国职业教育法》第四条规定了职业教育的培养目标,即"实施职业教育应当弘扬社会主义核心价值观,

对受教育者进行思想政治教育和职业道德教育，培养劳模精神、劳动精神、工匠精神，传授科学文化与专业知识，培养技术技能，进行职业指导，全面提高受教育者的素质"。1999年中共中央、国务院《关于深化教育改革，全面推进素质教育的决定》指出："社会用人制度对于实施素质教育有着重要的导向作用，改革用人制度是全面推进素质教育的当务之急。要依法抓紧时间制定国家职业（技能）标准，明确对各类劳动的岗位要求，积极推行劳动预备制度，坚持实行'先培训、后上岗'的就业制度，继续改革中等专业学校毕业生就业制度，使学生树立正确的择业观。地方政府教育部门要与人事、劳动和社会保障共同协调，在全社会实行学业证书、职业资格证书并重的制度。转变传统的人才观念，形成使用人才重素质、重实际能力的良好风气。"2010年发布的《国家中长期教育改革和发展纲要（2010—2020年）》提出："职业教育要面向人人、面向社会，着力培养学生的职业道德、职业技能和就业创业能力。"2014年《国务院关于加快发展现代职业教育的决定》指出："坚持以立德树人为根本，以服务发展为宗旨，以促进就业为导向，适应技术进步和生产方式变革以及社会公共服务的需要，深化体制机制改革，统筹发挥好政府和市场的作用，加快现代职业教育体系建设，深化产教融合、校企合作，培养数以亿计的高素质劳动者和技术技能人才。"2019年发布的《国家职业教育改革实施方案》提出："牢固树立新发展理念，服务建设现代化经济体系和实现更高质量更充分就业需要，对接科技发展趋势和市场需求，完善职业教育和培训体系，优化学校、专业布局，深化办学体制改革和育人机制改革，以促进就业和适应产业发展需求为导向，鼓励和支持社会各界特别是企业积极支持职业教育，着力培养高素质劳动者和技术技能人才。"

党的十六大以来，国家及有关部门提出了"全面建设小康社会""农村剩余劳动力转移""工业化、产业化、城镇化建设""建设适应发展需求、产教深度融合、中职高职衔接、职业教育与普通教育相互沟通，体现终身教育理念，具有中国特色、世界水平的现代职业教育体系""完善职业教育和培训体系，深化产教融合、校企合作""全面实现各级各类教育普及目标，全面构建现代化教育制度体系"等一系列工作方针与政策。这些全局性的工作都是我国社会主义现代化建设的重要内容，都与职业教育人才培养目标有着千丝万缕的联系。职业教育只有制定符合国家经济社会发展需求的人才培养目标，培养合格的专业人才，才能为建设和谐的小康社会作出应有的贡献。

二、现实依据：社会经济形态及产业结构

社会经济形态及产业结构是确定职业教育培养目标的客观依据。职业教育受制于社会经济发展水平的同时，又促进着社会经济发展。进入新发展阶段，经济形态和产业结构调整不断加快，职业教育必须与社会经济发展需求进行更为紧密的对接。

首先，社会经济形态的拓展要求职业教育注重培养学生的创业能力和竞争意识。改革开放以后，随着我国经济体制改革的不断深化，社会经济形态发生了深刻变化，民营经济、开放经济和劳务经济已占到了相当大的比例。这种变化对人们就业观念的影响会越来越大，

促使各级各类职业教育在人才培养过程中更多地关注受教育者的创业能力与竞争意识。

其次,社会产业结构的调整要求各级各类职业教育的人才培养目标与社会人才需求相适应。我国产业结构正在发生着根本性的转变,传统产业在产业结构中的比重急剧下降,以知识密集型和新知识运用为特征的新兴产业得到迅猛发展;同时传统产业中的知识、技术含量也大大提高。这就要求生产一线的劳动者不仅要具有熟练的专业技能,还要具有较强的理论素养,成为一名智能型的应用人才。产业结构也从单一走向融合,"三产融合""第六产业""互联网+"等的出现,产业融合创新发展,需要更多面向产业链,具有综合应用能力和创新能力的复合应用型人才。这对直接面向社会生产第一线,培养中、高级技术应用型人才的各级各类职业学校人才培养目标的确定产生了直接的影响。

最后,推动形成以国内大循环为主体、国内国际双循环相互促进的新发展格局,需要各级各类职业学校培养大量"本土化""外向型"的中、高级技术应用型人才,这为我国职业教育带来发展的机遇。当然,这也对职业教育人才培养目标、规格等提出了更高的要求,进而在一定程度上影响着各级各类职业教育培养目标的制定。

三、基本依据:不同层次职业教育的学制、学历

社会的进步与发展需要不同类型、不同层次、不同规格的专业技术人才。在职业教育人才培养中也同样存在着类型、层次与规格的区别。就人才类型而言,有管理类、技术类、技能类等;就人才层次而言,有初级、中级、高级等;就人才规格而言,有知识型、心智型、动作型等。在我国现有的职业教育体系中,这些区别主要从学制、学历及专业设置来体现,而这三者不但体现着社会经济发展对职业教育的要求,也体现着一个国家职业教育发展的现实状况与水平。因此,培养目标的制定不但要对应相关学制、学历,而且应有一定的前瞻性,这样才能使职业教育起到引领新知识、新技术、新工艺及新设备的作用。

学制主要指受教育者的入学条件及修业年限。学历是与学制紧密相连的一个概念,包含一定层次的课程体系和实训经历,如果受教育者不具备相应的课程知识与实训技能,也就不具备相应的学历水平。所以,不同的学制决定了学生修业年限和最终获取的学历的不同,进而也就决定了其培养目标的不同。

以中等职业教育为例,长期以来我国一直实行初中后三年全日制学制,相当于高中学历。自2000年以来,部分地区开始实行弹性学制,实施注册登记入学,修业年限可长可短,修业形式可以灵活多样;在这类职业教育机构中,同样也存在着初中后五年全日制学制,相当于专科学历。不同的学制和学历都根据自身的培养目标规定了相应的毕业标准,学生达到要求就可以毕业。

随着我国现代职业教育体系的逐步建立,在高等职业教育范畴下,不同的学制与学历也对其培养目标提出了相应的要求。高中后三年全日制学制下的专科学历以及高中后四年全日制学制下的本科学历都有其相应的培养目标。

四、参考依据：国家职业分类与职业技能标准

《中华人民共和国职业教育法》第八条规定："实施职业教育应当根据实际需要，同国家制定的职业分类和职业等级标准相适应，实行学历证书、培训证书和职业资格证书制度。"国家实行劳动者在就业前或上岗前接受必要的职业教育制度，充分肯定了国家职业分类、职业技能标准和职业资格证书制度在职业教育发展中的地位和作用，尤其是在确定职业教育培养目标的过程中的引导作用。国家职业分类是根据社会经济发展的需要形成的，《中华人民共和国职业分类大典》中对各个不同职业进行了类的归属以及分类标准的界定。2015年9月，中华人民共和国国家质量监督检验检疫总局和中国国家标准化管理委员会联合发布了《中华人民共和国国家标准 GB/T 6565—2015 职业分类与代码》，为我国各级各类职业教育确定培养目标提供了定位框架，其中就包括了职业代码、职业名称、行业名称、职业描述、职业活动的环境条件、身体素质要求、基础教育程度、职业教育程度、职业前途与职业晋升等内容。这些内容不仅指导着社会职业岗位的设立，而且在很大程度上也指导着职业教育培养目标的确定与规格的界定，以便能够培养出真正适合相应职业岗位或岗位群的技术人才。

国家职业技能标准属于工作标准，是在职业分类的基础上，根据职业（工种）的活动内容，对从业人员工作能力水平的规范性要求。它是从业人员从事职业活动，接受职业教育培训和职业技能鉴定以及用人单位录用、使用人员的基本依据。国家职业标准由劳动和社会保障部组织制定并统一颁布，主要包括职业概况、基本要求、工作要求和比重表四个部分，其中工作要求为国家职业技能标准的主体部分。工作要求是在对职业活动内容进行分解和细化的基础上，从技能和知识两个方面对完成各项具体工作所需职业能力的描述。包括职业功能、工作内容、技能要求、相关知识。其中职业功能是指一个职业所要实现的活动目标，或是一个职业活动的主要方面（活动项目）。根据不同职业的性质和特点，可按工作领域、项目或工作程序来划分。工作内容是指完成职业功能所应做的工作，可以按照种类划分，也可以按照程序划分。每项职业功能一般包含两个或两个以上的工作内容。技能要求是指完成每一项工作内容应达到的结果或应具备的技能。相关知识是指完成每项操作技能应具备的知识，主要指与技能要求相对应的技术要求、法律法规、操作规程、安全知识和理论知识等。

正是在国家职业分类与职业技能标准的参照下，让我们在制定职业教育培养目标的时候，对每一种职业所需的知识、技能、态度、情感、精神等有了较为全面的认识，进而把相应的要求融进不同层次和类型的职业教育人才培养质量和规格中，培养出社会相应职业岗位或岗位群所需要的技术人才。因此，国家职业分类与职业技能标准是确定职业教育培养目标的重要参考依据。

五、客观依据：受教育者个体发展的需要

任何一种类型的教育，其培养目标的实现最终都要落实和体现在受教育者身上。在终身教育理念下，教育的一切活动都要着眼和服务于受教育者的可持续发展，以受教育者发展为本成为现代教育理念的重要内容。因此，现代职业教育培养目标的确定也必须充分体现这一客观要求。

职业教育培养目标的确定要从理论上和实践上切实落实受教育者的主体地位，不能只顾功利性的短期就业需要，而要从受教育者的终身发展着眼，照顾到受教育者个体为了自身生存、职业选择与发展所产生的继续接受相关专业教育的内在动力需求。这些需求包括：受教育者个体终身学习的需要；受教育者个体就业与创业的需要；受教育者个体职业适应与职业可持续发展的需要；受教育者个体提高收入和社会地位以及追求幸福快乐的需要。

第二节 我国职业教育培养目标的定位

职业教育培养目标的定位就是对职业教育培养的人才规格进行界定和规范。现代职业教育与社会的关系越来越密切，职业教育必须面向市场，因此，职业教育也从原来的封闭式向开放式发展，整个培养目标定位系统也逐渐从静态向动态转变。

一、职业教育培养目标定位的理论基础

各级各类职业教育在定位自身的培养目标时，除了参照当地社会经济发展等方面的要求外，还需要有一定的理论作指导。目前，对于职业教育培养目标的定位有影响的理论主要有社会人才结构理论、职业分析理论及终身学习理论等。

（一）社会人才结构理论

职业教育的培养目标总是以社会经济发展对不同类型人才的需求为依据的，是通过培养社会经济发展所需要的人才来发挥自身的功能的。社会经济发展对不同类别与层次人才的不同看法，就构成了各种不同的人才结构理论，并基于这些理论形成了相应的人才结构模型。以工程技术人员为例，其人才结构模型就从"金字塔"型人才结构理论发展到"职业带"人才结构理论，又到现在最为广泛认可的"阶梯状"人才结构理论。

1. "金字塔"型人才结构理论

"金字塔"型人才结构理论是一种传统的工程技术人员层次结构理论。这一理论较为直观地说明了在社会生产和经济活动中人才层次高低、职位称呼以及不同层次人才的大致比例。但这一人才结构理论模型（如图3-1所示）混淆了人才的类型与层次，没有从不同系列人才的工作性质去考虑实际问题，所谓的低层次人才与其上位层次的人才类型泾渭分明，在很多情况下无法实现逐级晋升。

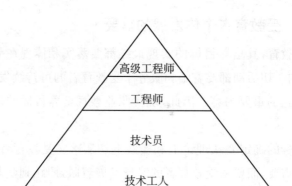

图 3-1 "金字塔"人才结构模型

2. "职业带"人才结构理论

"职业带"人才结构理论是一种用来表示各类工程技术人员的地位、特点、演变及其与教育关系的人才结构理论[1]。这一理论认为各类工程技术人员的构成可以用连续的职业带模型(如图 3-2 所示)表述,每一类人才占有一定的面积,从 A 到 B 为技术工人区域,从 C 到 D 为工程师区域,从 E 到 F 为技术员区域。但是由于每一类人才的职位称呼与实际应对的工作并无明显的分工界限,导致人才区域的交界处是重叠的。如图 3-2 所示,斜线 A'D 的左上方代表手工操作和机械技能,右下方代表科学和工程理论知识,由此可见,对技术工人的要求主要是掌握操作技能,而工程师则是掌握理论知识,而技术员则是操作技能和理论知识两方面都需要掌握,如图 3-2 所示,技术员区域内以 GG'G'' 表示某一职业岗位,其对操作技能与理论知识两方面的要求分别用线段长度 GG' 和 G'G'' 表示。

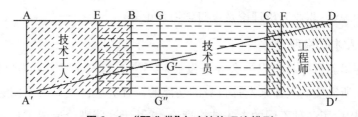

图 3-2 "职业带"人才结构理论模型

"职业带"人才结构理论模型表明,上述三类人才各有各的特色与专长,不可互相替代。在理论知识方面,工程师类人才最高,技术员类人才次之,技术工人类人才最低;而在操作技能方面,技术工人类人才最高,技术员类人才次之,工程师类人才最低。即使就理论知识而言,三类人才也是各有特色的,工程师类人才所学理论知识虽然最高,但是并不一定能够包括其他两类人才所学理论知识的全部内容。例如,在工业生产第一线,一个大学本科毕业生

---

[1] 教育大辞典编纂委员会. 教育大辞典(第3卷):高等教育、职业技术教育、成人教育、军事教育[M]. 上海:上海教育出版社,1991:236.

的实际知识与技能往往不如一个中专生,而中专生的操作技能一般也不如一个技工学校的毕业生。

此外,"职业带"人才结构理论模型中的各个区域是随着社会生产技术的发展而变化的。在大工业出现初期,仅有工程师和技术工人两类人才;20世纪以来,工程师因理论知识要求提高而在职业带上右移,进而与技术工人之间出现空隙,并逐步由新型人才——技术员填补;这种情况的进一步发展,导致技术员区域的进一步扩大和技术员类人才的多层次化。

3. "阶梯状"人才结构理论

"阶梯状"理论认为,现代人才结构主要是由人才的不同系列(或类型)、层次、素质要求以及它们之间的组合比例构成的(如图3-3所示)。不同系列、不同层次技术人员的工作性质和特点存在质的差异。不同性质的工作岗位有不同系列的人才结构,每一个系列的人才内部又可以分成从低到高的不同层次,各系列人员之间有交叉,每一个系列内部不同层次之间的相互衔接,构成了一个完整的阶梯状人才结构体系。这种结构模型为设定各层次、各类型人才规格提供了理论依据。

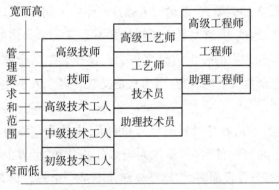

图3-3 "阶梯状"人才结构模型

根据这一理论,我们把社会人才按其产生或工作活动的过程和目标分为四类:学术型、工程型、技术型、技能型。对职业教育(高等、中等)而言,通常是指向工程型、技术型及技能型人才培养。因此,各级各类职业教育培养、培训机构可以根据这一人才结构模型,结合自身的教育资源的优势,确立自身的人才培养目标定位,同时对受教育者的终身学习及可持续发展设计更多可能的通道。

(二) 职业分析理论

职业分析是对从事某种职业所需知识、技能和态度的分析过程,即对某一特定职业的特质和内容所作的多层次程序分析。[①] 它对职业所包含的所有工种的工作内容、任务、完成的

---

① 教育大辞典编纂委员会. 教育大辞典(第3卷):高等教育. 职业技术教育、成人教育、军事教育[M]. 上海:上海教育出版社,1991:280+282.

难度、工作质量标准以及对从业者的要求等加以分析和研究,获得关于该职业的典型特点以及与相关职业共性特点的职业内容描述,从而制定出相应的标准。

职业分析的基点是职业岗位,它一方面确定了特定工作在整个社会职业结构中的位置,另一方面确定了该工作的职能和性质、劳动的具体内容和条件。职业分析有助于克服职业教育办学的模糊性和随意性,为职业教育的培养目标及整个教学设计提供确切的依据。

职业分析的方法日趋成熟,如任务分析法、工作要素法、PAQ 职业分析问卷、TTA 入门素质分析等。通过这些方法,职业分析的准确性和科学性大大提高。职业分析逐步成为职业教育培养目标设定过程科学化的基本方法之一。国际劳工组织早在 1958 年就基于职业分析制定了《国际标准职业分类》;后经 1968 年、1988 年两次修订,成为各国职业分类的重要参考。我国 1986 年发布了《中华人民共和国国家标准 GB/T 6565—1986 职业分类与代码》,后经几次修订,现行版本为《中华人民共和国国家标准 GB/T 6565—2015 职业分类与代码》,为我国职业分类提供了参考。[1]

(三) 终身学习理论

1965 年,现代终身教育的创始人、著名成人教育家保罗·朗格朗(Parl Lengrand)正式提出"终身教育"这一术语。他认为,终身教育意味的并不是某一个具体的实体,而是泛指某种思想或原则。概括而言,也即人的一生的教育与个人及社会生活全体的教育的总和。由此可见,终身教育是一种完全意义上的教育,因为它是受教育者个人一生的教育机会与社会教育机会的统一。

1972 年出版的《学会生存:教育世界的今天和明天》中认为,"终身教育这个概念包括教育的一切方面,包括其中的每一件事情,整体大于部分的总和,世界上没有一个非终身而非割裂开来的永恒的教育部分。换而言之,终身教育并不是一个教育体系,而是建立一个体系的全面的组织所根据的原则,这个原则又是贯穿在这个体系的每个部分的发展过程之中的;"同时明确指出:"唯有全面的终身教育才能够培养完善的人,而这种需要正随着使个人分裂的日益严重的紧张状态而逐渐增加,我们再也不能刻苦地一劳永逸地获取知识了,而需要终身学习如何去建立一个不断演进的知识体系——'学会生存'。"[2]

1996 年,国际 21 世纪教育委员会向联合国教科文组织提交的《教育:财富蕴藏其中》的报告中最核心的思想是,教育应该使受教育者"学会求知""学会做事""学会共同生活"和"学会生存"。这一理论思想很快就被世界各国所认可,并被称为学习的"四大支柱"。[3]

与"终身教育"一脉相承的"终身学习"这一提法,早在夸美纽斯的相关著作里就有这一思想。由欧洲终身学习促进会提出并经罗马会议同意的终身学习的定义是"终身学习是通

---

[1] 雷正光.现代职教培养目标定位研究[J].职教论坛,2003(09):7—10.
[2] 联合国教科文组织国际教育发展委员会.学会生存:教育世界的今天和明天[M].华东师范大学比较教育研究所译.北京:教育科学出版社,1996:02.
[3] 联合国教科文组织总部中文科.联合国教科文组织丛书:教育:财富蕴藏其中[M].北京:教育科学出版社,1996:76.

过一个不断的支持过程来发挥人类的潜能,它激励并使人们有权力去获得他们终身所需要的全部知识、价值、技能与理解并在任何任务、情况和环境中有信心、有创造性和愉快地应用它们"。①

在当今科学技术和知识飞速发展的信息化时代,职业领域的新技术、新工艺不断涌现,迫使从业者不断地适应这种"日新月异"的变化。因此,用终身学习的理论、观点和方法指导职业教育培养目标的定位是十分必要的。在这里,终身学习不仅要重视使人适应工作和职业需要的作用,还要重视铸造人格、发展个性,使个人潜在的才干和能力得到充分的发展。

二、职业教育培养目标的历史沿革与界定

中华人民共和国成立后,我国职业教育获得了长足的发展,但是由于历史原因,我国的职业教育最早主要由中等专业学校、技工学校和职业中学这三类学校承担。20世纪80年代中期,我国高等职业教育开始发展,到了90年代后期,高等职业技术学院获得了长足的发展,提升了我国职业教育的办学层次。

我国的中等专业学校、技工学校是在20世纪50年代初学习苏联的教学和办学模式而兴办起来的。中等专业学校一般招收初中毕业生,学制为3年至4年。中等专业学校教育的培养目标是:培养具有爱国主义和国际主义精神,具有共产主义道德品质,拥护共产党的领导,热爱社会主义,立志为社会主义服务,为人民服务,逐步树立无产阶级的世界观和人生观,具有相当于高中文化程度,并在此基础上掌握本专业现代化生产所需要的基础理论、专业知识和实际技能,具有健康体魄的中级技术、管理人员。

技工学校教育的培养目标是:培养具有社会主义觉悟、必要的技术理论知识、全面的专业操作技能和身体健康的技术工人。1961年《技工学校通则》规定"技工学校培养具有社会主义觉悟、中级技术水平和中等文化程度的技术工人"。1993年颁布的《劳动部关于深化技工学校教育改革的决定》中对技工学校教育任务提出了新的要求,这就是:"技工学校要按照劳动力市场的要求,拓展培训领域,服务于全社会,在以培养中级技术工人为目标的基础上,有条件的也可以培养高级技术工人、企业管理人员或社会急需的其他各类人员。"

职业中学从1979年兴起,为适应我国生产发展和人才结构调整的需要,由一部分普通高中改成职业学校,当时也称职业高中。职业中学大多招收初中毕业生,学制为两年至三年。职业中学教育的培养目标是:培养具有社会主义觉悟的、有相应文化程度的、掌握一定专业基础知识和生产技能的、德智体全面发展的劳动后备力量和初、中级技术管理人员。由于"初、中级技术管理人员"这一条与中等专业学校教育培养目标有相同之处,因而一些地方又把部分职业高中班称为职业中等专业学校。原国家教育委员会在1990年提出,职业中学应"根据国家的教育方针,培养中级技术工人,具有中级技术水平的农民,中等管理人员、技术

---

① 吴咏诗.终身学习——教育面向21世纪的重大发展[J].教育研究,1995(12):10-13+9.

人员和其他从业人员"。具体内涵是：具有良好的职业道德、职业意识、职业纪律、职业习惯、忠于职守的敬业精神；掌握直接从事某一专业、工种必需的文化基础知识和素养；专业技术知识和技能；有健康的体魄。

以上各类学校教育的培养目标尽管有差异，但它们同属中等职业教育的范畴，有许多共同之处：第一，三类学校都以初中毕业生作为教育起点，培养他们具有高中阶段学历的文化科学基础知识；第二，专业设置的方向基本相同，专业覆盖数个岗位或工种，而不是一个岗位或一个工种设一个专业；第三，都以中等专业技术、技能作为职业教育的终极目标；第四，主要专业的课程体系及其授课时数大致相同；第五，教学组织形式、教学方法大致相同；第六，都以符合社会需要作为评价目标。

随着经济结构的调整和人才规格的变化，这三类学校培养目标之间的界限越来越模糊，"三位一体"已成趋势。2000年教育部《关于制定中等职业学校教学计划的原则意见》提出了"淡化中等职业学校之间类别界限"的要求，建议将中等专业学校（包括普通中等专业学校、职业中等专业学校、成人中等专业学校）、技工学校和职业高级中学统一改称"中等职业学校"，同时统一了各类中等职业学校的培养目标，即"培养在生产、服务、技术和管理第一线工作的高素质劳动者和初、中级专门人才"，并指出：这类人才应当具有科学的世界观、人生观和爱国主义、集体主义、社会主义思想，以及良好的职业道德和行为规范；具有基本的科学文化素养，掌握必需的文化基础知识、专业知识和比较熟练的职业技能，具有继续学习的能力和适应职业变化的能力；具有创新精神和实践能力、立业创业能力；具有健康的身体和心理；具有基本的欣赏美和创造美的能力。这一原则为理顺各类中等职业学校的关系起到了积极的作用。

20世纪末，随着我国高等教育向大众化推进速度的加快，以及我国产业结构的调整，高等职业教育受到了国家和社会前所未有的重视。教育部高教司颁布实施的《关于印发〈教育部关于加强高职高专教育人才培养工作的意见〉的通知》中对我国高等职业教育的培养目标作了较为细致的说明：培养拥护党的基本路线，适应生产、建设、管理、服务第一线需要的，德、智、体、美等方面全面发展的高等技术应用性专门人才；学生应在具有必备的基础理论知识和专门知识的基础上，重点掌握从事本专业领域实际工作的基本能力和基本技术，具有良好的职业道德和敬业精神。

2005年颁布实施的《国务院关于大力发展职业教育的决定》中指出，职业教育要"以服务社会主义现代化建设为宗旨，培养数以亿计的高素质劳动者和数以千万计的高技能专门人才"。职业教育要为我国走新型工业化道路，调整经济结构和转变增长方式服务。实施国家技能型人才培养培训工程，加快生产、服务一线急需的技能型人才的培养，特别是现代制造业、现代服务业紧缺的高素质、高技能专门人才的培养。

2010年，国务院颁布《国家中长期教育改革和发展规划纲要（2010—2020）年》，部署了我国2010—2020年10年的教育发展规划。提出：要大力发展职业教育，将发展职业教育作为推动经济发展、促进就业、改善民生、解决"三农"问题的重要途径和缓解劳动力供求结构矛盾的关键环节;指出:职业教育要面向人人、面向社会,着力培养学生的职业道德、职业技能和就业创业能力。到2020年,形成适应经济发展方式转变和产业结构调整要求、体现终身教育理念、中等和高等职业教育协调发展的现代职业教育体系,满足人民群众接受职业教育的需求,满足经济社会对高素质劳动者和技能型人才的需要。

2014年,《国务院关于加快发展现代职业教育的决定》中指出:要以服务发展为宗旨,以促进就业为导向,适应技术进步和生产方式变革以及社会公共服务的需要,深化体制机制改革,统筹发挥好政府和市场的作用,加快现代职业教育体系建设,深化产教融合、校企合作,培养数以亿计的高素质劳动者和技术技能人才。

2019年《国家职业教育改革实施方案》颁布实施,强调要牢固树立新发展理念,服务建设现代化经济体系和实现更高质量、更充分的就业需要,对接科技发展趋势和市场需求,完善职业教育和培训体系,优化学校、专业布局,深化办学体制改革和育人机制改革,以促进就业和适应产业发展需求为导向,鼓励和支持社会各界特别是企业,积极支持职业教育,着力培养高素质劳动者和技术技能人才。

纵观我国职业教育培养目标的沿革,可以把职业教育培养目标界定为:培养与现代生产力发展水平及劳动力市场需求相适应的、具有以某种职业资格为核心的良好职业素质与发展素质的中、高级技术应用型人才。这个培养目标在强化职业教育职业针对性的基础上,更加注重职业教育对劳动力市场的适应。即扭转计划经济体制下形成的职业教育只对政府负责的传统观念,树立职业教育在国家宏观指导下对市场负责、对受教育者个体负责的教育新理念。

三、职业教育培养目标的内涵

职业教育培养目标的基本内涵就是培养目标构成的具体内容,也即职业教育培养目标达成后,受教育者所应达到的规格和质量或所具备的某种职业资格方面的知识、能力与心理等方面的要求。其基本内涵主要涵盖"知、技、意"三个方面。"知",即知识,指职业教育过程中受教育者所掌握的职业知识方面的要求,主要包括受教育者的文化基础知识、现代科技知识、专业基础知识及专业知识。"技",即技能,指对受教育者专业技术能力方面的要求,主要包括受教育者所学专业技术的操作能力、工作能力、社会能力以及创新能力等,这是人才能力培养的核心。"意",指受教育者的职业态度和情感,即对受教育者职业情感、职业意识、职业道德等方面的要求。这三个方面构成了培养目标的整体,各层次、各类型的职业教育培养目标正是通过这些方面的不同要求体现出来的。当然,不同人才类型因为其不同的工作面向,而在其人才素质构成方面存在一定的差异。

职业教育培养目标的基本内涵主要体现在职业知识、职业能力、职业情感、职业意识、职业道德等五个方面。

（一）职业知识

职业知识是职业教育培养目标构成的重要层次，主要指个体从事职业范围内的学科、专业知识及其他有助于职业适应与职业发展的辅助类知识。职业教育必须向受教育者传授职业知识，这既是职业教育培养目标的重要组成部分，也是实现职业教育培养目标的重要保证。传授职业知识的课程，我们称之为职业知识课程，它由德育课程、文化知识课程（如德育、语文、数学、自然科学、外语）、专业知识课程和信息技术课程（如计算机、网络技术等）组成。职业知识课程是培养受教育者掌握社会（职业）规范、培养社会角色意识、形成良好行为习惯、掌握专业知识和形成职业能力的基础。

社会（职业）规范是人类为了社会（职业进行中）共同生活的需要，在社会（职业）互动过程中衍生出来，相习成风，约定俗成，或者由人们共同制定并明确实施的规约，它主要包括风俗、道德、法律、宗教等具体形式。社会（职业）规范是对社会成员思想和行为方面进行的规约，人们在进入社会前应该对社会规范有一定程度的掌握和理解。因此，社会（职业）规范的掌握是职业学校学生适应社会（职业）生活的首要任务。

作为社会人的个体，其社会角色意识在很大程度上是通过社会交往活动形成的，而社会交往活动必须遵守一定的规则。社会成员基本上是通过文化传承获得这些规则，职业学校是学生获得这些规则的重要场所。职业学校的许多方面与社会结构相类似，从某种意义上说，职业学校就是一个小社会，因为学生要在学校中扮演多种角色。学生在职业学校中要扮演学生的角色、在用人单位要扮演员工的角色，这些角色与某些社会角色之间具有相似性和一致性。学生角色的体验和角色意识的培养是通过师生和同学之间的交往活动实现的；员工角色的体验需要通过工作岗位的实践来获得，这是学生社会角色意识培养的重要途径。职业角色无疑是诸多社会角色中最重要的一个，职业学校教育是以职业角色的体验和培养为主线，通过让学生参与不同的活动实现对学生社会角色意识的培养。

职业学校教育是促进个体行为社会化最经济、最有效的方式之一，主要表现为：其一，职业学校是一个相对纯净的环境，师生之间、生生之间的关系相对纯粹，在这样的环境中，学生行为习惯的培养所受到的负向干扰较少；其二，学校环境在一定程度上可以进行人为的改造和控制，使行为习惯的培养更具有导向性，因此，对学生良好行为习惯的养成更加有利；其三，从众是社会生活中普遍存在的心理和行为现象，学生群体能够吸引个体的积极参与，对学生行为习惯的培养能够产生规范、引导作用，为其良好社会行为习惯的养成奠定基础。

（二）职业能力

职业能力是指个体从事某种职业所必须具备的，并且在职业活动中表现出来的多种能力的综合。职业能力是职业素养的核心，因此，职业能力的获得是职业教育培养目标区别于其他类型教育培养目标的本质特征。

职业能力一般包括专业能力、方法能力和社会能力。专业能力一般包括专业技能和专项能力等与职业活动直接相关的基础能力,这些能力是职业活动能够开展的基本条件;方法能力包括思维能力、分析能力、判断能力、决策能力、开拓创新能力、获取信息的能力、继续学习的能力、独立制定计划的能力等;社会能力包括组织协调能力、团队协作能力、社会适应能力、表达能力、心理承受能力和社会责任感等。而方法能力和社会能力因为超越一般专业能力领域,又被称为关键能力。专业能力和关键能力对职业能力的发展具有重要的意义,它们是构成职业能力不可或缺的部分。

用人单位对于职业学校毕业生的要求不仅仅是达到一定的职业技能标准,还包括职业能力发展和职业岗位转换能力等方面的要求。随着科技的进步以及生产方式的变化,职业岗位的转换和流动性增强,即使是相同或者相近的岗位也会不断地发生变化。在此情况下,用人单位不会热衷于通过频繁地更换员工来应对这种变化,而是希冀在职员工能够迅速地适应工作岗位的变化,这就要求员工具备较强的职业发展能力。因此,职业教育应在培养学生职业能力的基础上,加强对学生职业发展能力的培养。

需要强调指出的是,受教育者个体还必须结合相关专业、所面向的职业岗位(群)对从业者体能方面的实际要求有选择地进行锻炼,因为有很多专业确实需要教育者具有较强的体能素质。

(三) 职业情感

职业情感是个体对自己所从事的职业是否满足自己的需要而产生的态度体验,是一种简单化的主观体验和外在化的情绪表现,也是一种内省化的心情心境。根据马斯洛的需求层次理论,可将职业情感分成职业认同感、职业荣誉感、职业敬业感等层次。职业情感可分为积极的职业情感和消极的职业情感。积极的职业情感能够强化职业责任意识,为工作提供动力,促进个体在工作中勇于克服困难,更好地完成工作;相反,消极的职业情感会对职业行为产生负面的影响,让个体对工作产生抵触情绪,降低工作效率。[1]

职业情感的形成是建立在对职业充分认识的基础上的。学生首先要对当前所学习的专业和将来所要从事的职业进行全面、清晰和透彻的理解,并以此为基础,形成自己独特的认识和见解,从而确立自己未来的职业发展方向。教师要在教学过程中激发学生的兴趣和热情,使他们对所要从事的职业产生积极的职业情感。同时,职业情感为职业理想的形成奠定基础,职业理想是建立在个人的专业知识与能力、职业情感和兴趣基础上的,它为个人的职业生涯设定了一个终极目标。

(四) 职业意识

职业意识是个体自我意识在职业领域的体现,是个体职业行为和职业活动的调节器,它包括创新意识、竞争意识、协作意识和奉献意识等。职业意识也是人们职业认识、职业情感、

---

[1] 尚勇.试论职业情感的科学界定[J].理论观察,2007(01):153—154.

职业理想的综合反映,它对个体的职业生涯的发展具有重要意义。因此,职业学校培养学生具备职业意识是必要的,因为学生应当对目前所学的和将来所要从事的职业有所理解,并树立一种为此职业服务终身的理想,以便更好地规划未来的职业生涯。

职业意识的形成需要经过职业认识、职业情感和职业理想等阶段。职业理想的实现需要一种持之以恒的精神,这便是职业意志。职业意志表现为自觉克服困难和障碍的精神力量,它是实现职业理想所必备的精神条件。因此,职业意志的培养也是职业学校教育过程中不可或缺的部分。

(五) 职业道德

教育人类学家奥茨达齐尔认为:"正在为职业作准备的青年人不仅必须获得职业知识和技能,而且必须学得专门的职业'道德',即立场和态度(如精确性和准时性),应当形成那种有望获得未来职业地位和对他有利的个性特征。"职业学校教育的主要职责在于为学生的职业生涯发展做准备,因此,职业道德是职业学校教育中的重要内容。

职业道德是社会道德规范在职业生活中的具体体现,是从业人员在职业活动中遵循的道德准则和行为规范,它有助于协调工作中人与人、人与工作、人与环境、人与自身等多方面的关系。职业道德主要体现为职业道德意识和职业道德行为能力,而职业道德意识的培养是学校职业道德教育的首要目标。人在职业活动中的道德行为受到道德意识的支配,职业道德意识表现为职业道德观念的形成,即形成一种定向性的道德判断,要培养敬业、乐业、勤业、精业的价值观。职业道德行为是指在职业活动中,人们在职业道德意识的支配下自觉采取的符合职业道德理念和规范的职业活动,它是职业道德意识外化的结果。职业道德水平是通过职业道德行为体现出来的。因此,职业道德行为能力的养成是更高层次的目标。职业学校要培养学生养成敬业、爱业的道德行为习惯,这也是用人单位对学生职业道德的内在要求。

第三节 职业教育培养目标的实现

职业教育培养目标的实现,离不开两个基本前提:一是是否满足社会发展的需要,二是是否满足受教育者个体发展的需要。因为人才培养的活动贯穿于整个职业教育的教育教学活动之中,要实现职业教育培养目标,就得保障教育教学活动顺畅进行。因此,需要在兼顾社会发展与受教育者个体发展实际需要的基础上,更好地解决教育教学过程,诸如课程体系设计、实践教学模式、"双师型"师资队伍建设、校园文化建设和质量保障体系等相关问题。

一、改革与完善职业教育课程体系

课程体系是指同一专业不同课程门类按照门类顺序排列,是教学内容和进程的总和。课程门类排列顺序决定了学生通过学习将获得怎样的知识结构。课程体系是培养目标的具体化和依托,它规定了培养目标实施的规划方案。建立体现职业教育特色的课程体系是实现职业教育人才培养目标的关键环节。

我国职业教育长期以来受普通教育的影响,在人才培养课程体系的建设过程中,首先考虑的不是培养目标的实现,而是强调职业教育学历与普通教育学历在知识体系与知识层次上的可比性,强调课程结构的学科性和教学过程的整体性,这在一定程度上形成了职业教育课程体系与培养目标的脱节。当今世界较为成熟的职业教育课程体系有两种:一是以德国为代表的"双元制"职业培训课程体系,二是"模块式"课程体系。这两种课程体系有如下几点共性:一是以培养目标为核心;二是打破了学科体系与结构;三是突出操作技能训练;四是具有极强的职业针对性。正是基于以上四点,才使得其课程体系及内容随着社会政治与经济的发展而不断更新,进而确保了相应培养目标的实现。

我国职业教育的课程多采用以文化基础课、专业基础课和专业课为主的"三段式"课程体系。这种传统的课程体系往往重理论、轻实践,忽视对学生动手能力和解决问题能力的培养。这种课程体系的缺陷在高等职业教育中表现得尤为明显,尤其是随着其生源越来越多地转向普通高中毕业生后,更是无法通过强化学生专业技术技能的要求来区别于普通高等教育的人才培养目标。同时,越来越多的普通高校为提高所培养人才的就业竞争力,已经通过强化技术技能培训基地建设等方式来弥补学生素质结构中技术技能方面的缺陷。

高等职业学校要培养服务区域发展的高素质技术技能人才,重点服务企业特别是中小微企业的技术研发和产品升级。职业教育机构要想确保培养目标的实现,确保培养的人才能够适应经济发展和产业升级、技术进步,需改革和完善课程体系,建立健全课程衔接体系,对接课程内容与职业标准,对整个课程体系进行重新设计,坚持以能力本位为基础,以提高职业能力为核心,着重培养学生的职业能力,促进包括学生个性在内的全面发展,就必须使学生知识、能力、素质全面协调发展,不断深化产教融合、校企合作,形成对接紧密,特色鲜明、动态调整的职业教育课程体系。把学生个性特长的发展、人格的完善、素质的提升作为重要的参照系,把对学生职业能力的培养贯穿于课程建设的始终。在职业教育课程体系的建设中,一方面要准确地梳理并归纳出各专业所需的职业能力,并以此为主线构建职业教育课程,另一方面又要注重学科知识的交叉,增加学校选修课程的比例和种类,实现科学知识与人文知识的交融,以促进学生的全面发展。

二、建立与健全职业教育实践教学模式

职业教育培养的是中、高级技术应用型人才。因此,在教学中不只要求学生掌握必需、够用的基础和专业理论知识,更注重的是对学生知识应用能力,即操作能力的培养。为了实现职业教育的培养目标,职业学校必须加强实践教学体系的构建,从而把理论与实践、知识与能力有机地结合起来,使实践教学始终贯穿于教学全过程。在教学形式上,不仅要有一定的理论教学,使学生掌握基本理论与基本知识,而且要有大量的实验、实习、设计等实践教

学,培养学生的综合职业能力。

坚持知行合一、工学结合。借鉴"双元制"、全面推进现代学徒制、企业新型学徒制,培养数以万计的产教融合企业,进一步深化产教融合,加强校企合作,校企双方共同参与育人过程,教学过程对接生产过程。理论教学与实践教学分阶段交叉进行,合理安排理实一体化,教学增加实践教学的内容,突出实践能力的培养;在实践教学师资安排上,既有校内的专职教师,又有校外的兼职教师和实习单位的指导教师;在教学方法与手段上,注重增强实践性,积极运用现代教学手段,采用案例教学法、启发式教学法、课堂讨论式教学法以及观摩模拟教学法;在实践教学基地的建设上,注重加强与行业之间的广泛联系,建立一批随时可供学生进行专业、技能实践的教学基地,强化实习实训;在教学技术上实现现代化,运用多媒体教育技术迅速、高效地为职业教育教学提供各种所需信息,提高教学效率和教学质量;力求经过多渠道、多方面的努力,建成具有职业定向、能够实现学生基本技能、专业技能和技术应用能力训练有机结合的实践教学体系;及时将新技术、新工艺、新规范纳入教学内容,促进职业教育和产业人才需求的精准对接。

三、建设与优化校企合作的"双师型"教师队伍

职业教育的主要任务是为生产、建设、服务、管理第一线输送高级技术应用型专门人才,这就决定了职业学校的教师与普通学校的教师是有区别的,那就是"双师型"教师。

所谓"双师型"教师,其本质特点就是指能集理论教学和实践教学能力于一身的专业教师。就教师个体来说,要求专业课教师既要掌握本专业较深的理论知识,又要具有丰富的实践工作经验和扎实的实践工作能力,逐步向教师—工程师、教师—技师、教师—经济师、教师—会计师等复合方向发展;即便是专门从事文化基础理论课教学的教师,也要走向社会,了解企业的生产经营情况,尽可能做到理论联系实际,加强教学的针对性。从整个教师队伍来说,则既要有专职的专业课教师,又要有来自企业的具有丰富实践经验的高级技术人员来校兼职实践教学教师。

2019年国务院发布《国家职业教育改革实施方案》,提出从2019年起,职业院校、应用型本科高校相关专业教师原则上要从具有3年以上企业工作经验并具有高职以上学历的人员中公开招聘。教育部等九部门印发《职业教育提质培优行动计划(2020—2023年)》指出,实施职业院校教师素质提高计划,校企共建"双师型"教师培养培训基地。职业院校、应用型本科高校教师每年至少要有1个月在企业或实训基地实训,落实教师5年一周期的全员轮训制度。建立健全职业院校自主聘任兼职教师的办法,推动企业工程技术人员、高技能人才和职业院校教师双向流动。

进一步深化校企合作协同育人,职业学校充分利用校企之间的"产学"合作,畅通行业企业高层次技术技能人才从教渠道,从行业企业中聘任劳动模范、技术能手、大国工匠、道德楷模等担任兼职德育导师或专业教师,通过多措并举建设高水平的"双师型"教师队伍,进而推

动职业教育人才培养目标的实现。

四、创设积极的校园文化环境

职业学校校园文化作为一种特定区域特有的社区文化,在促进自身人才培养目标的实现上有着特殊的功能。其功能主要体现在以下三个方面:一是价值观的导向功能。促使学生在价值观念、精神文化、活动文化、审美价值、人生价值、人际交往、生活方式、行为方式等方面作出正确选择。二是人格的塑造功能。它能塑造学生的心灵和形象,把校园精神的深刻内涵,通过形象塑造,内化在学生的思想、心理、思维、语言、行为之中,共同的校园文化、共同的价值体系使学生对外界的事物作出价值判断、价值体验、价值取向。三是情感的激励功能。它能激励学校师生员工追求卓越、努力创造、获取成就。在这样的环境中,在这样的文化影响下,自然会激励师生员工积极进取、勇于创新、不甘落后、争创一流,使他们的责任感、使命感、荣誉感、自豪感、成就感融为一体。

2010年5月,教育部、人力资源和社会保障部联合颁发《关于加强中等职业学校校园文化建设的意见》(以下简称《意见》)。《意见》指出,要把学生思想道德教育和综合职业能力培养有机融入各项活动之中,开展丰富多彩、积极向上的技能竞赛、文体活动和社会实践活动。要高度重视校园自然环境和人文环境建设,完善校园文化活动设施;校园文化建设要积极吸纳优秀的地域文化、民族文化和行业、企业文化,结合学校特点,突出专业培养目标,集中反映学校的办学理念和学校精神;精心布置各种场所,张贴富有职业特色的标语、名言以及劳动模范、创业典型、技术能手、优秀毕业生的画像,建造具有专业特色的雕塑、碑铭等,使校园的一草一木、一砖一石都有利于学生明确职业发展方向,增强就业创业信心,凸显职业教育特色。积极推进校企合作,引进和融合优秀企业文化,促使学生养成良好的职业道德和职业行为习惯;加强学校教室环境建设,使之成为职业氛围浓厚、专业特色鲜明的学习场所;重视实习实训基地环境建设,通过展示企业生产、经营、管理、服务一线的纪律、规范、流程,展示学生在实习实训中的优秀成果,展示行业劳动模范和学校优秀毕业生的事迹,加强学生的职业养成训练,增强学生立志成才的信心。

职业学校要通过创设良好的校园文化环境,充分发挥校园文化对人才培养的积极作用,把学到的价值观念和道德规范自觉地转化为内心的信念和行动的准则,从而达到知行合一的目的。

五、构建和强化职业学校教育质量保障体系

在教育过程中,人才培养质量的提升源于对培养过程的有效管理与监督。在职业学校的教育教学过程中,为实现其培养目标并提升自身的人才培养质量,要建立和完善职业学校人才培养质量保障体系与标准。

从招生、教学到毕业生就业等各个环节,都与职业学校人才培养目标的实现紧密相连。

因此，要按各专业的培养目标、专业标准、行业标准、教学管理、学籍管理、学生管理等，结合学校人才培养的实际情况，制定相应的管理规范，确保严格执行。通过全员质量意识的形成，建立岗位责任制，遵循科学管理程序，搞好教学过程的设计、执行及控制，使各管理层次有明确的质量管理活动内容，层次间相互支持协助，运用多样化的方法，把各个部门的力量集中起来，保证教学质量的提高和人才培养目标的实现。

深化产教融合、校企合作，强化工学结合、知行合一，建立健全德技双修育人机制，完善多元共治的质量保障机制，突出人才培养的全程质量管理和全员质量管理，从"共治"到"善治"，从而全方位保障人才培养目标的实现。

思考题

1. 阐述确定职业教育培养目标的依据。
2. 如何理解职业教育培养目标的定位和基本内涵？
3. 详细阐述保障职业教育培养目标实现的现实策略。

相关链接

教育部关于职业院校专业人才培养方案制订与实施工作的指导意见（节选）

教职成〔2019〕13号

一、总体要求

（一）指导思想

以习近平新时代中国特色社会主义思想为指导，深入贯彻党的十九大精神，按照全国教育大会部署，落实立德树人根本任务，坚持面向市场、服务发展、促进就业的办学方向，健全德技并修、工学结合育人机制，构建德智体美劳全面发展的人才培养体系，突出职业教育的类型特点，深化产教融合、校企合作，推进教师、教材、教法改革，规范人才培养全过程，加快培养复合型技术技能人才。

（二）基本原则

——坚持育人为本，促进全面发展。全面推动习近平新时代中国特色社会主义思想进教材进课堂进头脑，积极培育和践行社会主义核心价值观。传授基础知识与培养专业能力并重，强化学生职业素养养成和专业技术积累，将专业精神、职业精神和工匠精神融入人才培养全过程。

——坚持标准引领，确保科学规范。以职业教育国家教学标准为基本遵循，贯彻落实党和国家在课程设置、教学内容等方面的基本要求，强化专业人才培养方案的科学性、适应性和可操作性。

——坚持遵循规律,体现培养特色。遵循职业教育、技术技能人才成长和学生身心发展规律,处理好公共基础课程与专业课程、理论教学与实践教学、学历证书与各类职业培训证书之间的关系,整体设计教学活动。

——坚持完善机制,推动持续改进。紧跟产业发展趋势和行业人才需求,建立健全行业企业、第三方评价机构等多方参与的专业人才培养方案动态调整机制,强化教师参与教学和课程改革的效果评价与激励,做好人才培养质量评价与反馈。

二、主要内容及要求

(一) **明确培养目标。** 依据国家有关规定、公共基础课程标准和专业教学标准,结合学校办学层次和办学定位,科学合理确定专业培养目标,明确学生的知识、能力和素质要求,保证培养规格。要注重学用相长、知行合一,着力培养学生的创新精神和实践能力,增强学生的职业适应能力和可持续发展能力。

坚持把立德树人作为根本任务,不断加强学校思想政治工作,持续深化"三全育人"综合改革,把立德树人融入思想道德教育、文化知识教育、技术技能培养、社会实践教育各环节,推动思想政治工作体系贯穿教学体系、教材体系、管理体系,切实提升思想政治工作质量。

(二) **规范课程设置。** 课程设置分为公共基础课程和专业(技能)课程两类。

1. 严格按照国家有关规定开齐开足公共基础课程。中等职业学校应当将思想政治、语文、历史、数学、外语(英语等)、信息技术、体育与健康、艺术等列为公共基础必修课程,并将物理、化学、中华优秀传统文化、职业素养等课程列为必修课或限定选修课。高等职业学校应当将思想政治理论课、体育、军事课、心理健康教育等课程列为公共基础必修课程,并将马克思主义理论类课程、党史国史、中华优秀传统文化、职业发展与就业指导、创新创业教育、信息技术、语文、数学、外语、健康教育、美育课程、职业素养等列为必修课或限定选修课。

根据有关文件规定开设关于国家安全教育、节能减排、绿色环保、金融知识、社会责任、人口资源、海洋科学、管理等人文素养、科学素养方面的选修课程、拓展课程或专题讲座(活动),并将有关知识融入到专业教学和社会实践中。

2. 科学设置专业(技能)课程。专业(技能)课程设置要与培养目标相适应,课程内容要紧密联系生产劳动实际和社会实践,突出应用性和实践性,注重学生职业能力和职业精神的培养。一般按照相应职业岗位(群)的能力要求,确定6—8门专业核心课程和若干门专业课程。

(三) **合理安排学时。** 三年制中职、高职每学年安排40周教学活动。三年制中职总学时数不低于3000,公共基础课程学时一般占总学时的1/3;三年制高职总学时数不低于2500,鼓励学生自主学习,公共基础课程学时应当不少于总学时的1/4。中、高职选修课教学时数占总学时的比例均应当不少于10%。一般以16—18学时计为1个学分。鼓励将学生取得的行业企业认可度高的有关职业技能等级证书或已掌握的有关技术技能,按一定规则折算为学历教育相应学分。

（四）**强化实践环节。** 加强实践性教学,实践性教学学时原则上占总学时数50%以上。学生顶岗实习时间一般为6个月。

（五）**严格毕业要求。**

（六）**促进书证融通。** 鼓励学校积极参与实施1+X证书制度试点,将职业技能等级标准有关内容及要求有机融入专业课程教学,优化专业人才培养方案。同步参与职业教育国家"学分银行"试点,探索建立有关工作机制,对学历证书和职业技能等级证书所体现的学习成果进行登记和存储,计入个人学习账号,尝试学习成果的认定、积累与转换。

（七）**加强分类指导。** 对退役军人、下岗职工、农民工和新型职业农民等群体单独编班,在标准不降的前提下,单独编制专业人才培养方案,实行弹性学习时间和多元教学模式。实行中高职贯通培养的专业,结合实际情况灵活制订相应的人才培养方案。

三、制订程序
四、实施要求

（一）全面加强党的领导。

（二）强化课程思政。

（三）组织开发专业课程标准和教案。

（四）**深化教师、教材、教法改革。** 建设符合项目式、模块化教学需要的教学创新团队,不断优化教师能力结构。健全教材选用制度,选用体现新技术、新工艺、新规范等的高质量教材,引入典型生产案例。总结推广现代学徒制试点经验,普及项目教学、案例教学、情境教学、模块化教学等教学方式,广泛运用启发式、探究式、讨论式、参与式等教学方法,推广翻转课堂、混合式教学、理实一体教学等新型教学模式,推动课堂教学革命。加强课堂教学管理,规范教学秩序,打造优质课堂。

（五）**推进信息技术与教学有机融合。** 适应"互联网+职业教育"新要求,全面提升教师信息技术应用能力,推动大数据、人工智能、虚拟现实等现代信息技术在教育教学中的广泛应用,积极推动教师角色的转变和教育理念、教学观念、教学内容、教学方法以及教学评价等方面的改革。加快建设智能化教学支持环境,建设能够满足多样化需求的课程资源,创新服务供给模式,服务学生终身学习。

（六）改进学习过程管理与评价。

五、监督与指导

第四章

职业教育体系

教学目标

1. 了解职业教育体系的概念。
2. 了解构建职业教育体系的依据和原则。
3. 掌握我国现行职业教育体系的基本结构与特点。
4. 了解现代职业教育体系建设的趋势与特点。

职业教育体系是整个教育体系的重要组成部分，它建立在普通教育基础之上，在一定程度上受社会的经济和技术发展水平制约，并随着经济技术的变化和普通教育普及程度的提高而不断完善。职业教育体系是否健全和完善，直接关系到职业教育目标的实现、教育和教学工作的进行以及整个职业教育事业的发展，也会对劳动者职业素质的提高、劳动力资源的开发和社会生产力的发展产生重要影响。

第一节 构建职业教育体系的依据与原则

一、职业教育体系的内涵

教育体系是指一个国家（或地区）互相联系的各种教育机构的整体，或该大教育系统中的各种教育要素的有机组合（如职业教育体系、普通教育体系、教师教育体系、教育管理体系等）。依据组成教育体系要素不同的特征，可将教育体系进行不同的划分。根据教育层次的不同，可划分为学前教育体系、初等教育体系、中等教育体系、高等教育体系；根据教育法律地位的不同，可划分为义务教育体系、非义务教育体系；根据教育投资主体的不同，可划分为公立教育体系、民办（私立）教育体系；根据教育内容和培养目标的不同，可划分为普通教育体系、职业教育体系。

职业教育体系与基础教育体系、高等教育体系共同组成一个国家（或地区）完整的大教育系统。职业教育体系有广义和狭义之分。广义的职业教育体系是指一个国家或地区各种类型、各个层次、各种形式的职业教育实施机构以及各级行政管理组织、支撑保障机构所组成的有机整体，包括职业教育实施体系、职业教育管理体系、职业教育科研体系和职业教育投资体系等。狭义的职业教育体系是指一个国家或地区各种形式、各种层次的职业学校与职业培训机构构成的整体。本章重点介绍狭义的职业教育体系。

职业教育体系是一个复杂的系统，由许多子系统构成。其体系结构主要包括：

（1）层次结构：指不同层次职业教育机构之间的比例构成。如初等职业教育、中等职业教育、高等职业教育的规模及相互之间的比例关系、衔接关系。

（2）类型结构：指职业学校教育（包括普通职业学校教育、成人职业学校教育）和职业培训之间的比例构成。

（3）专业结构：指不同职业教育实施机构的专业设置类别、规模及其相互之间的比例关系。

（4）布局结构：指各级各类职业教育实施机构的地区分布及其相互关系。

（5）办学结构：指职业教育办学主体的比例构成及不同办学主体之间的相互关系。

了解职业教育的实施结构体系，把握其演变与发展规律，构建一个科学、合理的职业教育体系结构，是职业教育改革与发展的重要任务。

二、构建职业教育体系的依据

(一) 构建职业教育体系的理论依据

职业教育体系的建构需要理论指导。人才结构理论、终身教育理论、人力资本理论等,是指导我国现行职业教育体系构建的重要理论依据。

人才结构理论。无论是"金字塔"型、"职业带",还是"阶梯状"人才结构模式,都从不同角度对人才结构进行了表述。根据人才结构理论,人才类型与人才层次不能混同,不同类型、不同层次的人才素质要求有质的区别。现代人才结构应由不同系列、不同层次的人才按比例组合而成。不同性质的工作岗位有不同系列的人才结构。每一系列人才内部又可以从低到高分成不同的层次,各个系列人员之间互有交叉,每一系列内部不同层次之间相互衔接。依照这种人才结构理论,职业教育体系也应该是多种层次(由初级到高级),各成序列(各类人员由低到高自成序列),又相互可以沟通的系统。

终身教育理论。当代科学技术的迅速发展,使知识、技术发展和更新的速度大大加快,使终身教育显得比以往任何时候都更加重要。教育结构体系的设计和调整,应该从学校教育、职业教育和社会教育的相互连接、相互补充的关系等方面,为贯彻终身教育(学习)的思想迈出新的步伐。按照终身教育的理念,人们的职业发展处于动态的变化过程之中,它包括对职业的认识、准备、确立、再准备、转业等不断追求完美的阶段。因此,职业教育应该贯穿一个人职业生涯的始终。现代职业教育体系应该充分体现终身教育理念,这是现代职业教育体系与传统职业教育体系的重要区别之一。

人力资本理论。人力资本即附着在个体身上的知识、技能和能力。由于这些知识、技能与能力能够影响个体的未来职业和报酬,因此,也被看作是一种比传统资本(生产资料、货币、机器、厂房等)更重要的新型资本。美国经济学家舒尔茨通过分析发达国家和发展中国家的经济发展道路,发现两者的主要不同在于对人力资本的投资是否足够重视。在现代社会,教育不再被视为一种单纯的消费性投资,而被看作是一种导致经济增长的主要投资活动。因此,大力发展职业教育,建立完善的职业教育体系,应理解为现代国家对国民的一种人力资本投资,这种投资将对国家发展、民族振兴具有战略意义。

(二) 构建职业教育体系的现实依据

社会人才需求和国民经济结构是构建职业教育体系的现实依据。职业教育作为培养生产第一线的劳动者、管理者的教育,与科技发展、与社会生产力水平紧密联系。生产力和生产技术的多层次、多类别决定了对劳动力素质的需求也是多层次、多类别的。各类人才和劳动力的需求状况,又决定了我国的职业教育必须建立起多层次、多专业门类、行业配套的体系和结构。例如,乡村振兴战略的实施对于新型职业农民数量和质量方面多元化的需求,客观上要求县域职业教育体系突破传统上僵化的框架,以城乡一体化为目标,进一步活化系统结构,增强系统功能。

我国现阶段经济体制主要是以公有制为主,全民所有制、集体所有制和"三资"企业、私营企业等多种所有制形式并存。这些都引起了劳动就业结构的改变,必然要求职业教育体系和结构作出相应的调整。另外,产业结构和技术结构的转变,带来了职业结构的变化。所有这些都决定了职业教育体系与国民经济结构之间必然存在着对应关系:其服务方向要与所有制结构相适应;专业结构要与产业结构相适应;层次结构要与技术结构相适应;规模结构要与劳动力结构相适应;布局结构要与区域经济布局相适应。职业教育必须以此为契机,构建与之相适应的职业教育体系。

(三) 构建职业教育体系的内在依据

职业教育自身发展的要求是构建职业教育体系的内在依据。科学技术的发展日新月异,新技术、新工艺、新方法等层出不穷,但学校不可能将人类的全部知识和技能都教给学生,学生仅靠知识量的增加和技能的增加也不能很好地适应社会和生产。因此,职业教育应由过去的终结性教育转变为形成性教育,在促进学习者掌握职业知识、技能的同时,还应为他们今后进一步接受终身教育奠定各方面的素质基础。

职业教育体系的构建要充分考虑到与从业者的职业生涯相适应的教育阶段和教育形式。职业教育阶段应包括普通教育中的职业入门教育、职业准备教育和职业继续教育;职业教育形式既要有学校形式的职业教育,也要有社会化的职业培训,既要有正规的职业教育,也要有非正规、非正式的职业教育。

职业教育受到受教育者身心发展水平、师资队伍、办学条件、课程体系、教学内容等因素的制约,同时职业教育与教育系统中的其他子系统存在有机的联系。因此,职业教育体系必须符合教育自身的规律。

(四) 构建职业教育体系的参考依据

世界职业教育的发展趋势是构建职业教育体系的参考依据。世界职业教育体系发展趋势总的来说,一是表现为职业教育的各个层次以及它们与普通教育之间相互沟通和衔接,形成了"职业教育——就业——继续教育(培训与深造)——更高层次的再就业"这种良好的循环机制,形成了纵横交错而又畅通的有机网络。特别是普通高等教育为接受职业教育的人们提供了良好的深造机会和条件。二是职业教育又具有相对独立和相对完整的结构体系、运作管理机制和评价考核标准,它的师资、课程标准、教材以及教学方法等都有自己的鲜明特色,不同于普通教育,形成了职前、职后相互衔接,初等职业教育、中等职业教育和高等职业教育相互衔接的体系。这些对构建我国职业教育体系有很大的参考价值。

三、构建职业教育体系的基本原则

职业教育体系的形成是以一定的社会经济条件为依据的。职业教育既是国民经济的组成部分,又是教育的组成部分。因此,构建职业教育体系必须以社会经济和教育条件的现实及其未来发展的要求为主要依据。构建职业教育体系应遵循以下原则。

(一) 适应性原则

坚持适应性原则,就是要主动适应经济、社会发展以及个体的需要,针对产业结构、技术结构发展变化对人才结构的需求,确定各级各类职业教育的发展规模和比例,实行多层次、多形式办学,职前职后教育相结合,教育与培训相结合,提倡终身教育。坚持适应性原则还要求职业教育体系能够根据经济社会发展及个体发展需要进行动态地调整与完善。

(二) 整体性原则

就经济建设和社会事业发展而言,职业教育是社会事业的一个重要部分,职业教育体系的改革和发展要有利于职业教育服务于现代化建设这个中心,特别是适应建立社会主义市场经济体制的要求,这也是教育应坚持的政治方向。

就教育事业内部而言,职业教育是现代教育的组成部分,所以研究职业教育体系必须在现代教育的整体中进行。弄清和科学处理职业教育与其他教育的关系、衔接与沟通也是必不可少的工作。

就职业教育本身而言,从职业教育层次看,有中等职业教育、高等职业教育;从办学主体看呈多元状态,有教育部门、劳动部门、行业(会)、社会团体等;从办学形式看,分学历教育和非学历教育,有全日制教育,也有半工半读、短训和在职业余学习;从受教育对象看,有青少年,也有成人等。因此,构建职业教育体系应同时体现以上方方面面的要求。

(三) 开放性原则

职业教育是与经济社会发展及科学技术进步联系最直接、最密切的教育形式。当今经济发展与科学技术进步的速度越来越快,职业教育系统必须保持与环境信息交流的畅通。开放渠道越畅通,职业教育结构中的要素就越活跃,在动态变化中,与社会、经济系统的交流就越广泛,职业教育的适应性就越强。职业教育体系应该是纵向衔接、横向沟通,能与国际接轨的开放式立体结构,体现人才培养的通用性和国际性。

(四) 发展性原则

发展性原则就是要能对职业教育改革与发展的趋势以及经济社会和个体发展需求有超前的预测和把握,并据此构建具有先进性的职业教育体系。如随着经济的发展和科技的进步,社会对人才的需求层次也逐步提高,职业教育重心逐渐由初级、中级到高级上移已成为趋势。所以,在构建职业教育体系时,必须将高等职业教育放在应有的位置。

(五) 可行性原则

在构建职业教育体系时,既要考虑经济、社会发展对人才结构与数量的需求,建立起与之相适应的职业教育层次结构与发展规模,又要考虑职业教育的现状与经济实际承受能力,处理好需求与可能的关系,把职业教育体系建立在适当超前而又切实可行的基础上。

第二节　我国现行职业教育体系的基本结构与特点

逐步建立完善的职业教育体系是我国职业教育发展的重要目标,早在1985年,中共中央颁布的《关于教育体制改革的决定》就已提出了这一目标。2022年修订并实施的《中华人民共和国职业教育法》明确规定:国家建立健全适应经济社会发展需要,产教深度融合,职业学校教育和职业培训并重,职业教育与普通教育相互融通,不同层次职业教育有效贯通,服务全民终身学习的现代职业教育体系。2002年《国务院关于大力推进职业教育改革与发展的决定》又明确提出,到"十五"末期,要"初步建立起适应社会主义市场经济体制,与市场需求和劳动就业紧密结合,结构合理、灵活开放、特色鲜明、自主发展的现代职业教育体系"。在国家政策的引导和扶持下,各地进行了有益的尝试和探索。目前,已初步建立起了具有本土特色的我国现行的职业教育体系。

从系统论角度看,我国职业教育体系主要包括职业学校教育系统与职业培训系统。职业学校教育系统又包括普通职业学校教育系统和成人职业学校教育系统。普通职业学校教育系统包括中等职业学校教育系统、高等职业学校教育系统;成人职业学校教育系统包括成人中等职业学校教育系统和成人高等职业学校教育系统。职业培训系统包括职前培训系统、职后培训系统(继续教育)。图4-1清晰地表示了我国现行职业教育系统的基本结构。

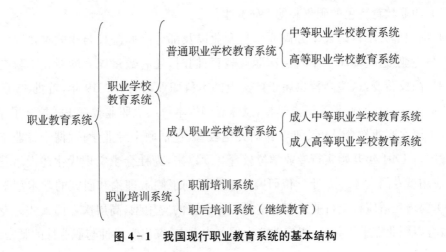

图 4-1　我国现行职业教育系统的基本结构

一、我国现行职业学校教育系统

(一) 普通职业学校教育系统

1. 中等职业学校教育系统

中等职业学校教育是我国职业教育的主体和重点,中等职业学校类型有中等专业学校、职业高级中学(或职业教育中心)、技工学校(或技术学校)等。这三类学校统称为中等职业学校。中等职业学校教育主要招收应届初中毕业生,学制一般为三年至四年,以三年居多。随着社会经济发展对人才需求层次的高移,各类中等职业学校的培养目标已经趋同,主要是培养技能、技术型人才。

2. 高等职业学校教育系统

高等职业学校教育由专科、本科及以上教育层次的高等职业学校和普通高等学校实施。根据高等职业学校设置制度规定,将符合条件的技师学院纳入高等职业学校序列。

高职高专院校主要属于大专层次,招收应届高中毕业生或中等职业学校毕业生,学制一般为两年至三年,也有招收初中毕业生的,即"五年一贯制"。高职高专毕业生还可以通过"专升本""专转本""专接本"考试("专升本"属于成人教育,由国家统一组织考试;"专转本"属于普通高等教育,由地方教育主管部门组织考试;"专接本"属于自学考试范围,由地方自考管理部门组织测试)进一步取得本科学历和学士学位。

高等职业技术师范学院(大学)于20世纪80年代初开始逐步成立,近年来有的改称科技师范学院、工程技术师范学院等,是专门培养职业教育师资的普通本科高校。20世纪90年代,一些普通高校的二级学院(如职业技术学院、职业技术教育学院等)也建立了为职业学校培养师资的教师教育类机构。这类院校的办学特色是技术性和师范性相结合。招生对象主要有两类,一是高中毕业生,二是中等职业学校毕业生,学制一般为四年。目前,普遍开始探索培养具有职业教育特色的硕士和博士研究生。

目前,国内部分本科高校举办高职本科专业以及部分高职院校与相关本科院校联合举办高职本科专业,这些都属于本科层次职业教育;同时,还有数量庞大的新建本科高校选择了向应用型高校转变,这些高校也属于广义上的本科职业教育。2019年,首批15所高职院校升格成为本科层次职业教育试点学校,意味着国内本科层次职业教育正式拉开了序幕。

研究生层次职业教育是指专业学位研究生教育,包括硕士专业学位、博士专业学位两个层次。我国自1991年开始实行专业学位教育制度以来,为社会主义现代化建设培养了大量高层次、应用型专门人才。专业学位研究生教育区别于侧重理论和研究的学术型学位研究生教育,主要培养适应特定行业或职业实际工作需要的应用型、高层次专门人才。专业学位研究生教育以职业需求为导向、以实践能力培养为重点,突出学术性与职业性的紧密结合。

(二)成人职业学校教育系统

成人教育(也有称继续教育)主要有中等、高等两个层次之分。成人教育不论是学历教育还是非学历教育,职业性和就业性是其显著特征。

1. 成人中等职业学校教育系统

成人中等职业学校包括职工中专、广播电视学校、函授中专、干部学校等。这类学校一般招收初中文化程度的社会人员,学制一年至三年,毕业经考试合格后发给成人中专毕业证书。

2. 成人高等职业学校教育系统

成人高等职业学校教育,包括职工大学、普通高校的成人(继续)教育学院、网络(远程)教育学院、电视大学(开放大学)、管理干部学院、高等教育自学考试、民办职业专修学院等。有全日制、业余、函授、网校等多种教育形式。现有专科、本科、专升本等层次和类型。招收高中阶段教育程度的应届和往届毕业生以及社会人员。入学需参加全国统一的成人高考,毕业合格发给成人学历证书,本科毕业还可以参加学位考试,取得成人学士学位证书。从2001年开始,教育部和国务院学位办开通中等职业学校教师在职攻读硕士学位研究生培养教育项目,学制三至五年,经考试和论文答辩合格后,颁发相应学科的教育硕士学位证书。

二、职业培训系统

职业培训是对从业人员进行的以从事某种职业所需要的职业知识、职业技能为主的培训活动。这种培训是有组织、有目的地进行的。职业培训可以由中等职业学校、就业培训中心、职工培训中心等教育与培训机构来完成。职业培训一般由劳动行政部门、经济业务部门、企业和社会团体组织或实施。教育部门负有对培训学校和培训机构进行业务指导的责任。职业培训已经成为职业学校教育工作的重要组成部分,是职业学校未来发展新的增长点。职业培训以不取得学历资格为目的,一般培训时间较短,培训结束后经考核合格者,可按国家有关规定发给相应的培训合格证书和技能等级证书。

职业培训根据不同需要,分为职前培训和职后培训(继续教育)等,其中职后培训的重点为在职培训,分别由相应的培训机构、职业学校组织实施。根据培训对象、培训内容的不同,职业培训还可分为初级、中级和高级职业培训。

1. 职前培训系统

职前培训是指按不同岗位的基本要求,对未上岗人员进行的教育和培训活动。对于技术业务要求高的行业或部门的人员,在上岗前都要进行职业技术基础培训。在关键设备、关键岗位上工作和从事危险性作业的工人,必须经过培训,并经考核合格取得从业资格后才能上岗。转换工作岗位和重新就业的人员,也必须经过培训。培训的内容包括专业知识、操作技能、安全生产知识、职工守则和职业道德等。培训由企业或企业委托职业培训机构采取脱产、半脱产或业余方式进行。2000年,国家颁布了就业准入制度和职业技能等级制度,施行"先培训,后就业;先培训,后上岗"的就业制度。

2. 职后培训系统(继续教育)

在职人员的技术更新、提高以及下岗、失业人员的再就业培训,是职后培训的重要任务。职后培训的形式多种多样,可以是"工读交替""半工半读""脱产培训",也可以通过网络或多媒体教学等形式进行。培训的内容可以是针对单位员工的整体素质的提高,也可以是新技术、新工艺的介绍和推广培训等。随着我国社会经济的发展,职后培训将成为我国职业培训的重点。

在职培训是指对从业人员进行的不脱离岗位，以提高岗位工作能力为主的培训活动，也称在岗培训，是企业、事业单位对职工进行职业教育活动的主要形式。在职培训的方式可以多种多样，如短期培训班、技术业务专题培训讲座、岗位练兵、技术比武、技术表演等。开展在职培训要注重内容的针对性和实用性，以及培训对象的全员性；强调岗位工作的现实需要，全面提高在岗人员的岗位工作能力，在生产和管理中迅速产生培训效果。

农民在职培训的主要内容是各类实用技术以及管理知识，要求通过培训，能根据各地农村资源的不同情况，推广和应用实用技术，提高经营和管理水平，达到增加生产和让农民脱贫致富的目的。

三、我国现行职业教育体系的特点

我国职业教育体系经过几十年的建设、改革和不断完善，基本建立了一个体系相对完整，结构相对合理，教育机会相对公平，与区域经济发展紧密结合，与各级各类教育相互衔接，正规教育与职业培训相互沟通，学历教育本位与职业能力本位并重，学校职业教育与社区教育相结合的体系。我国现行的职业教育体系具有以下特点。

1. 初步显现的层次性

经过多年的建设，我国已经形成了由中等、高等两个层次组成，以中等职业教育为主、高等职业教育快速发展的职业教育体系。高等层次的职业教育以专科层次为主体，加上少量本科层次的职业教育（职业技术大学）。中等、高等层次架构已经显现，但还不够充分。中、高职学生接受本科层次教育的上升通道还不完全通畅，有待进一步拓宽。

2. 相对单一的经济功能

改革开放以来，我国职业教育的快速发展，为经济社会发展培养了大批高素质劳动者和技术技能型实用人才，构成职业教育体系的各级各类职业教育与培训的经济功能得到了较好的释放。但是，职业教育与培训在促进社会民主、公平和文化繁荣、创新等方面的社会功能还没有得到充分的重视和较好的体现，职业教育体系的功能相对单一。

3. 日渐多元的办学主体

政府和企业是我国职业教育两大办学主体，尤以政府办学为主，办学主体趋于单一。当今，这种状况正在逐步得到改变，主要是在国家政策的引导和鼓励下，社会力量办学迅速崛起，极大地改变了我国职业教育的办学格局，形成了政府、企业、社会团体、私人、国外教育机构共同参与办学的职业教育发展格局，办学主体结构呈现出多元化的特点。

4. 开放不足的封闭性

尽管我国初步建立了独立的职业教育体系，但是，一方面，在职业教育体系内部，不同层次、不同形式的职业教育之间缺乏有效的衔接，上升渠道不畅；另一方面，职业教育与普通教育之间缺乏横向沟通、融通、转换渠道不顺。这表明，我国现行职业教育体系的开放程度较低、封闭性较强。

第三节　我国现代职业教育体系的构建

尽管改革开放以来,我国职业教育体系逐步完善,但是,还存在层次缺失、中高职定位不清、纵向衔接和横向沟通不顺、开放度不高、运行机制不畅等突出问题。2005年《国务院关于大力发展职业教育的决定》指出,要建立"有中国特色的现代职业教育体系";2010年7月,《国家中长期教育改革和发展规划纲要(2010—2020年)》提出,"到2020年,形成适应经济发展方式转变和产业结构调整要求、体现终身教育理念、中等和高等职业教育协调发展的现代职业教育体系,满足人民群众接受职业教育的需求,满足经济社会对高素质劳动者和技能型人才的需要"。2014年6月,《国务院关于加快发展现代职业教育的决定》又明确提出,当前我国大力发展现代职业教育的目标任务是"到2020年,形成适应发展需求、产教深度融合、中职高职衔接、职业教育与普通教育相互沟通,体现终身教育理念,具有中国特色、世界水平的现代职业教育体系"。

一、现代职业教育体系的内涵与特点

"现代职业教育体系"是与"传统职业教育体系"相区别的概念。只有符合现代社会发展需求,具备现代特征的职业教育体系才能被称为"现代职业教育体系"。现代职业教育体系的内涵概括地说,就是"两个适应"(适应经济发展方式转变,适应产业结构调整)、"两个满足"(满足人民群众接受职业教育的需求,满足经济社会发展对高素质劳动者和技能型人才的需要)以及"一个体现"(体现终身教育理念)、"一个协调"(中等和高等职业教育协调发展)。现代职业教育体系应具有如下显著特征。

1. 独立完整性

《国家职业教育改革实施方案》指出,职业教育与普通教育是两种不同的教育类型,具有同等重要地位。现代职业教育体系是与普通教育体系并行的、地位平等的独立体系。现代职业教育要有效服务社会发展,要体现终身教育理念,就必须具有一个独立完整的体系。社会发展不仅需要中等、高等专科层次的职业教育,还要有能够拓展和延伸现代职业教育发展空间的本科层次、研究生层次(专业硕士、专业博士)的职业教育。在这个过程中,尤其要优化以职业需求为导向、以实践能力培养为重点、以产学研用结合为途径的专业学位研究生培养模式,加强专业学位研究生的培养。只有建立层次丰富、结构合理的职业教育体系,才能促进职业教育自主成长和发展。

2. 动态开放性

职业教育体系不是封闭的,也不是静止的,要根据社会经济发展的需要,不断进行动态调整;职业教育体系内的各类型、各层次教育之间以及职业教育与普通教育之间都要相互开放;职业教育是一种"全民教育",要向全体学习对象开放,将退役军人、退役运动员、下岗职

工、返乡农民工等非传统生源纳入职业教育培养体系。

3. 协调贯通性

现代职业教育体系应是职业教育体系内部不同层次、不同类别教育之间，尤其是中、高职教育以及职业学校教育和职业培训之间相互衔接、相互沟通。这种衔接和沟通可以体现在管理体制、专业设置、课程体系、教学计划、质量评价、证书制度、招生考试等多个方面。此外，职业教育与普通教育之间也应搭建起相互转换的"立交桥"，保证学习者能根据自己的学习意愿和发展规划，自由地在不同类型的教育之间转换。

4. 功能多样性

现代职业教育体系既包括完整的职业学校教育体系，也包括完整的职业培训体系。政府、企业及各种社会力量都可以是职业教育和培训的实施主体。职业教育面向全体学习者，可以是学历教育，也可以是技能培训。落实职业院校实施学历教育与培训并举的法定职责，按照育训结合、长短结合、内外结合的要求，面向在校学生和全体社会成员开展职业培训。学习方式灵活多样，可以是全日制、半日制，也可以是各种形式的在岗学习和社区教育。职业教育的目的不只局限于提供学历或职业资格证书，还要"以人为本"，创造多种机会，通过各种形式满足个体终身学习的需要。

5. 区域融合性

职业教育发展与所在区域是共融共生的。现代职业教育体系建设要求更好地整合区域产业系统和职业教育系统，让区域内企业与职业院校之间能够充分合作，使得职业教育更好地对接区域经济社会发展需求，同时，职业教育也能够从区域发展中源源不断地获得收益。

6. 城乡统筹性

农村职业教育是现代职业教育体系的重要组成部分，面对乡村振兴战略实施的要求，现代职业教育体系必须从统筹城乡发展的高度进行创新，城市的职业教育要吸纳农村职业教育资源，农村职业教育也要走出农村、融入城市，打破城市和农村职业教育之间的隔阂，均衡城乡职业教育资源配置，实现城乡职业教育互相促进、共同发展。

二、构建现代职业教育体系的国际经验

一些职业教育发达的国家和地区，在构建具有本国（本地区）特色的现代职业教育体系的过程中，取得了不少成功经验，值得学习和借鉴。

1. 建立发达的职业教育体系，促进教育公平目标的实现

教育公平是社会公平的基础，只有教育公平，才能更好地推动社会公平，教育体系的建立是力争让全体社会成员可以自由地分享公共教育资源以及相同的教育质量。发达国家正是通过职业教育体系的创新与完善，让全体社会成员自由、平等地选择和分享受教育机会、公共教育资源和相同的教育质量。如德国联邦政府对国民作出的承诺：谁都不会因为没钱

而不能接受教育和培训。

2. 职业教育体系体现终身教育理念，满足人们多样化的需要

职业教育面向个人生涯发展的全过程，通过内容的多元化、形式的灵活化来满足个体不同发展阶段的各种需求。如美国社区学院，从 15 岁到 70 岁的公民，只要本人申请，都可以进入某一专业或班级学习，可以随时来学习、随时拿到学分。

3. 职业教育体系建设体现普职沟通，注重中、高等职业教育的衔接

许多国家注重各层次职业教育的衔接以及职业教育与其他教育的沟通。为了使中、高等职业教育在人才培养上形成合力，各国和地区纷纷建立了职业资格证书制度，采取模块式课程教学。英国建立了普通教育证书、国家职业证书（NVQ）和一般国家职业证书（GNVQ）的统一的国家资格证书体系；德国也对 73 个职业进行了修定，确定了各行业的标准、等级和要求。

4. 建立学分银行制度，促进普职融通

英国于 1998 年发表了《学习时代》绿皮书，提出建立个人学习账户、成立产业大学、提高基本技能，进行资格改革，开展工作场所学习以及地区合作等教育教学管理新举措，"学分银行"制度开始在西方推行。韩国教育开发院于 1995 年正式提出学分银行制，1996 年又提出了具体的实行方案与实施范围。

三、我国现代职业教育体系的建设规划

为贯彻落实党的十八大和十八届三中全会精神，贯彻落实《国家中长期教育改革和发展规划纲要（2010—2020 年）》《国务院关于加快发展现代职业教育的决定》，加快发展现代职业教育，建设现代职业教育体系，服务实现全面建设小康社会目标，教育部等六部门于 2014 年 6 月 16 日印发了《现代职业教育体系建设规划（2014—2020 年）》（以下简称《规划》）。按照终身教育的理念，《规划》中详细阐述了服务需求、开放融合、纵向流动、双向沟通的现代职业教育的体系框架和总体布局（如图 4-2 所示）。

（一）职业教育的层次结构

中等职业教育。中等职业教育在现代职业教育体系中具有基础作用，为初高中毕业生开展基础性的知识、技术和技能教育，培养技能人才。中等职业教育是职业教育发展的重点，今后一个时期总体保持普通高中和中等职业学校招生规模大体相当。

高等职业教育。在办好现有专科层次高等职业（专科）学校的基础上，发展应用技术类型高校，培养本科层次职业人才。应用技术类型高等学校是高等教育体系的重要组成部分，与其他普通本科学校具有平等地位。高等职业教育规模占高等教育的一半以上，本科层次职业教育达到一定规模。建立以提升职业能力为导向的专业学位研究生培养模式。根据高等学校设置制度规定，将符合条件的技师学院纳入高等学校序列。

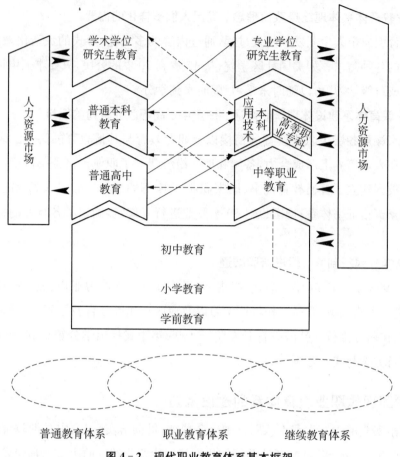

图 4-2 现代职业教育体系基本框架

(二) 职业教育的终身一体

职业辅导教育。普通教育学校为在校生和未升学毕业生提供多种形式的职业发展辅导。普通高中根据需要适当增加职业技术教育的内容。职业院校和普通教育学校开展以职业道德、职业发展、就业准备、创业指导等为主要内容的就业教育和服务。

职业继续教育。各类职业院校是继续教育的重要主体,通过多种教育形式为所有劳动者提供终身学习机会。企事业单位举办职工教育,建立制度化的岗位培训体系。社会培训机构是职业继续教育的重要组成部分,依法自主开展职业培训并承接政府组织的职业培训。

劳动者终身学习。增强职业教育体系的开放性和多样性,使劳动者能够在职业发展的不同阶段通过多次选择、多种方式灵活接受职业教育和培训,促进学习者为职业发展而学习,使职业教育成为促进全体劳动者可持续发展的教育。

(三) 职业教育的办学类型

政府办学、企业办学和社会办学。建立政府、企业和其他社会力量共同发挥办学主体作用,公办和民办职业院校共同发展的职业教育办学体制。政府实行统一的准入制度,办好骨干职业院校,支持社会力量办学。各类主体兴办的职业院校具有同等法律地位,依法公平、公开竞争。

全日制职业教育与非全日制职业教育。增加非全日制职业教育在职业教育中的比重,发展工学交替、双元制、学徒制、半工半读、远程教育等各种学习方式灵活的职业教育。通过改革学制、学籍和学分管理制度,实现全日制职业教育和非全日制职业教育的统筹管理。

学历职业教育与非学历职业教育。职业院校同时开展学历职业教育和非学历职业教育,满足行业、企业和社区的多样化需求。职业院校和职业培训机构开展的非学历职业教育,可以通过质量认证体系、学分积累和转换制度、学分银行和职业资格考试等进行学历认证。

(四) 职业教育的开放沟通

职业教育体系内部。系统构建从中职、专科、本科到专业学位研究生的培养体系,满足各层次技术技能人才的教育需求,服务一线劳动者的职业成长。拓宽高等职业学校招收中等职业学校毕业生、应用技术类型高等学校招收职业院校毕业生通道,打开职业院校学生的成长空间。在确有需要的职业领域,可以实行中职、专科、本科贯通培养。高等职业院校扩大非传统生源招生。除了传统的普通高中毕业生、中职(含中专、技工学校、职业高中)毕业生之外,针对退役军人、下岗失业人员、农民工、新型职业农民等群体单列计划进行招生。针对不同群体的特点和受教育状况,改革完善考试形式和内容,对非传统生源可免除文化素质考试,由各校组织与报考专业相关的职业适应性测试或职业技能测试。对于符合免试条件的技能拔尖人才,由高职院校予以免试录取。

职业教育与普通教育。建立职业教育和普通教育双向沟通的桥梁。普通学校和职业院校可以开展课程和学分互认。学习者可以通过考试在普通学校和职业院校之间转学、升学。普通高等学校可以招收职业院校毕业生,并与职业院校联合培养高层次应用型人才。

职业教育与人力资源市场。职业院校按照经济社会发展的需求确定人才培养的规格层次、专业体系、培养方式和质量标准。畅通一线劳动者继续学习深造的路径,增加有工作经验的技术技能人才在职业院校学生中的比重,建立在职人员学习—就业—再学习的通道,实现优秀人才在职业领域与教育领域的顺畅转换。

思考题

1. 构建职业教育体系的主要依据和原则有哪些?
2. 我国现行职业教育体系存在哪些主要问题?
3. 构建我国现代职业教育体系可以采取哪些举措?

相关链接一

澳大利亚职业教育体系[①]

澳大利亚职业教育体系(如图4-3所示)的主要特点如下所示。

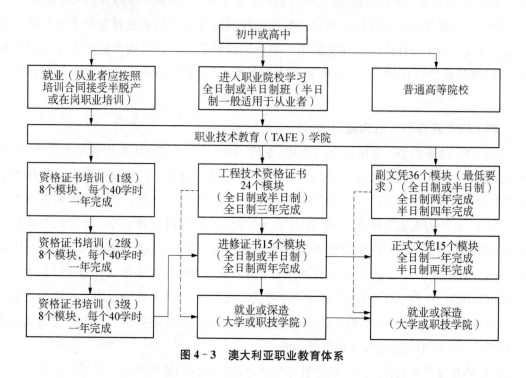

图4-3 澳大利亚职业教育体系

1. 职业教育开始于初中或高中毕业以后,主要在高中后。在全体中学毕业生中,进入职业技术院校接受在岗培训的人占大多数,上大学的人只是少部分。澳大利亚中学分流较晚。澳大利亚对职业教育极为重视,职业教育的地位已经确立,其重要性也为社会所公认。

2. 澳大利亚职业教育主要通过国家公办的培训和继续教育学院(即 Institute for Training and Further Education,简称 TAFE)实施。这种学院类似于美国、加拿大等国家的社区学院,既开办初等和中等职业教育,也开办高等职业教育。不同层次的职业教育,形式灵活多样,既可连续进行,一次完成,也可分段进行,分步完成;既可采用全日制,也可采用半日制、在职或利用业余时间学习。在较长时间里,运用灵活的形式,逐步完成学业,获得相应的证书或文凭。这充分体现了职业教育的特色,大大增强了对社会需求的适应能力。

3. 澳大利亚职业教育主要采用国际上流行的 CBE 模块式教学法和 DACUM 课程开发

[①] 翟轰. 德、澳、中三国职教体系的对比[J]. 中国职业技术教育,1998(03):41—43+49.

系统。办学机制灵活,实用性和针对性很强。

4. 澳大利亚各种层次、不同形式的职业教育(培训)相互沟通、补充和交叉,形成具有梯次结构的有机网络。在澳大利亚,职业教育与普通教育相互沟通,高等教育同样为接受过中等或高等职业教育的人提供良好的深造机会。如在 TAFE 学院拿到正式文凭后,可以直接进入普通大学的二年级去读本科。

5. 由于采用 CBE 模块式教学法和 DACUM 课程开发系统,澳大利亚的职业教育在办学模式方面更加灵活。它既可以先学习(培训)、后就业,也可以边从业、边学习(培训),也可以学习(培训)与从业交替进行。这完全由受教育者根据各种因素和自我意愿来决定。

相关链接二

德国职业教育体系[①]

德国的小学一般为四年,即 1—4 年级,中学分两个阶段,中学第一阶段教育为 5—9/10 年级,中学第二阶段教育为 10—12/13 年级。中学阶段的普通学校有主要学校(5—9 年级)、实科中学(5—10 年级)和文法中学(5—12 级)。德国的职业教育主要集中在中学第二阶段教育,中学阶段除了普通学校之外,还有实施职业教育的学校。这些实施职业教育的学校与企业职业教育(双元制职业教育)共同构成德国职业教育体系。德国职业教育的主体无疑是企业职业教育,除此以外,还有功能各异、不同类型的学校职业教育,这些学校在帮助学生获得职业资格的同时,也帮助学生获得各种普通教育毕业证书,甚至是获得普通高校入学资格证书。这些实施职业教育的学校主要有实施初始职业教育的职业学校和职业专业学校,有所谓"第二条教育通道"的职业学院和职业高级学校,有升学教育的职业/专业文理中学,还有实行职业继续教育的专业(大师)学校。

一、初始职业教育:职业学校和职业专业学校

德国初始职业教育是完成 9 年普通义务教育的学生进行的第一次职业教育,在学校形式上初始职业教育有职业学校和职业专门学校。职业学校是部分时间制的学校,和企业共同实施双元制教育,是双元制中的一元。德国一些职业的初始教育并不是通过双元制教育获得的,如医学化验助理人员、护理人员、老年护理人员、社会与教育事业等职业,这些职业的初始教育在职业专业学校进行。职业学校和职业专业学校互为补充,实施职业义务教育。

二、第二条教育通道:职业学院和职业高级学校

传统上,德国只有文理中学毕业生才有资格进入高校学习,实科中学、主要学校毕业生

[①] 牛金成. 德国学校职业教育体系及其特点[J]. 职业技术教育,2018,39(31):66—72.

没有资格进入高校学习,只能接受初始职业教育,结束后也没有资格进入高校学习,习惯上把从文法学校进入高校学习称为"第一条教育通道"。随着社会对技能人才要求层次的提升和中等教育第二阶段的普及与发展,完成初始职业教育的学生有补习文理中学高年级教育内容的权利要求,有进入高等教育机构继续接受教育的诉求。基于此,联邦德国为完成职业义务教育的学生设置了一些补习性质的学校,使其达到一定标准后获得高校入学资格,此为"第二条教育通道"。补习性质的职业学校有职业学院和职业高级学校。

三、升学教育:职业/专业文理中学

德国职业文理中学是在教育民主化与教育平等运动化的背景下,文理中学与职业相结合的产物,其教育政策层面的动机是使学生通过职业教育也有进入普通高等学校的资格。职业/专业文理中学是引导学生进入高校学习的一种全日制学校,毕业生除获得了高校入学资格外,还得到了扎实的基础性职业培训和高水平职业培训,为学生进入高校学习和职业生活做准备,分为三年制和六年制两种职业文理中学,毕业时需要参加全州统考,统考分为笔试和口试两部分,通过后获得普通高校入学资格。三年制职业/专业文理中学分为1年入门阶段和2年专业阶段,3年后可获得普通高校入学资格,入门阶段的入学资格为:实科中学毕业;工业实科中学/主要学校10年级教育毕业且成绩优秀者;两年制的职业专业学校和职业中级学校毕业获得中等教育文凭者;8/9年制文理中学、10/11年级的转学者。三年制职业文理中学分职业方向进行教学,主要职业方向有农业、生物技术、营养科学、社会健康科学、技术、经济。六年制的职业文理中学是为学生尽早进行技术、自然、营养及社会健康专业教育,使学生通过一个长时间段的专业学习明确自己的专业领域。依据专业方向不同可将六年制职业文理中学分为经济文理中学、技术文理中学、营养社会健康文理中学,整个学习阶段分中等阶段(前3年)和高级阶段(后3年)。六年制的职业文理中学的入学对象主要是文理中学的八年级学生和实科中学、主要学校的八年级成绩优秀的学生,且已展示出对某一专业领域有特殊兴趣或有一定天赋的学生,把他们转入职业文理中学,为其提供相应的专业领域教育与普通教育。

四、职后继续教育:专业/大师学校

专业学校是实施职业继续教育的学校,招生对象是完成职业培训和有工作经验的在职人员,加深与拓展在职业培训或工作场所已获得的职业资格,为进入中层管理做准备,培养在职业领域独立负责经营的资格与能力。大多数专业学校为全日制学校,学习时间为1—2年,但也有一些是部分时间制,学制则相应延长到2—4年。自2006年起,专业学校的毕业生在满足一定条件下可以进入高等学校继续学习。这种类型的学校在德国的具体名称各州不统一,如两年制专业学校、大师学校、工艺管理学院、护理继续教育专业学校和组织管理专业学校。

江苏现代职业教育体系[①]

2012年2月,江苏省教育厅在充分调研论证的基础上,制定了《2012年江苏省现代职业教育体系建设试点工作实施方案》。方案设计了"中高职'3+2'或'3+3'分段培养""中职与普通本科'3+4'分段培养""高职与普通本科'5+2'或'3+2'分段培养""高职与普通本科联合培养"及"'双专科'高职教育"等5类现代职业教育体系建设试点类型。把国家中等职业教育改革发展示范校、国家示范性高职院校、教学应用型本科院校作为主要试点范围。

2013年2月,在前期试点的基础上,为了精简试点项目的类型,取消了"中高职'3+2'分段培养""高职与普通本科'5+2'分段培养"等试点类型,避免学制上的重复;同时,将应用型本科院校、高等职业院校、省级高水平示范性职业学校纳入省级职业教育集团内,发挥职教集团优势,开拓现代职业教育体系建设新天地。为加强衔接课程体系建设,将开发和完善中高等职业教育相衔接的课程体系作为试点的主要任务,密切联合行业和企业,细化中、高职综合素质与职业能力培养要求,遵循教育教学规律和技术技能型人才成长规律,构建中高等职业教育相衔接的课程体系。

2014年,江苏在教学视导和课题研究的基础上,根据中高职衔接一体化设计、分段培养的要求,出台了《关于进一步完善现代职业教育体系建设试点项目转段升学工作的意见(试行)》(以下简称《意见》),推动中高等职业教育学习内容、学习方式、学习过程的相互衔接,构建人才成长"立交桥"。《意见》把转段升学考核设计为课程考试、过程考核、综合评价3个环节。通过课程考试,重点考查学生文化基础素质和专业核心技能的掌握情况,凸显职业教育专业特质,为后段技术技能人才系统培养奠定坚实的基础;通过过程考核,重点考核学生学习期间对各类主要课程的掌握情况;通过多种形式、多方参与的综合评价,重点考查学生在校期间的德育、专业能力和社会实践能力。《意见》的出台,使江苏现代职业教育体系建设全面步入制度化轨道。

[①] 尹伟民,张跃东,张赟.江苏现代职业教育体系建设的策略与成效[J].中国职业技术教育,2015(10):82—86.

第五章

职业学校专业设置

> **教学目标**
>
> 1. 理解专业设置的涵义。
> 2. 了解专业设置的依据和原则。
> 3. 掌握专业设置的内容和步骤。
> 4. 初步掌握专业设置的方法和策略。

专业设置是职业教育实现培养目标和实施教学活动的基础工作,也是职业教育主动服务、适应经济社会发展的关键环节。专业设置合理与否,直接关系着职业学校办学水平和办学效益的高低,影响着职业学校的生存与发展。

第一节 专业设置概述

一、专业与专业设置

(一)专业的内涵

专业有广义与狭义两种理解。广义的专业是指专门从事的某种学业或职业,如通常所说的专业户、专业制作、干部专业化等中的专业。狭义的专业是指教育机构培养专门人才的学业门类。这里主要是指职业学校根据社会职业分类而设立的培养人才的学业门类。职业学校据此制定培养目标、教学计划,进行招生、教学、毕业生就业等多项工作;学生亦按此进行学习,形成自己在某一专门领域的专长,为未来职业活动作准备。本章论述的即狭义的专业。

(二)专业设置的涵义

专业设置是指职业学校专业的设立与调整。所谓"设立",是指专业的新建与开设;所谓"调整",则是指专业的变更或取消。专业设置是职业学校区别于普通学校的主要标志。

职业学校的专业设置与普通高等学校是有区别的。普通高等学校的专业主要依据学科分类、社会发展和工作领域而划分,侧重于学术性,且趋向于拓宽专业面,向综合性发展。职业学校的专业则主要是按照职业分工与职业岗位群对专门人才的要求而设置的,强调职业性,突出综合职业能力的培养,同时,也注意基础性和就业的适应性。

专业设置是连接教育与经济的纽带,是职业学校适应社会需求、保证人才培养"适销对路"的关键环节。没有科学合理的专业设置,不能从经济社会的有效需求出发设置专业,必然会造成人才供求的失衡与错位,影响经济的发展和职业教育的生命力。

(三)专业与职业的关系

职业是指在业人员为获取主要生活来源所从事的社会工作类别,一般由三个最基本的要素构成:一是劳动;二是固定的报酬或正当的收入;三是要承担一定的职责并得到社会的承认。职业是随着人类社会进步和劳动分工而产生和发展起来的,它是社会生产力发展和科技进步的结果。

职业学校的专业主要是按照职业分工与职业岗位群对专门人才的要求而设置的,虽然它并不完全等同于职业,即它并不与社会职业一一对应,但又与社会职业有着非常紧密的联系。这种联系主要体现在四个方面:一是专业划分的基础为一组具有一致性的相关职业的职业能力,包括基础理论知识和技术应用能力等;二是专业培养的目标依据是达到具有一致性的相关职业的职业能力与工作资格;三是专业教学过程的实施与相关的职业劳动过程、职业工作环境和职业活动空间具有一致性;四是学生对专业的选择与他们对将来从事职业的社会地位和社会价值的判断相一致。

专业是学业门类,职业是工作门类,两者既有联系又有区别。专业注重学术性,职业强调适用性。专业所呈现出来的内容大多是抽象化的,而职业却是直观可视化的。专业是指所学的内容有独专之处,而且,专业具有庞大的理论知识体系,需要接受长时间的专业化训练,一般以是否接受过专门教育为标志;职业则是做中学、用中学、研中学。专业需要面对文化且不断修整,并作出创新;职业主要是通过个人体验和个人经验总结而形成的一种谋生手段,这种以社会活动的方式所呈现出来的更多地体现为工匠式的特点,一旦掌握即可不断重复。

专业与职业一般是对应关系,但这并不代表学习某一专业就必须要从事相应的职业。职业活动既满足了职业者自己的需要,同时也满足了社会的需要,只有把职业的个人功用与社会功用结合起来,职业活动及其职业生涯才具有生命力和意义。

(四) 专业与专业群的关系

专业群是指由一个或多个办学实力强、就业率高的重点建设专业作为核心专业,若干个工程对象相同、技术领域相近或专业学科基础相近的相关专业组成的一个集合。专业群的规划和建设由学校服务的行业背景、地方经济社会发展程度、学校自身的办学条件和专业发展过程等确定,各学校专业群内专业的数量和分布并不一定要与专业目录中的专业划分一一对应。

产业发展带来复合型技能人才需求,这是专业群产生的根本原因。专业群将不同专业按照职业联系组合在一起,群内专业之间是协同关系,不是从属关系,各专业具有相对独立性。专业群提供了新的专业建设路径,使原本离散的单体专业发挥协同育人作用。相比单个专业,专业群体量增大,适应市场更为灵活,能够充分发挥跨专业的优势,满足企业在职业培训、技术研发等方面的综合性需求。当今,新兴职业岗位需求大量产生,信息化社会也对众多职业提出了更高要求,促使高职专业群必须随之不断调整和创新,提升服务产业能力,提高人才培养质量。

在产业集群发展的背景下,单个专业很难适应产业集群发展对技术技能人才素质和能力提出的新要求。随着经济结构调整和产业转型升级的不断加快,这种不匹配、不适应的矛盾日益凸显。与单个专业相比,专业群则能更好地适应市场需求的变化。职业院校要根据经济社会和产业发展对技术技能人才需求的变化,从专业群与产业协同的视角打造高水平专业群,提高人才培养的适应性和针对性。从专业到专业群的转变,是职业教育适应产业发展新趋势的客观要求。

二、专业目录与科类结构

(一) 专业目录

专业目录是职业学校培养各种专门人才的分类目录。专业目录规定了专业划分、专业名称及所属门类,反映了所培养人才的业务规格和就业方向,是国家和各级教育行政部门规划职业教育发展,设置与调整专业,实施人才培养,安排招生、指导毕业生就业,进行教育统计和信息处理等工作的重要依据,是进行行政管理和学校教学工作的一个基本的指导性文件。

专业目录的作用主要有:一是为学生入学选择专业和毕业生就业提供指南;二是为人才市场、劳动力市场进行人才交流以及用人部门和单位对各类专门人才在选择、使用、管理上提供标准;三是为学校在人才培养的分类规格和质量标准方面提供规范;四是为学校与学校之间、学校与企业之间、学校与社会之间的信息交流提供依据。

(二) 科类结构

科类是指学科和专业所属的类别。科类结构,是指职业学校所设置的学科领域与专业类别的分布与构成方式。科类结构直接影响着职业教育培养的各科类专门人才的比例。对于学科和专业的科类划分,各个国家不尽相同。中等专业学校曾按高等教育的分法分为工、农、林、医卫、财经、管理、政法、艺术、体育等科类。新制定的《中等职业学校专业目录》在科类划分上克服了专业学科教育的弊端,按综合性大的科类划分为农林类、资源与环境类等13个大类,使专业分类与国家产业分类、职业分类相适应,体现了职业教育的职业性特色。

1997年,联合国教科文组织颁布的《国际教育标准分类》把学科划分为:教育,人文学科和艺术,社会科学、商业和法律,科学,工程、制造和建筑,农业,卫生和福利,服务行业,以及不明与未分类的九大科类及其所下属的22个子类。如在"科学"大科类中,又分为生命科学、自然科学、数学和统计学、计算等四个子类;而在"自然科学"子类中,又细分为天文学和太空科学、物理学及其他有关学科、化学及其他有关学科、地质学、地球物理学、矿物学、体质人类学、自然地理和其他学科、气象学和其他大气学科(包括气候研究)、海洋科学、火山学、古生态学等12个具体学科和专业。《国际教育标准分类》为世界各国教育学科和专业的分类制定了权威性的指导文件,为各国之间的教育和人才交流提供了标准性的参照。

三、我国中等职业学校专业设置的历史演变

中华人民共和国成立初期,中专只设农、工、商、海事、医事、家事、其他七个大类,全部专业为51个。如工业类设机械、机电、土木、化工、电讯等科,业务面较宽,适应性很强。1953年我国开始进行第一个五年计划经济建设,由于中专处于初创阶段,没有经验,所以,基本照搬了苏联的中专目录,专业设置比较强调针对性。1954年9月,政务院发出《中央人民政府

政务院关于改进中等专业教育的决定》,同年11月政务院批准《中等专业学校章程》。这两个文件规定,学校专业设置要以国家计划委员会制定的专业一览表为基础,要求各业务部门在制定所属中等技术学校专业设置计划时,以中央业务部门集中统一计划为原则(地方领导的学校除外),学校之间应适当分工,所设专业力求集中单一,同一所学校所设专业以性质相近为基本原则。原有条件比较好的学校所设置的专业,以不超过四个为宜,新办或条件比较差的学校,可暂设一至两个专业,至多不超过三个;具备师资、设备条件的学校,可逐渐增设专业。

1959年教育部对各校已开设的专业进行综合与整理,当时共有17类336个专业,其中工科就占了13类237个专业,这反映了当时经济建设以工业为主导的要求。

1963年,教育部针对当时中专专业存在的划分过细、分散重复、配套不齐、种类庞杂、数量偏多、变动频繁等问题,提出"统筹安排、专业配套、合理布局、稳定提高、统一名称"的原则,着手调整,并在总结经验的基础上,确立了宽窄并存,允许各部门、各地区学校有所侧重的基本格局,对中专专业目录进行了全面的较为切合实际的修订,确定全国统一的专业为八个科348个专业,其中工科占242个专业。

"文革"后,为了恢复和重建中等专业教育,1980年12月,教育部发出通知,要求各部委根据社会、经济、科技发展新情况,修订中专专业目录,提出"专业划分应体现基础知识厚一些、专业面宽一些、实际技能好一些、适应性强一些的要求"。1985年,教育部印发中专专业目录,分为十个科607个专业,其中工科专业为332个。《专业目录》规定专业划分、名称及所属门类,是设置和调整专业、实施人才培养、安排招生、指导就业,进行教育统计和人才需求预测等工作的重要依据。

为适应改革开放后我国经济、科技、教育等的巨大变化,原国家教委于1992年修订了新的专业目录并于1993年3月正式公布,新的中专专业目录所列的专业分为九科49类518个专业,合并并拓宽的专业及业务范围拓宽的专业分别占51%和25%左右。

1999年教育部组织有关部门重新制定《中等职业学校专业目录》,并于2000年9月正式公布。专业目录按照符合中等职业教育层次,适应国家产业分类与职业分类,业务范围以宽为主、宽窄结合、现实性与前瞻性相结合,专业名称准确、科学、规范等原则来制定,适用于实施高中阶段学历教育的各类中等职业学校。该专业目录有13个大类、270个专业。这些专业所培养的人员能够满足《中华人民共和国职业分类大典》第二、三、四、五、六大类中的千余个职业岗位,适用范围比较广泛。

2010年,教育部发布了新的《中等职业学校专业目录》,对2000年的《中等职业学校专业目录》进行了全面修订。与原目录相比,修订后的目录在内容体系上做了重大调整,设立了"专业名称""专业(技能)方向""对应职业(工种)""职业资格证书举例""继续学习专业举例"等项内容。专业类由原来的13个增加到19个,专业数由原来的270个增加到321个,专业(技能)方向(即原"专门化举例")由原来的470个增加到920个,列举对应职业(工种)1185个,列举职业资格证书720个,列举继续学习专业方向554个;新增了46个中职专业,现已有

367个目录内中职专业。2020年8月,教育部印发相关通知,要求对接新业态、新模式、新技术、新职业等对技术技能人才培养的新需求,促进专业升级和数字化改造,构建现代职业教育专业目录体系。[①]这些调整旨在通过实现五个对接,即专业与产业、企业、岗位对接,专业课程内容与职业标准对接,教学过程与生产过程对接,学历证书与职业资格证书对接,职业教育与终身学习对接,促进中等职业教育为支撑产业发展和服务国计民生作出更大的贡献。

第二节 职业学校专业设置的依据与原则

一、专业设置的依据

(一)社会职业的分类和发展

按从业人员所从事工作的种类、性质乃至职业活动所涉及的知识领域、使用的工具设备、采用的技术方法以及提供产品和服务种类的同一性进行划分,即为职业分类。职业分类有利于劳动就业管理和教育培训。社会职业分类和发展是职业教育专业设置的首要依据。

社会经济的发展引领社会职业的发展,从而推动专业设置的变化和发展。社会经济的发展必然会引起社会经济结构,诸如产业结构、部门结构、行业结构、企业结构和产品结构等多种结构的变化,从而导致社会职业结构对各类专门人才需求结构的变化。因此,由社会职业的变化与发展所引起的专业设置的变化,决不只是表现在专业设置的总量上,它同时还表现在专业设置的种类和结构上;而社会经济发展所导致的社会职业内涵的发展又必然引发专业培养目标以及专业设置口径等的变化。随着科学技术在社会生产中的应用以及由此引发的生产、服务、经营方式和劳动组织的变化,社会职业也处于不断的变化之中,旧职业逐渐消失,新职业不断产生。

职业教育专业设置必须适应社会职业发展的需要,社会职业一旦有所变化,如职业要求改变,新职业出现,专业设置就必须随之调整。当然,社会职业始终处于动态变化之中,专业设置与社会职业之间的适应也只能是相对的,并且合理设置专业也可以对社会职业的分化和发展产生积极的影响。

(二)产业结构变化

产业结构也称国民经济的部门结构,是指各产业的构成及各产业之间的联系和比例关系。改革开放以来,我国产业结构发生了明显变化。1980年,第一、二、三产业资本存量分别占9.31%、51.86%和38.83%,到了2009年,三次产业资本存量所占比例分别为2.62%、43.94%和53.44%。第一产业资本所占比例下降了6.69个百分点,第二产业资本存量下降

---

① 对十三届全国人大三次会议第2627号建议的答复,教职成建议〔2020〕155号[EB/OL]http://www.moe.gov.cn/jyb_xxgk/xxgk_jyta_zcs/202010/t20201012_494158.html.

了 7.92 个百分点,而第三产业资本存量则上升了 14.61 个百分点。1980 年,第一、二、三产业就业人员比例分别为 68.7%、18.2% 和 13.06%,2009 年分别为 38.09%、27.8% 和 34.11%。第一产业就业的人员比例下降了近 30 个百分点,第二、三产业就业人员比例分别增长了 9.6 和 21.05 个百分点。①

产业结构与职业教育的专业设置存在密切的互动、互促关系。一方面,产业规模及其结构变化通过其劳动需求,对职业教育的专业设置提出直接的要求。产业结构变化要求职业教育专业的科类结构、层次结构和专业人才的培养规模、培养质量作出相应的变化,为产业经济发展和产业结构调整提供必要的人才支持;另一方面,职业教育的专业设置是否合理,又对产业结构及其优化产生或积极或消极的影响。因此,职业教育的专业设置必须充分考虑产业结构的特点和变化趋势,主动服务社会经济发展。

(三) 学科分类和发展

学科的分类与发展不仅是职业教育专业划分的主要依据之一,而且也在很大程度上影响着职业教育专业的课程体系。随着科学技术、经济和文化的发展,学科在教育分化和综合中获得了迅速的发展,新的学科不断涌现。职业教育的专业课程内容要不断跟踪学科发展的最新成果,让学生接受最新的专业知识教育,这样,学生才会有更强的工作适应性。

(四) 受教育者的身心发展水平

促进受教育者身心全面自由发展是各种类型、各种形式教育的共同目标。职业教育专业的设置,要以受教育者身心发展的水平、特点及规律为基础,要以促进受教育者身心全面发展为目标。具体来说,职业学校专业设置必须体现两个层次的目标:一方面,要突出职业性,以培养学生具有较强的专业知识和专业技能为目标;另一方面,更要体现发展性,要以学生个体的身心全面发展为目的,使学生成为健全合格的社会公民。中等职业教育阶段的学生个体身心发展还有很大的潜能和空间,若仅着眼于某一社会职业岗位需求来设置专业,必然有很大的局限性,不利于学生未来的职业生涯发展。为此,专业设置应兼顾职业需求和学生身心全面发展,为学生未来的职业生涯发展打下扎实的基础。

(五) 教育资源

教育资源指一切可以为教育活动利用的条件和因素的总和。必要的教育资源是教育活动得以开展的前提。职业教育的专业设置与教育资源密切相关。一方面,教育资源是专业设置的基础,它影响着专业建设的水平和专业教育的质量。决定设置一个新专业,必须充分考虑资源条件是否具备。另一方面,专业设置是否合理科学,也决定着教育资源能否被充分利用。作为一种专业教育,职业教育对各专业的资源条件有着特殊的要求,如不同的专业就要有不同的专业师资、不同的专业设施设备以及不同的专业教材等。一旦专业设置确定,就

---

① 余子鹏,刘勇. 我国产业结构调整与要素效率关系分析[J]. 经济学家,2011(08):19—26.

要根据专业的要求进行师资、设备等各种资源的配置。如果专业设置不合理,或变化太快,不仅难以培养高质量的人才,而且会造成教育资源的闲置浪费。

二、专业设置的原则

职业学校专业设置的原则是在一定理论指导或在实践经验基础上形成的、职业学校专业设置中必须遵循的准则。

(一) 需要性原则

社会需要是专业生存与发展的前提。实现专业设置与社会需要最大限度地对接,是提高职业学校办学效益的重要环节。社会需要包括经济社会发展的客观需要和学习者的主观需要两个方面。一般来说,学习者的主观需要受经济社会客观需要的制约与影响,但有时也会带有盲目性。因此,职业学校的专业设置既要考虑学习者的学习需要,更要考虑经济社会发展的长远需要。专业设置只有立足于一定经济和社会发展的实际需要,才能实现职业教育为经济建设和社会发展服务的功能,从而形成"服务—依靠"的互为推动的良性循环机制。职业学校在专业设置时应尽可能做到专业结构与区域内的产业结构相适应,专业口径与社会职业分工情况相适应。

(二) 统筹性原则

专业设置不只是各个学校的个别行为,而且也是一种社会行为。因此,合理设置专业离不开政府的宏观统筹与指导。政府应在对劳动力市场需求进行科学预测的基础上,通过向职业学校发布信息,指导职业学校的专业设置,并建立严格、规范、有序的管理体系,对一定区域内各职业学校的专业设置进行宏观统筹与调控,使职业学校的专业整体结构科学合理。从职业学校的层面来讲,学校面临的是区域性大市场,在政府的宏观统筹下科学地设置专业,能够减少盲目性,提高有效性。为此,各学校应按国家统一的专业目录选择自己所设的专业和规范各专业的教学行为。职业学校要特别慎重地对待与周围学校相同或相似的专业,努力做到人无我有、人有我优、人优我特,避免恶性竞争。政府和学校都要避免出现专业设置一哄而起、一哄而散的现象,减少人才积压和教育资源的浪费。

(三) 超前性原则

专业设置必须具有前瞻性,才能克服因人才培养的周期性而导致的教育滞后性。为此,职业学校必须把握时代的脉搏,及时研究、分析时代发展的新动向、新趋势,了解某些新兴行业、新兴部门对人才的需求情况,对未来人才市场的需求进行科学预测,适时开设新的专业;同时,要根据社会发展的需要,对现有专业及时进行拓宽和改造,让学生能赶上社会快速前进的步伐。

(四) 效益性原则

这里所说的效益包括社会效益和经济效益两个方面。社会效益要首先考虑、着重考虑。市场经济条件下,职业学校是具有相对独立自主权的办学实体,职业学校在设置和调整专业时,既要考虑满足社会的需要,注重人才培养的质量及对社会的贡献,同时也要分析教育投资效益,分析教育资源能否得到充分的利用。要在社会调查的基础上,预测今后毕业生的就业形势和生源状况、招生前景,测算专业建设所需要投入的成本。要注重实效和长效,注意规模、质量、效益的协调发展。

(五)发展性原则

首先,要立足于学生的可持续发展。随着经济社会的不断发展,人们已不再可能终生固守于一个职业了。转换岗位、转换职业的能力成为新时代人们必备的能力之一。这就要求职业教育的专业设置要体现发展性,要培养学生具备可持续发展的能力。职业教育的专业设置,无论是培养目标的确立、学制的确定,还是课程的安排、教学内容的选择等,都不仅要使学生具备专业的知识与技能,而且要为学生今后的职业生涯发展打下坚实的基础,为学生的持续发展提供条件。

其次,要立足于专业自身的可持续发展。这体现在专业自身要具有自我调节、自我发展、自我更新的能力,以适应市场经济条件下招生、就业市场和职业环境的剧烈变化。为此,专业建设必须走内涵发展的道路。只有通过高水平的专业建设培养出高素质的专门人才,才能保证专业持续不断地发展。

最后,要立足于学校的可持续发展。任何专业的设置都要服务于学校的整体利益,遵循学校的综合发展规划,有利于学校教育资源的统筹调配和最大效益的获得。

第三节 职业学校专业设置的内容与步骤

专业设置是否合理,直接影响到其对经济社会发展的适应性,影响到学生未来的职业生涯的发展。因此,科学设置专业是职业教育自身发展及其更好地服务经济社会发展和人的发展的一项基础工作。为此,必须对专业设置的内容以及过程有充分的理解和把握。

一、专业设置的内容

(一)确定专业培养目标与培养规格

职业学校肩负着培养技术技能人才的重任。职业学校专业与专业之间的区别,集中体现在专业培养目标与培养规格上。确切地说,是体现在专业培养目标所明确规定的业务性质和范围以及与之相适应的培养规格上。所以,在专业培养目标中,必须明确规定专业的业务性质与业务范围,专业培养目标应当体现专业共性与个性的统一。在专业设置的内容中,必须包括专业培养规格,也就是要将专业培养目标具体化。

(二)进行专业课程设置

专业培养目标与培养规格决定专业课程设置,而专业课程的科学设置及实施,又是实现专业培养目标与培养规格的基本保证。专业的课程设置决定着教育资源的配置，决定着各个专业学生德智体诸方面基本素质的培养。因而，专业课程设置是职业学校专业设置的一项核心内容。

（三）配置专业所需资源

人力资源是第一位的，职业学校要有完成专业人才培养方案所必需的专职教师队伍及教学辅助人员。要办好一个专业，培养出高层次、高质量的学生，就必须配置专业所必需的图书资料，并重视实验实习基地建设，包括校内外实验、实习、实训基地建设。图书资料和实验实习基地建设，也是专业建设中的一项重要的基本建设。

（四）明确修业年限

中等职业学校的修业年限具有弹性，一般为三年，在设置专业时，必须有确切的说明。随着办学模式的创新，出现了"3+2"形式的五年一贯制高职（可以获得大专学历），"3+3"形式的中高职衔接（可以获得大专学历），"3+4"形式的中本衔接（可以获得本科学历），"3+2+2"形式的五年一贯制高职加两年本科（可以获得本科学历），"3+3+2"的中高职衔接加两年本科（可以获得本科学历）。

二、专业设置的步骤

专业设置一般都必须经过以下几个步骤。

（一）开展社会调研

这是职业学校专业设置的起点。社会调研主要进行以下三个方面的分析：

1. 区域宏观经济分析。要了解区域经济和社会发展规划，尤其是产业结构调整的趋势和主导产业、新兴产业和特色产业等的发展情况。

2. 劳动力市场分析。要对劳动力市场供求关系的变化进行分析，了解各个专业人才供求的状况，并对那些不受欢迎的专业情况进行具体分析，以便对专业进行调整。

3. 职业领域需求总量预测分析。总量预测包括该职业领域人才的饱和度、可供量、可能的流动量、发展变化等。在此基础上，判断未来一定时期内人才的需求量以及各专业的发展前景和生命周期。虽然人才需求变化受到许多因素影响，但借助科学方法，仍可得到某类人才在未来一定时期内的总体需求情况。

（二）职业—专业分析

在对社会人才需求进行调查和预测后，还必须对人才的业务规格进行分析。

1. 职业分析

职业分析是专业划分和设置的重要依据。职业分析的基本涵义是对社会职业的工作性质、内容及从业者必须具备的职业能力进行层次分析，确定该社会职业所应包含的主要操作技能、专业知识及行为方式的内容及范围，从而获得该社会职业所需的一系列知识、技能，在此基础上确定知识、技能要点,也即了解岗位专项能力要求。

2. 职业归并

在职业分析的基础上,根据与同一职业领域职业对应的技能、知识点的重合度和相关性,对相关职业进行归并,以确定职业群,也即群集职业能力要求。

3. 导出专业

这主要是对确定的职业群进行符合教育规律的分析,以实现社会职业向职业教育专业的转换。一般是通过对职业群横向分组和纵向分层的方法来进行专业转换。横向分组主要指通过对社会职业的工作分析,确定职业群中相邻职业的业务范围、内容及职业方向和重点,从而确定专业范围;纵向分层指确定这一职业群共同的文化教育起点、专业基础知识和基本操作技能,从而确定该专业的主要学科,并为确定招生对象和学习年限提供依据。

在进行横向分组和纵向分层的分析后,就可根据技术领域或学科领域的划分,由职业来导出专业。

(三) 确定专业培养目标

一般说来,专业培养目标是根据社会的需要,在职业分析的基础上确定的。所以,确立职业教育的培养目标,必须把社会具体职业需求与学生个体发展需求结合起来考虑,使学生既能直接掌握就业本领,又具有一定的发展性能力。发展性能力不仅以特定的职业知识和技能为基础,而且以职业精神、职业道德、职业方向等方面较高的发展水平为基础。确定培养目标后,还必须进行准确表述。目标表述是目标逐层具体的过程。

专业培养目标包含以下三个方面的内容:

1. 培养方向。通常培养方向是指该专业培养人才所对应的职业门类。
2. 使用规格。指同类专业中不同的人才在未来使用上的规格差异。
3. 规格要求。即同一培养方向、同一使用规格人才在德、智、体(或知识、技能、态度)等方面的具体要求。

(四) 选择和组织课程内容

在确立了专业培养目标后,就应该依据这些目标来选择和组织课程内容,形成相应的系统和结构。课程内容选择与组织的结果是产生课程方案,其中包括教学计划、教学大纲和教材。

根据培养目标的层次性,课程内容的选择可分为两个主要层次:一是整个专业课程的构建,即各门课程的选择;二是各门课程内容的选择。这两个层次有密切的联系。不了解课程总体结构的功能,便不能依据此功能安排各门课程的内容;反之,对各门课程的功能和作用以及基本情况不清楚,也不能构建整个专业的课程结构。课程内容的组织还要兼顾社会需求、学科体系、学生身心发展等方面的情况。

(五) 教育资源分析

教育资源作为专业设置的支撑,对它的分析始终贯穿于专业设置的整个过程中。

1. 师资条件分析

师资条件分析包括分析学校是否具备开办此专业的师资条件(主要是专业理论教师和实验、实习指导教师);如暂时尚不具备,可考虑在短期内能否引进,能否从社会上聘请到兼职教师,或能否从相关学科中选派教师强化培训后担任。

2. 教学设备条件分析

教学设备条件分析包括分析学校是否具备开设该专业的教学、实验和实习设备;如果不具备,能否在短期内筹集到资金去添置,或者能否通过其他途径予以解决。

3. 教材条件分析

教材条件分析包括分析新设置的专业课程是否有可供使用或可供借用的教材;如果没有,能否组织人员在短期内编写出来。

此外,还要分析新设专业与学校的制度资源、文化资源是否匹配。相应的教育资源是开设新专业的必备条件。

(六)专业发展规划

专业规划的主要内容包括:是独立设置新专业,还是暂时附设在某个相近专业内,或是作为某个专业的专门化方向;专业规模多大;专业教育设施如何建设;专业师资如何配备等。这些都关系到未来专业建设乃至学校发展的蓝图,因此,要确保规划的科学性。

必须指出的是,在专业设置过程中,必须要有专家参与,尤其是专业人才。所设专业的培养目标、业务范围、重要学科及其基本标准、拟设专业的发展计划、办学条件分析等,须由行业专家和教育专家共同论证。专业计划制定后,须根据专业设置管理权限,报有关部门审批或备案后方可实施(试行)。经过一轮实施,应对不足之处加以修改,以求完善。

第四节 职业学校专业设置的方法与策略

职业学校专业设置的方法与策略有很多。从不同的角度出发就会有不同的方法,形成不同的策略。

一、职业学校专业设置的结构类型

专业设置的结构类型是指职业学校所设置的专业之间的联系状态。其基本类型有三种,如图5-1所示。

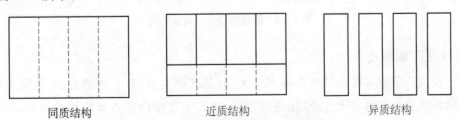

图5-1 专业设置结构的基本类型

1. 同质结构

同质结构是指学校只设置一个或若干个性质完全相同的专业。例如,烹饪学校只设置烹饪类专业;旅游学校只设置旅游类专业。这种专业结构的教育资源利用率最高,教学管理相对简单,能较快地形成专业优势,办出专业特色,在一定周期内培养出较高质量的专业人才;但以这种方式设置专业,必须认准是社会需求量较大而且稳定的专业,这样才能确保所开设的专业具有长期性和稳定性。

2. 近质结构

近质结构是指学校设置性质相近的若干个专业。例如,学校设置电气类专业若干个,空调制冷和家电维修专业各一个。这些专业的课程结构、教学组织、师资和设备利用等有许多相同之处。这种专业结构既具有较高的教育资源利用率,必要时也便于扩大办学规模,拓展办学途径,一般具有较好的办学效益。

3. 异质结构

异质结构是指学校所设置的专业性质不同,基本没有联系。例如,一所学校设置了水产养殖专业、机电一体化专业,还设置了财会、旅游、建筑等专业。这种专业结构的教育资源利用率较低,教育成本相对较大,教学组织和管理比较复杂,当专业结构过于零散时,难以形成专业规模和保证教育质量;但这种结构针对社会需求具有较强的应变能力和较大的回旋余地,办学总规模不易受其影响。

就目前的情况而言,区域性、社区性职业学校的专业结构大多呈近质结构或异质结构,而行业、企业性职业学校的专业结构则以同质结构和近质结构居多。

二、职业学校专业设置的模式

职业学校根据社会需求选择和设置专业,并根据社会需求变化而不断调整所设专业。在实践中,职业学校创造了一些灵活的、行之有效的专业设置模式,如图 5-2 所示。

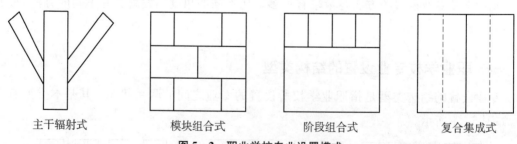

图 5-2 职业学校专业设置模式

(一) 主干辐射式

主干辐射式是指学校选择那些需求量大、具备开办实力、有发展潜力、有稳定生源和就业去向的长线专业作为主干专业,加强建设,使之具备雄厚的实力和增长的潜力;然后根据社会经济发展的需要，依托主干专业派生出与主干专业性质相近的专业，形成专业群。由于这些专业是由主干专业辐射、派生出来的，准备性投入较少，师资和设备共用程度高，办学质量容易保证，能够较好地适应不同行业同类人才的需求，并能使专业相对稳定和灵活机动。例如，学校从机械制造专业派生出农业机械、矿山机械、化工机械、模具设计与制造等专业或专门化方向；从文秘专业派生出商务秘书等专业。

（二）模块组合式

模块组合式是在课程模块化的基础上实现的。模块作为教学的基本单元，包含了完成有关工作任务所必需的技能和相关的知识与态度。这些模块是一些各自独立又相互联系的学习手册（或称为教学指导书），实质上是一些微型课程。根据工作任务的不同，可以将模块组合搭配成不同专业的课程。模块开发首先是对职业、工作任务、职责和能力进行分析，然后在对相应的知识、技能、态度以及工具和设备等详细分析的基础上进行教学分析。以德国机械类专业为例，由金属加工、钣金、车削、铣削、焊接、电气、测量、液压技术、气动技术、技术读图、流水线生产等36个模块，可以组合成机械职业领域中的工业机械工、工具机械工、切削机械工、设备机械工和汽车机械工6个培训职业（即专业），以及生产技术、运行技术、成型技术、机械和系统技术、车削技术、铣削技术、装配技术、供给技术、汽车机工等17个专门化方向。这种专业设置模式最突出的特点是具有很强的灵活性、应用性和针对性，方便学校针对劳动力市场变化情况来调整学习安排。

（三）阶段组合式

阶段组合式是指将某一大类专业分成两个学习阶段：第一阶段学习公共文化课程和专业大类的基础课程，第二阶段根据劳动力市场需求情况再进行专业定向培养。学校一般按专业大类招生，先不确定专门化方向。"宽基础，活模块""大专业，小专门化""两段分流"等设置方式均属此方式。这种设置模式的优点如下：

第一，有利于学生对口就业。因为学生的专门化方向到最后阶段才最终确定，相对缩短了学校对人才培养和劳动力市场需求的预测周期，人才培养的针对性更强，对市场需求的预测更准确，更有利于提高毕业生的对口就业率。

第二，有利于学生的适性选择。阶段组合式不要求学生在进校时就专业定向，给学生留下了更多弹性选择的空间，有利于调动学生求学和就业的主动性和积极性。

第三，有利于学校组织招生和教学。学校可以按专业大类招生，按人才需求状况及时定向，有利于招生和组织教学。

第四，有利于学校通过原专业派生、分化、拓宽等方式开发新专业，既能更好地适应市场需求，提高办学效益，又可保持需求变化小的长线主干专业的稳定性，有利于重点专业建设，使学校能够发挥优势，办出特色。

(四) 复合集成式

复合集成既是调整和改造老专业的方式,也是开发设置新专业的方式。它是指学校根据社会对人才的要求,将若干相关专业有机组合而形成一种融合、交叉或边际结合的宽专业形式。以这种方式设置的专业一般为"宽口径"专业,适应多种岗位或岗位群,学生毕业的就业面宽,但对教师的教学能力和学生的学习能力等有较高的要求。复合集成的专业设置模式有以下三种。

1. 关联式

关联式即以一个专业为主,加入其他相关专业的有关内容。如在贸易专业课程中加入有关纺织品检验等课程,构成纺织品检验与贸易专业。

2. 广域重组式

广域重组式即将几个不同领域专业的某些有关联的专业课程有机地重新组合在一起。如将文秘、公关、外语、计算机应用、经济管理等专业的主要专业课加以重组,构成涉外商务秘书专业。

3. 交叉式

交叉式即在多个不同专业的结合部形成一个新的专业。如将两个或更多专业的理论知识糅合在一起,从而组成新的复合式专业。如机电一体化专业、电子商务专业等。

三、职业学校专业调整的方式

职业学校在最大限度地满足社会需求,不断开设新专业的同时,还要及时地对现有专业进行必要的改造和调整。要根据政治、经济、科技、文化发展和对教育科学规律的最新认识,对专业内涵和培养人才规格作适当的调整。职业学校专业调整的方式主要有以下三种。

1. 更新内容

内容更新主要是指在原有专业的基础上,更新教学内容、教学设施和教学方法等。如,增加有关的新知识、新技术、新工艺、新材料和新方法等,删、并、改、缩一些陈旧的或不适用的内容,使现行的专业课程结构及内容更加科学;添置和革新现有的教学设施以及对教师进行必要的专业培训,使原有专业符合新的人才培养要求。例如,可以根据需要,在传统的园艺专业中增加"设施园艺""园艺产品营销""插花技术""盆景制作技术"等内容。

2. 拓展功能

拓展包括原有专业自身功能的延伸,即内涵性拓展以及对其进行分化、整合、开发形成新专业的外延性拓展两方面。

内涵性拓展是指拓宽原有专业口径,加大专业覆盖面,克服原有专业面过窄的缺陷。拓宽形式包括纵向拓宽、横向拓宽或纵横拓宽等。纵向拓宽,即在本专业范围内深化教育内容,使所培养的人才对各个工作层次都能适应;横向拓宽,指补充相邻、相关学科和专业的内容。如在原课程的基础上,增添某些急需课程,扩大学生知识面和服务面,使其成为具有一定专业特长的复合型人才。

外延性拓展是指为挖掘和开发学校的办学潜能,提高办学效益,对原有专业进行分化、整合、开发,以形成新专业,从而拓展学校专业设置的范围。在基础稳定、经验成熟、具有诸多优势的老专业的基础上,延伸、派生出一些与之性质相近、相关、相接,而与主要专业课程有所不同的新专业,形成专业系列或专业群。例如,在"财务会计"专业基础上延伸拓展出"涉外会计""审计""金融实务""财政实务"等专业。

3. 推陈出新

推陈出新指充分利用原有专业的教学条件,设置一些边缘或相邻的专业;或在原专业开设的基础课程的基础上,改变原专业的性质,创办异质性的新专业;也可通过相关专业的重新组合,形成全新的宽专业。这样能使学生掌握的职业技能更加宽泛、更加综合。

四、职业学校专业设置的策略

(一) 经验演进策略

职业学校的专业随着社会发展和科技进步始终处于发展变化中。专业的发展与变化是逐步演进的。当社会发生变化,要求职业教育专业作出变化时,通常是在不改变原有基本框架的前提下,作出适当调整,或补充新的教学内容,拓宽基础和范围,或对专业方向和专业目标作适当调整。由于是在原有基础上进行的调整,因而风险较小,不会造成大起大落;但如果原有专业模式已陈旧落后,不符合社会发展需要时,那也会阻碍职业教育为经济、社会服务功能的发挥。

(二) "宽窄并存、宽窄适度"策略

"宽窄并存、宽窄适度"策略是指针对社会职业需求和学科划分,专业设置口径该宽就宽,该窄就窄,宽窄适度,或者适度拓宽专业口径、弹性设计专业方向。只要有社会需求,无论专业口径宽窄,都可以设置专业;而且专业口径的宽窄是辩证的、相对的、可转化的,专业名称上的窄,并不表明培养不出复合型、发展型的人才。采用此策略,可使学校的专业设置有极高的灵活性和适应性,学校也更具特色和竞争力。

(三) 热点策略

热点策略是指专业设置随着社会人才需求的热点走,社会上什么专业最热,就设置什么专业,这也是专业设置中一种常用而且有效的策略。但学校如果不考虑自身办学特色和优势,盲目跟着热点跑,让学校专业设置跟着社会热点的变化而过于频繁地调整,其结果必然造成人力、物力、财力的巨大浪费。

(四) 边缘交叉发展策略

边缘交叉发展策略是指根据社会人才需求,依托学校原有优势,着力在相关学科的交叉结合部开拓新的专业,培养社会急需的复合型人才。边缘交叉发展策略适应了学科综合交叉的发展趋势,能够在相关学科的结合部、空白点、薄弱点上寻找新专业,培养社会急需的复合型人才。采用边缘交叉发展策略,着力培养社会急需的复合型人才的难度是很大的。但也正是由于这种难度,往往能形成自己的特色,做到人无我有、人有我优,取得较好的社会效益和经济效益。

五、职业学校专业设置注意点

(一) 主动适应,服务发展

主动适应经济新常态和产业发展要求,鼓励战略性新兴产业、区域支柱产业、特色产业相关专业的发展,通过优化专业设置,推动职业教育与经济社会发展实际相吻合,更好地服务社会主义现代化建设。

(二) 继承创新,灵活设置

体现政策延续性,保留符合需求、成熟、稳定的既有专业;同时在保证专业内涵、培养规格相对稳定的前提下,灵活设置专业方向,增强学生就业创业能力和适应职业变化的能力。

(三) 科学规范,体现特色

遵循技术技能人才成长规律和行业、产业发展趋势,做到科学、系统、规范。围绕学生、家长、学校和行业企业的需求,创新专业目录内容结构,拓展专业目录服务功能,突出职业教育特色。

(四) 推进衔接,构建体系

注重与中等职业学校、高等职业院校、职业本科院校、普通本科院校专业目录的衔接,以职业分类为主线,兼顾学科分类。通过优化专业结构、层次和类型结构,实现职业院校专业设置的协调和衔接。

思考题

1. 如何理解职业教育专业与职业的关系?
2. 职业学校专业设置应遵循哪些基本原则?
3. 简述职业学校专业设置的基本内容和步骤。
4. 职业学校专业设置的方法主要有哪些?
5. 如何认识职业教育的专业结构与产业结构的关系?

> 相关链接一

中等职业学校专业设置管理办法(试行)(节选)

教职成厅〔2010〕9号

第一章 总则

第一条 为进一步规范和完善中等职业学校专业设置管理,引导中等职业学校依法自主设置专业,促进人才培养质量和办学水平的提高,根据《中华人民共和国职业教育法》和有关规定,制定本办法。

第二条 中等职业学校专业设置要以科学发展观为指导,坚持以服务为宗旨,以就业为导向,适应经济社会发展、科技进步,特别是经济发展方式转变和产业结构调整升级的需要,适应各地、各行业对生产、服务一线高素质劳动者和技能型人才培养的需要,适应学生职业生涯发展的需要。

第三条 国家鼓励中等职业学校设置符合国家重点产业、新兴产业和区域支柱产业、特色产业的发展需求以及就业前景良好的专业。

第八条 省级教育行政部门负责本行政区域中等职业学校专业设置的统筹管理。

市(地)、县级教育行政部门管理中等职业学校专业设置的职责由各省(区、市)自行确定。

第二章 设置条件

第九条 中等职业学校设置专业须具备以下条件:

(一)依据国家有关文件规定制定的、符合专业培养目标的完整的实施性教学计划和相关教学文件;

(二)开设专业必需的经费和校舍、仪器设备、实习实训场所,以及图书资料、数字化教学资源等基本办学条件;

(三)完成所开设专业教学任务所必需的教师队伍、教学辅助人员和相关行业、企业兼职专业教师;

(四)具有中级以上专业技术职务(职称)、从事该专业教学的专业教师,行业、企业兼职教师应保持相对稳定。

第十条 各地教育行政部门在审查、备案新设专业时,应优先考虑有相关专业建设基础的学校;中等职业学校设置专业应注重结合自身的专业优势,重点建设与学校分类属性相一致的专业,以利于办出特色,培育专业品牌。

第三章 设置程序

第十一条 中等职业学校设置专业应遵循以下程序:

(一)开展行业、企业、就业市场调研,做好人才需求分析和预测;

(二)进行专业设置必要性和可行性论证;

（三）根据国家有关文件规定，制定符合专业培养目标的完整的实施性教学计划和相关教学文件；

（四）经相关行业、企业、教学、课程专家论证；

（五）征求相关部门意见，报教育行政部门备案。

第十三条 中等职业学校开设医药卫生、公安司法、教育类等国家控制专业，应严格审查其办学资质。开设"保安""学前教育"专业以及"农村医学""中医"等医学类专业，应当符合相关行业主管部门规定的相关条件，报省级教育行政部门备案后开设。

第十四条 中等职业学校应根据经济社会发展、职业岗位和就业市场需求变化，及时对已开设专业的专业内涵、专业教学内容等进行调整。

第四章 指导与检查

第十六条 各地要建立由行业、企业、教科研机构和教育行政部门等组成的中等职业学校专业建设指导组织或机构，充分发挥其在中等职业学校专业建设中的作用。

中等职业学校应建立专业设置评议委员会，根据学校专业建设规划，定期对学校专业设置情况进行审议。

第五章 附则

相关链接二

中等职业学校专业目录（2010年修订）（例选）

09 信息技术类

专业代码：091200

专业名称：电子与信息技术

培养目标：培养电子信息产品的生产、安装、调式、维修操作人员及相关产品的销售人员。

建议修业年限：3年至4年

业务范围：

本专业主要面向电子及相关企事业单位，从事一般电子产品的生产、调试、检测、维修，以及电子产品、电子元器件的采购、销售和服务等工作。

职业能力要求：

1. 具有安全生产、节能环保与严格遵守操作规范等意识；

2. 了解典型电子产品、相关设备及常用元器件的基本结构和工作原理，并掌握基本的应用技术；

3. 能阅读一般电子设备、电子产品整机电路原理图及工艺文件，具有依据相关技术文件

进行装配、调试、检测、维修的能力;

4. 正确选择并使用电子仪器、仪表及辅助设备,具备电子产品中常用元器件的识别与检测的能力;

5. 在电子产品及设备的调试、运行和维护过程中,能够解决简单技术问题;

6. 能从事一般电子产品的销售和售后服务。

专业教学的主要内容:

电工基础、电子线路、机械常识、电子测量仪器及应用、电子CAD、PROTEL印制板制作软件应用、单片机技术与应用、电子产品结构与工艺、典型电子整机、电子产品营销等。在校内进行钳工技能实训、电子设备装接工(6-08-04-02)取证实训、电子整机装配调试维修实训等。在相关企业进行综合实习或顶岗实习等。

专门化方向:

电子声像设备应用于维修、电子产品营销、电子产品制造技术、光电子技术应用。

职业资格证书:

电子设备装接工(6-08-04-02)、无线电调试工(6-08-04-03)、家用电子产品维修工(4-07-10-01)、电子元器件检验员(6-26-01-33)、音响调音员(6-19-03-05)。

第六章

职业教育课程

教学目标

1. 理解和掌握职业教育课程的涵义和特点。
2. 了解职业教育主要课程模式。
3. 掌握职业教育课程开发方法。
4. 了解职业教育课程改革与发展的趋势。

课程是实现学校培养目标的主要载体,在学校教育中始终居于核心地位,统领着整个教育过程。学校教育所要实现的各个层次的目标及其所包含的知识、经验、技能和态度等要素均融于课程中。

第一节 职业教育课程的涵义与特点

职业教育课程与普通教育课程的差别更多地体现在课程的构成与特征上。因此,探讨职业教育课程的涵义可以从对一般课程涵义的探讨着手。

一、课程的涵义

由于课程本质的多元性和复杂性,使得课程成为教育领域中涵义最复杂、歧义最多的概念之一。至今还没有一个公认的统一定义。学者们从不同的维度,对课程内涵进行了探讨和分析。

(一) 课程的词源学分析

在我国,"课程"一词最早出现在唐朝。唐朝孔颖达在《五经正义》里为《诗经·小雅·巧言》中"奕奕寝庙,君子作之"一句注疏:"以教护课程,必君子监之,乃得依法制也。"这是汉语文献中最早出现的"课程"概念。这里的"课程"一词含义甚泛,指"寝庙"及其喻义"伟业"。到了宋朝,朱熹在《朱子全书·论学》中频频使用"课程"一词,如"宽着期限,紧着课程""小立课程,大作功夫",这里的"课程"主要指"功课及其进程",与今天人们对课程的日常理解相近。

在西方,英国教育家斯宾塞在《什么知识最有价值》一文中最早使用"curriculum"一词,意指"教学内容的系统组织"。该词为拉丁语"currere"所派生,原指"跑道"。据此,人们将课程理解为"学习的进程"。

概括来看,传统的课程定义主要包括两层涵义:一是给学生提供哪些学习内容,二是让学生按照什么顺序来学习这些内容。有了这两个要素,学生的学习过程就有了依据,就获得了通过学习达到目标的"跑道"。

(二) 课程的三种涵义

课程理论和流派很多,即使是同一理论渊源和思潮的学者,对课程定义的理解也不尽相同。综观多种多样的课程定义,大致可分为以下三类。

1. 课程作为学科

讨论课程必然要谈到语文、数学、外语、音乐、美术等某门学科,课程就是学科,学科就是课程。这是使用最普遍,也是最常识化的课程定义。《中国大百科全书·教育》中对课程是这样定义的:课程是指所有学科(教学科目)的总和,或学生在教师指导下各种活动的总和,这通常被称为广义的课程；狭义的课程则是指一门学科或一类活动。这种课程定义片面强调了课程内容，把课程内容局限于源自文化遗产的学科知识，对学习者的经验重视不够。

2. 课程作为目标和计划

这种课程定义把课程看作教学过程要达到的目标、教学的预期效果或教学的预先计划。如课程论专家塔巴（H. Taba）认为，课程是"学习的计划"；奥利沃（P. Oliva）认为，课程是"一组行为目标"；约翰逊（M. Johnson）认为，课程是"一系列有组织的、有意识的学习结果"等。

在我国学校教育中，长期流行、影响最大的课程术语就是"教学计划"和"教学大纲"，两者几乎涉及学校教育制度中关于教育教学的方方面面，对课程设置、课程内容、课程实施及课程管理等进行了规定，提出了要求。

这种课程定义把课程视为教学之前或教育情境之外的东西，把课程目标与课程实施过程、手段截然分开，并且强调了前者，完全忽视了对学生的学习过程和学习结果的关注，忽视了学生发展、创造空间的营建，忽视了学习者活生生的现实经验。

3. 课程作为学习者的经验和体验

这种课程定义把课程视为学生在教师指导下所获得的经验或体验，以及学生自发获得的经验和体验。如美国著名课程论专家卡斯威尔和坎贝尔认为，"课程是儿童在教师指导下所获得的一切经验"。另有课程论专家认为，"课程是学习者在学校指导下的一切经验"。最近的课程理论还非常强调学生自发获得的经验或体验的重要性。

这种课程定义重视了学生的直接经验，消除了课程中"见物不见人"的现象，消解了目标与手段、内容与过程的二元对立。但持这种定义的学者常会忽略系统知识在儿童发展中的意义。

因此，很难用简短的几句话对课程下定义。一般认为，课程是为师生共同学习所设计的教育环境，以及在这个环境中所进行的范围广泛的教育活动。

二、职业教育课程的涵义

按照以上对课程涵义的理解，职业教育课程就是按照国家的教育方针，并根据学生的身心发展状况，为使学生在一定时期内，达到各级各类职业学校及专业所规定的培养目标，完成规定的学习任务而有目的、有计划、有系统地提供的学习科目与活动、学校环境与氛围及其发展的进程、影响结果的总和。

职业教育课程主要包括两类：一类是普通教育性质的课程；另一类是专业教育性质的课程，这是职业教育的核心课程。

三、职业教育课程的特点

尽管职业教育课程与普通教育课程在涵义上没有本质区别，但两者在课程形态上还是有差异的，这主要是通过职业教育课程所具有的职业定向性、操作实践性、动态适应性、产教融合性等特征体现出来的。

（一）职业定向性

职业教育是以就业为导向的教育。职业教育培养的人才，都有具体行业、专业或工种的职业方向要求，因此，职业教育课程具有职业定向性，必须定位于专业面向的特定职业或职业群。即使是职业教育中的普通文化课程，一般来说也要求体现出一定的职业性，如计算机英语、旅游英语等课程。提高职业教育课程设置的职业针对性，增强职业教育课程内容与职业岗位能力要求的匹配度，推动课程内容与职业标准对接，教学过程与生产过程对接，毕业证书与职业资格证书对接，是提高职业教育质量的重要举措。

（二）操作实践性

与普通教育不同，职业教育是为具体工作做准备的教育。职业教育培养的学生必须能有效地完成工作任务，也就是说必须具备操作实践能力。对于职业学校的学生来说，"会做"比"会说"更重要，因为工作中所依赖的知识大部分是实践知识，理论知识只有转化为实践知识后，才能被应用到工作中去。所以，职业教育课程是一种主要以实践知识为主的课程。实践知识学习最为有效的途径是实践过程，因此，职业教育学生的学习过程应尽可能与工作实践过程相结合。诸如"在黑板上开机器"的教学方式是很难培养出高质量职业教育人才的。

（三）动态适应性

动态适应性主要体现在两个方面：一是要适应经济社会不断发展的需要。根据社会需要培养实用人才是职业教育的根本任务。社会需要是不断变化的，因此，职业教育课程必须适应这种变化，并能根据需要的变化及时调整课程内容。这就要求职业教育课程开发必须进行劳动力市场需求分析，以使各专业课程内容与地区、行业的实际需求相适应，与技术的变迁相适应。二是要适应不同学习者的需求。职业教育课程要与不同学习者的需求相适应，直接帮助学生形成广泛的知识、技能和良好的态度、价值观，增强学生的就业能力。

（四）产教融合性

职业教育课程的上述特征，决定了职业教育课程设置必须与社会用人单位、行业企业紧密合作。从职业教育课程发展的整个过程来看，要使职业教育课程内容符合工作岗位的要求，就必须让行业企业的专业人员参与到职业教育课程开发中来；为了保证职业教育课程内容跟上技术的最新发展，就必须让行业企业不断地给职业学校提供最新的技术动态；职业教育课程实施中的工学结合以及所需要的大量设备设施等资源，也需要行业企业的大力支持。因此，职业教育课程与普通教育课程一个重要的区别是，职业教育课程必须彻底打破学校与行业企业的界限，要充分发挥行业企业在职业教育课程开发、实施和评价中的主体作用，形成行业企业积极参与的良好氛围。可以说，产教融合是职业教育课程开发、实施与评价的灵魂。

四、职业教育课程的类型

在职业教育课程理论与实践中,用不同的维度可以区分出不同的课程类型。

(一)按课程教学形态分,可分为学科课程与活动课程

学科课程是以科学文化遗产为基础组织起来的各门学科系统的总称。它是分别以各门学科体系为基础,按照一定的价值标准,选择其中的部分内容组成不同的学科,再以各学科体系为核心,彼此分立地设计各学科内容的课程类型。学科课程以学习经典学科知识为主,教学形态以课堂教学为主。学科课程在内容的组织上,注重纵向的顺序及系统性、连贯性,通常偏重理论,强调形式训练和知识的迁移,传授知识的效率高,便于学生掌握基本概念和原理,也易于设计、编制和评价,但它割裂了各学科间的联系,对学生的技能训练、情感陶冶等也较为忽视,因而较难达到使学生自觉地将理论知识应用于实践的目的。

活动课程也称"经验课程",是指以学生的兴趣和动机为基础,选择学生能够参与其中的某些活动组成活动单元,以学生经验为中心设计各单元活动作业的课程类型。教学形态以走出课堂为主。活动课程的基本内容是学生的兴趣、动机和经验。它打破了学科逻辑组织的界限,重视学生学习的主动性,注意学习同实际生活的联系,重视直接经验的作用,强调从"做"中"学",培养学生手脑并用的实际能力,重视学生的个性差异等,因而有利于克服学科课程的某些弊端。

在职业教育实践中,活动课程是指有计划、有目的地组织、安排一项或若干项实验、实习、设计、操作等专业性实践活动,使这些活动本身成为一种课程或一个课程单元。活动课程的优点在于有利于培养学生的主体性,有利于将彼此割裂分散的知识、技能整合协调起来,使学生能够在真实或模拟的职业工作情境下灵活地运用学过的知识和技能,促进应用型、技能型人才的培养,也有利于学生职业态度、职业情感的形成。活动课程的缺点在于学生所学的知识体系不完整,不利于系统地、高效地学习人类文化知识。

(二)按课程教学要求分,可分为必修课程与选修课程

必修课程是由政府或学校规定,学生必须学习而且要达到规定标准的课程;选修课程不是政府或学校规定必须开设的,学生可以在一定范围内选择学习。选修课程又可以分为两类:一类是学校规定学生必须在若干课程中选择学习一门或几门,称为限定选修课程;一类是并不规定选择范围,允许学生在学校开设的所有课程中选择学习,称为自由选修课程。

(三)按课程组织方式分,可分为分科课程与综合课程

分科课程通常又被称为科目课程(subject curriculum),是一种单学科(single-subject)的课程组织模式。"科目课程"强调分科,强调不同学科门类之间的相对独立性和学科逻辑体系的完整性。综合课程是指运用两种或两种以上学科的知识观和方法论去考察和探究一个中心主题或问题的课程。如果这个中心或主题源于学科知识,那么这种综合课程即学科本

位综合课程(或综合学科课程);如果这个中心主题或问题源于社会生活实践,那么这种综合课程即社会本位综合课程;如果这个中心主题或问题源于学生自身的需要、动机、兴趣和经验,那么这种综合课程即经验本位综合课程(或综合经验课程)。

综合课程是一种多学科(multi-subject)的课程组织模式,它强调学科之间的关联性、统一性和内在联系性。从这个意义上说,相关课程、融合课程、广域课程、核心课程等都是综合课程的具体表现形式。

相关课程:有时又称关联课程,这种课程在保留原学科独立性的基础上,寻找两个或多个学科之间的共同点,使这些学科的教学顺序能够相互照应、相互联系,穿插进行。

融合课程:也称合科课程,是把部分科目统合兼并于范围较广的新科目。它打破了各学科的框框,将相关的内容糅合在一起。融合课程通常选择对于学生富有意义的问题进行学习,目的在于促进学生经验的发展。

广域课程:是合并数门相邻学科的教学内容而形成的综合性课程。为避免传统的学科课程的偏狭与经验课程的盲目性,它取消了多数的教学科目,以使学生对自然和人类社会有一个全面而完整的理解。

核心课程:是在广域课程的基础上,以比较重要的学科或内容为核心,其他学科或内容围绕核心组织起来的主体结构型课程。核心课程通常围绕一些重大的社会问题,以解决实际问题的逻辑顺序为主线来组织教学内容,社会问题就像包裹在教学内容里的果核一样,所以又被称为问题中心课程。

综合课程不是作为分科课程的对立形态出现的,分科课程和综合课程各有其存在的价值,相互不可替代。

职业教育是一种以培养学生的解决问题的能力和实际操作技能为主要目标的教育,因此,职业教育课程要以综合课程为主。在课程内容组织上,可以采取以下两种方法:

(1) 以问题为综合的轴心,将原先分属于各学科的知识分离出来,为回答或解决某一问题服务,或者为围绕某主题获得相关的实用知识服务。职业教育的某些专业课程,如设备的故障诊断和维修课程等,比较易于组织成问题中心型综合课程。某些带有提高、扩展、更新性质的专题研修课程也宜于采用此类课程。

(2) 以职业能力为综合的轴心,将形成某项职业能力所需的知识、技能和态度等要素按职业能力本身的结构方式进行组织。能力中心型的课程强调内容的实用性和针对性,它将那些与职业能力要求相关性较低的知识、技能和态度排斥在课程之外,缩短了与实际工作的距离。在设计综合课程时,一般将这些知识、技能、态度分别编成一定的课程模块。像 CBE 课程模式和 MES 课程模式就是典型的能力中心型综合课程。

(四) 按课程表现形式分,可分为显性课程与隐性课程

显性课程是指学校情境中以直接的、明显的方式呈现的课程。大多数情况下显性课程是以学校教育中有计划、有组织地实施的"正式课程"(formal curriculum)或称"官方课程"(official curriculum)的方式呈现。

隐性课程是指学校情境中以间接的、内隐的方式呈现的课程。隐性课程时常带有非预期性、非计划性的特点，以非正式的、非官方的课程方式呈现，具有潜在性，因此，隐性课程也被称作潜在课程。隐性课程是教育过程中由物质、文化、社会关系等要素构成的教育环境，大体可分为以下几种：

一是制度性隐性课程，如学校所制定的各种规章制度、校训、校风、校服、告示；二是关系性隐性课程，如学校中师生关系、生生关系、社会上的人际关系等；三是校园文化隐性课程，指校园文化产生的影响，如文化活动的价值取向、文化活动的氛围等；四是校园环境隐性课程，指校舍及各种功能场所的设计分布，以及校园的美化、绿化和宣传设计。

隐性课程具有潜移默化的教育功能。我国职业教育先驱黄炎培先生在实践活动中就注意到了运用校风、校歌、校训和校徽的作用来对学生进行职业道德教育和职业意识的培养。

（五）按课程实施阶段分，可分为建议课程、书面课程、感知课程、教授课程、体验课程、评价课程

建议课程是指由研究机构、课程专家提出应该开设的课程；书面课程是指教育行政部门规定的教学计划、教学大纲；感知课程是指教师感觉到的课程；教授课程是指课堂上实施的课程；体验课程是指学生实际体验到的内容；评价课程是指评价者能够评价到的内容。

第二节　职业教育课程模式

依据现代职业教育课程论，课程模式是来自于某种课程原型并以其课程观为主要指导思想，为课程方案设计者开发或改造某个专业并编制课程文件提供思路和操作方法的标准样式。课程模式必须具有较强的共适性，即能够适用于同级、同类学校的多种专业，甚至可适用不同级、不同类学校的多种专业。有些"模式"只适用于一所学校或多所学校的一种专业，或者只在一所学校里进行了实验，即使改革力度很大，也只能称其为成功的课程方案，而不宜称为课程模式。

一、职业教育课程模式的构成要素

职业教育课程模式是指职业教育课程开发活动和职业教育课程方案、计划、文件中，各个过程环节及组成要素等结构关系的概括性呈示方式。它是在一定的课程观指导下，对职业教育课程的开发活动和职业教育课程本身所做的原则性规定和法则等（有时也包括惯例）。其中课程观起主导作用，涉及课程目标、课程结构、课程开发方法、课程实施指导思想及课程管理思想和方法的选择等。这里只简略讲述其中几个方面。

（一）课程观

课程观是教育观在课程领域中的体现,是人们对课程本质、功能、目的、规律、原理和法则等问题所持的基本态度,是人们对课程的价值取向。课程观实质上要回答三个问题:为什么教?教什么?怎样有效地教?对职业教育影响较大的课程观主要有:以学科为中心的学科课程、以儿童为中心的活动课程、以人类基本活动为中心的核心课程等。从上述课程形态衍生而来的核心阶梯课程(双元制)、能力本位课程(CBE/T)、模块式职业技能培训课程(MES)等课程模式分别反映了这些课程范型的课程观。在建立职业教育课程观时要根据经济和社会发展对职业教育的需求进行职业分析和职业划分,并思考如何向专业设置、课程设置转换,实际的职业能力又如何向职业教育课程的教学目标、教学内容转换。

（二）课程目标

对于一个具体的专业课程方案来说,课程目标是一定教育阶段的专业课程方案力图达到的标准,而专业课程方案开发的全过程是在某一课程模式的指导下完成的。有些课程模式适用于职业培训的课程开发,有利于受训者在短期内形成特定岗位需要的必备技能或能力,不强调继续学习基础的奠定以及职业转换能力。如果运用能力本位模式进行课程开发,其课程目标必然以达到某一职业所必备的全部能力或某一具体岗位所需的一组能力的标准为主体。职业培训课程目标主要指向受教育者已确定的就业岗位,与实际岗位需要直接相关,侧重专业能力训练,以职业岗位的现实需要为主要依据。我们应从职业教育课程目标出发,处理好教育普遍性与职业教育特殊性的关系,紧密结合职业教育的培养目标及应用型职业人才的培养来设计课程体系。

（三）课程结构

课程结构是课程模式及其相应课程观念的外在表现形式,是一种课程模式区别于其他课程模式的重要标志。课程结构能使预期的课程功能即课程的方向、水平、深度、广度、效果得以保证,为课程实施、课程管理提供便于理解和操作的指导思想,确保课程目标的落实。

（四）课程开发方法

课程开发指产生一个完整课程方案的全过程,包括课程分析、课程方案设计、课程内容编制、课程方案实施、课程评价等步骤。无论是制定还是完善一个专业课程方案,课程开发者都会自觉地运用某种课程模式并在其反映的课程观念影响下工作。不同的课程模式往往会运用不同的课程开发方法。

二、当代主要职业教育课程模式

经过长期的理论研究与实践探索,目前已形成许多富有特色的职业教育课程模式,如"三段式"课程模式、能力本位课程模式、模块式职业技能培训课程模式、核心阶梯课程模式、学习领域课程模式、职业群集课程模式、"宽基础、活模块"课程模式、项目课程模式等。

(一)"三段式"课程模式

图 6-1 "三段式"课程的基本结构

"三段式"课程模式在我国职业教育课程模式中占主导地位。"三段式"课程的基本结构为文化课、专业基础课和专业课三段,如图 6-1 所示。有的把专业基础课和专业课统称为专业理论课,然后再加上实践课,形成文化基础课、专业理论课、实践课三类课程。此外,在不同的观点中,这几类课程的名称也不尽相同。如文化基础课有"文化课""普通文化课"等名称,专业基础课有"技术基础课"等名称,实践课有"技能训练""实习""实训"等名称。

"三段式"课程模式注重学科体系的完整性,关注学科基础理论。这种课程模式在教学上循序渐进,课程安排上力量集中,对于知识的传授是很有益的,但学科中心的倾向明显,并相对忽视了各学科知识在实际运用中的整体性,学生灵活、综合运用知识的能力不足,无法在工作岗位上解决所遇到的实际问题,易造成理论与实践脱节;而在技能培训方面,没有形成完整的技能培训体系,学生动手能力不强。

(二)能力本位课程模式

能力本位(Competence-Based Education and Training,简称为 CBE/T)是一种职业教育与培训的思想。在这种思想指导下的能力本位课程开发模式,被称为能力本位课程模式。CBE/T 产生于二战时美国对技术工人的培训,在 20 世纪 60 年代被用于职业教育的师资培训,后传到加拿大。20 世纪 80 年代后,CBE/T 又逐渐推广到欧洲、亚洲、澳洲等国家和地区,对职业教育与培训产生了深远的影响。我国于 20 世纪 80 年代末引入了这一课程模式并于 90 年代逐步推广。

能力本位教育的主要特点是:

(1) 能力本位教育中的"能力"指的是工作胜任力,具体指成功生活或谋生所必需的工作能力、专业技能、劳动态度、价值观与鉴赏力,而不是传统能力观所指的对知识的掌握。这是能力本位教育的核心。

(2) 能力本位教育突破了学科课程的框架,以职业能力为教育的基础,并以此作为培养目标和教育评价的标准;以通过职业分析确定的综合能力作为学习的科目,以职业能力分析表所列专项能力的由易到难的顺序安排教学和学习计划。

(3) 以能力为教学的基础。根据一定的能力观分析和确定能力标准;将能力标准转换为课程,通常采用模块化课程。

(4) 强调学生的自我学习和自我评价。以能力标准为参照,评价学生的多项能力,即采用标准参照评价而非常模参照评价。

(5) 能力本位教育非常强调采用个别化的教学方式,把学生表现出来的工作胜任力作为完成教学计划的决定因素,这就使学生能以各自的能力为基础,按自己的进度完成计划规定的内容,然后在一定的时间跨度内掌握特定的能力。

能力本位的课程开发方法通常被称为 DACUM(Developing a Curriculum)。DACUM 是由一个专业委员会负责实施的。这个委员会的成员是由在某一职业岗位上长期工作、经验丰富的优秀从业人员(他们须来自该职业有代表性的产业,其总体业务范围要宽到足以覆盖某一职业的主要范畴)、课程专家、学科专家、教师等组成。课程开发的程序如下:首先,将一种职业目标从工作职责和工作任务两个层次进行分析,分别得出综合能力和专项能力。通常一种能力可分解为 8—12 项综合能力,每项综合能力包含 6—30 个专项能力。对每个专项能力进行具体详尽的说明;而后,再由学校负责制定课程计划的学科专家、课程专家与经验丰富的教师,对各项细分过的专项能力所需要的知识、技能、态度等进行分析、融合,按照难易程度及逻辑关系,考虑他们在实际工作中出现的频率及重要程度,加以系统组织排列,形成若干个课程模块。最后把这些课程模块按一定的方式进行排列,最终获得某一职业或岗位完整的课程体系。其职业/岗位分析如图 6-2 所示。

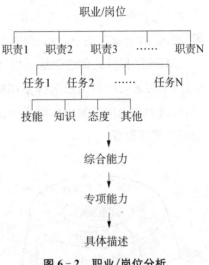

图 6-2 职业/岗位分析

能力本位课程也有其不足之处:它的能力分析是从行为主义的思路出发,把职业能力分解为一些细小的任务、要素,这种方法对于一些非技能型的能力,是难以进行分析的,而且在当今社会,以胜任一种工作岗位为要求的课程开发,很难适应劳动力市场的变化,毕业生的社会适应性受到限制;同时,这种课程模式的知识体系比较零碎,不利于学生的继续学习,它对师资水平要求较高,所需投入很大。

(三) 模块式职业技能培训课程模式

模块式职业技能培训课程模式(Modules Employable Skill)简称 MES 课程模式。这是国际劳工组织 20 世纪 70 年代初开始,组织 70 多名专家经过 14 年的努力开发出来的课程模式。这一课程模式于 1983 年开始逐步推广。MES 的原意是针对职业岗位规范进行就业技能培训的模块课程组合方案,其着眼点是通过一个模块单元的学习,使受训者获得社会生产活动中所需要的一种实际技能,每个模块都是可以灵活组合的、技能及其所需知识相统一的教学单元。

MES 采用类似于 DACUM 中职业能力分析表的任务分析表,为每一个具体职业或岗位建立岗位工作描述表,确定该职业或岗位应具备的全部职能,再把这些职能划分成不同的工作任务,以每项工作任务作为一个模块。该职业或岗位应完成的全部工作就由若干模块组合而成,根据每个模块的实际需要,确定完成该模块工作所需的全部知识和技能;而后根据相关职业的各项能力和培训模式的要求,编制若干"学习单元",每个学习单元都有学习目标和考核。在学习前,学习者就可知道通过该单元的学习,应掌握哪些知识和技能,还可以知道如何去学习,如何去判断是否已经掌握了这些知识和技能。每个学习单元的内容,除了围绕学习目标和通过单元检查的要求设置简明文字叙述外,还配置了大量的操作示意图,使学习者在完全没有教师帮助的情况下,也能看懂学习内容,独立正确地学习,并通过检查来决定自己是否可以进入下一单元的学习。最后,根据学习目标(包含一种特定技能或知识的学习)的选择,把众多的学习单元按照职业活动的顺序组合成具有实际可操作的课程大纲。

MES课程模式创造性地运用"模块组合"的设计思想,使课程模式具有了很大的弹性和个性,学习者可以自由地选择不同的模块组合。这种课程模式并不适合于正规的职业学校教育,因为它无法使学生掌握系统的知识,不利于人的持续发展,但是却非常适合进行岗前培训与继续教育。

(四) 核心阶梯课程模式

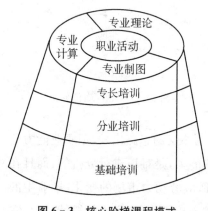

图 6-3 核心阶梯课程模式

核心阶梯课程模式是德国"双元制"采用的课程模式,因此也叫"双元制"课程模式。"双元制"中,一元是指职业学校,另一元是指为学校提供实习培训的企业。核心阶梯课程的理论采用综合科的方法,以职业实践活动为中心,将与培训有关的专业知识、专业基础知识以及文化基础知识加以综合,不强调各学科知识的系统性和完整性,而是着重于整体能力的培养,具有广泛性、融合性和实用性的特点。可分普通课和专业课两部分,普通课融入到专业课中。其专业课的课程结构如图 6-3 所示。

核心阶梯课程模式是一种建立在宽厚的专业训练基础之上的、综合性的、以职业活动为核心的课程结构。从横向看,它紧紧围绕着职业活动这一核心,把专业课综合为三门:专业理论、专业制图、专业计算,以此覆盖专业所需的所有理论,这有利于培养学生综合分析问题和解决问题的能力。从纵向看,所有课程都分为基础培训、分业培训和专长培训三个层次,且呈阶梯式逐渐上升。无论是哪一阶梯的培训,其专业课程都是围绕专业实践活动,从泛到精、由浅入深地开展。实践活动在整个课程体系中占主导地位。但是,这种模式对教学条件和教学管理有着较高的要求,否则难以保证教学质量。

(五) 学习领域课程模式

1996年,德国开始对职业学校课程模式进行重大改革。在各州文教部长联席会议上颁布的课程"编制指南"中,首次提出"学习领域"的概念。其基本定义是:按职业任务设置与职业行动过程取向,由学习目标描述的主体学习单元。一个"学习领域"的组成包括描述职业能力的学习目标、描述工作任务的学习内容和相应的学习时间等三个部分。通过一个学习领域的学习,学生可以完成某一职业的一个典型的工作任务。通过若干个相互关联的所有的学习领域的学习,学生可以获得某一职业的从业能力和资格。一般来说,每个职业教育专业的课程由 10 至 20 个"学习领域"组成。组成课程的各学习领域之间没有内容和形式上的直接联系,但在课程实施时要采取跨学习领域的组合方式,根据职业定向的案例性工作任务,采取行动导向和项目导向的教学方法。"学习领域"课程方案的核心成果是,在内容上摒弃了学科体系的束缚,紧紧围绕职业活动的要求对课程内容进行重组。其主要特征是:以构建理论作为教育理论基础;以能力本位定向课程内容;以行动导向作为教学实施原则;以职业学校作为开发实施的主体。

学习领域课程开发的基础是职业工作过程,由与该专业相关的职业活动体系中的全部职业行动领域导出学习领域,并通过适合教学的学习情境使其具体化的过程,可以简述为"行动领域——学习领域——学习情境"。学习领域的最大特征在于不是通过学科体系而是通过整体、连续的"行动"过程来学习。与专业紧密相关的职业情境成为确定课程内容的决定性的参照系。

(六) 职业群集课程模式

职业群集课程模式是为了适应现代社会工作变更频率加快这一趋势而产生的,其主要目的在于让未来的从业人员获得较为宽泛的基本就业技能,以便在某一职群的相关职业上能自由地选择就业,或者在进入某一特定职业后仍具有灵活的转换工作的能力。这不仅可以满足科技快速发展和职业领域不断变化的需要,还能满足个人职业生涯发展的需要。

职业群集课程模式是指将数种工作性质相近的职业集合为一个职群,分析该职群所需的共同知识与技能基础以及各职业的入门技术,然后加以系统组合而成的课程。其目标是使学生能够掌握某一职业群工作环境、工作内容、工作条件、工作水准等相类似的、共同的核心技术和知识,学生在毕业时能获得某一类职业的入口技能。

职业群集课程模式的开发,采用的也是职业分析的方法,所不同的是,它所分析的是职业群,而不是某一工作岗位;是某类职业群的入门技术,而不是完全胜任的能力。在这种情况下,学生毕业后参加某种工作或转岗之前,还要接受短暂的培训。

群集课程内容的安排,大致可分为职业试探、职业定向两个阶段。课程结构安排有三种形式:一是平行式:学习期间始终轮流学习数种职业所需的知识和技能;二是双层式:第一年学习数个职业,后两年专精于某个职业的学习;三是金字塔式:先广后精,开始时学习广泛的基础技能,之后根据自己的能力和兴趣,逐渐缩小到学习单一职业的内容。[①]

---

① 托斯顿·胡森,纳维尔·波斯特尔斯威特. 简明国际教育百科全书(课程)[M]. 江山野,主编译. 北京:教育科学出版社,1991:253.

(七)"宽基础、活模块"课程模式

在学习和借鉴国外课程开发模式的基础上,我国职业教育工作者积极探索适合国情的职业教育课程模式。其中"宽基础、活模块"课程模式于20世纪90年代初推出后,在我国产生了较大的影响。

"宽基础、活模块"课程模式在开发中采用了面向职业群集的方式;在课程内容上,采用模块化的组合方式,因而又叫群集式模块课程。它的两个重要特征就是"宽基础"与"活模块"。

所谓"宽基础",是指所学内容并不针对某一工种,而是面向一个职业群所必备的知识和技能,着眼于学生的发展"后劲",主要为学生继续学习和在某一类职业范围内转岗打下基础,强调的是通用技能的训练和关键能力的培养。"宽基础"阶段课程分为四大板块:政治文化类板块、工具类板块、公关类板块、职业群专业类板块。为便于教学内容的组织与更新,每个板块又由一系列小模块所组成。在政治文化课板块中,对于基础性的学科,如语文、数学等文化课,发挥学科本位课程的优点,讲究知识的系统性、完整性,以知识系统为主线,渗透能力的培养。在其他板块中,以能力形成为主线,围绕能力的培养与提高组织教学内容,强化动手、操作能力的培养。

所谓"活模块"是指所学内容针对某一特定职业所必备的知识和技能,着眼于强化从业能力,并能够考取多个职业资格证书,以提高学生的就业竞争能力。"活模块"课程结构既有利于学校根据劳动力市场供求变化进行选择,又有利于学生根据自己的个性特点和发展需求进行选择。课程内容的模块化结构还可使课程内容及时更新,紧跟科技进步。

"宽基础、活模块"的课程模式把课程开发分为三个过程:课程目标分析(包括教育政策分析),编制计划、大纲、教材,课程评价。

课程目标分析是进行课程编制的第一步,包括职业分析、工作世界分析、劳动力市场分析、教育对象分析和相关课程文件分析等。第二步是根据课程目标确定教学内容,即编订教学计划、大纲、教材等。第三步课程评价是根据课程目标检验课程设计的产出,并予以反馈修正。其课程开发程序如图6-4所示。

"宽基础、活模块"课程模式的结构分为两个阶段:第一阶段为"宽基础"阶段,即教学内容不针对具体的职业岗位,而是集合了一群相关专业所需的知识和技能,以期为今后的转岗和继续学习奠定"知识和技能"基础;第二阶段为"活模块"阶段,其功能是学生在选定好模块后,针对相对确定的一个或几个就业岗位进行训练,为就业做技能方面的准备。其课程结构如图6-5所示。

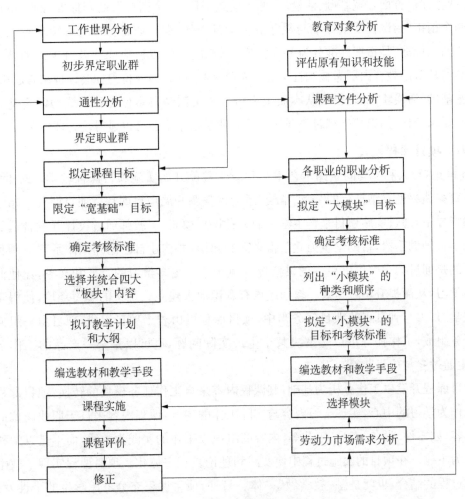

图 6-4 "宽基础、活模块"课程开发程序

```
            "活模块"阶段
          （从业能力深化）    模块 1
                          模块 2
                          模块 3
                          ……
            "宽基础"阶段
          （关键能力培养）
```

| 政治文化类板块 | 工具类板块 | 公关类板块 | 职业群专业类板块 |

图 6-5 "宽基础、活模块"课程结构

课程模块化便于实行弹性选课制与学分制,以满足社会和个人的需要,也便于课程管理。

在课程评价方面,"宽基础、活模块"课程模式采用"两个衔接""两套标准"的质量评估体系。"两个衔接"指课程质量标准与从业资格标准衔接,课程质量标准与继续学习入口标准衔接。"两套标准"是指把标准分为基本标准与较高标准,以适应职业教育生源的特点。加强"两类考核",即教育内部考核和社会职业资格考核,把校内评价与社会评价结合起来。

"宽基础、活模块"课程模式从本质上来讲并未突破学科本位课程模式,其"宽基础""活模块"的要求,对于知识基础相对薄弱的中等职业学校学生而言也显得较为理想化。

(八)项目课程模式

16世纪,意大利罗马的圣路卡艺术与建筑学院就开始实施项目课程教学。20世纪初,德国教育家凯兴斯泰纳推行的"劳动学校"运动也强调开展项目课程。项目课程是指学生在教师的指导下,通过实施项目来自主学习的一种课程模式。"教师通过设计开发合适的教学项目和多种辅助手段,帮助学生独立获得必需的知识,并构建自己的知识体系"[①]。项目式课程的目的是通过为学生提供更多的灵活度并赋予学生更多学习的责任和义务,让他们更好地参与学习,从而提升学习绩效。教师应该有意识地去建立有意义的学习环境,使得学生通过自主学习,参与到真正的项目任务当中,项目课程可由若干项目组成,项目由一组典型的工作任务组成,工作任务可以是解决某个生产实际问题,也可以是某一产品的工作全部过程,学生通过参与项目获得知识。

项目课程开发以工作分析为基础,其课程内容来自工作任务模块的转换,项目课程把工作任务作为学习的中心,实现学习内容与实际工作的吻合,课程内容来自于职业岗位的具体工作内容,如零件、设备、产品、工艺等,内容的组织以工作的实践为主线,而不是以学科的知识逻辑为主线。在项目的实施过程中使实践和理论真正一体化。项目课程实现了教学过程与工作过程的结合,也就是融"教学做"一体。另外,项目课程充分考虑学生的个性发展,保留学生的自主选择空间,凸显学习者中心地位,有利于推动学生进行有目的学习行为活动,激发学生的学习兴趣。

以上介绍的八种典型的职业教育课程模式,每一种都有自己的优缺点及适用条件。对于职业教育课程开发而言,没有一成不变的、固定的模式,随着社会的发展,新的课程模式会不断出现。在实际进行课程模式选择时,必须综合考虑各种模式的优势,考虑教育的内外部因素,诸如学生情况、师资水平、设施设备、经费投入、就业机会、学校特色等,做到创造性地发展和应用课程模式。

第三节 职业教育课程开发

职业教育课程开发是职业教育课程功能与作用发挥的核心环节,职业教育课程开发具

---

① 石伟平,徐国庆.论高等职业教育课程的国际比较[J].职教论坛,2001(10):10—12.

有较强的技术性,必须依据有效的模式,遵循科学的程序,采用合理的方法。

一、职业教育课程开发的涵义

(一) 课程开发的涵义

"课程开发"一词以往通常称为"课程编制",是从英文"curriculum making""curriculum construction""curriculum building"等类似的词翻译而来的。这些词的原意是"课程制作""课程建构"。1935年,卡斯韦尔(H. Caswell)和坎贝尔(D. Campbell)在《课程开发》一书中首先使用了"开发"(development)一词,而后这个词很快被普遍采纳。因为这个词包含开发、发展、形成等涵义,它意味着课程开发是一个不断发展的过程,这就比"制作""建构"等词的涵义丰富得多。对职业教育来说,经济、技术是不断发展的,职业教育课程也必须不断发展,唯有不断革新的职业教育课程才具有生命力。因此,"开发"一词的采纳,对职业教育课程来说具有更为重要的意义。

在课程开发过程中,要注意区分两个词,即"课程开发"与"课程设计"。这两个词有时被作为同义词使用,但在一般情况下,课程设计仅仅指课程目标的确定与课程内容的选择等环节,不包括课程实施与课程评价。也就是说,课程设计仅仅指文本层面课程的获得过程,因此,"课程开发"的外延要比"课程设计"广泛。

(二) 课程开发的层次

根据课程开发主体的不同,课程开发可分为国家本位的课程开发、地方本位的课程开发和学校本位的课程开发三个层次。

1. 国家本位的课程开发

国家本位的课程开发往往由国家教育主管部门聘请的专家决策,采用研制—开发—推广的课程开发模式,实施"中央—外围"即"自上而下"的政策,以确保一个国家所实施的课程能够达到统一、共同的质量,因而具有一定的权威性和正统性,通常以必修课的形式出现。国家课程集中体现国家意志,它是专门为培养未来的国家公民而设计的,并依据这些公民所要达到的共同素质而设计、开发的课程。

2. 地方本位的课程开发

地方本位的课程开发是由省一级的教育行政部门或其授权的教育部门,依据当地的政治、经济、文化等发展的现实需要,利用地方资源并在国家规定的课时范围内进行的课程设计与开发。

3. 学校本位的课程开发

学校本位的课程开发是在具体实施国家课程、地方课程的前提下,通过对本校学生的需求进行科学评估,充分利用当地社区和学校的课程资源而进行的多样性的、可供学生选择课程的开发。它强调以学校为基地,并与外部力量合作,充分利用学校内外的资源来开发课程。从开发主体来看,校本课程通常是由校长、教师、学生及其家长代表来决策,采用实践—评估—开发的课程开发模式,实施"问题解决"的"自下而上"的政策,以满足各种社区、学校、学生之间客观存在的差异性,因而具有一定的适应性和参与性。校本课程通常以选修课的形式出现。

(三) 课程开发的模式

课程开发模式是指根据某种思想和理论选择和组织课程内容、课程教学方法、制定课程评价原则而形成的一种形式系统。不同的课程开发模式有不同的教育哲学和心理学基础,代表不同的课程组织结构和教学过程,反映课程与相关领域的不同关系。

1. 目标模式

拉尔夫·泰勒(Ralph Tyler)是美国著名的教育学家、课程论专家。他是现代课程论的重要奠基者,是科学化课程开发理论的集大成者。由于对课程理论的卓越贡献,泰勒被誉为"现代课程理论之父"。

1949 年,泰勒出版了《课程与教学的基本原理》,由此确立起其"课程基本原理",也称为"泰勒原理"。在《课程与教学的基本原理》一书中,泰勒开宗明义地指出,开发任何课程和教学计划都必须回答四个基本问题:

(1) 学校应该试图达到什么教育目标?

(2) 提供什么教育经验最有可能达到这些目标?

(3) 怎样才能有效地组织这些教育经验?

(4) 我们如何确定这些目标正在得以实现?

这四个基本问题可进一步归纳为"确定教育目标""选择教育经验""组织教育经验""评价教育计划"。这就是"泰勒原理"的基本内容。现代课程开发的理论和实践可谓蔚为壮观,但都是围绕这四个基本问题建构起来的。这四个问题因而被称为课程开发的"永恒的分析范畴"。

泰勒原理以目标为课程开发的出发点和中心,明确了课程开发的方向,增强了课程开发效率;将评价引入课程开发,使课程开发成为一个不断完善、自我更新的过程;同时它也是一种明晰的、连贯的、便于操作的课程开发模式。但是,它仅仅以行为主义心理学为依据,忽视了生动的课堂教学经验,忽视了教育的价值创造与意义诠释,忽视了学生的主体性、创造性的发展;它关注预期目标,却低估了非预期教育结果。

2. 过程模式

基于对目标模式的批判,英国著名课程论专家斯腾豪斯(L. Stenhouse)系统确立了课程开发的过程模式。他认为课程开发须关注的应是过程,而不是目的;不宜从详细描述目标开始,而是要先详述程序原则与过程,然后在教育活动、经验中,不断予以改进、修正。

斯腾豪斯的基本主张为:课程开发是一个过程,不能以事先确定的、由仔细分解的行为目标作为课程开发的依据,而应关注整个展开过程的基本规范,使之与宽泛的目标保持一致。

编制课程不是先生产出一套"计划""处方",然后予以实施和评价,而是一种研究的过程,其中贯穿着对整个过程所涉及的变量、要素及其相互关系的不断评价和修正。这个过程将研究、编制和评价合为一体,是个连续不断的过程,整个过程没有确定不变的、必须实施的东西。

过程模式在一定程度上弥补了目标模式的局限性,它肯定课程研究的重要性,以及课程内容的内在价值,并强调学习者的主动参与和探究学习,重视学生思考力和创造性的培养,使课程开发更趋于成熟和完善;同时,它强调过程的教育价值,学生是积极的活动者,教师作为研究者具有充分的自主权。过程模式虽论证了课程开发过程中的基本原则和方法,但在课程开发的程序设计上没有提出一个更为明确的方案,使课程开发者因缺乏具体的步骤难以开展卓有成效的工作。

(四) 职业教育课程开发的涵义

所谓职业教育课程开发,就是职业教育课程从无到有的发展过程。如果把职业教育课程的外延扩充到学生获得的学习经验的总和,那么,职业教育课程开发便包括从课程文本的获得到实施,直到学生习得学习经验的整个过程。对职业教育课程而言,它不仅指一门门具体的课程门类,而且指这些课程门类按照一定结构所组成的整个课程计划。因此,职业教育课程开发不只是开发一门门具体课程,而且要开发整个课程计划。要开发一个专业的课程计划,首先必须确定这个专业是否符合市场需求,因此,广义的职业教育课程开发还必须包括专业的开发,只有这样,才能构成一个完整的课程开发过程。

一般地说,每一个环节的职业教育课程开发技术都必须回答三个基本问题,即开发什么,由谁来开发和如何开发。开发什么即课程开发希望获得的产品或结果;由谁来开发即课程开发的主体;如何开发即课程开发的方法。

二、职业教育课程开发的程序

在普通教育领域,泰勒目标模式已为我们展示了一套科学、严密的课程开发程序,它由目标、内容、组织、评价四个环节构成,但这显然不能涵盖职业教育课程开发的整个过程。这里介绍一种"十步法"职业教育课程开发程序。[①]

(1) 课程开发决策(确定专业):确定某个专业的课程是否需要开发。

(2) 课程目标开发(明确培养目标):开发这个专业的整个课程目标。

(3) 课程门类开发(确定主要课程):要达成整个课程目标需要开设哪些课程。

(4) 课程结构开发(形成课程计划):这些课程按什么顺序排列、如何进行课时分配。

(5) 课程内容开发("课程标准"开发):开发出每门具体课程应包含的工作任务及完成这些任务所需的知识、技能和态度,形成"课程标准"。

---

① 石伟平. 中职专业课程开发的程序——"十步法"[N]. 中国教育报,2009-05-24(07).

(6) 课程内容组织(教材开发)：这些课程内容按什么模式来组织，并形成教材与教学辅导用书。

(7) 教学模式选择(确定教学模式)：选择什么样的教学模式来教这些内容。

(8) 课程实施环境开发(设计教学环境)：实训基地/实训中心/实训室的设计。

(9) 课程评价方法选择(确定评价方法)：确定如何评价学生对课程内容的掌握。

(10) 课堂层面课程改造(校本课程开发)：教师根据实际情况在实施课程前与实施过程中对课程的二度开发，优化已有课程方案。

三、职业教育课程开发的方法

职业教育是一种就业导向的职业定向教育，其培养目标是学生的综合职业能力。为此，课程开发首先要建构从事该职业所应具备的能力标准。能力分析的方法有很多，自20世纪30年代科学管理思潮兴起以来，将工作任务的分析应用到教育中，国内外学者针对不同的需求，探索形成了各种不同的能力分析方法，其中最著名的是工作任务分析法。

以工作任务为核心来选择课程内容是职业教育课程的基本特征，因而工作任务分析法是职业教育课程内容开发的基本方法。工作任务分析法并不是一种单一的方法，它是由一些具体方法组成的，如DACUM法、工作任务调查法等。

工作任务分析法是指为找出和验证特定岗位工作人员所执行的任务，对职业的工作任务、职责范围、知识技能要求、工具设备材料和条件与环境等几方面的分析和要求，其主要目的是确定工作的性质、内容以及承担该项工作所需的知识和技能，从而根据职业岗位要求设计、确定职业教育所培养的人才规格。职业学校的课程有的是按照单一岗位设置的，有的是按照多个岗位设置的，因此单一岗位或者岗位群都可以作为工作分析的对象。

工作任务分析法通常有五个基本步骤：查阅相关文献、设计职业调查表、选择工人样本进行抽样调查、管理职业调查表、分析所收集的信息。

具体作法是：由在某一职业长期工作、经验丰富的优秀从业人员组成一个专门委员会，对该职业进行工作职责和工作任务两个层次的分析，分别得出综合能力(general competence)和专项能力(task skill)。对于综合能力，专家委员会深入分析每项综合能力中包含多少专项能力，再将每一项综合能力所含的专项能力依照从简到繁，从易到难的顺序，排在对应的综合能力旁边。最后，对每一项专项能力所应达到的水平，如工作条件、质量标准进行文字描述，将各专项能力分解为："学习步骤、必备知识、所需工具设备、要掌握的特殊技巧、工作态度、安全事项、防护措施等"[①]。

也就是说，工作任务分析法是以职业的最小单元——"任务"来分析，最常用的分析方法即DACUM法，能力标准最终体现为一份罗列得十分详细的任务/行为明细表(即DACUM

---

① 王前新.高等职业教育人才培养模式构建[M].汕头：汕头大学出版社，2002：232.

表和专项能力分析表)。它忽视职业的非技术性因素和工作的不可预测因素,因此适合用来描述固定职业或工作的操作性活动,也就是注重"做什么"及"如何做",由于偏重过程的描述,对于变化较大的职业内涵或范围较广泛的职业领域而言,DACUM 法就不适合。

第四节　职业教育课程改革与发展趋势

随着世界经济全球化的快速发展和信息化时代的到来,世界各国都意识到发展职业教育对推动社会经济发展具有重要作用。职业教育的目标向注重学生的全面素质和综合职业能力方面转变,培养学生具有广泛的职业适应性。因此,职业教育改革和发展重点都体现在课程方面,表现出以下的趋势。

一、课程导向能力化

从知识本位转向能力本位、从能力本位转向全面素质发展与能力本位结合,是职业教育课程发展的重要趋势。以知识为本位的传统职业教育课程比较注重学科体系的完整性,课程内容与产业界对劳动力职业能力要求之间的相关性不高,以致常遭产业界诟病。一些实证研究也发现,学生的在校成绩与他们日后的工作成就之间没有太高的相关性。这样,探索一种能够更有效地训练职业能力的课程模式,就成为职业教育课程发展的迫切需求。在这一背景下,能力本位教育自 20 世纪 80 年代以来在美国、加拿大、澳大利亚、英国等国家得以迅速推广应用,从而成为当前世界职业教育课程发展的重要趋势之一。[1]

二、课程目标多元化

随着工业时代向信息时代的转变,"知识经济""终身学习""可持续发展"等观念已引起世界各国的高度重视。为此,现代教育愈益关注人的个性发展,职业教育课程目标也从单纯注重培养学习者的专门技能和专业能力向注重培养学习者的社会适应能力、综合职业能力、创业能力以及情感、态度、价值观等多种素质相融合的方向发展,追求工具性、效用性和发展性价值的统一。这种发展趋向必然促成各种课程观的有机融合,职业教育课程观逐渐从原先单一的技能型向以综合职业能力为核心的多元整合型发展,呈现出"学科本位→能力本位→人格本位"发展的总趋势。这种发展态势说明,当代职业教育课程改革的一个重要指导思想是要把职业教育课程目标由培养单纯的"技术劳动者"变为培养"技术人文者"。这一多元整合型的课程观,客观上要求将"以人为本"的思想贯穿在职业教育课程发展的全过程。因此,个性的全面发展、综合素质的培养自然就成为一些发达国家和地区职业教育课程开发的指导思想。美国在 20 世纪 80 年代末至 90 年代逐渐形成崭新的职业教育观——从"职业

---

[1] 郑晓梅. 当代世界职业教育课程改革的特点与趋势[J]. 河南职技师院学报(职业教育版),2003(03):61—63.

教育训练"转换为"劳动力教育训练",强调课程目标以完善个体劳动者人格、提高个体劳动者素质为宗旨,要求用"人格本位"的课程观念来充实与完善"能力本位"的课程观念。

三、课程范围广域化

随着科学技术转化为直接生产力的速度日益加快,技术更新的周期急剧缩短。与此相适应,无论是职业种类还是工作内容、工作方式都在不断发生变化,由此带来的必然结果是社会职业转换频率的提高。职业变更成为当代就业的重要特点,那种旨在使学习者为某一具体职业做准备的传统的职业教育课程模式受到了巨大挑战,终身职业教育理念迅速为世界各国所接受。从学习者个体职业生涯发展的高度来开发课程成为必然趋势。例如,俄罗斯技术工人培训的专业最高曾达到 5500 种,现在经过改革合并已减少到 80 至 100 个专业面;中等职业教育则只设立 30 至 40 个专业面。德国所设立的职业资格从 1972 年的 600 个减少到目前的 377 个,并要求获得某种职业资格的受训者熟悉 7 至 8 个工种所要求的岗位能力。美国在"从学校到工作"的联邦项目中,要求参加项目的所有中学为学生提供 4 至 6 大类职业课程模块。同时,由于工作性质的变化,使得当前多数工作的完成不能单纯依靠从业人员娴熟的技能,而必须凭借他们广博的专业基础知识、精湛的解决问题的能力以及富有团结合作精神的职业态度等职业综合素质,这就要求职业教育必须尽可能地拓展课程内容的范围,注重培养学习者的非专门化技术能力,也即"关键能力"。

四、课程实施实践化

20 世纪 60 年代出现的终身教育思想是近年来世界各国教育发展的重要趋势之一。以"终身学习和培训:通向未来的桥梁"为主题的第二届世界技术与职业教育大会提出:职业技术教育应该是所有国家发展历程中的一个重要环节。这说明,职业教育已从正规学校教育的一个特定阶段转为终身教育不可或缺的组成部分,职业教育已驶入国家、社会和个人可持续发展的一体化轨道上来。未来的学习是终身持续的过程,是使人们适应不断变化的过程。终身教育观的确立改变了终结性、一次性的职业教育观,"只有终身学习、终身受教育,才能终身就业"已成为现代劳动力市场的一条基本规律。在这种背景下,当代职业教育课程开发自然就成为一个系统工程,课程开发的整体性和连续性特征越来越显著,课程开发由现在的阶段单向型渐次转变为连续多向型,即课程开发不只是面向某一阶段或特定阶段的学习者,而是面向所有从业人员的任何阶段。具体而言,在课程设计上,注重不同学科、不同层次内容间的衔接,尽可能地拓宽专业口径,为受训者提供继续学习的接口;在课程结构上,采用弹性化的单元模块式课程;在课程计划上,富有灵活性和开放性;在课程开发主体上,由企业、学校与行业和其他经济部门共同开发。

五、课程结构模块化

课程模块化是职业教育课程发展的重要趋势,MES 课程模式、能力本位课程模式、行动导向课程模式等在课程开发中都显示了这一特点。"模块"一词最初是建筑、家具、计算机等行业的术语,其内涵有:其一,它是一个部件、组件,其大小介于整体与零件之间,是整体的基本组成部分;其二,每一个模块本身是独立的,可以将其进行不同的组合;其三,每一个模块都是标准化的,有严格的指标要求,否则就无法对模块进行不同的组合。这三个方面同样也是模块课程的核心内涵。

六、课程管理弹性化

为了适应不断变化的劳动力市场,满足人们接受终身教育的需求,推行个别化教学,职业教育课程管理必须由刚性走向弹性。用学分制替代学年制是实现这一转变的重要手段。此外,在英国、澳大利亚已经得到普遍应用的"对先前学习的认可"(accreditation of prior learning,简称 APL),也是实现这一转变的重要措施。APL 旨在通过建立一个系统、有效的评价过程,正式认可个体已有的技能和知识,而不考虑他是如何、什么时候或为什么会获得这些知识和技能的,当然,这些知识和技能一般不是通过学校的正式课程获得的。

七、课程评价标准化

职业教育课程评价是以行业的就业标准为依据的。在这方面,许多发达国家通过确立统一的国家职业资格标准来实现。国家职业资格标准的制定,对于明确职业生涯的发展方向,保证职业教育和职业培训的质量,以及使就业、培训和教育更紧密地关联起来具有直接的影响作用;同时也避免了各个地区在招工、聘用、劳动评价等方面自行其是、要求不一的状况,还可以使持有一定等级国家职业资格证书的从业人员十分方便地在全国范围内的相近职业领域间流动。这样,就从根本上确保了职业教育促进经济发展功能的圆满实现。国家职业资格标准的确立为职业教育课程目标的制定、课程计划的编制、课程内容的选择与组织以及课程评价提供了可遵循的依据。实际上,国家职业资格标准的确立也就意味着职业教育课程评价标准化的形成。美国根据《目标 2000——美国教育法案》成立了"国家职业技能标准局",全面负责国家职业技能标准体系的开发与确定工作,计划用 5 年至 10 年的时间完成该国主要职业领域的职业技能标准的开发与确定。英国国家职业资格证书(national vocational qualifications,简称 NVQ)或普通国家职业资格证书(general national vocational qualifications,简称 GNVQ)的权威性已辐射到包括我国在内的许多发展中国家。这预示着世界职业教育和职业培训的质量评估体系向标准化、全球化的水平迈进,而这种趋势自然要求职业教育课程评价也应该以相关的职业资格标准为课程评价的依据与准则。

八、课程与信息技术整合化

当今信息技术的飞速发展,极大地改变着人们的生活方式、工作方式和学习方式。信息技术与职业教育的结合,特别是与职业教育课程的不断整合,将从根本上改变传统的职业教育教学模式,为学习者独立思考、主动学习、创新探索从技术上提供最大的可能性和广阔空间,变单一的教科书为多样性、多媒体的教学资源,变单一的课程教学为在适当时间、适当地点、适当方式的开放式学习等。因此,推进信息技术与职业学校课程的整合将成为新一轮职业教育课程改革的聚焦点。

思考题

1. 理解职业教育课程的特征。
2. 比较不同形态的职业教育课程特点。
3. 职业教育课程模式主要有哪些?各有什么特点?
4. 掌握职业教育课程开发的主要方法。
5. 简述职业教育课程改革与发展的趋势。

相关链接一

慕课(MOOCs)简介

一、慕课的涵义

"慕课",简称"MOOC"或"MOOCs",是新近涌现出来的一种大规模的网络开放课程,它发端于过去的那种发布资源、学习管理系统以及将学习管理系统与更多的开放网络资源综合起来的旧的课程开发模式。其中,字母"M"代表 Massive(大规模),第一个字母"O"代表 Open(开放),第二个字母"O"代表 Online(在线),字母"C"代表 Course(课程)。这一大规模在线课程掀起的风暴始于 2011 年秋天,被誉为"印刷术发明以来教育最大的革新",呈现"未来教育"的曙光。2012 年被《纽约时报》称为"慕课元年"。

二、慕课的主要特点

1. 大规模。与传统课程只有几十个或几百个学生不同,一门 MOOCs 课程动辄上万人,最多达 16 万人。2. 开放性。以兴趣为导向,凡是想学习的人都可以进来学,不分国籍,只需一个邮箱,就可注册参与。3. 基于互联网。这些课程材料散布于互联网上,学习在网上完成,而非面对面的课程。人们的上课地点不受时空限制,无论你身在何处,只需要一台电脑和网络联接即可。

三、慕课的教学形式

1. 课程范围:课程不仅覆盖自然科学和工程学科,也包括社会科学和人文学科。通常,参与慕课的学习是免费的。然而,如果学习者想获得某种认证的话,有些课程可能要收取一定的学费。

2. 授课形式：虽然这些课程通常对学习者没有特别要求，但是所有的慕课会以每周研讨的形式，提供一种大体的时间表，通常会包括每周一次的讲授、研讨问题以及阅读建议等。

3. 测验：每门课都有频繁的小测验，有时还有期中和期末考试。考试通常由同学评分，例如，一门课的每份试卷由同班的五位同学评分，最后分数为平均数。

四、慕课对教育的影响①

相较于传统课堂，慕课实现了更多优质教学资源的归拢，为学生营造了良好的能动空间。从某种程度上讲，慕课根植于传统课堂，在先进教育技术的加持下，呈现出了更多优势，其对教育的影响首先体现在理念层次上。慕课打破了传统师生角色界限，强调突出学生主体地位，为之营造了相对自由、自主的学习氛围，释放了学生的天性，有助于教学时空的延展；同时，慕课重构了学术权利与行政权利之间的新型关系，对教师综合素质提出了更多要求，重视对师生双向互动生态的建设。另外，基于互联网应用载体平台支持，整合了各类优质教学资源，将教育置于一个公平的世界竞争舞台，并促进了学校之间的互动合作。可以预见的是，未来慕课对于教育的颠覆性再造能力毋庸置疑，为之发展带来了前所未有的机遇和挑战。

相关链接二

"1＋X"证书职业教育课程模式②

一、"1＋X"证书职业教育课程模式定义

"1＋X"证书课程就是将职业技能等级证书培训课程与学历证书教育课程相融通的课程。宏观层面，"1＋X"证书课程是以获得学历证书和职业技能等级证书为目标组织起来的课程统称。微观层面，它是学历证书某专业课程体系中与职业技能等级证书所规定的某一个职业技能等级证书紧密联系、直接对应的一门或一组课程。它是以获得职业技能等级证书为主线进行教学内容、教学设计和教学方法组合的课程，是"书证融通"的载体。

"1＋X"证书职业教育课程模式是实施"1＋X"证书制度的基础。"1＋X"证书职业教育课程模式是指：以培养复合型技术技能人才为指引，以"社会需求、企业岗位(群)需求为导向，以国家职业标准、专业教学标准、课程标准、职业技能等级标准为依据，以能力为本位"的教育思想为指导，以"书证融通"为课程开发路径，为"1＋X"证书特别设计的具有特定育人功能的课程结构。

---

① 蒋兆峰.慕课影响下的高等职业教育发展探究[J].教育教学论坛,2020(18)：359—360.
② 李子云,童寒川."1＋X"证书的职业教育课程模式研究[J].成人教育,2020,40(11)：70—75.

二、"1+X"证书课程开发原则与思路

（一）"1+X"证书课程开发原则

1. 开放性原则：培养复合型技术技能人才的能力是立体全面的，不仅是同一职业的不同等级能力的培养，而且跨越了职业。"1+X"证书课程的内容选择是开放的，具有广阔的课程空间。横向可以深化同一专业课程内容，甚至可以选择不同专业的课程；纵向可以选择高一级职业教育的学历证书教育课程和职业技能等级证书培训课程，还可以选择社会性机构、行业企业开发的职业技能等级证书的培训课程；同时培训评价组织开发的职业技能等级证书培训课程是开放的。开放性保障了"1+X"证书课程的丰富性、灵活性和前瞻性。

2. 优化性原则："1+X"证书课程是动态不断发展的，但是现行的学历证书教育课程明显限制或阻碍"1+X"证书制度价值的发挥。因此，要确定好"1"和"X"课程间的逻辑关系和结构关系，合理调整优化，找到课程之间比例平衡点，总体规划、协调发展，比如对"1"课程进行全方位梳理，消除冗余，精简课程内容，优先选择对学生职业生涯和终生发展具有普遍意义和价值的课程内容。

3. 包容性原则：学历证书教育课程内涵和标准应该高于职业技能等级证书培训课程的内涵和标准，两者是包容关系。职业技能等级证书培训课程培养学生的职业核心能力，是从事某一工作岗位的最低能力要求，是构建"1+X"证书课程的基础。学历证书教育课程不仅培养学生的职业核心能力，而且还培养学生的基础能力和综合素质。"1+X"证书课程不仅培养学生掌握完成某一工作的程序、技术技能和基本方法，还培养学生对生产过程和结果进行反思、质疑和总结的能力。

（二）"1+X"证书课程开发思路

以"书证融通"为依据建立"1+X"证书课程开发的思路。学历证书教育课程开发思路：面向工作岗位调研—确定课程目标—制定课程标准—构建专业课程体系。职业技能等级证书培训课程开发思路：面向生产过程—确定职业技能等级证书培训课程目标—制定职业技能等级标准—构建职业技能等级证书培训课程。然后将职业技能等级证书培训课程与学历证书教育课程融合，形成"1+X"证书课程结构。

第七章

职业教育教学(上)

教学目标

1. 理解教学的内涵。
2. 理解和掌握职业教育教学的特点。
3. 理解和掌握职业教育教学的基本规律。
4. 掌握职业教育教学的基本原则。

教学是教育目的指引下的教师的教与学生的学共同组成的一种双边活动。职业教育教学是一个涉及社会学、心理学等跨学科综合领域的概念，本章着重论述职业教育教学的内涵、特点、基本规律、基本原则以及贯彻要求。

第一节　职业教育教学特点

在职业教育的教学活动中，通过教师的引导、示范作用，职业学校学生能够掌握一定的知识、技能，从而形成能力、态度及价值观等。职业教育教学除了具有双边性、周期性、社会性等普遍的教学特点之外，还呈现出以下四个具有职业教育特殊性的教学特点。

一、职业教育教学的内涵

教学是教师与学生双方共同作用的过程，是教与学的辩证统一。教师受社会的委托，根据时代的要求、学生的年龄特点以及身心发展规律，制定教学目标，并采用恰当的方式传递信息，教育学生，最终促进学生潜能的开发与身体的发展。杜威曾说："教之于学就如同卖之于买。"[①]教与学就如卖与买，是相互依赖、对立统一的。一方面，教不同于学。在教学活动中，"教"主要是教师的行为，是一种外化过程；"学"主要是学生的行为，是一种内化过程。另一方面，教与学互相依赖、互为基础。在教学情景中，教师的教就意味着学生的学，学生的学也蕴涵着教师的教，这是同一个过程的两个方面，不存在没有教的学，也不存在没有学的教。教为学而存在，学又要靠教来引导。因此，教学的本质是一种特殊的交往主体以具有一定教育意义的信息为中介的人与人之间的相互影响、相互促进的活动。[②]

教学作为职业学校的中心工作，不仅是职业学校实现教育目的、完成教育任务的基本环节，更是职业教育实现其人才培养目标的重要途径。

二、职业教育教学特点

（一）教学对象的复杂性

职业学校教学对象的复杂性主要表现在两个方面：一是教学对象年龄、阅历层次的复杂性。职业学校有青年学生，也有青年从业者，还有工作多年的成年人。2019 年，高职院校正式实施扩招，除了应届中职、普通高中毕业生之外，退役军人、下岗失业人员、农民工、新型职业农民以及往届中职或高中毕业生等非传统生源被纳入了招生范围。[③]二是教学对象学习、心理状况的复杂性。进入职业学校的学生，他们的学习基础、学习目的、学习动机、学习步骤、学习时空场域以及对所学专业（工种）的认识、情感等有着较大的差异，自然就存在着各

---

① 中央教育科学研究所比较教育研究室.简明国际教育百科全书·教学（下）[M].北京：教育科学出版社，1990：233.
② 庄西真.职业学校的学与教[M].北京：知识产权出版社，2015：3.
③ 赵蒙成.生源多样化激发高职院校生态变革[N].中国教育报，2020-07-07(07).

种各样影响学习的消极因素，增加了教学的复杂程度。

（二）教学活动的实践性

实践性是职业教育区别于普通教育的主要特征之一。职业教育的培养目标决定了其教学活动各个环节的展开都以有利于形成学生的职业能力为标准。职业学校的教学过程是引领学生从学习阶段转向社会实践阶段的过渡，是帮助学生将高度抽象的专业理论知识应用于具体实践活动、服务于社会的过程。因此，在职业学校的教学过程中，实践环节与要素始终占有较大的比例。这就使得职业学校的教学活动，无论是教学方法、教学组织形式的选择，还是教学手段的选用，都呈现出鲜明的实践性特征。

（三）教学内容的实用性

以就业为导向，以培养技术型、技能型人才为目标的职业教育，必须培养学生获得一种能够满足某一职业或岗位所需要的职业能力，而不是追求理论水平，也不是学历文凭。因此，职业教育的教学内容应该以程序性知识为主、陈述性知识为辅。程序性知识，也称过程性知识或操作性知识，涉及经验和策略方面的知识，主要回答"怎样做"和"怎样做更好"的问题。陈述性知识涉及事实、概念、规律及原理方面的知识，主要用于说明事物"是什么""怎么样"和"为什么"等问题。也就是说，职业教育教学内容以未来工作岗位中实际应用的经验和策略的习得为主，以适度、够用的知识和理论的理解为辅。这就要求职业教育教学在内容的选择上，既要考虑到使学生掌握一定的文化基础知识和专业知识，更要注重教学内容的实用性和应用性，以培养学生的实践技能。

（四）教学组织的协同性

职业教育的教学组织，从现代教育观的意义上说，就是学习过程的组织。与普通教育不同，职业教育是一面镜子，其教学组织是应对社会发展而从教学论角度确定学习过程的结构形式。伴随着经济结构、技术手段、劳动组织的演变，职业教育学习过程的教学组织至少经历过企业劳作主导、学校理论主导、学校实践主导以及校企合作主导四种基本的范式变化。目前，职业院校的主流范式是以校企合作为主导，是一种协同系统的学习。这一组织范式中，学习地点主要是经过功能进一步扩展的、具有贴近市场需求的、按照顾客订单的、机构型的、集中式的职业院校的教室、教学车间、实验室，以及具备非集中式的企业里的学习位置，如学习站、学习岛、学习角等，其相应的学习则采取问题解决为导向的、开放的、参与的且通过在专备的实际生产设备使用环境下的学习方式。校企合作的教学组织范式，即协同系统的学习，其所显现的社会形态，不仅与真实的企业价值创造链紧密相关，而且与个体在学校形态中技术知识的学习和在企业形态中工作岗位的学习紧密相关，这就必然要求教学的协同进行。因此，学习活动是以校办工厂、实习导向、学习工场以及模拟公司等形式进行的，学习内容是对职业工作的过程整合，强调职业能力形成的协同作用。[①]

[①] 姜大源. 职业教育教学组织的范式说[J]. 中国职业技术教育，2006(01)：1.

第二节 职业教育教学规律

教学规律是教学及其要素发展变化过程中的本质联系。在教学过程中,具有必然性和稳定性的关系有许多。这里主要研究教学的基本规律。所谓基本规律,是指那些不但具有必然性和稳定性,而且对教学性质、方向和结果具有决定作用的本质联系。一般来说,教学的基本规律包括三个,即教与学相互依存的规律、教学与发展相互促进的规律以及间接经验与直接经验相互作用的规律。

职业教育的就业导向属性,必然使得职业教育拥有特殊的教学规律。职业教育教学的基本规律除了上述规律外,还应该包括以下五条基本规律。

一、职业教育教学目标以职业能力为本位

以就业为导向的职业教育,旨在培养具有一定工作能力的技术、技能型人才。职业教育的培养目标既不能追求精深的专业理论,也不能只掌握精湛的职业技能,而是要着眼于培养受教育者的职业能力。在现代社会中,人才流动已成为一种普遍的社会现象。职业学校教学不仅要考虑学生的第一次就业需要,而且要为其再学习、再就业提供基础,不能仅局限于职业入门要求的具体技能。也就是说,以就业为导向的职业教育,既要为人的生存,也要为人的发展打下坚实的基础,为此,能力培养就成为职业教育培养目标的核心追求。

教学目标是培养目标在教学层面的具体化。教学目标包括认知、技能、能力、态度等要素。职业教育培养目标的特殊性,决定了职业教育教学目标应该以能力为本位。职业教育教学目标是以该专业所对应的典型职业活动的工作能力为基准的[①],即着重于学生职业能力的培养。对于职业教育的教学目标来说,过程比结果更重要,形成职业能力比习得专业理论知识、获得职业资格更重要。可以认为,能力本位的教育正是素质教育在职业教育中的体现。正如2000年教育部《关于全面推进素质教育深化中等职业教育教学改革的意见》中提出的,"中等职业教育培养的是与社会主义现代化建设要求相适应、德智体美等全面发展,具有综合职业能力,在生产、服务、技术与管理第一线工作的高素质劳动者和中初级专门人才"。职业教育教学目标的核心要素是培养学生的职业能力。

个体职业能力的高低取决于专业能力、方法能力和社会能力这三要素整合的状态。专业能力是指具备从事职业活动所需要的专门技能及专业知识,要注重掌握技能、知识,以获得合理的知能结构;方法能力是指具备从事职业活动所需要的工作方法及学习方法,要注重学会学习、学会工作,养成科学的思维习惯;社会能力是指具备从事职业活动所需要的行为规范及价值观念,要注重学会共处、学会做人,以确立积极的人生态度。能力三要素的整合将决定个体在动态变化的职业生涯中的应对能力。当职业岗位发生变更,或者当劳动组织

---

① 姜大源.职业教育学研究新论[M].北京:教育科学出版社,2007:200.

发生变动的时候,个体依然能够在变化的环境里积极寻求自己新的坐标点,进而获得新的职业资格。

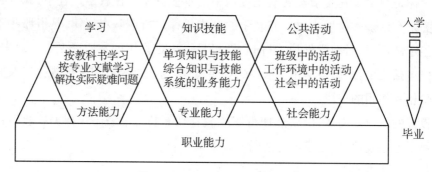

图 7-1 职业能力的培养过程①

二、职业教育教学内容以工作任务为中心

职业教育教学的目标是职业能力本位的,也就是教学的目标在于培养学生完成职业活动中相关工作任务的能力。所谓工作任务,就是指一个即将被解决的问题,或者一系列具有相对独立性的任务模块,反映的是某一职业的工作内容和工作方式。它既可以指向物质生产领域,又可以指向服务领域。一般来说,工作任务是来自于职业领域的真实需要,而不是人工设计的问题情境,但是职业教育教学领域的工作任务并不是对真正工作任务的完全复制,而是经过教学处理、适合教学过程的具有典型意义的工作任务。以工作任务为中心的职业教育教学内容不是按照传统学科体系的逻辑关系,而是根据完成一项任务即一个完整的工作流程的需要来组织的。学生通过完成工作任务的实践来学习,在这个实践中获得相应的技术知识、职业能力。基于此,职业教育教学内容,尤其是实训课,按照工作任务来组织和设计具有重要的意义:它有利于学习内容与真实职业需要保持一致;有利于学生整合理论知识与实践知识;有利于激发学生的学习兴趣和积极性。②这正如奥哈罗兰所说的"真实情境中的工作任务具有整合理论与实践的功能。"

三、职业教育教学过程以工作过程为依据

任何职业劳动和职业教育,都是以职业的形式进行的,这是职业教育职业属性的最本质表述。③ 这种职业属性,即专业与职业的紧密关系,主要体现在四个方面:一是专业划分的基础与相关职业在职业资格(包括专业知识、专业技能及工作态度)方面所具有的一致性;二是专业培养目标制定的依据与相关职业在职业功能方面所具有的一致性;三是专业教学过程

---

① 赵志群.中等职业教育教学改革应解决的四个基本问题[J].中国职业技术教育,2002(19):14—15+17.
② 庄西真.职业学校的学与教[M].北京:知识产权出版社,2015:132.
③ 姜大源.职业教育学研究新论[M].北京:教育科学出版社,2007:23.

的实施与相关职业在劳动过程、工作环境和活动空间(职业情境)方面所具有的一致性;四是专业的社会认同与相关职业在社会上的地位及其社会价值判断方面所具有的一致性。这意味着,职业的内涵既规范了职业劳动(实际的社会职业或劳动岗位)的维度,又规范了职业教育的标准。职业教育的这一职业属性在教学中集中体现为职业教育的教学过程与相关职业领域的行动过程,即与职业的工作过程具有一致性。

所谓工作过程,是企业里为完成一件工作任务并获得工作成果(既包括具体的产品,也包括提供的服务)而进行的一个完整的工作程序。对于多数职业来说,工作过程是由劳动组织方式、不同的工作内容、工具以及主观工作能力来决定的。[①] 工作过程由工作人员、工具、产品和工作行动四个要素构成。每个职业都有其特殊的工作过程,在工作方式、内容、方法、组织以及工具的历史发展方面有自己的独到之处。

在职业教育中,工作过程是分析复杂工作系统的一个结构化工具。以职业的工作过程为参照系的职业教育教学过程强调的是对工作过程的"学"的过程。职业教育教学过程就是以工作过程中所包含的行动过程和学习领域展开的。教学主要围绕有关生产设备、工具、工艺流程、加工方法的知识和操作技能等生产技术方面的学习和训练而展开。

四、职业教育教学方式以活动导向为趋势

传统教学中,教师处于教学过程的中心地位,学习被简化成为一个认知过程,是通过听、读、看和抄写的被动的接纳过程,学生的情感、情绪和活动起不到有效作用,社会联系在学习中的意义也微不足道。现代职业教育将发展职业能力作为培养目标,而培养解决综合问题的能力,靠单纯知识的传授和技能练习是不行的。因此,必须在教学方式上进行根本改革,即通过研究和开发式的认识、思维和工作方式,在自我控制和合作式的学习环境中构建解决问题的方案(包括形式和途径等)。其教学核心是从以教师为中心的传授,向以学生为中心的活动导向教学转化。活动导向(action-orientation,也译作行动导向)学习指由师生共同确定的活动产品来引导教学组织过程,学生通过主动、全面的学习,达到脑力劳动和体力劳动的统一。活动导向学习与传统认知学习理论有着紧密的联系,它们都是探讨认知结构与个体活动间的关系。但由于活动导向更注重人性(如认为人是主动、不断优化和自我负责的,能在实现既定目标的过程中进行批判性的自我反馈学习),因此能实现高层次的素质教育的目标。[②]

五、职业教育教学评价以真实性评价为主

真实性评价(authentic assessment)是检验学生学习成效的一种评价方式,是基于真实任

---

① 赵志群. 职业教育与培训学习新概念[M]. 北京:科学出版社,2003:97—98.
② 赵志群. 中等职业教育教学改革应解决的四个基本问题[J]. 中国职业技术教育,2002(19):14—15+17.

务情境的评价。它要求学生运用所学知识和技能,完成真实情境或模拟真实情境中的某项任务,通过对学生完成任务状况的考察,用以观察、判断学生知识与技能的掌握程度,以及实践问题解决、交流合作和批判性思考等多种复杂能力的发展状况。真实性评价具有以下特点[1]:

第一,强调学习和思考的方法,特别是解决实际问题的高层次思维能力。

第二,任务必须能与真实生活情景产生关联。这种真实情景包括对日常生活情景的模拟,或者真实情景中的实际操作。

第三,过程和作品是评价的重点。过程的重要性在于学生问题解决的综合能力,如高层思考能力、反思能力、合作能力、信息搜集能力和创造力等,都必然在评价过程中展现出来,而作品则是各种能力综合作用的结果。

第四,要事先确定评价学生作业表现的规则和标准。

职业教育培养的人才直接面向生产、经营、管理和服务等基层工作岗位,这种人才首先要具备某一职业岗位或岗位群所必需的理论知识和操作技能。这种职业规定性使得职业教育教学评价应该体现相关职业的专业知识要求和操作技术要求,这种要求实际上是由一系列具体、明确的特定职业岗位能力要素组成的。因此,职业教育教学评价标准的制定应该以培养学生掌握特定职业岗位能力要素为旨归。2005 年,《国务院关于大力发展职业教育的决定》确定了坚持"以服务为宗旨、以就业为导向"的办学方针。为此,职业教育进行了各种教学改革,其中最主要的就是产教融合、工学结合。这种改革使得职业教育发生了巨大变化,职业教育教学从传统普通教育的以升学为导向转变为以就业为导向,从培养单纯的专业能力转变为培养综合就业能力。因此,职业教育教学评价也必须改变以往单纯的量化评价方式,质性评价应当成为职业教育教学评价改革的主导。显然,以就业为导向的职业教育教学应该采用真实性评价。

职业教育教学评价应遵循实践性、可操作性和发展性的原则,以就业为导向,以真实性评价为主要评价方式,以培养学生的就业能力和促进学生成长为评价目的,引入社会评价机制,实行教师、学生、家长和社会的多主体评价,从评价主体、评价目的、评价方式和评价内容等方面对专业课程教学评价方案进行设计。[2]

第三节 职业教育教学原则

所谓教学原则,是人们根据一定的教学目标、遵循教学规律而制定的指导教学工作的基本要求。它包括三个方面的含义:一是教学原则从属于教学目标,是为实现教学目标服务

---

[1] 张继玺. 真实性评价:理论与实践[J]. 教育发展研究,2007(02):23—27.
[2] 汪银娟. 以就业为导向的中职教学评价的设计与实施[D]. 南京:南京师范大学,2010.

的；二是教学原则的确定有赖于人们对教学规律的认识；三是教学原则对教学内容、教学方法、教学组织形式的设计与运用起指导作用。

教学原则不是主观臆造的，而是有一定的客观依据，主要包括：一是教学原则是教学实践经验的概括和总结；二是教学原则是教学规律的反映；三是教学原则受到教育目的的制约。

职业教育的教学活动既有与一般教学活动的共通性，又有自己的特殊性。一般教学活动的教学原则主要包括科学性和思想性统一原则、理论联系实际原则、直观性原则、启发性原则、循序渐进原则、巩固性原则、发展性原则以及因材施教原则等。在职业教育教学活动中，除了要遵循上述原则外，还要遵循以下一些原则。

一、职业性原则

职业性原则包括两方面涵义：一是指职业学校教学活动的展开，无论是内容的选择，还是教学方法、教学组织形式的选择，都应以职业岗位需求为依据，即以就业为导向；二是指在职业学校的教学过程中，要注意将学生思想品德的培养与学生职业意识和责任意识的养成相结合。

职业性原则是根据职业学校的培养目标和教学具有教育性的规律而提出来的。职业教育是在普通教育的基础上，以某一个专业为基本教育单位，为与该专业相对应的职业或岗位培养专业技能人才的教育类型。从职业教育的本质属性看，其终极目标主要是培养一个合格的职业人。

贯彻职业性原则应遵循如下基本要求：

(一) 教师要了解职业岗位需求

教师不仅要熟练掌握所教专业的学生应具备的知识、能力结构及其范围，以及该领域中科学技术发展的新成果，还要了解他们未来所从事职业的业务范围、工作环境、技术要求、生产经营特点和劳动组织形式等。这就要求职业学校的教师应具备一定的实际工作经验，能够根据各专业所对应的职业岗位变化而对专业教学内容、教学方法进行相应的改革，以提高职业教育教学的有效性和针对性。

(二) 教学过程的展开以职业岗位需求为依据

职业教育的最终目标是使学生具备就业能力。因此，无论是教学目标的制定、教学内容的组织，还是教学方法的选择、教学评价的选定等各个环节，都应该尽可能地体现职业岗位的特点与需求，寻求教学过程与工作过程相吻合。

1. 教学内容(尤其是专业理论课的教学内容)应以职业岗位所需的知识、技能和素质结构为选择的依据和组织的标准，教师应有针对性地帮助学生选择学习资源，编写教学参考资料或技术文件。

2. 教学方法的选择不仅应符合教学目标、内容要求和学生的认知特点，而且要尽量适宜于培养学生的动手操作能力。

3. 教学评价和学生评价也要以职业岗位能力标准为基准。职业教育教学过程重视与未来工作相衔接,增强学生运用所学理论解决实际问题的能力,使学生顺利地适应未来工作的需要,从而提升学生的岗位竞争力。

(三) 教书与育人相结合

在职业学校的教学过程中,不仅让学生获得职业岗位知识和技能,同时通过直接参加岗位实践活动,培养他们的职业道德、服务意识、质量意识、合作意识以及社会责任感等。为此,教师在教学活动中应将教书与育人结合起来。由于教书与育人各有其固有的规律,二者互为基础、相互制约,因此,在教学过程中不能把二者简单等同起来,应当遵循各自的规律,否则,教学的教育性作用就会受到制约,难以正常发挥。这就要求职业学校教师在教学过程中要防止两种倾向:一是单纯注重知识传授、技能训练,忽视思想品德教育和职业意识教育,不注重挖掘教学过程的思想性因素;二是脱离知识、脱离教学过程的规律进行空洞说教,如此,不仅起不到教育的作用,相反,还会引起学生的反感,进而影响学生对知识的接受。正确的态度应该是在教书过程中育人,以育人促进教学。

二、实践性原则

实践性原则是指在教学过程中,教师要引导学生从理论与实际的结合中理解知识,并运用知识去分析、解决实际问题,做到学懂会用、学用结合、学以致用,旨在以知识为中介培养学生分析问题和解决问题的实践能力。

实践性原则是教学过程中间接经验与直接经验相互作用规律的反映,也是职业教育培养目标的内在要求。实践性是职业教育有别于基础教育和高等教育的一个特点。基础教育和高等教育的教学是以学习普通文化科学知识和专业理论知识为主,教学的基本形式是课堂教学。虽然在教学活动中也坚持理论和实际的结合,但其目的是通过各种形式的实践活动使学生深刻理解和掌握文化科学和理论知识,并掌握一定的实践技能,而职业教育不仅要使学生掌握文化科学理论知识,更重要的是要培养学生的实际操作技能和能力,即重在培养学生的职业实践能力,因而,在职业教育教学过程中,要突出理论与实践的结合,联系学生实际,联系专业实际。理论教学要根据学生未来的职业岗位需求有序进行,而实践教学要在理论教学的基础上进行,达到学用结合的目的。只有通过实践教学,才能让学生熟悉工作环境,掌握岗位工作程序,了解岗位工作中的困难和问题,寻找完成工作任务、创造新的岗位业绩的途径。学生在实际工作岗位上亲身接触到经营管理、人际关系、法律规则和劳动纪律等,这些都会对他们产生潜移默化的作用,为他们形成职业习惯、获得职业经验提供机会。

贯彻实践性原则应遵循如下基本要求:

(一) 教学活动以培养学生的实践能力为目标

职业教育的教学要以职业实践能力培养为出发点和落脚点。在教学设计上,要在系统、全面分析学生未来职业岗位特点和需求的前提下,优先保证对学生实践能力的系统培养。这就要求在职业教育教学活动中做到理论联系实际。联系实际首要从学生的知识基础、思想基础出发,根据学科的特点和教材内容的性质来决定。教师和学生都必须自觉地完成理论与实践的联系过程。理论教学必须以实践教学的需要为依据,实践教学要在理论教学的指导下有效展开,两者要统一在具体的培养目标上。

(二) 加强教学实践活动

教学实践活动是加深学生对知识的理解、运用知识于实际和形成技能技巧的重要途径。职业教育教学实践活动既包括教学练习、见习、实习和参观等,也包括职业岗位实践活动、社会实践活动、科技试验活动等。在教学中,应根据教学内容的要求,组织学生参与各种教学实践活动,促进理论学习和知识运用的结合,使学生受到更多的实际锻炼,增加更多的直接经验,促进对理论知识的掌握。在组织学生进行教学实践活动时,要有明确的目标、详细的计划,不能为了实践而实践,使教学活动流于形式。

(三) 充分发挥实践教学场地的作用

不仅要充分发挥校内实践教学场地(如实习车间、实验室、演示室等)的作用,同时还要充分利用校外企事业单位的生产、营业和办公现场,对学生进行具有针对性的、与现实生产或工作相一致的培训,尽量让学生亲自动手实践,使学生不仅具备在模拟环境下的工作经验,同时具备一定的实际工作能力和工作经验。

三、情境性原则

情境性原则是指在教学中,通过创设一定的实践情境,如活动场景、事件、情节及氛围,并规定操作内容,进行角色设置,让学生参与、感受其中,引导学生形成事物的清晰表象,使学生获得生动鲜明的感性认识,为学生掌握理论知识、形成职业实践能力创造条件。

情境性原则处理的是理论知识的抽象性与学生认识的具体形象性之间的关系,是根据学生的认识规律提出来的,反映了学生思维发展的特点。通过教学情境设置,使学生的多种感官都参与到认知活动中来,有利于学生由形象思维向抽象思维过渡,使其所学知识形象化、具体化,既激发他们的学习兴趣和学习积极性,又减少了掌握抽象概念的困难,为他们形成科学概念、理解巩固知识、发展认识能力准备条件。

职业学校人才培养质量的优劣,最终要通过学生从事实际工作的职业能力来衡量。职业能力也即综合运用知识解决职业岗位实际问题的能力。从心理学的角度看,能力是在一定实践活动情境中逐渐形成的;同理,职业能力也只有在相应的职业实践情境中才得以养成。所以,职业教育教学过程要以该专业所对应的典型职业活动的工作情境为导向。这就要求职业教育教学应在真实或模拟的职业实践情境中展开,这样,既有利于学生对理论知识的理解和掌握,也有助于学生体验知识的系统性,还可切实提高他们运用知识和解决问题的能力。大量的实践表明,只有通过相应的职业情境,才能有效地提高学生的职业能力。对职业教育而言,实施"订单培养",就必然要求在真实或模拟的工作环境中开展职业教育教学活动,在学生独立自主尝试解决真实性问题的过程中,才能形成符合企业需要的职业能力和素质。

教学情境一般包括两种类型:一是实际活动情境。实际情境可以是现实生活中的真实的工作环境,也可以是运用现代教育技术创设的虚拟的逼真的模拟情境。创设实际教学情境,把学生带入一定的情境之中,使他们产生一定的内心体验。在教学中可采取参观、交流的方式,将学生带入真实的工作环境之中。二是问题情境。像职业学校结合专业课的特点所运用的案例教学,其本质就是创设问题情境。

贯彻情境性原则应遵循如下基本要求:

(一) 根据教学目标、教学内容的不同创设教学情境

教学情境是为实现教学目标服务的。教学目标可以从知识与技能、过程与方法、情感态度与价值观三个维度划分。例如,若以激发学生学习动机、活跃学生思维为创设情境的目标时,可以根据学生感兴趣的生活热点创设问题情境,引发积极思维;或者是创设课堂游戏情境,如头脑风暴,引发创造性思维。若要考查学生运用知识的能力,可以创设操作、动手、表演等情境;还可以通过语言、音乐、图画等创设情境。只有根据教学目标的需要,创设恰当、合理的情境,才能发挥情境教学的优势与效用。

(二) 激发学生的职业兴趣和职业情感

对职业学校的学生来说,其所面对的专业还是一个陌生的领域。因此,在教学中,必须首先让学生找到自身和专业的"关系",使学生由对职业的好奇转变为对职业的兴趣,以为今后的学习打好基础。职业情境的创设缩短了学生与工作环境的距离。通过创设使学生置身于其中的具体情境,可以迅速地让学生进入状态,了解工作环境、工作流程和岗位设置等,从而认识到自身和专业的"关系",进而切身感受自己未来要投身的职业领域及其重要性,培养学生的职业自豪感。对于职业学校学生而言,如何在学习期间培养职业情感,对将来所从事的行业有自豪感、幸福感、成就感,如何在敬业的同时,培养学生爱业、乐业的精神,是学习成功至关重要的因素。创设真实的教学情境或引入真实的工作环境,既为学生提供了学有所用、亲自动手的实践机会,又可以使学生尽快适应职业角色,养成职业习惯,这种教学方式带给学生的感悟,将有助于其职业情感的形成。

四、系统性原则

职业教育教学具有复杂的双重属性,这也就决定了教学设计并非是单一理论推演出的产物,而是多学科理论研究的产物。目前,学术界普遍认为教学的理论基础是系统论、教学理论、学习理论与传播理论。其中,系统论是教学设计的重要理论基础之一,更是职业教育

教学应该遵循的原则。安德鲁斯和古德森曾在 1980 年对 40 种教学设计模式进行研究，他们发现，70%的模式都应用了系统论的某些观点和思想。[①]

将系统论引入到职业教育教学，就是强调以系统方法为核心来设计教学，从系统论的角度出发，职业教育教学设计必须引入"系统"的概念和整体性概念。一方面，"系统"是一个宏观的概念，不能将教学局限于职业学校系统或是课堂系统这样狭隘的系统里面，其中，实训课教学作为职业学校教学设计的一个重要部分，实训教师必须放眼学校外的环境，检视外部环境如行业企业的用人标准、职业准入标准等对实训课教学的可能影响，以及职业学校教学体制改革对实训课教学目标等方面的影响。当然，实训课教学本身也包含了如学习活动系统、学习者系统、学习环境系统等一系列的子系统，这一系列子系统之间相互交织，形成了一定的嵌套关系；另一方面，系统论对实训课教学设计的重要启示就是整体性概念。从系统性、整体性的角度来说，职业教育教学设计者最需关注的就是各部分之间的关系，且这种关系是相互影响、相互促进、相互依赖的，如教学目标、教学内容、教学评价、教师与学生等要素在职业教育教学中是不能脱离的一个整体，它们共同构成了教学系统。[②]

以上四条教学原则并非孤立存在，而是相互联系、相辅相成的，它们共同构成了一个完整统一的职业教育教学原则体系。教师对所有教学原则都必须熟练掌握和贯彻执行，既要从教学目标、教学任务出发，综合考虑，又要根据具体内容和学生实际有所侧重，这样才能更好地遵循教学规律，保证教学质量的提高。

思考题

1. 如何理解职业教育教学特点？
2. 如何正确理解职业教育教学的基本规律？
3. 我国职业教育教学的基本原则有哪些？其贯彻要求是什么？

相关链接一

工作场所学习理论

随着科技的发展以及知识经济时代的来临，在终身教育和终身学习理念的影响下，工作场所学习（workplace learning）越来越受到理论界与实践界的广泛关注，成为职业教育教学的重要理论基础。国际上，随着对工作场所学习的理解从"习得"隐喻转向"参与"隐喻，以及学习理论从心理维度向社会情境维度的转变，工作场所学习的二重情境研究（即学习者所处

---

① 徐英俊. 教学设计[M]. 北京：教育科学出版社，2001：23.
② 庄西真. 职业学校的学与教[M]. 北京：知识产权出版社，2015：128.

的直接情境与其所处的更大范围的、潜在的社会环境)也得到了越来越多的重视。

一、工作场所学习的内涵

工作场所语境下对"学习"这一概念进行理解,即指经验的积累、知识与技能的获取、集体共识的达成、已有知识与能力的迁移等;学习者参与到实践中思想和行动持续改变的过程。在这一过程中,工作环境和学习者个人主观能动性形成合力,共同促进学习者经验和知识的增加。学习是学习者与实践环境的交流。工作场所学习是学习者以个体或者团体的方式,参与到结构化的生产与服务组织的工作实践中,思想和行动持续改变,个体职业身份逐步得到建构的过程。

二、工作场所学习的特征

1. 社会性

与学校学习中学生之间相对平等、简单的关系不同,工作场所中的学习具有明显的社会性特征。在工作场所学习中,群体各成员之间的相互作用与影响产生的群体动力直接影响到群体内成员间的关系。学习者在工作场所中的学习内容不仅包括胜任工作场所中特定工作所需要的知识和技能,也包括保持并不断提高自身地位的社会知识与技能,例如,社交能力、沟通能力、新技术开发能力、默会知识的习得及保守秘密的能力等。从评价方式上看,除了正规的培训外,工作场所学习这种在工作中学习的评价多是隐性的、非正式的,但学习的质量和效果却直接影响着学习者在群体中的位置,决定着他们的身份变化,这种变化反过来又会对学习者产生新的影响。

2. 真实性

真实性不仅是指相对职业学校实验、实训场地环境中的真实性,更深层次的含义是指,工作场所的学习者对工作内容和工作进度基本没有控制权,学习者从学员到合格员工的转化过程,是其不断适应工作内容、进度以及工作难度,不断融入真实工作环境的过程。正是由于这种真实的工作环境,通过参与性学习,学习者解决突发问题的实践能力、团队合作能力以及沟通能力等才能得到更为有效的提高。在工作场所这一真实的学习生态环境中,信息流与能力流的数量和质量直接影响到学习的质量和效果,工作场所中不需要的知识或者是负面的知识,例如,不良的亚文化等,会产生不恰当的学习结果。

3. 情境依赖性

迁移作为一种学习过程,是指当个人将以前获得的知识、技能或态度运用于新的工作情境时所发生的学习过程。影响迁移的主要变量包括被迁移知识的性质、情境的差别、被迁移知识的处置以及帮助实现迁移过程的时间和努力等。学校学习的理论知识迁移到工作情境中是比较困难的,因为两者在情境、文化和学习模式上存在广泛的差异,而在特定的工作场所下,学习环境是真实的物理实践环境与独特的组织社会环境共同构成的"有机体"。学习者在这一"有机体"中,通过参与实际工作,与组织中其他的人以及工作环境互动,互动的充分程度、广泛程度决定着学习发生的可能性程度。在这一过程中,学习高度依赖于经验,依赖于工作场所。①

相关链接二

<h2 style="text-align:center">项目教学理论</h2>

项目教学为通过完成完整的工作项目,让学生获得相关知识与技能,并发展职业能力的教学方法。项目教学理论具有以下几点特征:

一、以任务为中心开展教学

项目教学的目标主要指向获得作为工作过程结果的产品,但整个教学过程要以工作任务为中心来展开。首先,项目教学的中心视点是工作任务的完成。在传统的系统知识教学过程中,教师与学生的中心视点是知识,项目教学法则从根本上转变了中心视点,由关注"知道什么知识"转向关注"如何完成工作任务"。这既使需要教师阐述的内容发生深刻转变,也使教师的阐述方式发生根本转变,对教师的工作习惯提出了挑战,它需要教师对现实的工作情境有深刻体验。

其次,项目教学过程的逻辑主线是工作任务的完成。整个教学过程要围绕工作任务完成的过程展开,这完全不同于以知识逻辑顺序为主线的系统知识教学。教学的第一个步骤不是给学生介绍导论性知识,而是描述工作任务,包括该工作任务在工作体系中的功能、地位;工作任务完成后对产品的规格要求;完成该工作任务所需要的设备、工具、材料等条件。通过描述工作任务,既能使学生把意识聚焦于工作任务,又能以此为契机,将学生逐步导向工作体系。

最后,项目教学围绕工作任务的完成来阐述相关理论知识。项目教学并非忽视理论知识,从学习动机激发的角度看,它恰恰是在强化理论知识。但是项目教学强调不要单独学习理论知识,而要引导学生在完成工作任务的过程中去建构理论知识。这一变化需要教师转变整个教学过程的思维习惯,打破线性教学思维,学会运用网状教学思维,善于运用教学机智把握理论知识切入的时机,这一点在项目教学过程中至关重要。

二、以实践性问题为纽带联系知识与工作任务

职业能力是知识与工作任务之间建立联系的纽带,项目教学强调不仅要给学生知识,而且要通过训练,让学生能够在知识与工作任务之间建立联系。如何建立这种联系是项目教学理论要重点研究的问题。通常认为,如果以工作任务而不是以知识本身为逻辑核心,就可以顺利实现两类知识的整合。这就要回答什么情境中的工作过程需要理论知识。主要有两

---

① 胡斌武.职业教育学[M].北京:高等教育出版社,2015:132—135.

种情境,第一种情境是个体迫切需要理解实践过程;另一种情境是当实践过程由确定状态变为不确定状态时,也就是当学习者在工作实践中遇到问题时。在不确定状态中,个体通过模仿获得的操作方法已无法使其完成所面临的任务,这就需要个体对原有的操作方法进行某种程度的改造,重新设计操作方法。这时便需要操作者能够深刻、全面地了解操作过程的基本原理。

三、以产品激发学生学习动机

项目教学强调以典型产品为载体来设计教学活动,整个教学过程最终要指向让学生获得一个具有实际价值的产品。这是项目教学的一个重要而富有特色的原理。以典型产品为载体,从功能的角度看,可以有效地激发职业院校学生的学习动机;从理论的角度看,则意味着实践观的重要转变。传统的实践观往往把过程与结果割裂开来,把实践仅仅理解为技能的反复训练,从而导致实践的异化。项目教学的实践观则把实践理解为过程与结果的统一体,认为实践只有指向获得产品才具有意义,才能达到激发学生学习动机的目的。因此,在项目教学过程中,教师要善于以作为工作任务结果的产品为引导,激发学生的学习动机,让学生更加深刻地体验工作过程。[1]

---

[1] 徐国庆.职业教育原理[M].上海:上海教育出版社,2007:262—266.

第八章
职业教育教学(下)

教学目标

1. 理解备课、说课、上课的内容和要求。
2. 理解和掌握职业教育常用的教学方法。
3. 理解和掌握职业教育教学组织形式。

职业教育的理论教学与普通教育有着一定的共通性,实践教育是职业教育相对于普通教育而言的自身特殊性。本章在简要论述职业教育理论教学不同阶段的基础上,着重论述职业教育实践教学以及职业教育特有的教学方法和教学组织形式。

第一节 职业教育理论教学

职业教育理论教学的主要形式是课堂教学。课堂教学过程是指师生在共同实现教学任务中的活动状态变换及其时间流程。它由相互依存的教和学两方面构成,在教学过程中,学生、教师、教学内容、教学方法、教学媒体、教学环境等,都是影响教学效果的基本因素。综合考虑职业学校的教学过程,从宏观到中观、从理论教学到实践教学,一般可将其划分为三个阶段:教学准备阶段、教学实施阶段和教学评价阶段。

一、教学准备阶段

(一)备课

1. 备课的概念

教学准备阶段的主要任务是备课。所谓备课,就是教师为教学所做的准备与计划安排工作,是教师为确保学生的学习活动能高效顺利地进行,根据课程标准或教学大纲和学生实际,确定教学内容,选择适当的教学方法等一系列的课前准备工作。

备课是教师自我学习与教学研究的环节,是有效开展教学活动的基本保证。教师备课的充分程度对于加强教学的计划性、针对性和实效性,减少教学的盲目性,充分发挥教师的指导作用有很大的益处。

2. 备课的种类

根据备课主体的不同,可以分为个人备课和集体备课两类。

(1)个人备课:是指每个任课教师独自进行的备课工作。这是最普遍、最基本的备课方式,其优点是不受时空限制,灵活方便,有利于调动教师的主观能动性。

(2)集体备课:是指几位教师集中在一起进行的备课工作。一般每学期根据需要进行若干次集体备课,通常以学校中的教研组(或教研室)为单位,其优点是有利于教师之间相互交流和集思广益,也便于统一教学要求。

根据备课时间的不同,可以分为学期(或学年)备课、单元备课和课时备课三类。

(1)学期(或学年)备课:是指对某门课程整个学期的教学活动做准备。学期备课一般要做好以下三项工作:一是通盘考虑教学目标、教学内容和教学方式,重点考虑各章节或各单元应怎样组织学习与怎样施教效果最佳;二是研究教学资源及其配置,确定各课题教学所需的学具、教具和各种资源与资料;三是了解和把握教学计划、学校工作计划、学校学年教学日历,以便根据这些文件安排教学进度。

(2) 单元备课：是指对某门课程的一个单元的教学活动做好准备和进行设计。它是在学期备课的基础上，以教材内容的单元结构为依据来计划和安排教学工作。单元备课一般要做好以下三项工作：

一是确定每个单元的教学目标和要求；二是分析单元内容、性质和特点，明确教学重点、难点和关键点；三是合理安排单元内容的教学时间，选择基本教学方法。

(3) 课时备课：是指对一节课的教学活动做好准备和进行设计。它是在学期备课和单元备课的基础上进行的，要求做好以下三项工作：

一是以该课的教学主题为依据，深入把握教学内容，详细弄清学生的学习准备情况；二是进行具体的教学设计，包括教学目标设计、教学过程设计、教学方法设计、教学媒体设计、提问设计、板书设计、作业设计以及教学语言设计等；三是编制教案。

3. 备课的内容及要求

(1) 研读教学材料。

教学材料是教师教学的依据，教师只有对教学材料进行反复钻研和推敲，才能了解各部分内容的地位和作用，厘清知识结构，弄清知识间的联系，分清主次，准确把握重难点，因此，教师在备课的时候首先要做的事情是研读教学材料。教学材料主要包括课程计划、课程标准（教学大纲）、教材以及教学参考资料。研读教学材料主要包括：研究课程计划、课程标准（教学大纲），领会课程的基本理念和总目标，理解各单元与课题的具体目标，把握教学的基本要求及教学内容与教学材料的体系范围与深度；研究教材，熟悉掌握课本的基本原理与知识体系，准确把握各章节或各单元、各课的重点、难点及课本的前后联系；广泛阅读教学参考资料，选取合适的材料以充实教学内容；还要考虑进行改革创新，在条件成熟的情况下，编写有特色的补充教学材料。

(2) 熟悉生产（或工作）过程。

这是职业学校教师备课时必须做的，且区别于普通教育教师的一项工作。职业学校教师熟悉生产（或工作）过程，不仅有助于高素质技术技能型人才的培养，还有助于将职业院校和企业的研发成果转化为现实生产力，推动企业技术进步和产业升级转型。因此，职业学校教师需要了解本专业所对应的相关职业（职业领域）或岗位（岗位群）的生产环节、工艺流程、技术要求、操作技能、岗位职责以及机器、设备的构造、性能、维修等，以提升教学的有效性。

(3) 了解学生。

教学是教与学的双边活动，学生是教学的对象，教学效果最终将落实到学生掌握知识和发展能力上。要使教学呈现出好的效果，教师必须根据学生的现有发展水平去备课，以学生认知的准备状态为教学起点，全面了解学生的知识基础、认知能力、技能水平、学习态度、思想特点和个性特征，在此基础上，对学生的学习准备性进行分类，理解不同类别学生的起点与教学目标的差距，以使教学过程符合学生实际认知能力和动手操作能力，增强教学的预见性与针对性。

(4) 设计教学模式。

认真研究教学方法,慎重地选择适当的教学方法是提高教学质量的重要环节。因此,教师要根据教学目标、教学内容及学生的情况设计教学方式,包括设计具有内在关联的教学方法、教学手段、教学程序以及教学策略等。设计教学模式首先要确定基本的教学方式,如"授受模式""合作学习""活动学习""探究学习"等;再结合教学内容,分别设计学生的学习方式、教师的教授方式和师生互动方式;然后进行具体的教学设计,包括教学活动进程设计、教学环境设计和教学媒体设计等。

(5) 编制教案。

教案是课时备课的最终成果,是对每堂课具体深入的教学准备。编写教案是教学准备阶段的最后一个环节,它建立在钻研教学材料、了解学生和设计教学方式的基础之上,按照教案的基本结构进行精心设计,并用规范的结构和简练的语言表达出来,形成书面形式的教案。编制教案的过程,是教师对自己组织的每一节课教学活动的时空结构进行规范和优化的过程。从形式的角度分,教案可分为条目式教案和表格式教案;从篇幅的角度分,教案可分为详细教案和简要教案。

(二) 说课

说课是教师教学设计的口头表述,是教师就教学单元(或教学课题)的教学目标、教学思路、教学程序、教学方法、教学手段、教学实施方案、教学理论与教学实践的有机结合等方面进行口头陈述,以供同行交流、评议,从而改进教学策略,提高教学质量的一种教研活动形式。说课有课前说课和课后说课,课前说课属于教学准备阶段。

1. 说课的内容

(1) 阐述教学目标。教学目标是教学活动的出发点,也是教学活动的归宿。因此,教师在说课时必须把教学目标讲解清楚,唯有如此,他人才能有针对性地提出意见或建议,真正达到改进教学以提高教学效果的目的。

(2) 阐述教学内容。教学内容是实现教学目标的载体,在说课时,教师应该简要阐述主要教学内容,另外还要说明本节教学内容在整个学科体系中的地位,明确教学的重点和难点。

(3) 阐述教学程序。教学程序是教师教学思路的再现,教师可以通过陈述教学程序来说明自己的教学思路。通过三个方面予以说明:一是课堂教学结构及教学环节的设计安排;二是教学演示及多媒体等教学手段的运用;三是操作规范的解说。

(4) 阐述教法。教师在陈述教学方法时应注意三点:一是说明授课中采取的教学方法以及相应的教学理论依据;二是阐明突出教学重点、突破难点的途径和措施;三是说明教学方法中蕴涵的现代教学理论和教育思想。

(5) 阐述学法。这主要包括两个方面:一是教师如何以学生为主体来设计教学;二是如何对学生进行学习方法指导。

2. 说课与备课的区别

说课和备课既有共同点，又有不同点。说课和备课的共同之处是都需要进行教材分析和学情分析，设计教法和学法，设计教学程序和板书内容等。不同之处主要表现在以下几个方面：一是呈现方式不同。备课是静态的文字形式，说课是动态的讲述；二是诉诸对象不同。备课的对象是学生，说课的对象是同行；三是内容不同。备课是教学的预案、蓝图，而说课是对教学根据的研究，具有理论探讨的性质，内容比备课深；四是先后顺序不同。备课在前，是说课的基础，说课在后，是对备课的深层思考和外在显示。

二、教学实施阶段

职业学校的理论教学主要包括普通文化课、专业基础课和专业课的教学。理论教学与实践教学共同构成了职业学校的教学工作，二者相辅相成、紧密相关。理论教学既为实践教学奠定理论基础，又为实践教学提供理论指导；既考虑实践教学的"必需"与"够用"，又考虑学生的终身发展；既包括知识、技能和能力的教育，又涵盖思想、政治、职业道德教育和人文精神的培育等。理论教学注重与实际或实践的结合，特别是理论教学中的专业课更要突出技术性、职业性和实用性。[①] 理论教学一般采用课堂教学的形式。上课是课堂教学的中心环节，是教师运用口头语言系统地向学生讲解理论知识的活动，是教学活动的基本形式。

（一）课堂教学的基本要求

目标明确、内容正确、重点突出、方法得当、组织有序。教师在讲课过程中，要激发学生的积极性，使之积极主动地获取知识，以保证课堂教学的有效性，就必须在新课导入、内容组织、问题解答、语言表述、体态语言等方面进行精心的设计。另外，教师的语言是提高讲课效率的必要条件。清晰、准确、简练、生动且富有启发性、条理性的语言，有利于学生注意力的集中和保持，这也是不断提升学生学习兴趣的策略之一。

（二）课堂教学的基本环节

一般来说，课堂教学包括导入新课、新课教学、巩固练习、课堂小结、作业等环节。

1. 导入新课

导语是一节课开始时教师导入新课的话语。精妙的导语能够调节学生的心理，激发学生强烈的兴趣，使学生渴望获得知识，具有促进学习的作用，而且在学习过程中伴随着愉快的情绪体验，有利于产生进一步学习的需要。

（1）导语的要求。

简洁性。尽管导语非常重要，但它并非是教学的主要内容，因此，导语要切中要点，精练概括。

---

① 刘春生，徐长发.职业教育学[M].北京：教育科学出版社，2002：199.

针对性。教师要根据学生的特点和实际情况设计导语。

准确性。导语不能模棱两可、含糊其词,从语言到形式都应力求做到恰当、准确,无论是设疑引证,还是说明、类比,都要力求准确,不让学生产生误解。

新颖性。导入语要新颖多样才能吸引学生,取得较好的教学效果。

启发性。教师要根据教学目的,围绕教学重点、难点设疑,引起学生的思考。

(2) 导入新课的常用方法。

开门见山法:这是比较常见的导入新课的方式。所谓开门见山,就是教师直奔主题地向学生介绍即将学习的新内容。这种形式的导入更多地用在序言课或起始章节的新课教学中。

复习导入法:通过复习回忆学过的知识,发现问题或不足,从而激起学生学习的热情和积极性。

问题导入法:教师通过问题引领,启发学生积极思考,进入问题情景,自然过渡到即将学习的新内容中去。

情景展示法:教师可以根据教学内容在课前准备一些图片、幻灯等影像资料,在课上展示给学生看,让学生自然地融入情景中,从而进入到要学习的内容中去。

2. 新课教学

新授课是课堂教学时间和内容占比最大的环节,也是课堂教学最重要的环节。课堂教学中要通过课堂语言、板书、问题等的设计,有序组织课堂教学,充分调动学生的学习积极性。

首先,教学语言在教学中占有相当重要的地位。在课堂教学过程中,教师的语言要做到精炼准确、通俗易懂、生动趣味、语速适宜、语调抑扬顿挫;同时,教师在课堂教学中还要充分发挥无声语言,即体态语的作用。体态语言是课堂有声语言的重要补充,它是通过教师的动作、体态、表情等表现出来的。良好的形象体态,不仅可以起到暗示作用,增强语言效果,还可以渲染课堂气氛,控制学生情绪。

其次,课堂提问是组织课堂教学的中心环节。课堂提问的作用:一是有效控制课堂;二是启发学生的思维;三是推动课堂的进程;四是锻炼学生的表达能力;五是提高学生的问题意识和问题能力。因此,教师在课堂教学中要设置具有目的性、启发性、层次性、挑战性的问题。

最后,作为书面语言的课堂板书也是课堂教学非常重要的一部分。板书是学生直接获取知识的重要渠道,是课堂教学的重要手段之一,它能体现教学意图,有助于落实教学计划、显示教学内容、给学生指点迷津。它对学生学习的知识进行编码、组合,具有提纲挈领、精要管用的特点。

板书分主要板书和辅助板书,板书设计的基本要求是:①突出重点;②科学工整;③语言精练;④条理分明;⑤布局美观;⑥板书适时。

3. 巩固练习

巩固练习是知识落实、技能培养、语言运用的重要环节。练习要有针对性、启迪性,练习既不能太难,也不能太易,教师要根据不同层次的学生,精心设计不同层次的练习。练习的设计目的性一定要强,要紧紧围绕教学目标,循序渐进,这样才能有助于巩固知识,突出重点,突破难点,发展学生的思维能力。

巩固练习要注意:紧扣教学目标;形式多样;分散练习与集中练习相结合;及时反馈。

4. 课堂小结

课堂小结可以分为:

(1) 知识归纳式小结。这是最常用的课堂小结方式,通过师生共同回顾本堂课所学的主要内容,把新学内容梳理一遍。通过小结,学生对本课内容有一个整体、系统的认识。

(2) 前后呼应式小结。在课程引入时,以一个思考问题引发学生的反思、质疑,顺理成章地进入新知识的探究与学习;或者在引入时,师生共同提出一个观点、猜想,通过一堂课的活动来验证这些观点与猜想等。在课程结束前,再回到引入,对问题做出正确而完整的解答,对观点猜想做出合理而肯定的解释。

(3) 交流及反馈小结。课堂小结时围绕本堂课的主要内容进行小组间的交流与讨论,然后全班反馈来加深学生对新内容的认识、理解、掌握和应用。

(4) 自主评价性小结。在一堂课的最后,给学生足够的时间和空间去表达他们的疑惑或者收获的欣喜,提出建议和不同见解。

5. 作业

作业是课堂教学的延续、拓展和深化,其目的在于巩固、消化和运用所学知识。作业的类型主要有四种:一是阅读与思考作业,包括为预习或复习而阅读教材,为扩大知识领域和加深对教材的理解而阅读参考书,思考有关问题;二是口头与书面作业,包括背诵、复述、写作文、演算习题、绘制图表等;三是实验与操作作业,包括测绘、计算和制作等;四是调研与社会实践作业,包括参观、访问、锻炼等。

作业的基本要求是:符合教学大纲,目的明确;形式多样,分量适当;从学生实际出发;讲评适时,追求批改艺术;鼓励作业创新。

(三) 一堂好课的标志

一堂好课没有绝对的标准,但有一些基本要求,大致表现在五个方面:一是有意义,即扎实。一节课中,学生的学习是有意义的。学生学到了新的知识、锻炼了能力,在整个教学过程中有良好的、积极的情感体验,产生进一步学习的强烈要求,能够主动投入到学习中去。二是有效率,即充实。有效率表现在一节课下来,全班好的、中间的、困难的学生都有收获。三是有生成性,即丰实。不完全是预先设计好的课堂教学,而是有教师和学生真实的、情感的、智慧的、思维和能力的投入,有互动的过程,气氛相当活跃。四是常态性,即平实。五是有待完善,即真实。[①] 由此可见,好的课堂是以生为本、方法得当、内容正确、人人发展的

---

① 叶澜. 叶澜:一堂好课的标准[J]. 考试(理论实践),2014(12):15.

课堂。

三、教学评价阶段

教学评价是对教师的教与学生的学相统一的教学活动,收集事实信息并进行价值判断的过程。教学评价一般包括对教学过程中教师、学生、教学内容、教学方法、教学环境、教学管理等诸因素的全面评价,但主要是对学生学习状况和教师教学质量的评价。

(一) 学生学习评价

学生学习评价是指在科学、全面地收集、整理和分析学生信息的基础上,评定学生个体学习与发展的质量。学生学习评价不仅关注学生最终的学业成就,还注重通过评价促进学生的发展与成长。职业学校的学生学习评价主要包括对学生学业成就和学生实践能力两个方面的考核。

1. 学生学业成就评价

学业成就评价是对学生个体学业进展及行为变化的评定,是对教学效果的检测。学业成就评价主要体现在各类考试与测验结果上。根据评价的功能性质,一般可以分为三种类型:

(1) 诊断性评价。这是在教学活动开始之前,对学生以往的学习结果、现时的需要或准备状态的一种评价,是继续学习新内容的基础和准备,其目的在于使教学活动的安排具有针对性。

(2) 形成性评价,也叫过程评价。旨在了解学生学习一个课题、一个单元的结果,作为改进后续教学和学习的参考。

(3) 终结性评价。在课程教学活动完成之后进行,旨在了解学生在学期、学年结束和毕业时的学习结果,给予最终的评定。

诊断性评价和形成性评价能更有效地帮助学生发现问题,改进学习,从而促进学生的成长与发展。

2. 学生实践能力评价

实践能力是职业学校学生学习评价的核心内容,也是衡量职业教育教学目标实现的最主要指标。实践能力的评价主要考核学生在职业技能与职业能力方面的掌握程度和在实践中的工作态度,并适当考核他们对在实践活动中所应掌握的基本知识的掌握情况。实践能力的评价情况比较复杂,其评价的方式方法、评价的指标体系因专业的不同而相异。

实习成绩考核分平时考核、定期考核(指期末考核)和毕业考试。操作考核是评定学生实习或实验成绩的主要方法。教师提出符合教学要求的作业课题,由每个学生独立操作完成,然后按照目标,考核操作成果的质量(在实践考核中占最大的权重)、完成操作的时间(也即熟练程度)、操作程序、姿势是否正确,以及工作态度是否良好等,根据操作过程及完成情况予以评分。毕业考试要全面检查学生掌握专业知识和操作技术的水平,要以各工种技术等级的应知应会标准进行考核。如果进行毕业统考或技术等级考试,应在上级部门的统一指导下进行。

(二)教师教学评价

教师教学评价主要包括教师教学过程评价和教学绩效考核。教学过程评价主要考察评价教师钻研和使用教学材料的活动和教师运用相关教学方法、教学手段的活动,具体说就是从教学活动的各个环节入手予以评价,例如备课、上课、作业等环节。教学绩效考核主要通过考察学生的学习习惯与方法、学业成绩及能力发展情况来进行。

第二节 职业教育实践教学

职业教育是培养具有实际操作能力的应用型人才的主渠道。职业学校为了让学生熟悉未来职业的工作方式、内容以及将所学理论运用到实际工作中,培养能够适应新时代企业发展要求的创新应用型人才,有计划地对学生进行专业领域的实验实训教学和顶岗实习等系统的实践教学。

一、实践教学的涵义

实践教学是指使学生加深对专业理论的理解,获得包括职业技能、技巧和职业道德等从业能力,并具有自我发展能力,从而全面完成教学任务,实现培养目标的一种实践活动。它是与理论教学相对应的一种教学活动,是职业教育教学的重要组成部分。[①]

二、实践教学的作用

职业学校的实践教学是巩固理论知识、深化理论认识的有效途径,是理论联系实际、培养学生掌握科学方法和提高动手能力的重要平台,是培养高素质技术技能型人才的重要保障。实践教学的质量是职业教育教学水平高低的重要标志。

1. **实践教学是实现人才培养目标的需要**

实践教学是职业教育教学过程中非常重要的环节,对实现应用型人才的培养目标起着至关重要的作用。职业学校把应用型人才作为培养目标,十分重视人才培养与实际工作的对接。因此,无论从人才培养规律要求,还是发展定位需要上看,职业学校都要清醒地认识到加强和创新实践教学的必要性和重要性。

2. **实践教学是贯彻理论与实践结合的需要**

职业教育强调"知行合一、手脑并用",打破理论课与实践课的界限,将理论教学与实践教学融为一体,增强教学的直观性,充分体现了学生主体参与作用,也体现职业教育的本质

[①] 刘春生,徐长发. 职业教育学[M]. 北京:教育科学出版社,2002:210.

特征。实践教学鼓励学生参加社会活动和实践,帮助学生将学习到的知识合理地运用到日常工作中去。

3. 实践教学是培养高素质技术技能型人才的需要

实践教学是职业教育教学过程的重要环节,是培养学生专业技能、提高学生动手操作能力的重要手段。加强实践教学条件建设、完善实践教学管理制度、提高实践教学质量,有利于提高学生的实践能力,有利于培养高素质技术技能型人才。

三、实践教学的类型

(一) 实验

实验是指为检验某种假设或理论,运用一定的仪器设备和材料,在控制某些条件的情况下,通过观察事物及其发生变化的过程,获取知识、巩固知识和培养学生实际操作能力的教学环节,是实践性教学的重要组成部分。旨在帮助学生形成概念,理解、验证和巩固有关理论知识,促进知识向技能的迁移。通过实验,一方面可以满足理论教学的需要,另一方面也能培养学生的观察能力、操作能力、设计能力、分析和解决问题的能力等。根据实验的目的,一般将实验分为以下三种:

(1) 验证性实验:指根据已有的理论知识,预先拟定好实验程序,让学生按照实验指导书中提示的仪器、设备、材料及操作步骤,完成实验过程;按照规定的观察、测定方法,记录实验结果,得出实验结论。验证性实验费时少,节约实验材料,成功率高,一般在低年级学生中进行,对养成学生基本的实验能力具有重要意义。但验证性实验缺乏挑战性,不利于学生探索精神的养成。

(2) 探索性实验:指通过实验过程对未知事物或已知事物的未知性质进行观察、测试和研究,借以发现新现象,得出新的实验结果,这种实验也称试验。探索性实验,易于调动学生的学习积极性,可以使学生充分发挥想象力,提高学生综合运用知识的能力。但实验得出确切的、理想的结论的概率较低,容易给学生造成挫败感,占用时间和消耗材料较多。

(3) 设计性实验:指以制成某种产品或形成某种工艺路线为目标,运用已有知识和经验进行结构或程序设计,综合应用多种实验手段,尝试达到预定目标的实验方法。这种实验具有综合性,难度较大,对培养学生解决实际问题的能力有很大益处,对师生业务素质的要求较高。

总之,实验教学的基本要求是目的明确,准备充分,过程科学,指导得当,评析实验报告。实验教学是职业学校教学工作的重要组成部分,对构成学生合理的知识和能力结构,启迪学生严谨科学的思维方法,培养学生创新意识和实践能力具有重要作用。实验教学可以运用实验手段对学生进行科学实验方法和技能的基本训练,使学生较为完整、系统地了解科学实验和工程技术实践的主要过程和基本方法,培养学生理论联系实际的学风和实事求是的科学态度,提高学生分析问题、解决问题的能力和创新能力。

（二）实习

实习是学生在教师或工程技术人员的组织指导下，参与一定的实际工作或生产操作，借以掌握相关技术、技能或综合运用知识于实践的教学活动。实习是专业知识与生产（工作）实际相结合的教学形式，是职业学校教学活动中主要的实践环节。实习有利于学生获得直接知识、验证间接知识，使其能运用书本知识解决具体问题；同时也能有效培养学生独立操作的意识和能力，将知识转化为技能，形成一定的实际工作能力。对于职业教育而言，实习是培养技术型、技能型人才的重要手段。根据实习目的、要求和工作范围的不同，大致可以将实习分为以下四种：

（1）认识实习：也称见习，一般安排在低年级，通过到生产现场进行参观，使学生对将来的工作环境、工作流程和学习内容有所了解，获得感性知识，扩大学生的知识视野，促进理论联系实际。

（2）教学实习：指紧密结合专业课程以教学为主的实践性教学。通过教学实习使学生得到操作技术的基本训练，获得生产（工作）的感性认识，掌握一定的生产操作技能，同时接受劳动纪律、安全卫生、环境资源保护等方面的教育。

（3）生产实习：指学生直接参与生产实习过程的实践性教学。一般在高年级进行，学生到专业对口的生产现场，以现职人员的身份进行实习，使学生得到实际工作的锻炼，熟悉工艺要求和生产操作过程，掌握直接迅速顶岗的操作技能，并逐步形成良好的职业道德规范和职业行为习惯。

（4）毕业实习：是在学生毕业前对其知识、技能进行全面检查的综合实际锻炼。主要是培养学生独立运用所学专业知识和操作技能，解决生产实际问题和组织生产的独立工作能力。

实习的具体要求：明确实习目的，编制实习计划，确定实习方式，搞好讲解示范，加强巡回指导，讲评实习结果，注意生产安全。

（三）设计

设计是提高学生全面素质和综合职业能力的主要实践教学形式，一般分为课程设计和毕业设计两种[①]：

（1）课程设计：课程设计是在教师的指导下，运用某一门或几门课程的知识解决一些具有一定综合性问题的筹划过程，也是进行某一方面或某一部件的技术基础能力的训练。主要任务是使学生学会运用有关课程的理论和技术解决本专业的实际问题，并提高计算、制图和技术资料的能力。课程设计是工科类专业的技术基础课和某些专业课教学过程中的重要环节，是理论联系实际的重要方式，也是培养学生实践能力的重要途径。

（2）毕业设计：毕业设计是使学生综合运用所学各学科的知识和技能，按照培养目标的

---

① 刘春生，徐长发.职业教育学[M].北京：教育科学出版社，2002：189.

要求进行的全面、系统、严格的专业技术综合能力训练,并创造性地完成符合生产实际要求的设计任务。毕业设计具有综合性、实践性、独立性、探索性等特点。所以,毕业设计在运用知识和技能方面,在广度和深度上都比课程设计有更高的要求。毕业设计是工科类专业及其他需要培养设计能力专业的学生在校学习过程中的最后一个应用性环节,也是应届毕业生在离校前的综合性独立作业。

第三节　职业教育教学方法

教学方法是指在教学过程中,教师和学生为实现教学目标、完成教学任务而采取的教与学相互作用的活动方式、步骤、手段和技术的总称。教学方法必须为实现教学目标、完成教学任务服务,即方法要服务于目标。运用教学方法的根本目的是要促成学生有效地学习。

教学方法的本质是教师的教和学生的学密切联系、相互作用的双边活动方式。教学方法包括教师的教法和学生的学法,但并不是两者简单相加,也不能把教师的教法和学生的学法截然分开。教法制约着学法,学法也影响着教法。教师的教法要通过学生的学法加以体现,而学生的学法实际上是在教师的指导或影响下的学法。尽管有时学生的学习是以自学形式进行的,但它也是在教师直接或间接的影响下的自学活动,所以,教学方法是教法与学法的辩证统一。

一、教学方法的类型

教学方法从本质上说就是教学活动的媒介,具有独特的教学功能,同时也承载着学生学习活动的特点。目前国内教育理论界一般将教学方法分为以下五类:

(一) 以语言传授信息为主的方法

这类方法是通过教师口头语言向学生传授知识、技能以及学生独立阅读书面材料获取知识为主的教学方法。即教师和学生之间教与学的知识信息传递,主要是靠书面语言和口头语言的交流来实现的。通过准确、高效的语言传递信息,有助于发展学生的抽象逻辑思维能力和语言表达能力。这种方法在日常教学中运用得最为广泛。以语言传授信息为主的方法主要包括讲授法、谈话法、讨论法、读书指导法等四种。

(二) 以直观感知为主的方法

这类方法是指教师通过实物或直观教具的演示、组织教学参观等,使学生经由自己的感官直接感受,从而形成正确认知的一种方法。其特点是形象、具体、直接和真实,有助于学生把书本知识和实际事物联系起来,丰富感性认识,并激发学习兴趣,为理解和掌握理论知识创造条件,同时还使其学得的知识易于巩固。以直观感知为主的教学方法主要包括演示法和参观法两种。

(三) 以实际训练为主的方法

这是以形成学生技能和行为习惯、发展实际能力为主的教学方法。这类方法能促进学生手脑并用,让学生通过各种实际活动逐步形成和发展自己的认知结构。其最大的特点是让学生亲自动手实践,把理论学习和实践活动结合起来。与前两类方法相比,实际训练要求师生双方花费更多的精力和时间,因此,根据学生的技能水平、行为习惯和体力、智力的结构及其形成发展规律,设计出一套使学生能进行有效活动的科学程序是实际训练得以有效实施的一个首要条件。这类方法主要包括练习法、实验法和实习作业法等三种。

(四) 以引导探究为主的方法

这是指教师组织和引导学生通过独立探究或研究活动而学习知识、形成技能和发展能力的教学方法。探究法的最大优点是能使学生在探究和解决问题的过程中,独立性得到比较充分的发挥,进而学习和巩固知识,培养技能技巧,逐步掌握探究问题的方法和形成创造性地分析问题和解决问题的能力。使用这类方法,教师的作用更多地体现在为学生设计探索研究的情境,提供相关资料,引导学生开展有目的的探究活动,帮助他们发现结论或结果。这类方法主要有发现法等。

(五) 以情感陶冶为主的方法

这是指学生在教师的指导下,积极主动地参与到一种类似于真实情境的活动中,进行情感体验,并受到熏陶、感染,从而陶情冶性的一种教学方法。在教学中,情感陶冶法同其他方法有机结合使用,能有效激发学习者的学习动机,引发浓厚的学习兴趣和强烈的求知欲。它特别强调让学生在教学活动中获得成功的体验。国内外学者越来越关注学生学会用自己的内心体验来进行学习和求得发展。如国外的非指导性学习、体谅教学模式,我国的愉快教育、成功教育、和谐教育和情境教育等。这类方法主要包括欣赏法和情境法。

二、职业教育常用教学方法

在世界职业教育领域,主要采用各种以行动导向为指导思想的教学方法,将此作为常规教学方法的补充形式。行动导向是在德国兴起的一种职业教育思想,认为职业教育的定向性和实践性特征,必然使职业教育教学过程成为一种"有明确目标的活动",亦即"行动"。学生在自己"动手做"的实践中,通过自我调节的学习行动构建自己的技能、经验和知识。换句话说,行动导向教学方法强调学生在教师的引导下,针对职业目标,在与该职业的典型工作过程相对应的主动学习活动中,获得知识及经验体系。在行动导向的学习活动中,学生理解验证知识,发展实践能力;在行动导向的教学过程中,充分调动学生的自主性和自我负责意识,在学生的积极行动中培养职业素质和实践技能。因此,行动导向就成为职业教育教学方法的指导思想。

行动导向的教学方法能够有效地补充传统教学方法的不足。其实,在实际教学过程中,行动导向教学法并不排斥传统的讲解型或阅读理解型的教学方法,而是按照教学目标的实际需要,采用多种形式的教学方法。在职业教育教学中,常见的行动导向教学方法包括以下几种。

(一) 项目教学法

1. 项目教学法的涵义

项目教学法通常也被称为项目作业法,是职业教育教学活动中最典型、最有效的行动导向的教学方法之一,它充分体现了行动导向教学的真实性、完整性和协作性学习的原则。[1] 所谓项目教学法,就是在教学中选择一个核心课题,据此为学生设计一个项目,师生通过共同的实践活动,完成一个完整的"项目"(一个产品)的教学方法。在这里,项目指以完成一件具体的、具有实际应用价值的产品为目的的任务。这项任务应与一定的教学内容相联系、与企业的生产活动直接相关,有具体的成果展示,具有一定的难度,是学生综合运用知识和技能才能解决的问题。

2. 项目教学法的构成

项目教学法主要由四个环节构成:

(1) 确定项目内容和任务要求。教师拟出一个或数个可供选择的项目,与学生讨论、确定项目的目标和任务。

(2) 制定工作计划。由学生制定工作计划,确定工作步骤和程序。

(3) 实施计划。学生分工,按照既定工作步骤和程序展开项目活动。

(4) 检查总结。先由学生自己总结,再由教师对项目工作成绩进行检查评分,师生共同评判工作中的问题,寻找新的解决方法。

3. 项目教学法的特点

在项目教学中,学生是开展活动的主体,教师主要是提供必要的帮助和指导。学生在完成项目的过程中,理解和把握课程要求的知识和技能,获得分析问题和解决问题的能力,体验创新的艰辛与乐趣。学习过程成为一个人人参与创造的实践活动,注重的不是最终的结果,而是完成项目的过程。学生为干而学,在干中学,边干边学,学用结合,理论与实践相结合,在实践中提高职业技能。

4. 项目教学法的实施要求

运用项目教学法的基本要求:一是学生应具有较强的独立工作能力;二是要根据学生的水平选择有适当难度的项目。

(二) 案例分析教学法

1. 案例分析教学法的涵义

案例分析教学法就是指教师选用专业实践中常见的、具有一定难度的典型案例,组织学

---

[1] 刘邦祥.试论职业教育中的行动导向教学[J].职教论坛,2006(02):4—8.

生进行分析和讨论,提出解决问题的策略的教学方法。在这里,案例是关于实际情境的描述,它叙述的是一个完整的、有代表性的真实事件。

2. 案例分析教学法的构成

案例分析法主要由五个环节构成:

(1) 引入案例。由教师讲解该案例在整个课程中所占的位置,案例需要达到的目标,并介绍如何进行讨论。

(2) 提出问题。确定案例中的疑难问题,分析这些问题的特征或需要作出的决定。

(3) 设定解决问题的若干备选方案,并提出方案的实施方法。

(4) 实施讨论。

(5) 总结。由学生或教师做出总结,概括解决方案的要点,讲明案例的关键点,评述本次讨论的长处和不足,引出需要进一步思考的问题。

3. 案例分析教学法的特点

在案例教学中,教师的职责是营造良好的讨论氛围,使每个人都可以自由真实地表达自己的想法。案例分析法旨在将教学情境融合在实际生活情境中,以帮助学生从经验与活动中获得知识、增长才干。这种方法既有利于提高学生解决实际问题的能力,又有利于调动学生学习的积极性和自主性。

4. 案例分析教学法的实施要求

(1) 精选案例。根据教学目标的要求选择与之对应的案例,若没有现成的案例,教师应自己编写案例。在选择案例时,学生现有水平和完成案例分析所需要的时间是要着重考虑的因素。

(2) 充分的课程准备。学生和教师都要做好准备。学生要事先阅读案例,理解其中心思想,并在教师的指导下独立地搜集与解决方案有关的资料,写出自己提出的解决问题的提纲,或通过小组讨论,完善自己的意见;教师要明确案例中所要解决问题的重要结论,对课堂讨论提出预案,对学生的已有技能和背景进行分析,思考进行引导和点拨的策略。

(三) 模拟教学法

1. 模拟教学法的涵义

模拟教学法又称模拟实习法或模拟练习法,是学生在教师的指导下,在模拟的工作环境中,扮演实际工作环境中的角色,从事有关职业内容的一系列角色活动的教学方法。这种方法是职业学校某些专业进行职业技能训练的一种重要教学方法。职业学校的有些专业因专业性质特殊,学生直接到一些单位顶岗实习有困难,必须先让学生在学校模拟的环境中进行综合训练,以提高学生的实际工作能力,增强顶岗实习的适应性。

2. 模拟教学法的类型

(1) 器物模拟。如汽车维修专业的模拟汽车、模拟机器故障与检测维修以及运用计算机的多种交互模拟等。

（2）环境模拟。如旅游服务专业的模拟总台服务实习室、模拟餐厅、模拟客房等；财会专业的财会模拟实习室；农业职业学校在校内建立的能够模拟进行各种不同规模的庭院经济的实习环境等。

（3）人物模拟。如模拟采购员、服务员、维修人员等。

3. 模拟教学法的实施要求

（1）建设模拟教学环境。模拟教学法的关键在于建设好模拟教学环境，必须按照专业特点、教学内容与要求，设置模拟教室。模拟环境要力求逼真，使学生一进入模拟室，就能很快进入角色。

（2）教师要先讲清模拟练习的内容与要求，并为学生做出示范。

（3）在模拟练习中，教师应严格要求学生，发现问题及时纠正，以提高练习的实际效果。

（4）做好总结。模拟练习结束时，教师要总结成绩，指出存在的问题，同时按评分标准，逐项为每个学生打分，鼓励学生继续努力，以达到预定的目标。

（四）"头脑风暴"教学法

1. "头脑风暴"教学法的涵义

"头脑风暴"是一种能够在最短的时间里获得最多的思想和观点的工作方法。它曾被广泛地应用在企业管理和科研工作中。"头脑风暴"法又称集脑会议或集体激励法，是由美国 BBDD 广告公司副总裁阿历克斯·奥斯本发明的，旨在借助团队力量汇集和启发风暴般的思潮来开发广告创意活动。

"头脑风暴"法在职业教育教学中的应用越来越多。所谓"头脑风暴"教学法是指教师引导学生就某一课题自由地发表意见，教师或其他学生不对其正确性或准确性进行任何评价。这是一种可以在最短时间内获得更多思想和观点的讨论方法。在职业教育实践中，可通过"头脑风暴"法，讨论和收集解决实际问题的意见和建议（总称为建议集合）。

2. "头脑风暴"教学法的实施要求

"头脑风暴"法与辩论不一样，它是没有对抗性的，它的唯一目的就是启发灵感，产生创意。为此，应遵循以下原则：

（1）学生应具备基本的相关知识；

（2）对提出的各种意见暂不作任何判断和评价；

（3）提倡不受拘束的自由发言；

（4）先求量变，厚积薄发，以量求生；

（5）鼓励总结或改良他人的成果；

（6）提倡圆桌式的轮流发言。

3. "头脑风暴"教学法的实施过程

（1）起始阶段。教师设置情境，说明要解决的问题，鼓励学生进行创造性思维，并引导学生进入论题。

（2）建议产生阶段。学生表达各自的想法、建议，教师应避免立刻对学生的想法和建议发表评论，也应阻止学生立刻对其他同学的建议发表评论，教师应积极引导，尽可能调动学生思考的积极性，鼓励求异、创新，并对其进行归纳总结。

（3）总结评价阶段。经验表明，由"头脑风暴"法产生的建议只有约5%—10%是可行的。如果学生人数较多，应该把大家提的建议集合起来，分成几部分进行小组讨论，每组不宜超过6人。

三、职业教育教学方法的选择依据

教学是一种创造性的活动，选择与运用教学方法要根据各方面的实际情况统一考虑。任何一种教学方法都是以一定的条件（包括教学内容、教学设备、学生实际水平和教师的特长等）为转移，不存在适合一切学生、一切教师、一切信息通道和传递一切信息材料的教学方法，正所谓"教学有法，但无定法，贵在得法"。

在职业教育教学中，教学方法不仅具有层次之分，而且各种常用的教学方法都有其自身的适应性。对教师而言，首先必须熟练掌握各种教学方法，以便于灵活地运用。此外，还要了解各种教学方法所适应的情境，避免在教学资源及教学时间方面造成不必要的浪费，使教学方法纳入最优化程序中，即能在现有条件下，在有限时间内获得最好的教学效果。

为了使教学过程最优化，以便发挥出它的整体功能，教师在选择教学方法时应该以系统的观点为指导思想，具体而言要依据以下几个方面：

一是有利于完成教学任务；二是符合课程性质和教学内容的特点；三是符合学生心理发展的一般规律；四是符合学生的实际情况（年龄特征、个性特点、基础学力以及班级情况）；五是符合教师的教学风格；六是考虑学校现有的教学条件。

每一种方法都有它适用的具体范围和条件，也都有一定的局限性，它们都不能机械地运用到所有具体的教学中。教师要根据教学原则和自己的实践经验，创造性地设计出适合于特定内容和特定学生的特定方法，以展现自己的教学艺术和形成自己的教学风格。这是教学方法的最高境界。

第四节 职业教育教学组织形式

教学组织形式是教学活动诸要素在教学过程中的组合方式和工作形态，涉及教学活动的规模、师生的活动形式、教学活动的时间和教学活动的场所等方面。

职业学校的教学组织是由其课程性质、教学目标、教学过程、教学方法等方面的特点所决定的。常见的职业教育教学组织形式主要有课堂教学和现场教学。

一、课堂教学

(一) 课堂教学的涵义

课堂教学是班级授课制的基本表现形式,也是现代学校教学的基本组织形式。课堂教学是指把一定数量的学生,按年龄、专业、文化程度组成教学班,以班为单位,由教师根据教学计划规定的内容和教学时数,实行集体教学,系统传授理论知识的教学组织形式。对于职业学校而言,课堂教学是理论教学最基本的教学组织形式。

(二) 课堂教学的特点

1. 以知识传授为本位

课堂教学以知识传授为本位,通常围绕课堂、教师和书本展开教学活动,旨在使学生在较短的时间内掌握系统、大量的理论知识。长期以来,课堂教学是学校职业教育的主要教学组织形式,经由课堂教学可以使学生获得较为扎实的文化知识和专业理论知识;但由于课堂教学强调系统的书本知识的学习,容易造成理论与实际脱节,学生实践机会较少,从而导致职业技能训练不足,毕业后需要经过相当长的时间才能胜任岗位要求。另外,课堂教学主要是分科教学,不利于培养学生对知识的综合运用能力。

2. 教师起主导作用

课堂教学在教学内容、教学时数等方面都有明确规定,教师按照教学大纲和教材的规定,有组织地开展教学,使教学活动能有目的、有计划、系统地进行,以确保全班学生自始至终都在教师的有效指导下完成学习任务。在课堂教学中,教师决定着教学活动的各个环节,起着主导作用。由于课堂教学强调教学过程的标准化、同步和统一,难以完全适应学生的个别差异,不利于因材施教;同时,教师面对学生集体统一授课,也容易造成教师过多控制课堂时间,不易发挥每个学生的主体作用。

3. 体现学生主体地位

课堂教学围绕学生设计多样化的教学内容、学习经历、教育途径和典型策略,有利于满足不同学习需求、学习兴趣、学习意愿的学生的要求,体现了理解、培育所有学生需求的重要性。以学生为主体的课堂教学是真实的学习,与完整的工作学习过程有着密切的关系。在教学过程中,教师注重引入企业中的真实问题和引导学生模仿专业人士的工作,让学生参与具有企业工作难度的学习,重视典型技能的教学;教师注重学生参与问题讨论和共同学习,鼓励学生协作,提倡开放性的疑问、思索和认知,鼓励学生反映自身学习情况;在项目学习中,教师强调学生的自我指导学习,给学生机会控制自己的学习。

4. 注重探究性学习

2019年印发的《国家职业教育改革实施方案》指出:适应"互联网＋职业教育"发展需

求,运用现代信息技术改进教学方式方法。信息技术的发展推动了网络化课程的普及和学校与社会的联系,为传统教学改革带来了前所未有的机遇。无论从社会层面,还是从自身发展、满足学生需要的角度,职业院校都有必要进行教学改革的探索,加强"教师主导—学生主体"建设,为新时代下教学环境的变革提供指导。探究性学习是致力于学生自己的背景和兴趣的一种学习方式,学生的好奇心是探究性学习得以实现的核心。教师通过介绍任务和概念,学生进行课程学习和研究,学生内部之间一起讨论,将结果应用于实践,接收反馈并改进。因此,探究性学习能使学生经历知识创造的过程,是一种以学生为中心的学习,是一种自主学习方法,有助于学生产生积极的学习动力。[①]

(三) 课堂教学的实施要求

1. 制定切实可行的教学目标

教学目标是开展教学活动的轴心,切实可行的教学目标是实施课堂教学的关键。由于职业学校生源的复杂性和多样性,为了更好地因材施教,就必须根据学生的知识基础、能力结构、学习需求、兴趣特长及未来的职业岗位需求等现状,确定不同层次的教学目标。对于学习成绩优秀的学生,着重培养他们的自学能力、探究精神,让他们学会主动学习,提高他们的知识水平;对于学习成绩偏差的学生,力争使他们掌握基本的学习方法和思维习惯,培养学习兴趣,树立学习信心,重点培养和强化学生的专业操作技能,保证学生毕业时有较强的职业技能而顺利就业。

2. 选取适宜的教学内容与方法

要保证课堂教学的有效性,一方面,教学内容要切合学生的学力基础,尤其对职业学校的学生来说,专业理论知识达到"够用"即可,切不可选用过深、过难的知识挫伤学生的学习积极性。内容的递进速度要适应学生的学习能力,内容的难易程度要满足学生理解、接受和掌握水平的要求,所以,教材的选取要充分考虑学生的实际情况。另一方面,教师要依照不同类型学生的实际情况,探索适合的教学方法,使各类学生各得所需。在教学中,应尽量找准每个学生学习的"最近发展区",进行分类指导。例如,对基础较好的学生可多启发、拓展和加深,注重综合能力的培养;对基础较差的学生,可多鼓励、引导,循序渐进,注重学习自信心和学习兴趣的培养;对大多数中等程度的学生来说,强调对知识的巩固提高,从而使各类学生各有所获和全面发展。

二、现场教学

(一) 现场教学的涵义

现场教学是组织学生到工作现场,由教师现场示范,学生独立操作训练的一种教学组织形式。这种教学组织形式能把书本知识中描述的现象的发生、发展以及运动变化的本来面目呈现给学生,使学生在生动的教学情境中学习。现场教学是课堂教学的补充、继续和发

---

① 黎佳,宁朝阳,谢筱丽.职业院校教学三原则和五途径的新内涵和特点分析[J].机械职业教育,2019(06):56—58+62.

展。在教学的时间、形式等方面,现场教学不像课堂教学那么固定,通常是根据教学任务、教材性质、学生实际情况和现场具体条件等而定。通过现场观察、调查或实际操作,有利于丰富学生的感性认识,促进学生对书本知识的进一步理解和掌握,培养学生将知识运用于实践的能力。

职业学校的现场教学是指将成体系的教学内容分解为独立的、明确的知识和能力目标,并把这些目标融于具体的训练项目中,通过教师现场示范,学生独立操作训练的一种教学组织形式。对于职业学校而言,现场教学是主要的实践教学组织形式,像参观法、演示法、练习法等教学方法常需要采用现场教学。

(二) 现场教学的特点

1. 以能力为本位

现场教学以培养学生掌握基本知识、习得专业技能为主要目标,适合培养学生的动手能力。换言之,现场教学过程实际上就是在一定的环境下,师生进行知识、技能和情感的交流,通过交流,学生习得知识、技能,形成一定的职业实践能力和良好的职业道德。同时,现场教学也有助于培养学生的观察力、注意力、思维能力和想象力。

2. 以学生自主训练为主

现场教学是教师指导下的学生训练活动,突破了传统的"以教师讲授为主"的课堂基本教学组织形式,转向以学生自主训练为主,将练习和评价矫正贯穿于教学过程的每一个环节,真正把学生放在主体的位置,形成了"教师为主导、学生为主体、训练为主线"的职业学校实践教学组织形式,使学生在训练过程中掌握与训练内容有关的基本知识和操作技能。

(三) 现场教学的实施过程

1. 定向阶段

教师在示范前的准备工作。教师向学生阐明所要掌握的基本知识和行为技能要求,说明操作原理和程序,提出明确的学习任务。定向的目的就是让学生一开始就带着明确的目标、任务去学习模仿。

2. 参与性练习阶段

在模拟或仿真的现场训练环境中,教师边讲解、示范边指导,学生进行模仿性练习。这种练习可以根据动作步骤分若干次进行,教师在学生的练习过程中可及时提出针对性的问题,这些问题应包含知识性的和技能性的。教师通过获取的反馈信息,及时矫正学生知识上的偏差和操作上的错误,进行正确知识的传授,以及动作、行为的强化训练。

3. 自主性练习阶段

学生独立操作阶段。当学生已基本掌握必备的知识和动作的操作要领,能独立做出整套动作时,就可以大胆让学生进行自主练习,将模仿来的知识和技能内化为学生的操作能力,独立完成操作过程,熟练掌握知识和技能。在更高的层次上,学生可以在模仿的基础上,根据自己的知识结构和行为能力结构进行创造性练习。

(四) 现场教学的实施要求

1. 目标明确

要根据教学内容的特点,确定现场教学目标,选择适当的课题和教学现场。对于教师而言,现场教学要解决什么问题,预期效果如何,必须要做到心中有数,同时也要尽可能地让学生理解现场教学目标的基本内涵。

2. 做好现场教学的准备工作

教师课前必须与相关的现场取得联系,争取他们最大程度的支持与参与;制定现场教学的步骤与计划,确定指导人员与指导要点;引导学生复习相关理论知识,为进行现场教学做好知识上的准备;同时,也要求学生对设备、工具、图纸、电器安全进行全面检查,做好操作上的准备。

3. 做好现场教学的示范指导工作

在现场教学中,教师和实际工作者要做好指导工作,引导学生在直接感知的基础上进行抽象、概括、验证和阐释课内学过的理论知识,启发学生质疑问难,引导学生进行必要的实际操作。教师指导时要有目的、有计划、有准备,要将集体指导和个别指导相结合,技术理论和实际操作相结合,示范与讲解相结合。教师的示范要科学、规范,无论是智力技能还是动作技能,都要做到步骤清晰可辨,动作准确无误,操作方法规范;同时,教师在示范时,要讲清与训练项目或技能操作有关的知识点,抓住要点进行动作分解,指出分解动作的操作要领。教师的讲解要语言简练,重点突出,条理清楚,言之有物。对设备、材料、工具、图纸、加工工艺、可能发生的故障、技术要点、文明生产、操作规程等要讲解清楚。另外,教师在示范讲解时,要安排好学生的观看位置,使每个学生都能看到。学生通过观察、理解新传授的知识、技能的操作程序和要点,及时进行模仿练习。

4. 做好现场教学的总结工作

现场教学结束时,要抓住现场教学中的主要问题做重点的提示或说明,并予以全方位总结。总结可以在现场进行,也可以在校内进行。总结的方式可以是教师讲解,也可以采取学生座谈的形式进行。总结时要检查验收学生制作的产品或工作,评定学生成绩,全面总结学生的操作训练情况,肯定成绩,指出不足,鼓励进取。对操作技术掌握快的学生,要注意总结他们的经验,并及时鼓励和推广。最后,教师还要填写教学日志,并作为实践教学资料加以保存。

思考题

1. 简述备课和说课的主要内容与要求。
2. 简述上课的基本要求。

3. 简述评价一堂好课的标准。
4. 简述项目教学法的内涵与特点。
5. 简述教学方法选择的依据。
6. 简述现场教学的基本过程及实施要求。

相关链接一

建构主义的教学理论

建构主义是当代心理学理论中行为主义发展到认知主义以后的进一步发展,被喻为是"当代教育心理学中的一场革命"。它从认识论的角度对心理学特别是认知心理学的研究成果进行深入分析,提供了关于学习活动本质的分析结果,不仅对学习心理学的深入研究有着重要的影响,而且也直接影响到实际的教学活动。

一、建构主义的知识观

建构主义认为,知识不是认识主体对客观事物的准确表征,它只能是人们对客观世界的一种接近正确的假设和解释。建构主义十分重视知识的个体性、相对性和文化性等特征。知识包括结构性知识和非结构性知识和经验。结构性知识是指规范的、具有严密逻辑系统,从多种情境中抽象出来的基本概念和原理;非结构性知识是指与具体性情境相联系,在具体情境中形成的非正式、不规范的知识,一般来说,每个人的具体经验、独特的生活经历等都属于这一范围。

二、建构主义的学习观

建构主义理论主张学习是学习者主动建构自己知识结构的过程。他们认为,知识不是单纯通过传授得到的,而是学习者在一定的社会文化背景下,通过他人的帮助,利用必要的学习手段及学习资料,通过意义建构的方式而获得的。所以,建构主义更关注学习者如何以原有的经验、认知结构、心理结构为基础来建构知识及知识结构。建构主义学习观十分强调"意义建构""情境""协作"与"对话"等。

三、建构主义的教学观

建构主义强调以学生为中心,教师是学生意义建构的帮助者和促进者。在建构主义看来,学生是信息加工的主体,是意义的主动建构者,而不是外部刺激的被动接受者和被灌输的对象。在学习过程中,学生要从多方面发挥主体作用,用发现法、探索法去建构知识的意义。建构主义提出了三条教学原则:一是建构性原则。是指在教学中不以灌输知识为主,而应启发学生自主地建构认知结构。在教学中应按照学生认知建构图式进行教学设计,尤其应注意设计教学情境、认知冲突;二是主体性原则。该原则指教学中应积极有效地促进学生主动参与,自主建构认知结构。为此,教师要创设机会,激励学生主动参与,促进学生主动学习;三是相互作用原则。该原则是指要将活动贯穿于教学的全过程,使之在相互作用中最大限度地让学生处于激活状态,积极主动地动手、动口、动眼和动脑,使学习成为学生的自主活动。为此,教师应运用现代化教育教学手段,开展协作学习与小组讨论,增进合作与交流。

相关链接二

多元智力理论的教育观

多元智力理论是由美国哈佛大学心理学教授加德纳提出的。他认为,智力是在某种社会和文化环境的价值标准下,个体用以解决自己遇到的真正难题或生产及创造出某种产品所需要的能力,智力不是一种能力而是一组能力,智力也不是以整合的方式存在而是以相互独立的方式存在的。因此,他注重智力的实践性和情境性,率先将社会智力的内容引入智力概念并相应地提出多元智力理论。

一、多元智力理论概述

（一）多元智力理论的智力观

多元智力理论超越传统智力理论的视野,强调智力是人的一种功能外显形式,是多元的、发展的,并只能以人的活动予以确认。多元智力理论相对于传统智力理论表现出几个方面的突破。[①] 一是智力不再是传统意义上的逻辑—数理智力或以逻辑—数理智力为核心的智力,而是实践能力和创造能力;二是智力不再是传统意义上用一个标准来衡量的某种特质,而是随着社会文化背景的不同而有所不同的为特定文化所珍视的能力;三是智力不是一种能力或以某一种能力为中心的能力,而是全面和谐发展的多种智力;四是智力是一种潜能,是中枢神经系统的潜在发展能力。多元智力理论创造性地确定了社会文化在个体智力发展中的重要性,强调智力发展的文化性与生成性。它是对传统智力观的一次解构与超越,突破了以往对智力的单维认识,使人们对智力发展的理解迈上一个新的台阶。

（二）多元智力理论的智力结构

多元智力理论认为,人类的智力是由多种智力构成的。这种多元智力框架中相对独立地存在着七种智力:①言语—语言智力,主要指听、说、读和写的能力;②音乐—节奏智力,主要指感受、辨别、记忆、改变和表达音乐的能力;③逻辑—数理智力,指运算和推理的能力;④视觉—空间智力,包含了感受、辨别、记忆和改变物体的空间关系并借此表达思想和情感的能力;⑤身体—动觉智力,主要指运用四肢和躯干的能力;⑥自知—自省智力,指认识、洞察和反省自身的能力;⑦交往—交流智力,指与人相处和交往的能力。每种智力都是一个单

[①] 李子华.多元智力理论对当前学校教育教学改革的启示[J].教师教育研究,2004(02):68—72.

独的功能系统,但这些系统可以相互作用,产生外显的智力行为。作为个体,每个人都同时拥有这七种相对独立的智力。此后,加德纳又提出自然智力,即个体辨别环境的特征并加以分类和利用的能力。在《智力重建：21世纪的多元智力》著作中,加德纳提出了可能还有新的智力,如存在智力、精神智力等。

二、多元智力理论的教育观

（一）学生观

多元智力理论认为,每个人都同时拥有多种智力,只是这多种智力在每个人身上以不同的方式、不同的程度组合存在,使得每个人的智力都各具特色。加德纳认为,每个学生都有自己的优势智力领域,有自己的学习类型和方法,因此,学校里没有所谓"差生"的存在,全体学生都是具有自己智力特点、学习类型和发展方向的可造就之才。多元智力理论还提出,在每位学生充分展示自己优势智力的同时,应将其优势的特点迁移到弱势的领域中去,从而促使其弱势领域得到尽可能的发展。因此,教育首先是赏识教育。其次,教育是个性化的教育。

（二）教学观

多元智力理论所倡导的教学观是一种"对症下药"的因材施教观。多元智力理论认为,世界上没有具有完全相同智力的两个人,每一个人都是用各自独特的组合方式把各种智力组装在一起的。学生会表现出某些特别发达的智力,并倾向于用不同的智力来学习。不同的智力领域都有自己独特的发展过程并使用不同的符号系统。这就提示各教育阶段的教师在安排教学活动时要同时兼顾八种领域的学习内容,综合运用多样化的教学方法(如全语言、批判思考、操作、合作学习、独立学习等),同时提供有利于八种智慧发展的学习情境。因此,教师的教学方法和手段,应该根据不同的教学内容而有所不同。其次是针对不同学生的"对症下药"。

（三）评价观

多元智力理论认为,评价一个人的智力发展应该是在一定的社会环境中,以一定的文化教育为支持,以个人的先天生物能力整合为结果。加德纳主张,判断一个人的智力,主要看这个人解决问题的能力以及创造力。所以,智力评价既要对学生的多元智力进行评价,又要重视对学生解决问题的能力和创造能力进行评价。在实际的教学评价中,应该依据教学评价标准的生成性要求,除了注重评价过程以外,还要强调评价方式方法的多元,注重开放地收集评价信息,以便全面了解评价结果。因此,必须加强评价内容与学生生活经验、社会实际的联系,重在考察学生分析问题和解决问题的能力等。

第九章
职业学校德育

> **教学目标**
>
> 1. 理解德育的概念及职业学校德育的特点。
> 2. 掌握职业学校德育的基本任务和内容。
> 3. 理解和掌握职业学校德育的基本原则、途径和方法。
> 4. 掌握职业学校班主任工作的内容和方法。
> 5. 理解职业学校班主任专业化的路径。

加强和改进职业学校德育工作,是提高受教育者思想道德素质,形成良好职业道德,实现职业学校培养目标的重要措施。职业学校德育工作,既要遵循德育的基本原理,也要考虑其特殊性。本章着重论述职业学校德育的特点、基本原则、主要任务、内容以及德育途径和方法。

第一节 职业学校德育概述

一、德育的概念

在我国古代,"德""育"二字是分开的。《说文解字》释"德"为"外得于人,内得于己"。"外得于人"说的是正确地处理与他人的关系;"内得于己"讲的是内心修养。[1] 可见"德"即道德。在西方教育史上,也不是一开始就有"德育"之说,在相当长的时期内,"德育"与"教育"是混用的,直到 1860 年,英国教育家斯宾塞在其教育代表作《教育论》一书中,把教育明确划分为"智育""德育""体育",从此,"德育"逐渐成为教育中的一个基本概念。

在我国,德育概念迄今为止还没有一个统一的权威说法,代表性的观点主要有:

"德育就是把一定社会或阶级的思想观点、政治准则、道德规范转化为个体思想品德的活动。"[2]

"德育是教育者按照一定社会的要求,通过特定的教育活动,把特定社会的思想和道德规范内化为受教育者的思想意识和道德品质的过程。"[3]

"德育是教育者根据一定社会和受教育者的需要,遵循品质形成的规律,采用言教、身教等有效手段,通过内化和外化发展受教育者的思想、政治、法制和道德几个方面素质的系统过程。"也有学者认为,德育是按照特定阶级的要求,根据受教育者的需要,遵循人的身心发展规律和品德形成规律,采用包括言传、身教在内的多种手段,从而实现受教育者思想、政治、法制和道德多方面素质综合发展的过程。[4]

《教育大辞典》则认为:德育旨在形成受教育者一定思想品德的教育。在我国,德育包括"思想教育""政治教育""道德教育"。在西方,德育一般指伦理道德教育以及有关价值观的教育,属于形成个性的教育范畴。德育在巩固和发展社会制度、形成统一社会规范、稳定社会秩序等方面具有重要作用。德育与智育、美育、体育有密切的联系,对受教育者各方面素质的发展具有导向和促进作用,是历来学校教育的重要组成部分。[5]

---

[1] 沈善洪,王凤贤.中国伦理学说史(上)[M].杭州:浙江人民出版社,1985:65.
[2] 胡守棻.德育原理[M].北京:北京师范大学出版社,1989:20.
[3] 孙喜亭.教育原理[M].北京:北京师范大学出版社,1993:290.
[4] 鲁洁,王逢贤.德育新论[M].南京:江苏教育出版社,1994:95.
[5] 教育大辞典编纂委员会.教育大词典(第1卷):教育学、课程和各科教学、中小学校[M].上海:上海教育出版社,1990:97.

《中小学德育工作指南》(2017年)规定德育内容包括理想信念教育、社会主义核心价值观教育、中华优秀传统文化教育、生态文明教育以及心理健康教育。

在德育实践中,可以将德育作狭义和广义的理解。狭义的德育是把德育的"德"理解为"道德",德育就是道德教育。道德是指依靠人的内心和外在舆论而被自觉遵守的,调整人与人、人与社会、人与自然之间关系的各种规范的总和。德育就是使受教育者对一定时代客观存在的道德有所理解和遵循,而这种理解和遵循程度上的不同反映了不同的人其"德"水平的高低。

广义的德育,就是把"德"的外延扩大。除了道德教育外,还包括思想教育、政治教育、心理教育和环境教育等内容。学校德育更多的是从广义上去理解和实施的,因此,有必要对广义的德育作进一步的理解。思想教育的本质是人生观、价值观教育。人生观要回答的问题是人为什么要活着,怎样活着才有意义;价值观要解决的问题是什么是值得人们去追求的,追求什么才是有意义的。政治教育是我国德育的一大特色,它直接把"爱党、爱国、爱社会主义"等政治观念作为德育内容。政治教育的内容因政治形势与任务而定,有较强的时效性,旨在让学生得到持续的政治熏陶,从而形成坚定的政治信念。环境教育是当代被拓展的德育领域,有着极强的现实意义。我国古代就一直强调"天人合一"的思想。公元前11世纪,西周王朝颁布了《伐崇令》:"毋坏屋,毋填井,毋伐树木,毋动六畜。有不如令者,死无赦。"这是中国古代较早的保护水源、动物和森林的法令。当人类面临来自环境报复的时候,就必须重新建立并遵守为自然所认可的人与自然的道德关系。德育属于个性发展的范畴,因此与心理有着天然的联系。

教育部《中等学校管理规程》规定:"中等职业学校在对中职学生进行大致与普通高中层次相同的文化知识教育的同时,还要根据职业岗位的需要,按照学校所开设的相关专业课程进行具有针对性地职业道德教育、专业知识的教育和实习实训等职业技能的培训。"①2019年国务院印发的《国家职业教育改革实施方案》指出,要指导职业院校上好思想政治理论课,推进职业教育领域三全育人综合改革试点工作,使各类课程与思想政治理论课同向同行,努力实现职业技能和职业精神培养高度融合。不管是狭义的德育,还是广义的德育,德育都不是一个孤立封闭的教育系统,而是一个联系的、开放的教育系统。首先,德育的原则和过程受制于哲学,尤其是哲学社会历史观,同时德育的途径又是社会学的有机组成,是伦理学的主体内容,而德育要取得实效,就必须以心理学作为坚实的基础。因此,我们应从多学科的角度来综合研究德育概念,这样才能真正理解职业学校德育的本质内涵。

二、德育的要素

德育的过程是学生个体思想道德品质形成和发展的过程。德育过程一般由五个要素构

---

① 《中等职业学校德育大纲(2014年修订)》。

成：道德认知、道德情感、道德意志、道德信念、道德习惯,简称"知、情、意、信、行"。其中,前四个要素构成学生的道德心理素质,后一个方面是学生道德行为因素,它表明学生个体的道德行为已经达到的自觉程度。前后两个方面的统一,构成德育的完整体系。

(一) 道德认知

道德认知是对现实社会道德关系和处理这些关系的伦理准则、规范的理解和掌握。道德认知是思想品德的心理要素之一,是产生道德情感、道德意志、道德行为的必要条件。

在心理品德结构中,道德认知是一定社会或阶级的外在道德要求转化为个体内在思想品德的关键因素,是形成其他品德心理成分的基础。没有正确的道德认识,就难以对行为的是非、善恶、美丑作出正确的评价和判断,也难以产生相应的道德情感、形成高尚的道德情操,也就没有坚定的道德信念和坚强的道德意志,也不可能养成良好的道德行为习惯。

职业学校的德育目标比普通高中多了社会意识、职业意识、就业意识等内容,注重培养职业学校学生的职业理想、职业道德、职业素质和能力,培养学生热爱劳动、奉献社会、注重实践的意识,提高学生的职业安全和环境保护意识,注重创业能力的培养和锻炼。

(二) 道德情感

道德情感是一种高级情感,是指个体对现实生活中的道德关系和道德行为好恶等的情绪体验。道德情感在道德认知的基础上形成,在道德心理结构中起着至关重要的枢纽作用。

道德情感的枢纽作用表现为:

一是道德情感的评价作用。倾慕或鄙弃、爱好或憎恶的情感体验,表明个体对某些道德现象的主观评价;二是道德情感的调控作用。个体以某种情绪态度去调节控制自己的道德认识和道德行为。主要通过两个方面来实现:针对未来的道德行为,积极的道德情感具有强化作用,可以激励个体去做并从结果中获得满足、愉悦等情绪体验;消极的道德情感有弱化作用,阻止个体去做,从而避免内疚、后悔等情绪体验的产生。

职业学校德育要求紧密联系岗位和职业,每项内容都体现职业教育的特殊性,要求结合行业发展的成就、作用、前景等进行社会主义精神文明教育和职业生涯教育;结合岗位需求,加强职业道德教育、专业知识教育、创业准备教育、职业规范教育,通过职业体验不断增强对职业的认识和认同,从而形成积极的职业体验。

(三) 道德意志

道德意志是指人们在履行道德义务的过程中,为实现预定目的而自觉克服一切困难的顽强毅力和坚持不懈的精神品质。

道德意志是在道德认知、道德情感的基础上形成的,它有助于个体深化道德认识,发展道德情感,形成道德信念,从而调节道德行为。在心理结构中,道德意志表现为两方面的作用:

一是定向作用,道德行为的目的性必须明确且高尚,这样在遇到困难或障碍时才能表现出人的有指向的主观能动性。二是支配作用,道德目标确定后,为实现目标,个体就必须组织一定的行动或消除一定的行动。有人往往在口头上表示自己的"决心",但就是难以落实到行动中去,这说明此人缺乏对道德行为的组织和控制,也就表明其道德意志不够坚定。

如今我国社会上仍有很多不良思想文化和道德观念侵蚀着未来一代人的身心健康,特别是职业学校学生,他们的心智还未健全,辨别是非的能力相对较弱,容易受到错误信息的诱导,影响自身的政治立场和道德修养,因此,要强化对职业学校学生道德意志的磨炼。

(四) 道德信念

道德信念是指人们对道德原则、道德规范的真诚信仰,以及由此产生的对履行道德义务的强烈的责任感。人的道德信念大约在15岁以后、在深刻掌握道德知识的基础上开始确立。其形成表现为:掌握道德知识,确信其正确,以此指导自己的行为,并作为道德评价标准。道德信念的特征主要有三:

1. 综合性:道德信念是深刻的道德认知、强烈的道德情感和顽强的道德意志的有机统一,是三者的综合反映。

2. 稳定性:道德信念一旦形成,就表现为以一种稳定的内心动力发挥作用,不会轻易地因条件的变化而变化,以至于人们可以为实现某种信念矢志不渝,显示出行动上的坚定性。

3. 持久性:由于道德信念是一种信仰和责任感,因此一旦确立就会持之以恒、百折不挠地去实现这种信仰,履行这种责任。[①]

(五) 道德习惯

道德习惯是指个体的道德行为已经成为一贯的、习以为常的惯例。道德习惯是道德行为、道德心理素质在行为实践中的表现,其本质是实践。

道德习惯和道德行为是有区别的。道德习惯表现为一种道德常态,而道德行为则可以是常态,也可以是一时的状态。比如一个习惯于随地吐痰的人,到了某个隆重的场合也可能会抑制这种不道德的行为而表现出良好的文明举止,一旦脱离这个特定场合,其恶习会依然如故。

良好的道德习惯在道德品质的形成和发展中有着决定性的作用:一方面,它是道德品质形成的重要标志;另一方面,它反过来又作用于道德发展的其他要素,促进道德认知、道德情感和道德意志升华到道德信念。

三、职业学校德育任务和内容

(一) 职业学校德育任务

德育任务是指学校教育在学生思想品德形成和发展中所要达到的要求。德育任务反映了一定的社会政治、经济和文化要求。教育部颁发的《中等职业学校德育大纲(2014年修

[①] 张锡生,杨明.现代职业道德与通用能力:专业技术人员继续教育培训教材[M].南京:南京大学出版社,2004:28.

订)》规定了中等职业学校德育的目标:把学生培养成为爱党爱国、拥有梦想、遵纪守法、具有良好道德品质和文明行为习惯的社会主义合格公民,成为敬业爱岗、诚信友善,具有社会责任感、创新精神和实践能力的高素质劳动者和技术技能人才,成为中国特色社会主义事业合格建设者和可靠接班人。

具体要求如下:

(1) 树立实现中国梦的远大理想,牢固树立中国特色社会主义道路自信、理论自信、制度自信,热爱祖国,热爱人民,热爱中国共产党,拥护党的领导。

(2) 培育和践行社会主义核心价值观,勤学、修德、明辨、笃实,使社会主义核心价值观成为自己的基本遵循,内化于心,外化于行,养成科学的思想方法。

(3) 养成良好的法治意识和文明行为习惯,提高道德素质和法律素质,增强公民意识,依法办事,待人友善。

(4) 树立正确的职业观和职业理想,提高综合职业素质和能力,热爱劳动,崇尚实践,奉献社会。

(5) 养成自尊、自信、自强、乐群的心理品质,提高心理健康水平和职业心理素质,人格健全,乐观向上。

(6) 树立安全意识、环保意识、节俭意识、廉洁意识,珍爱生命,尊重自然。

(二) 职业学校德育内容

德育内容是培养学生思想品德的政治观点、思想观点和道德行为规范的体系。德育内容的确定必须反映一定历史时期政治、经济、文化和历史传统的要求。《中等职业学校德育大纲(2014年修订)》详细规定了职业学校德育的基本内容,主要有以下六个方面:

(1) 理想信念教育。主要包括中国特色社会主义和中国梦教育;倡导"富强、民主、文明、和谐,自由、平等、公正、法治,爱国、敬业、诚信、友善"的社会主义核心价值观教育;马克思主义哲学教育;立足岗位、奉献社会的职业理想教育。

(2) 中国精神教育。主要包括以爱国主义为核心的民族精神教育;以改革创新为核心的时代精神教育;中华优秀传统文化教育;中共党史与国情教育。

(3) 道德品行教育。主要包括社会公德、职业道德、家庭美德、个人品德教育;学生日常行为规范、文明礼仪教育与训练;生命安全、艾滋病预防、毒品预防、环境保护等专题教育。

(4) 法治知识教育。主要包括宪法法律基础知识教育;职业纪律和岗位规范教育;校纪校规教育。

(5) 职业生涯教育。主要包括职业精神教育,就业创业准备教育,终身学习和职业生涯可持续发展教育。

(6) 心理健康教育。主要包括心理健康基本知识和方法教育;青春期心理健康教育;职业心理素质教育;心理咨询、辅导和援助。

除以上各系列教育内容外,学校还要根据国家形势发展需要进行时事政策教育。

第二节 职业学校德育原则和模式

一、学校德育的一般原则

德育原则是指思想品德教育必须遵循的基本准则和要求。德育原则是德育规律的体现,是古今中外德育实践的经验总结,它受德育任务和学生身心发展规律的制约。德育原则是制定德育计划、选择德育内容、确定德育方法和组织德育过程的依据。

中外教育家提出的许多德育原则在今天仍然具有现实意义。孔子、孟子提出的主要德育原则有言行一致、因材施教、以身作则、笃志自省等;古希腊哲学家德谟克利特和苏格拉底提出"心口一致、表里如一"原则;美国教育家杜威主张社会化活动的德育原则,让学生在社会性活动中主动接受道德训练,自己发现道德错误。人民教育家陶行知提出"行是知之始,知是行之成",主张启发学生的道德自觉,在课内课外、校内校外的集体生活和活动中体验道德情感。我国目前比较普遍运用的基本德育原则主要有:

(一)集体教育与个别教育相结合的原则

这一原则强调既要遵循思想道德教育的普遍规律,又要适应学校学生身心成长的特点与规律,要从他们的思想实际和生活实际出发,开展富有成效的教育和引导活动,增强针对性和吸引力。

(二)知与行相统一的原则

这就是在德育过程中既要重视道德知识传授、观念树立,又要重视道德情感体验和社会实践,引导学生自觉遵循道德规范,形成知行统一、言行一致的优良品质。

(三)教育与管理相结合的原则

这就是在德育过程中既要对学生进行深入细致的思想教育,又要加强科学严格的管理,实现自律与他律、激励与约束的有机结合。

除此之外,还有正面引导与纪律约束相结合的原则,说服教育原则,严格要求与尊重信任相结合的原则,教育影响一致性和连续性原则等。

二、职业学校的德育原则

职业学校的德育原则既遵循德育的一般原则,又具有自己的独特性,这是由职业教育的特性所决定的。

(一)方向性和时代性相结合的原则

职业学校是为经济社会发展培养一线生产骨干和普通劳动者的教育机构,因此,职业学校的教育既要坚持正确的政治方向和育人导向,又要紧密结合时代发展的要求和社会需要对专业知识和岗位技能的要求,还要符合职业学校学生的思想状况和心理倾向,增强思想性、时代性和实效性,符合就业、立业、创业的时代要求。

职业学校德育应倡导生活德育,把德育融入时代大潮和日常生活中,紧密联系实现"两个一百年"奋斗目标和中国梦的实际,把德育的要求和内容转化为学生的内生需要,促进学生主动跟随时代,促进学生主动参与。

(二) 贴近实际原则

所谓贴近实际原则主要是指职业学校德育工作要贴近职业、贴近生活、贴近学生。也就是要遵循思想道德教育的普遍规律,尊重学生自我教育的主体性,适应学生身心成长的特点,开展富有成效的教育和引导活动,提高德育吸引力和感染力。

学校要营造一个师生互动的职业氛围,在日常的教育教学活动中处处体现职业精神,演绎职业道德。如果学校能够按照职业的要求,制定出详尽的"作业指导书"和"质量检测标准",并辅以合理的检查监督措施,就可以让学生亲身体验到职业的存在和自觉遵守职业道德的积极意义。职业学校德育工作要针对学生实际,结合职业生涯教育,以职业理想为切入口,坚持贴近实际、贴近职业、贴近学生,教育引导学生在关注自身职业生活可持续发展的基础上,准确把握德育各要素之间的关系,增强职业教育德育的针对性和实效性,更好地达成德育目标。

(三) 知行统一原则

所谓知行统一原则是指职业学校德育工作要重视知识传授、观念树立,重视情感体验和行为养成,引导学生形成知行统一、言行一致的优良品质。职业学校的德育如果不与企业制度和文化紧密联系,就无法让学生将所学知识应用到实践中,无法真正成为一个企业所需要的合格员工。职业学校德育应该和企业管理衔接。比如将目前世界上最先进的"5S"("5S"生产现场管理来源于日本企业。"5S"是"整理""整顿""清理""清扫""素养"的简称。)生产管理和"6西格玛"质量管理等引进学校的实习车间,使学生不但对企业管理和文化有一个真切的理解和体验,更能在这种理解和体验中强化其他的德育内容,比如民族精神、文明行为、品德修养、法纪意识等,实现知行统一。

职业学校德育要引导学生形成知行统一、言行一致的优良品质,就必须通过多种途径创设条件和情境,让学生获得更多体验和感悟;应积极利用行业、企业和专业的优势,以技能大赛、校园文化建设、实习、舆论宣传等活动为载体,加强学生的实践体验,促进学生知识内化、情感认同和行为习惯养成,创建具有学校特色的德育品牌实践活动。

(四) 教育与管理相结合的原则

这一原则是指在德育过程中要进行深入细致的思想教育,同时要加强科学严格的管理,增强学生接受教育的主动性,实现教育与自我教育、自律与他律、激励与约束有机结合。

职业学校德育要将学知、育能、养行和育人作为多维德育目标，创新多维的德育教学途径和载体，精心设计，开展形式多样、内涵丰富的教育教学活动。强化管理育人理念，将育人理念贯穿于学生教育管理和服务中。

（五）解决思想问题与实际问题相结合的原则

这一原则是指在德育过程中既要做到以理服人、以情感人，又要切实帮助学生解决学习、生活中遇到的实际困难和问题，增强教育的实际效果。职业学校的部分学生除了缺乏学习动力之外，心理素质和思想道德素质也有待于改善和提高。职业学校学生在基础教育中大多成绩较低，会受到家长和教师的指责、同学的歧视，久而久之，容易形成自卑和抑郁心理。在这样的心理作用下，一些学生会学习兴趣下降，对集体和家庭漠不关心；也有的学生会出现逆反、对抗的心理，有时会有过激的行为出现。因此，职业学校的德育要切实帮助学生解决生活、学习和心理等各个方面的问题，增强德育的实效性。

职业学校德育工作必须从学校和学生的实际出发，扎实做好日常工作，不断夯实工作基础，通过细致的工作，激发、识别、引领和满足学生的实际需求，切实帮助学生解决实际问题。

三、职业学校德育模式

德育模式是指包括一定观点和理论、一系列原则和策略方法在内的德育实施体系。由于在道德、个体思想品德发展等方面所持有的观点和理论不同，学术界有许多不同的德育模式，学校德育实践中也有许多切实可行的策略、途径和方法。目前，德育理论和实践中比较流行的模式有道德认知发展模式、价值澄清模式和价值分析模式。

（一）道德认知发展模式

道德认知发展模式的代表人物是美国心理学家科尔伯格。该学派认为，人的道德发展的核心是道德思维的发展；它是一个具有阶段特点和顺序的连续过程；德育的目的是促进其自身发展，使受教育者从事积极的道德思维活动。

道德认知发展模式的实施要点包括：

第一，鼓励学生充分考虑他人观点。

第二，让学生通过辩论和在多种选择中开展逻辑思维活动，并勇于作出道德抉择。

第三，促进学生的道德思维冲突，并提供一种解决这种冲突的新的道德结构，促进学生的道德思维向高一级水平发展。

第四，为学生安排一个公正的活动环境。

（二）价值澄清模式

价值澄清模式的代表人物是美国的教育学家拉思斯、哈明和西蒙。该学派认为，价值来自个人的经验，不同的经验产生不同的价值。一切价值都是相对的、个人的。德育的目的就是要建立一个最适合个人的价值观。

价值澄清模式的实施要点包括:

第一,不要将既定的价值观灌输给学生,德育的过程应该是促使个体将自己和社会的价值观作出充分的衡量并反复"澄清"的过程。

第二,给学生价值选择的自由,并排除任何控制和压力。

第三,教师要发现学生所有选择的可能性,并对各种选择的可能性作出审慎的思考。

第四,引导学生对自己的选择具有自豪、愉快的内心体验。

第五,引导学生勇于在他人面前陈述和辩护自己的选择。

第六,引导学生按照自己的选择采取行动,并长期坚持,使之成为自己的行为方式。

(三) 价值分析模式

价值分析模式的代表人物是美国的弗兰格尔。该学派认为,实现道德要求最主要的是能够作出清晰的思考。教师在向学生进行道德教育的过程中,要让学生掌握科学的道德思维技能,以及运用道德原理解决问题的方法。这样做的前提是学生能够掌握道德推理过程,能够作出道德价值体系的分析。

价值分析模式的实施要点包括:

第一,让学生认识道德矛盾的要害之所在。

第二,了解解决矛盾的各种可能性。

第三,预计每种可能性的后果,包括眼前的和长远的、外在的和潜在的。

第四,搜集各种可能的结果事实。

第五,按照基于维护人类尊严为准绳而确立的一系列准则,对所搜集的结果事实作出评价。

第六,作出是否实施某种行为的决定。

第三节 职业学校德育途径和方法

一、德育途径和方法概述

德育途径就是实施德育的渠道和形式。我国学校德育的主要途径有:政治课、思想品德课,各学科教学德育渗透,以班主任为主的教师群体教书育人的职务活动,各学科课外实践活动,校园文化活动,社会实践,家庭、社会和学校相协调的教育活动等。

德育方法是指有意识地对受教育者的思想品德施加影响的各种方式和手段。德育方法受德育任务、内容和德育对象特征制约,同时也受不同德育理论和德育模式的影响。苏格拉底认为人的德育观念是"天生"的,因此,德育的任务就是将这种"天生"的道德"接生"出来,这一点与我国孟子"性本善"的学说有点类似。基于这个理论,"接生"的方法只能是谈话,用

"谈话"引导人"天生"的道德观念形成,然后进行塑造、发展、再塑造、再发展。德育的过程就是这种对人的"天性"不断塑造的过程。

卢梭、杜威等把品德的形成看作是有机体生长的过程,所以,在德育方法上注重受教育者的主动性和身心特性,顾及受教育者在各身心阶段对道德价值的追求与整合。在方法上,讲究由浅入深地介入受教育者的道德判断:如道德认知、知而后行、行而后知、不知而行等。为此,德育方法可以侧重于受教育者的认识(说服教育法),或侧重于受教育者的情感(情感陶冶法),或侧重于受教育者的行为(道德训练法),也可以综合运用各种方法帮助受教育者自我教育(自我教育法)。此外,还有品德评价法,侧重对受教育者思想品德的现状加以评定和指导等。这些方法相互联系,正确选用或综合使用,可以取得良好的德育效果。

二、职业学校德育途径

在实施德育的过程中,职业学校要充分发挥主导作用,与家庭、社会密切配合,拓宽德育途径,实现全员、全程、全方位育人[①]。

(一)课程教学

德育课是各专业学生必修的公共基础课,是学校德育的主渠道。德育课应充分体现社会主义教育的方向和本质要求,充分反映马克思主义中国化的最新成果,全面反映中国特色社会主义理论体系的基本内容、社会主义核心价值观的基本要求。

其他公共基础课和专业技能课等课程教学要结合课程特点,充分挖掘德育因素,有机渗透德育内容,结合专业特点和岗位工作要求,寓德育于教学内容和教学过程之中。

要紧密联系实际,坚持以价值观教育引领知识教育,改进教育教学方法,注重实践教育、体验教育、养成教育,做到知识学习、情感培养和行为养成相统一,切实增强针对性、实效性和时代感,充分发挥德育课在促进学生全面发展和综合职业能力形成中的重要作用。

(二)实训实习

实训实习是学校教育教学的基本环节。学校要结合实训实习的特点和内容,抓住职业学校学生与社会实际、生产实际、岗位实际以及一线劳动者密切接触的时机,进行以敬业爱岗、诚实守信为重点的职业道德教育,进行职业纪律和安全生产教育,培养学生爱劳动、爱劳动人民的情感,增强学生讲安全、守纪律、重质量、求效率的意识。学校和企业要共同组织开展实训实习期间的德育工作,学校要安排专人负责实训实习期间的教学管理和德育工作。学生要撰写实习日记和实习报告。

(三)学校管理

班级是学校德育工作的基层单位,班主任是组织班级管理和德育的直接实施者。班主

[①]《中等职业学校德育大纲(2014年修订)》。

任应结合专业特点和学生实际,充分利用家长、用人单位、行业及社区等资源,开展学生思想教育、班级管理、班级活动组织、职业指导、沟通协调工作,发挥学生的主动性创造性,培养良好的班风学风。

学校要加强党组织、共青团工作,举办业余党校、团校,组织学生特别是入党、入团积极分子,学习党的基本理论和基本知识以及团的基本知识,发展符合条件的优秀学生入党、入团。充分发挥团组织团结青年、组织青年、引导青年、服务青年和维护青少年合法权益的职能。要加强学生会和学生社团的管理与服务工作,指导建立各类社团和课外兴趣小组,积极开展各种有益学生身心健康的活动,充分发挥学生自我服务、自我管理、自我教育的作用。

学校各项管理和服务工作都要发挥德育功能,促进学生良好行为习惯的养成。学校要按照有关法律法规,建立健全学校班级管理、课堂教学、实训实习、社团活动、校园安全、后勤服务、突发事件应急等管理制度并严格执行。要强化全员育人理念,充分调动全体教职工言传身教、教书育人的自觉性,以良好的思想政治素质和道德风范影响教育学生。

做好德育工作是学校全体教职工的共同责任。学校各项管理工作都应与德育紧密结合,要从关心学生发展的需要出发,着眼教育,严格要求,促进学生良好行为习惯的养成,实现管理育人。学校各项服务工作都应体现德育功能。全体服务人员应热爱本职工作,以身作则,提供优质服务,使学生受到感染和激励,实现服务育人。

(四)校园文化

校园文化具有重要的育人功能。学校要凝练具有职教特色的办学理念和学校精神,建设体现学校特色的校园文化,形成优良的校风、教风和学风。要结合开学及毕业典礼、升旗仪式、成人仪式、入党入团仪式以及民族传统节日、重要节庆日、纪念日等,开展礼节礼仪教育,开展特色鲜明的主题教育活动;结合技能竞赛、创新创业创意创效竞赛、"文明风采"竞赛等开展丰富多彩的校园文化活动。要积极推进优秀企业文化进校园,通过宣传学习行业劳动模范、学校优秀毕业生事迹等,培养学生职业兴趣和职业精神,增强就业创业信心,培育和弘扬劳动光荣、技能宝贵、创造伟大的时代风尚。

要加强互联网等新媒体的建设与管理,优化校园网络环境,建设校园网络宣传队伍,加强正面信息的网络传播,杜绝不良信息在校园网上传播,重点加强对校园网公告栏、留言板、贴吧等交互栏目的管理,发挥社交网站、微博、微信等对学生的教育引导作用。要培养学生良好的网络道德,帮助学生做到文明上网、依法上网,及时发现并主动帮助网络成瘾学生。

(五)职业指导

职业指导是职业学校德育的重要途径,要全面渗透德育内容。学校要在职业指导工作中全面渗透德育内容,加强职业意识、职业理想、职业道德和创业教育,引导学生树立正确的择业观,养成良好的职业道德行为,提高就业创业能力。加强就业服务,提高就业服务的水平和质量。

（六）心理辅导

学生心理健康教育是学校德育工作的重要组成部分。学校要根据不同年龄阶段学生身心发展特点和职业发展需要，分阶段、有针对性地安排心理健康教育内容。职业学校要把心理健康教育课程纳入整体教学计划，按照师生比配备专业教师，充分发挥心理健康教育教师的育人主体作用，规范发展心理健康教育与咨询服务。

学校要根据学生生理、心理特点，合理设置心理健康教育内容，针对学生在学习、生活和求职就业等方面可能遇到的心理问题，开展心理辅导或援助；加强人文关怀和心理疏导，培养学生良好的心理素质，促进学生身心健康发展。要配置必要的心理健康教育专业人员以及心理健康教育和服务设施。

（七）家庭与社会

家庭和社会在德育中具有特殊重要作用。学校要通过家长委员会、家长学校、家长接待日、家访等，密切与家长联系，指导和改进家庭教育，促使家长协助配合学校开展德育工作。要特别关心单亲家庭、经济困难家庭、留守儿童家庭、流动人口家庭的子女教育。

教育部门和学校应采取积极措施，充分依靠共青团、妇联、关工委、社区以及各种社会团体，并同所在地的党政机关、企事业单位、部队等建立固定联系，发动、协调社会力量支持和参与德育工作；积极开发利用社会德育资源，开辟有助于青少年成长的社会教育舆论阵地，建立完善学校与社会相互协作的社会教育网络。要主动会同有关部门重点加强校园周边环境治理，为学生健康成长创造良好的文化环境、治安环境和社会环境。

教育行政部门和学校应采取有效措施，充分依靠关心下一代工作委员会、社区教育委员会和街道委员会、村民委员会以及各种社会团体，并同所在地的机关、部队、企业建立固定联系，发动、协调社会力量支持和参与德育工作，逐步建立学校与社会相互协作的社会教育网络，共同营造关心下一代健康成长的良好社会教育环境。

三、职业学校德育方法

（一）榜样示范法

榜样示范，就是以他人的模范行为作为"模样"，以此影响学生的思想、感情、行为，以达到德育的目的。这是我国最古老的德育方法，也是最有效的方法之一。孔子在他的教育活动中就常举例如尧、舜、周公等人，要求弟子效仿。榜样示范最大的优势在于可以将抽象的道德原理具体化、形象化，便于理解和效法，尤其是恰当的榜样会对受教育者产生巨大的情感感染力，这是其他德育方法所无法比拟的。

榜样示范可以分为直接示范和间接示范两类。直接示范主要指教师的为人师表、模范公民的表率作用。可以说，凡要求学生做到的，教师必须首先做到。教师的直接示范不仅是学生生活中现实的、身边的榜样，而且也是间接示范发挥作用的重要条件。

间接示范是指运用学校、社会、历史上模范人物的优秀事迹对学生进行教育。具体做法如观看有关展览、影视资料,参观访问有关人员,组织先进事迹报告会等。间接示范要求选择榜样时要考虑针对性。对职业学校学生来说,优秀的企业员工,尤其是对企业发展作出杰出贡献的一线员工可能是更恰当的榜样。这样的榜样由于与学生的职业距离比较近,因而,心理距离也比较小,容易为学生所接受,更重要的是,这样的榜样可以让学生有效地看到自己的职业发展前景。

(二) 心理辅导法

心理教育既是德育的主要内容,也是德育的重要方法。心理辅导是指运用心理学的一些原理,针对学生的心理特点进行德育活动,以获得预期的教育效果。职业学校德育实践中主要的心理辅导策略有下列几种:

1. 暗示法

暗示是指用含蓄、间接的方法,对人的心理和行为施加影响。人的感觉、知觉、记忆、想象、思维、情感、意志等心理特质都会受此影响。暗示的作用是使学生在不知不觉中按照一定的方式行动或接受一定的观点和信念。暗示具有非强制性、潜在性和易接受性等特点。暗示可以通过语言进行,也可以通过表情、手势、行为、环境、气氛和活动进行。暗示的效果主要取决于教师的学术权威以及在学生心目中的情感地位,还取决于含蓄的针对性程度以及学生自身的人格倾向性。

2. 疏导法

这种方法也可以称作"晓之以理",是指用事实和科学论证的方法确立或改变某种思想认识。这种方法尤其适用那些有轻微心理行为偏差的学生。疏导法的实施应该注意以下几点:一是要和学生进行心理交流;二是要让学生亲身体验;三是要以自身行为品德进行示范。

我国古代教育家孔子、孟子、朱熹等非常主张循循善诱,以德服人,反对以势压人,消极禁止。一般情况下,疏导的原则就是发扬民主,尊重学生在道德选择上的主体地位,帮助学生用科学的方法明辨是非,激发他们的上进心;在方法上,对学生的心理行为偏差,犹如大禹治水,既顺势而为,又有所遵循,让人心服口服,自觉接受规范。

3. 情感陶冶法

这种方法也叫"动之以情"。就是在德育过程中,让学生处于一种富有情感色彩的情境中,自然地受到道德感染和熏陶。也就是通过激发学生的道德情感,使学生在教师不作说教或很少说教的前提下,能够自觉领悟道德原理,产生积极的道德心理体验,从而产生积极的道德行为倾向。在德育要素中,道德情感是道德认知和道德意志的桥梁。

运用情感陶冶法要注意:一是教师要有爱心,包括对学生的爱心;二是要恰当运用表扬和批评手段,使学生产生道德愉悦或道德羞耻的情绪,促使他们进行道德思考;三是要利用优秀的文艺作品,如诗歌、散文、小说、电影等引发学生的情感共鸣;四是要美化环境,使学生能够在整洁和和谐的氛围中感受人性的美和生命的价值。

4. 行为矫正法

这种方法也称"行为治疗",是心理学上针对适应不良行为的一种心理治疗方法。其基本原理是人的不良行为是通过学习而来,为此也可以通过学习而消除或减轻。主要做法有:

(1) 厌恶疗法。就是通过提供令人不愉快的或惩罚性的刺激,并把它与某种要戒除的不良行为结合在一起,从而达到戒除不良行为的目的的一种行为疗法。例如,一个学生写作业时总是磨磨蹭蹭,就可以要求他在所规定的时间内完成作业,否则,便给予惩罚。为了逃避惩罚,学生就会积极地加快做作业的速度。厌恶疗法的重点在于选择合适的不愉快刺激或惩罚性刺激。

(2) 行为塑造法。在运用行为塑造法时,首先要确定最终希望达到的目标,而后选好为实现最终目标所需要塑造的行为,以及选择塑造的起点和逐渐逼近最终目标应采取的步骤与每一步骤的子目标。此外,还需要确定达到每一个目标时的有效强化物。比如,班集体的形成是班级德育的最终目标,那么,要实现这个目标,需要塑造哪些学生个体和集体行为?在什么起点上开始塑造?需要克服和改变哪些既有的行为方式?在新行为的塑造过程中,给学生怎样的教育才能有效地促进他们不良行为的克服和目标行为的养成等。行为塑造法中的"强化"是改变不良行为和培育目标行为的决定因素,因为人的许多行为以及一些动物的特殊行为,都是利用行为塑造技术——适当的小步子"强化"而学会的。

(三) 行为训练法

行为训练作为德育方法,也称"道德实践""道德练习"或"导之以行"。这是一种让学生在日常学习、生活和工作中履行道德规范,经受道德锻炼,形成道德意志的德育方法。符合道德规范的行为是良好思想品德形成的最重要的标志。孔子特别重视道德的"躬行",主张对一个人的道德评价要"听其言,观其行";朱熹则主张对人的教育要从小练习"洒扫、应对、进退之节"。这些都表明道德行为对道德品质的重要意义。

行为训练主要从三个方面进行:

1. 组织活动

活动是由行为动作构成的主体与客观世界相互作用的过程,是学生个性和品德赖以形成和表现的基础。所以,通过组织以德育目的为主的活动,让学生在活动中扮演一定的角色,可以让学生更好地认识角色的道德规范,感受角色的道德价值,从而实施角色的道德行为。这种德育活动的组织可以是狭义的,即德育课程的一种教学方法;也可以是广义的,即课外进行的一种道德实践。狭义的活动主要是提供一个道德情境,广义的活动主要是提出道德要求。通过不断的专题活动,加强学生的道德认知和道德体验。

2. 行为规范

这要求将学生的日常行为纳入到德育的范畴,要求学生从每天的每件事情入手,认识自己言行的道德意义,并自觉地控制自己的行为,使之符合学校的规章制度。

行为规范的特点在于德育目标的日常化、生活化,但要注意教师对学生的道德评价必须是既定的道德规范,而不是个人的好恶;教师的道德评价也不能和一般的维护校园、课堂的秩序等同起来,而是要从德育方法的角度,让学生在一种道德生活中感受到道德的美感和判断是非善恶的基本标准。

3. 道德评价

教师按照一定的标准和方法,对学生在活动中表现出来的道德行为作出评定,以帮助学生及时认识自己的优点和缺点。道德评价的标准必须和活动的德育目标一致。道德评价的方法可以是表扬,也可以是批评或者惩罚。道德评价要及时、客观、中肯。道德评价的最终目的是使学生更加明确自己的努力方向,获得更适合自己道德养成的方法和得到道德意志的强化训练。

(四)自我修养法

这是德育方法的高级形态,是指教师按照一定的道德规范指导学生进行自我教育,以形成一定的思想道德品质。道德的自我修养和道德教育是紧密相连的,前者是学生良好思想品质形成的内部动因,后者是良好思想品质形成的外部条件。

实施道德教育要特别加强学生自我修养意识和能力的培养,其要点有:第一,要让学生掌握修养的标准和方法;第二,要让学生学会如何进行自我道德评价;第三,要在社会实践中反复锻炼学生自我修养的习惯,提高他们自我修养的道德体验水平。自我修养的主要方法有以下三种:

1. 模仿

模仿是一种社会心理现象。社会学习理论认为,模仿是人类获得知识和实现社会化的重要方式。所谓模仿,就是按照某种现成的模样,自觉或不自觉地做出类似的行为,进而逐渐成为习惯,甚至形成信念。模仿最重要的特征就是不通过外部强制的刺激而发生。儿童时期的模仿更多的是无意识的模仿,或出于好奇的模仿,从游戏模仿到生活模仿,一步一步发展到后来的有意识的模仿。如语言的学习,对自己感兴趣的知识、技能的学习,对自己崇拜的偶像的学习等。模仿本身可以是目的,这是低级的模仿,而把模仿作为达到目的的方法,则是高级的模仿。模仿一般从离自己较近的人开始,到模仿离自己关系较远的人;从模仿对象的外部特征开始,到模仿对象的内心精神,所以,德育中的模仿是自我修养的初级阶段。

模仿具有两面性:一是模仿对象的特质影响学生自我修养的质量,这要求榜样示范具有较高的水准。正面的榜样示范可以强化学生良好的道德行为模式,反之,则会强化学生不良的道德行为模式。二是模仿对象如果是学生所反感或厌恶的,那么,榜样的示范也可以阻止学生某些道德行为模式的强化,甚至改变原有的良好道德行为模式,这是模仿的消极作用。

教师应提供恰当的榜样示范,以发挥模仿的积极作用,同时注意提高学生的模仿独立性和辨别力,防止盲目模仿,并引导学生从榜样模仿逐步过渡到创造性的道德模仿。

2. 内省

内省又称"省察克治",是指通过自我反省加强道德修养的方法,源自孔子。《论语·颜渊》:"子曰:内省不疚,夫何忧何惧。""见贤思齐焉,见不贤而自省也。"《论语·学而》:"吾日三省吾身,为人谋而不忠乎?与朋友交而不信乎?传不习乎?"

"省察"就是对照人人自有的"良知"进行自我反省,从而及时发现自己不善的念头和言行;"克治"就是改过。① "金无足赤,人无完人""人非圣贤,孰能无过"。犯错不可怕,可怕的是知错不改,屡错屡犯。孔子曾以"不二过"赞扬他的一位学生,认为这是一种难得的品质。他说:"过而不改,是谓过矣。"

内省这种自我省察的道德修养方法特别重视人的道德自觉,强调发挥人的主观能动作用。在良好的道德认知和道德情感已经养成的前提下,内省是自我教育的一种有效方法。

3. 慎独

慎独是指在无人监督的时候,仍自觉地严格要求自己按照一定的道德准则行动。这是道德自我修养的最高境界,是中国伦理思想史上特有的范畴。"慎独"源自《礼记·中庸》:"莫见乎隐,莫显乎微,故君子慎于独也。""道者也,不可须臾离也,可离非道也",强调道德修养要在"隐"和"微"处下功夫。因为当人们独处的时候,最容易放松道德警戒而恣意妄为。内心深处的念头、不为人知的言行最能显示一个人的道德灵魂。学校德育就是要通过道德信念、道德习惯的养成教育,使学生逐步做到诚实正直、坚毅刚强、表里如一、是非分明、严于律己、不断修身,最终达到慎独的自我境界。

第四节 职业学校班主任工作

在我国,现代学制一经产生,就有了设立班主任的思想。最早使用"班主任"这一名称的是中国共产党领导下的老解放区。2010年,国家教育部、国家人力资源和社会保障部联合颁发《关于加强中等职业学校班主任工作的意见》(以下简称《意见》),在中小学班主任一般规定的基础上,专门针对中等职业学校班主任工作提出指导意见。《意见》明确指出:中等职业学校班主任是班级管理和学生管理主要组织者,是进行学生思想道德教育的实施者,是中职学生思想道德教育的骨干力量,是中职学生健康成长的引领者。中等职业学校班主任工作是重要的育人工作,在学校实施教书育人、管理育人、服务育人、沟通学校、家庭和用人单位等方面发挥着重要的作用。加强中等职业学校班主任工作,对于贯彻落实党的教育方针,提高学生管理和德育工作水平,具有十分重要的意义。职业学校班主任是德育的重要组织者,

---

① 杨韶刚. 职业道德[M]. 南京:江苏人民出版社,2002:219.

直接和学生接触,是学生的贴心人,因此,班主任的言行对学生思想道德品质产生很大的影响,班主任在培养高素质技能型人才方面理应发挥积极的作用。

一、职业学校班主任工作概述

(一) 职业学校班主任角色的内涵

"角色"一词源于戏剧,指演员扮演的剧中人物,后来被引入社会心理学。班主任角色是指与班主任社会地位、身份相一致的行为方式及相应的心理状态,是社会,尤其是学生对教师行为的期待。传统观念下,职业学校班主任的角色是学科教学的辅助者,是班集体的组织者、教育者和指导者,现代教育意义上的职业学校班主任角色的内涵则更加丰富、多元。

1. 学生成长的引导者

从管理的角度看,班主任要按照学校教育教学工作计划和具体要求,拟定班级工作计划,组织班级活动,执行学校纪律,使学校的教育教学计划得到有序而切实的贯彻。从教育的角度看,班主任要根据学生身心发展规律,努力营造适合学生健康成长的班级环境,指导学生形成正确的价值体系构建的方法和良好的学习、思考、生活等行为习惯,引导和纠正学生在成长过程中发生的各种思想、心理、行为等方面的偏差。所以,班主任工作是管理和教育引导的结合,教育引导型管理者也由此成为班主任角色的基本内涵。

2. 学生的平等对话者

从师生关系的角度看,班主任有着天然的教育优势。班集体建设需要这种优势,并且在班主任工作中应当发挥这种优势。然而,从教育的基本规律看,班主任必须将自己定位于"学生平等的对话者"这个层面,如此,其天然的优势才能够得到最大程度的发挥。人民教育家陶行知先生说过:"真教育是心心相印的活动,唯独从心里发出来的,才能打到心的深处。"离开了心灵与情感的交流,一切教育都无从谈起。做学生的平等对话者,要求班主任与学生心心相印,时时处处从学生的角度、立场出发,使教育的过程成为师生心灵碰撞、情理互动的愉快过程。因此,班主任不应是凌驾于学生之上的控制者,而应是班集体的一员,是学生真诚的朋友。只有这样,才能建立起平等、民主、和谐的师生关系,并收到良好的育人效果。

3. 人际关系的协调者

从教育社会学的角度看,教育的过程就是人际沟通与协调的过程。班集体是一个相对封闭的小社会,同时又是一个在大社会背景下相对开放的特殊的社会团体。这就需要班主任通过有效的沟通,协调好班集体内部及其内外的各种关系。在班集体内部,要协调好自己和学生之间的关系、学生之间的关系;在班集体校内活动中,要协调好本班与平行班及其他各个班级之间的关系、本班和任课老师及学校相关部门的关系;在校外,要协调好与学生家长的关系、与学生所在社区及相关社会组织的关系。只有协调好这些关系,才能形成教育合力,促进班集体的有效运作和学生个体的健康成长。所以,班主任应该成为人际沟通与协调方面的专家,并在具体的工作实践中让这种沟通与协调转化成一种高效的具有自我人格魅力的新型教育力量。

4. 心理健康的辅导者

《中等职业学校学生心理健康教育指导纲要》指出："中等职业学校学生心理健康教育是学校德育工作的重要组成部分,加强心理健康教育是增强德育工作针对性、实效性的重要举措。职业学校学生正处在身心发展的转折时期,随着学习生活由普通教育向职业教育转变,发展方向由升学为主向就业为主转变,以及将直接面对社会和职业的选择,面临职业竞争日趋激烈和就业压力日益加大的环境变化,他们在自我意识、人际交往、求职择业以及成长、学习和生活等方面难免产生各种各样的心理困惑或问题。因此,在中等职业学校开展心理健康教育,是促进学生全面发展的需要,是实施素质教育,提高学生全面素质和综合职业能力的必然要求。"但从职业教育的实际状况来看,给职业学校各个班级配备专业的心理健康教育师资目前尚不具备条件,对学生进行心理健康教育大都由班主任承担。因此,一个合格的班主任应是一个好的心理辅导员。

5. 职业生涯的设计者

职业学校学生除部分进入高等学校继续深造以外,绝大多数将完成学业,踏上社会就业。如何择业、就业、创业,关系到学生对未来道路的选择,关系到学生的前途和终身幸福。因此,班主任还扮演着学生职业生涯设计师的角色。班主任应对学生全面了解,依据每一位学生的特点、特长、兴趣爱好,引导学生发展特长,挖掘潜能;同时指导学生认清就业形势,树立正确的职业观、择业观、创业观,树立高尚的职业理想,掌握择业、创业的技能。这就需要班主任引导学生在校期间就有明确的职业生涯规划,尽快完成从学生到准职业人的角色转变,走好成功迈向社会的第一步。

(二)职业学校班主任工作的基本原则

班主任工作原则既是班主任成功工作经验的总结,也是班主任工作规律的体现,是制定班主任工作计划、确定工作方法的依据。

1. 集体教育原则

所谓集体教育原则,就是班主任工作的对象首先是班集体,同时要通过对集体的教育与培养,转而教育集体中的每个学生。这条原则是苏联教育家马卡连柯首先提出并坚持实行的。他主张班主任应该对班集体开展工作,再由班集体对学生个体提出要求、施加影响,从而有力地发挥学生集体的教育作用。马卡连柯的集体教育理念是基于苏联道德体系中的集体主义原则而提出,并在自己的教育实践中施行的,在今天我国的道德建设和班主任工作中依然有着现实意义和作用。这个原则的精髓在于要求班主任在全部的工作中,必须始终将建设一个优良的班集体放在首位,并注重发挥班集体的教育功能。

贯彻集体教育原则要注意两点:第一,要培养坚强的班集体。要有目的、有计划地组织集体活动,提高集体的道德水准,建设良好的班级心理氛围;第二,要面向班集体开展教育活动。要将学生个体的问题放到集体中去解决，并通过对个体问题的解决，不断增进集体的凝聚力、影响力。

2. 面向全体原则

面向全体原则，就是要求班主任在工作中把每一位学生都作为自己的工作对象。具体有以下三项内容：

（1）班主任的工作情感。面向全体的工作原则，首先要求班主任在情感上要接受每一位学生，在工作中要给予每一位学生同等的关心和爱护，尤其是对那些由于种种原因不愿或不能接近班主任的学生，要予以更多的关注，应主动培养自己对他们的爱心并与之建立情感交流的桥梁。

（2）班主任的工作目标。班主任面向全体的原则反映在工作目标上，就是班主任在制定工作目标时，不但要考虑学生的共性特征，更要考虑学生间的个体差异。面向全体的工作目标应当使每位学生在班主任对目标的追求过程中受益，这种目标同时又使每个学生受到激励。

（3）班主任的工作方法。面向全体学生开展工作，要求班主任的工作方法具有多样性、针对性。班主任应能根据不同类型学生的特点，采用适宜的个性化的工作方法。比如，对特别敏感的学生点到即止，对情绪化倾向较重的学生晓之以理，对孤僻冷漠的学生动之以情。总之，一把钥匙开一把锁，这样才能保证对每一位学生开展有效的工作。

3. 教育引导与严格管理相结合的原则

教育引导与严格管理相结合的原则是指班主任在工作中将教育引导与严格管理育人融为一体，以实现促进学生全面发展的目的。贯彻这个原则必须做到：第一，以生为本。学生是自我发展的主体，班主任必须充分尊重并努力发挥学生自我教育、自我管理、自我服务的积极性和能动性，让学生充分理解教育与管理对自身成长的重要作用，这样才能使各种教育与管理的举措落到实处、起到预期的作用。第二，严慈相济。班主任要在工作中将严格要求和师爱感化有机结合，要爱寓于严、严出于爱，在积极引导学生自觉地调控自己思想言行的同时，辅以强制性的纪律约束，让学生不断获得和产生成长与进步的内在动力。

4. 公正民主原则

公正民主原则有两层含义：其一是公正。要求班主任在运用自己的权威时不偏私，对所有学生一视同仁，处理问题出于公心。其二是民主。就是要求班主任在运用自己的权威时不专制，尊重学生的权利，充分发挥学生自理、自治的能力。

美国教育学家布拉弗德（L. P. Bradford）和李皮特（R. Lippt）曾研究过三种类型的教师，即专制型、民主型和放任型。他们的实验研究表明，专制型教师在严厉的纪律名义下对学生严加监督，造成了学生屈从、易怒和厌学等不良心态；民主型教师与学生共同制定计划和作出决定，学生乐学、喜欢合作并互相鼓励；放任型教师不参与学生的活动，也不向学生提供帮助和方法，学生不知道该做些什么和如何去做，结果是问题行为丛生，班级像一盘散沙。

这三种类型的教师有着三种不同的工作结果,其教育思想与工作方法上的差异是极其明显的。民主型教师之所以成功,核心在于其工作体现了"平等与合作"的基本精神。这种基本精神反映在班主任工作中,就是要求班主任改变由于过分运用权威而形成的与学生的"监管"与"被监管"的关系,重新建立起一种符合现代教育理念的"平等与合作"的新型师生关系。在这种师生关系中,班主任作为班级的一员,让学生自主地管理班级事务,而自己只是从角色分工的角度为学生提供评价的标准、方法的指导和其他必要的帮助。

5. 为人师表原则

教育的目的在培养"完人"。要使学生"学会生存""学会认知""学会做事""学会共同生活",单靠学科教育是远远不够的,因此,班主任就必须承担更多的责任。为人师表原则就在于班主任以自身的实际形象告诉学生什么是"完人",学生从对班主任的观察中感受到应如何做才能成为一个"完人"。从教育的方法论看,为人师表原则要求教育者身体力行,做出表率。为人师表有利于班主任教育威信的确立,有利于对学生的思想行为产生潜移默化的效果。孔子在《论语·子路》中说:"其身正,不令而行;其身不正,虽令不从。"苏联教育家加里宁也说:"教师的世界观、他的品行、他的生活,他对每一现象的态度,都这样或那样地影响着全体学生。"为人师表,就是做出榜样,并贯彻到班主任的实际工作中,为此,应做到:

(1) 班主任应以一个"模范公民"的形象出现在学生的生活中。

(2) 凡是要求学生做到的,班主任应首先做到。

(3) 班主任应高质量地向学生展示"生存""认知""做事"和"共同生活"的正确理念、方法和途径。

(4) 班主任的榜样作用不单表现在一些大的事情上,更多地应表现在无数琐碎细微的小事上。

(5) 班主任如果做错事,应当反省并向学生作诚恳的自我批评。

(6) 班主任作为榜样应当是真实而真诚的,不应是做作和虚伪的;应该是持久稳定的,不应是短暂多变的。

二、职业学校班主任工作的内容与方法

(一) 了解和研究学生

要做好班级工作,必须从了解和研究学生着手,这是班主任工作的前提。只有了解了工作的对象,教育活动才有针对性;只有了解了学生个体,才能因材施教,促进学生个性健康发展;只有了解了学生群体,才能制定适宜的工作方法和工作目标,促进班集体的建设。

了解和研究是两个不同的层次,了解是要收集材料,掌握基本情况,研究则要求对材料进行加工、整理,探求因果、总结规律。了解和研究学生,包括对学生个体和群体两方面的了解和研究,其中,学生群体包括班级学生全体、男、女生群体、非正式群体或特殊群体。

了解和研究学生的主要内容有:学生的一般情况,包括姓名、身体状况、家庭情况等;学

生的学习情况,包括成绩、学习态度、学习方法等;学生的行为习惯,包括纪律、生活等;学生的心理状态,包括个性、情绪、心理倾向性等;学生的人际关系,包括师生关系、同学朋友关系、亲子关系等;学生的兴趣、爱好、特长等;学生的能力状况,包括生活能力、工作能力等学生的历史状况,包括经历、奖惩、重大事件等。

了解和研究学生的主要方法有:观察法、调查法(谈话法、问卷法)、书面材料法(成绩单、评语、学籍卡、班级日志、学生日记、作文等)、经验总结法等。通过了解和研究,把收集到的资料分类整理,为学生建立成长档案,这已成为很多职业学校班主任行之有效的做法。

(二)建设班集体文化

建设积极、健康向上的班集体文化,是班集体建设的核心内容,也是班主任提高班级管理水平和促进学生发展的一个重要举措。班集体文化是指班级成员在班主任教育引导下,在向着班级目标迈进过程中所创造的物质财富和精神财富的总和,班集体文化是校园文化的重要表现形式。

建设良好班集体是实施班级管理的终极目标。班级是学校教育教学活动的基本单位,它是依行政命令,按照学生的年龄特点和教育管理的需要组织起来的班级群体。班集体是班级群体发展的高级阶段,是在班主任的领导下,由全体班级成员共同努力而形成的团体。它有共同的目标,有组织机构,有严格的制度与纪律,有正确的舆论导向与良好的班风,并且学生之间、师生之间、学生与家长之间有一种和谐的人际关系。班集体建设历来是学校德育工作中任务最繁杂的一项工作。

作为班集体的领导者,班主任在班集体文化建设中主要起到两种作用:一是促进作用。其中包括发展师生间和谐的合作关系,帮助班集体遵循适应社会需要的行为标准,帮助学生获得适应集体生活的技能,建立集体共同认可的发展目标。二是维持作用。其中包括管理物质环境,让学生有一个舒适、愉快和安静的学习、生活和发展的环境;维持并提高学生的道德水平,使集体内部有较高的精神境界;避免和处理冲突,以便保持友好的人际关系,使内部的竞争与合作保持在一个合适的水平,形成良好的班集体文化,使之成为班集体自我运行发展的内部动力。

建设班集体需要付出艰巨的劳动和长期的努力,需要班主任有较高的教育理论水平和工作能力,同时还需有较强的人格魅力和良好的校园文化背景。一个班主任是否优秀、工作是否出色,很大程度上可以从班集体形成的水平和质量上看出来。

(三)指导学生活动

班集体的建设和发展是通过各种活动实现的,组织、指导学生开展各类活动就构成班主任工作的重要内容。从学生在校的时间分配看,课堂学习占了三分之二,学生自由支配的时间并不多,因此,对学生活动的指导应延伸到校外。从学生活动的内容来看,学科学业活动主要由任课教师指导,班主任的指导主要在学科之外的一系列活动中,而这些活动又是与班集体的形成及学生个体的全面发展息息相关的。从学校的教育功能以及职业教育的实践性来看，随着素质教育的推行与深化，课堂教学在整个职业学校教育中的比例在逐步下降，课外、校外各类实践活动逐步增多，这之中，除了学校计划活动，大量的应是在班主任指导下的学生自主性活动。这又给班主任提出了新的任务，就是对学生活动的指导不仅仅是班集体建设的需要，而且是职业学校教育的一个有机的组成部分。

（四）协调各种教育影响力

在班集体建设的过程中，对学生产生教育影响的并不只有班主任，还有来自学校教师、家庭、社会的影响力。由于不同教师教育思想与教育方法之间存在差别，家庭教育内容、方法与学校教育目标难免会产生不一致，学生对社会信息接收往往具有盲目性。这就使学生在所接受的来自学校、家庭、社会的教育影响中，既有积极的正面影响，也有消极的负面影响。因此，班主任应该重视协调好学校、家庭和社会的教育影响力，使学校、家庭和社会各方面能相互配合、步调一致地教育和影响学生，努力把负面影响降到最低的程度。

1. 协调校内教育影响力

协调校内教育影响力，包括协调教育内容、教育方法、教育者等，其中最重要的是协调教育者之间的影响。对于一个班集体来说，就是要通过沟通，形成由班主任牵头，校长室、党支部、共青团、任课教师、职员等组成的工作网络，对学生进行既分工又合作的系统教育。具体地说，应从以下几个方面着手。

（1）协调教育内容。在班集体工作中，把班集体的一些教育活动与学校教育计划统一起来。比如在学校的法制教育周安排相应的教育内容，并请求学校相关部门支持或配合。

（2）协调任课教师的教育影响力。一个班级有多位任课教师，每位教师对学生的影响力都有所不同。班主任是任课教师联系的桥梁，应及时为任课教师提供教育教学上的信息，与任课教师一起分析学生的学习情况，共同研究并引导学生行为，形成教育合力，保证班集体教育要求总方向的一致性及教育活动的协调性。

2. 协调家庭教育影响力

家庭是除学校外最重要的教育场所。学生首先在家庭中接受最初的社会化教育，这种教育不但是学校教育的基础，而且也对学生终身的学习与成长产生重大影响。班主任工作离不开学生家长的配合与支持。因此，班主任要经常与家长沟通学生的情况，协调教育行为，找出与学校教育的差异，通过与学生家长进行沟通，使双方从不同的角度共同对学生进行教育。

班主任与学生家庭沟通协调的主要方法有：家庭访问；召开家长会；开办家长学校；与家长书面、电话（或电子邮件）联系；请家长参加班集体活动等。

3. 协调社会教育影响力

社会教育影响是指学校教育和家庭教育以外的社会大众传媒、习俗文化以及学生个体的社会关系等对学生产生的教育影响力。陶行知先生曾提出"社会即学校""生活即教育"的思想,主张社会、生活与教育合为一体,这在现在看来,意义仍十分深远。

社会教育对学生的影响是巨大的,尤其是在学生的观念、知识、行为方式等方面,它是学生了解社会、适应社会的主要途径之一。当然,也应该注意社会教育影响的消极面。

班主任对社会教育影响力的协调,首先就在于加强学校与社会的联系,其主要做法有:

(1) 将社会主流观点、行为方式等引进校园,帮助学生正确理解、积极吸收其中有益的成分。

(2) 组织学生参加社会活动,在实践中体验、适应社会生活。

(3) 深入学生生活的社区,与有关社会组织、团体、先进人物共同构建学生教育网络。

(4) 班主任应与社区建立合作关系,加强与教育主管部门、企业、社会等教育机构、媒体的沟通合作,互通教育信息与观念,利用社会资源帮助学生成长,共同担负起培养下一代的职责。

(五) 引导非正式群体

非正式群体是指自发形成的、没有明文规定的不定型群体。其成员间的关系带有明显的情绪情感色彩,是以个人的喜爱、兴趣、需要等心理相容和一致为基础自然结成的群体。如学生中自发结成的朋友群体、同乡群体、兴趣小组等。研究表明,大多数学生都有自己的小团体。这种小团体的主要特点有:自发形成,成员间有较强的情感联系,有较强的凝聚力,信息传递迅速,活动效率较高,有自然形成的核心人物,容易分解并重新组合。

非正式群体对班集体的建设有双重的作用,按其对集体的倾向性分成三类:亲集体型、游离型、反集体型。显然,班主任工作的重点在对第三类非正式群体的引导上,并以此带动第二类向亲集体型方向转化。

班主任对非正式群体教育应采取的基本策略是:

(1) 加强对非正式群体的调查研究。只有对班集体内非正式群体的分布、类型、活动状况有较充分的了解,才能因势利导。

(2) 做好非正式群体中学生领袖的教育引导工作。充分运用他们在学生小团体中的影响力,可以起到事半功倍之效。

(3) 接纳非正式群体,尽可能将他们纳入班集体正式的组织体系中。班主任不应排斥非正式群体,相反,应利用非正式群体的积极意义,在各种活动中尽可能以非正式群体为活动单位,使之在组织上合法化。一旦非正式群体产生亲集体倾向,其特有的优势将对班集体形成及集体功能发挥产生积极的作用。

(六) 对学生心理辅导

学生的心理问题常常被忽视,主要表现在教师经常将学生心理层面上的问题行为误认为是道德层面上的问题,缺乏对学生心理健康的关注和爱护。职业学校学生的心理问题尤为显著,对职业学校班主任来说,对学生进行心理辅导应是一种常规的工作。

班主任心理辅导有助于学生个性健康发展,有助于班集体内部良好心理氛围的形成,有助于提高班主任对问题学生的教育成效。

班主任可采用心理卫生讲座、个别心理咨询、团体心理辅导等方式,从以下几个方面加强指导:帮助学生消除身心发展变化带来的困惑,克服学习心理障碍,提高学习效率;帮助学生优化人际关系;提高学生抗挫折的能力;培养学生良好的性心理,正确对待青春期恋爱问题;帮助学生排解心理压力,消除不良情绪;指导学生就业、创业。

(七) 操行评定

所谓操行是指学生的思想、学习、劳动、体育锻炼等各方面的表现。操行评定就是班主任对学生各方面的表现进行评价。对学生操行评定主要在学期期末进行,包括写评语、定操行等第和评选优秀学生等内容。

对学生进行操行评定的意义主要有:帮助学生正确认识自己;给学生后续发展提供一个新的平台;为班集体树立榜样;帮助家长了解学生的情况,配合学校教育。

操行评定具有评价功能、反馈功能、矫正功能和激励功能。操行评定是学校、班主任对学生进行思想品德教育的一项极为重要的内容。

班主任在对学生进行操行评定时应注意做到全面了解、评价客观、公正民主、尺度多元、突出个性、着眼发展、形式新颖。评价的方式可采用学生自评、同伴互评、任课教师评价、班主任评价、家长评价等多种形式。

三、职业学校班主任的专业化发展

德国教育家雅斯贝尔斯认为"教育是人对人的教育,是灵魂的唤醒。"班主任工作就是以人格引领人格,以情感陶冶情感,以德性培育德性。班主任不仅要通过教学工作体现教书育人,通过对班级的组织管理体现管理育人,还要在为学生的发展服务中体现服务育人。班主任对学生影响的全面性和复杂性,要求班主任必须成为专业化的教育工作者。

(一) 职业学校班主任专业化的内涵

1. 职业学校班主任专业化的核心内容

班主任的职责是组织、教育、管理班级,促进学生德、智、体全面发展。这之中,班主任的主要职责是育人,实质就是关怀学生的精神生活,促进学生的精神成长。因此,精神关怀是班主任专业化的核心内容。"精神关怀"集中体现为"关心""理解""尊重"和"信任"。其目的是促进学生的精神成长。学生"精神成长"包括自尊自爱、诚实守信、助人为乐、团结互助、勇敢无畏等。

班主任的教育应该更多地使学生拥有自由的氛围及与教师平等对话的机会,拥有成长体验和心灵撞击后的触动。班主任对班集体的影响是巨大的,这种影响可能是正面的,也可能是负面的;可能是显性的,也可能是隐性的;可能是暂时的,也可能是长久的。因此,班主任如何在工作中把握好教育的本质,实现教育的目的,是需要专业思想和专业能力的;否则,班主任就很可能将自己的价值淹没在日常事务的处理之中。从这个意义上说,职业学校班主任专业化的核心就在于抓住学生成长之根本,唤醒其自主意识,培养其独立精神;鼓励学生通过反思不断认识自我,塑造自我,养成独立思考与独立行动的能力;学会选择自己的生活道路,学会承担社会责任。

2. 职业学校班主任专业化的要求

职业学校班主任专业化,就是要树立自主意识,根据个人发展方向,有计划地完善自我,提高个人素质,并学会有效整合自己的优势,增强自己的终身学习与发展能力,成为一名优秀的专家型班主任。

(1) 职业学校班主任专业化的标准。结合职业学校班主任工作的实际,一般认为班主任专业化的标准包括以下几点:

① 达到国家规定的学历标准。

② 能在学习和实践中更新观念,逐步树立以就业为导向、以能力为本位、以素质教育为核心的现代职业教育理念。

③ 深刻理解并掌握职业学校教师的职业道德规范,负起班主任的职责。具有健全的人格,把职业道德规范真正转化成自觉的行动。

④ 树立终身学习的观念,坚持经常性的在职进修,具有合理的知识结构,具有深厚的专业知识和专业技能,能广泛吸纳班主任工作的最新理论并运用到实践中。

⑤ 能够坚持以实践为基础,以先进的德育理论和班级管理理论为指导,对班集体的功能、运行机制等班集体建设中的诸多问题进行理论联系实际的研究。

⑥ 具有较强的专业能力。这不仅包括课堂教学能力、专业实践能力,还包括社会交往能力、班集体的组织管理能力和教育科研能力等。

(2) 职业学校班主任的工作机智。

《韦氏大学问典》将机智定义为"一种对言行的敏锐感,以与他人保持良好的关系或者避免触犯别人"。将机智和充满机智的概念引入到教育的议题中来的是德国教育家赫尔巴特。他认为机智在实践的教育行动中占据着特殊的地位,机智使教育者有可能将一个没有成效的、没有希望的,甚至有危害的情境转换成一个从教育意义上来说积极的事件。职业学校班主任在工作中要关注学生的心灵,用情感打动学生,尊重学生的主体性。这要求职业学校班主任做到:根据学生的特点开展工作;掌握了解学生的艺术;掌握批评和表扬的艺术;掌握处理偶发事件的能力;掌握创新工作机制的能力。

(二) 职业学校班主任专业化的途径

1. 构建职前职后一体化的班主任专业化培养体系

班主任的专业化发展,自师范教育阶段即已开始。这个阶段具有明显的专业定向性质,

对班主任的专业化具有重要意义。具体来讲,表现为以下三方面:

第一,师范教育阶段开设班主任工作专业课程,提高未来班主任的专业精神、理论素养,为未来的班主任工作奠定基础。

第二,师范院校利用自己的优势,加强与职业学校的交流和沟通,协作开展班主任工作理论与实践的研究,使师范院校班主任专业教育更加切合实际。

第三,班主任专业化是个持续发展的过程,因此,班主任专业化发展必须职前职后一体化。具体地说,就是以职前理论为指导,以职后实践为依托,两者结合,互为促进。此外,职后的校本培训尤为重要,包括请优秀班主任对新班主任进行传帮带,组织班级工作的交流,进行班主任工作的案例研究等。

2. 引导班主任进行实践反思

所谓班主任的反思是指班主任在自己的教育实践过程中,批判地考察自己的教育与管理行为,通过回顾、诊断、自我监控等方式,或给予肯定、支持与强化,或给予否定、思索与修正,从而不断提高管理工作效能。这种反思有三个特点:

(1) 反思的目的具有超越性。反思源于对现实和自我的不满,其目的是要改变现状,超越自我,使一切朝着自己希望的方向发展。

(2) 反思的态度具有批判性。批判的态度首先意味着要对反思的对象进行客观的、理性的分析,分清真理和谬误,把握问题的实质,以求有一个全面而深刻的认识。

(3) 反思的结果具有建设性。反思的目的在于超越,在于改进,这决定了反思虽然持批判立场,但是其结果却往往是建设性的。这种建设性主要体现在两个方面:一是引发深入思考,二是付诸改进行动。

班主任的专业化发展是一个"实践—反思—实践"的循环往复、不断递进的过程。

3. 开展班级教育和管理的行动研究

研究是促进专业发展的一个重要方式。理论研究贵在创新,贵在有研究者独到的见解。因此,理论研究者必须有良好的反思品质,在不断反思中发现新问题,提出新观点,同时,理论研究也是提高反思力的有效手段。班主任成长需要理论的积累与提升,通过对日常工作的重新梳理、总结、反思,可以有效地扬长避短,不断提高工作效率;通过写班主任教育随笔、教育周记、教育日记等,不断丰富自己的观点、思想,提高工作水平。

行动研究,通俗地讲就是研究者为提高对所从事的实践活动的理性认识以及加深对实践活动的理解,以提高实践活动的质量为目的而进行的研究。班主任在工作中,要把握行动研究是"在行动中研究、为了行动而研究、由行动者研究"的特点,并以此指导自己的工作。班主任的研究要和班级工作实践结合起来,通过研究,解决班级管理中的问题,改进班级管理方法,提升班级管理质量。

4. 倡导班主任走专业化自我成长之路

班主任专业化成长的动力主要来自两个方面:一是外力推动,二是自我需求。营造班主任专业化成长的外部环境,尤其是政策环境是必不可少的,但相对于班主任的自我需求来说,来自教师内在的动力机制更为有效和持久。因此,倡导班主任走专业化自我成长之路是班主任获得专业化发展的关键。

要将班主任工作作为事业。有学者将人与职业的关系分为三种,即雇佣型、职业型、事业型。仅仅为挣钱而工作,就会患得患失,热情难以持久;而仅仅为忠实地履行职责而工作,则容易出现专业发展的"天花板"现象;如果一个人将工作视为个人人生价值的体现,就会乐此不疲,不但兢兢业业,而且会持久地在职业道德提升、专业能力发展上孜孜不倦,终身追求更高的职业境界。因此,一个班主任如果把自己从事的工作提高到事业层面,就会持久主动地加强自己的班主任专业化进程。

要将班主任定义为一个终身学习者。班主任是一个以全面育人为己任的角色,因此,班主任需要掌握广博的知识和精深的专业能力。这就需要不断学习、终身学习。这既是理念,也是需要。时代在不断进步、知识在不断更新、学生在不断变化,不学习就意味着用过去的东西来面对今天的问题,其结果是显而易见的。

要培养敏锐的问题意识。具备敏锐的问题意识是一个人不断进步与发展的重要前提。作为一个班主任,在工作了若干年后,积累了丰富的经验,甚至在学校已经到了没有"难题"的地步,这样的班主任无疑已经是非常优秀甚至是了不起的。但是,世界上最复杂的东西是"人",最难做的工作是"育人"。在面对几十个学生健康发展的时候,没有"问题"是非常可怕的,这说明这样的班主任还只是一个出色的班级管理者,是否是学生的"人生导师"还是一个问号。所以,培养敏锐的"问题意识"与其说是要班主任有一双善于发现问题的眼睛,不如说是要班主任能够从学生终身健康发展的层面来规划自己的工作,决策自己的行为,并从教育的基本问题出发,不断探讨自己对教育的理解,并反思自己的教育实践是否符合教育本真规律的要求,从而使自己真正成为影响学生终身发展的人师。

思考题

1. 怎样理解职业学校德育的特殊性?
2. 德育的基本要素有哪些?各要素之间是怎样的关系?
3. 职业学校德育内容有哪些?加强对职业学校学生职业道德教育有什么意义?
4. 评述职业学校德育模式。
5. 联系实际谈谈选择和运用职业学校德育方法的要求。
6. 职业学校班主任工作的内容和方法有哪些?

相关链接一

国外中学德育课程模式简介

（一）英国中学的"体谅模式"

体谅模式是以道德情感教育为主要特征的模式，亦可称为"情感模式"，创建于20世纪70年代。英国道德研究机构通过对中小学在校生、毕业生及社会各界进行大规模调查，有针对性地编写了中小学德育教材《生命线》和教师指南书《学会关心》。

英国在中学德育课程中提出生命线系列教育，他们试图表明，为他人活着是值得奖励的。他们要求学生善于体察和理解他人的需要、兴趣、情感和关心他人的学习、生活与工作。

生命线体谅模式教育分为三个部分：

第一部分是"设身处地为他人着想"。这部分围绕人们在家庭、学校或邻里中所经历的人际关系问题创设情景。例如，通过宣读或板书表示出一种体谅的情境；其次请全班学生写出如果自己处于此情境中会有怎样的所作所为，再让学生选择一种行为分角色进行扮演，然后由班里同学对角色的行为进行评论；最后师生共同讨论、总结。

这部分内容还可以让学生站在当事者双方的立场上进行考虑，或从旁观者的角度来思考，有的还从同学关系、种族、文化、政治冲突等矛盾分歧的角度来设计情境。

第二部分是"证明规则"。这部分针对学生与他人共同生活、工作中出现的问题来帮助学生找出解决问题的方法。如启发学生讨论法律、常规、原则、社会规则等内容，对不同规则的冲突或规则同自己爱好的冲突进行分析。采用的方式仍然是设置情境、提问、角色扮演。

第三部分是"你本该做什么"。这部分内容是设置以历史事件为基础的道德困境，让学生在戏剧性的道德困境面前思考分析。

由于这种模式吸引了学生的兴趣，取得了实际效果，因此受到教师、学生和家长的广泛欢迎。目前这种体谅模式采用的教材在英国和北美以各种版本出版，历年不衰。

（二）美国中学的"能力模式"

美国中学采用"能力模式"特征的德育课程主要受价值澄清学派的影响，即将道德看作是一种对道德价值观进行独立选择的综合能力，认为教育是发展个人独立作出价值观选择能力的过程。该教育模式不采用灌输的方式，认为灌输的方式会轻视学生的独立思考能力，不能培养出所期望的自我负责行为。该教育模式采用七个过程提醒或帮助学生分析哪些是最重要的价值观念，怎样更有目的、更稳定、更负责地生活。这七个过程是：

（1）自由选择，无任何外力的控制或权威的胁迫；

（2）从各种可供选择的项目中进行选择；

（3）在仔细思考后果之后进行选择；

(4) 评估并珍视个人的选择;
(5) 公开个人选择以求得公众的认可;
(6) 按个人选择去行动;
(7) 重复这种行动,使之成为个人的生活方式。

这一模式主要是组织学生开展灵活讨论、角色扮演、游戏、制作等多种实际活动,培养训练学生具体的道德能力。每节课老师仅讲一刻钟,每班仅十几名学生,并配2名教师指导活动。例如:学生模拟怎样拒绝他人的不正当邀请,练习"合格地倾听他人讲话"的技巧,编写征集朋友并为朋友服务的广告词,集体创造解决家庭纠纷的趣味活动,开展具体实际的道德能力培养与训练活动。

(三) 新加坡中学"东方内容加西方形式"的模式

新加坡在中学普遍开设了《儒家伦理》课程。课程内容主要来源于中国古代传统道德的思想和经典事例,但教学方法又多采用西方国家流行的现代教学方法。他们的目的是使青少年保持东方道德传统,抵制西方道德侵蚀。他们认为"东方哲学是我们的基础,西方教育心理学是我们的支柱""东方内容与西方形式必须结合起来"。

新加坡不仅创立了独特的本国经济发展的成功模式,而且创立了独特的道德教育模式。他们在讲授《儒家伦理》(以传统道德教育内容为主的课程)时,大量采用了西方现代教学手段、教学方式,体现出东西方结合的特征。他们把深奥难懂的文言文译成白话文和英文,并在每篇课文中穿插人物故事。据统计,《儒家伦理》全书共264页,而各种插图、图表就有89幅之多。

相关链接二

教育部办公厅关于加强和改进新时代中等职业学校德育工作的意见(节选)

教职成厅〔2019〕7号

一、重要意义和总体要求

(一) 重要意义

党的十八大以来,以习近平同志为核心的党中央高度重视学生思想政治和德育工作,对培养造就社会主义合格建设者和可靠接班人提出新要求、作出新部署,为做好中等职业学校德育工作提供了根本遵循。中职学生正处在人生成长的"拔节孕穗期",最需要精心引导和栽培。加强和改进新时代中等职业学校德育工作,是适应新时代中国特色社会主义发展的必然要求,对于培养高素质劳动者和技术技能人才、培养担当民族复兴大任的时代新人,具有重大战略意义。

(二) 指导思想

以习近平新时代中国特色社会主义思想为指导，全面贯彻党的教育方针，落实立德树人根本任务，培育和践行社会主义核心价值观，健全德技并修、工学结合育人机制，坚持守正与创新相统一，坚持问题导向和目标导向，不断提高学生思想水平、政治觉悟、道德品质、文化素养，培养德智体美劳全面发展的社会主义建设者和接班人。

（三）任务目标

总体目标：通过持续努力，中等职业学校德育工作的针对性、实效性、时代感和吸引力不断增强，整体水平大幅提升，德育在技术技能人才培养中的基础性、导向性、引领性作用更加突出。

具体任务：到2022年，培育遴选百所"三全育人"综合改革试点学校，发挥对区域内学校和校企合作企业的示范引领作用。培训万名德育骨干管理人员、思想政治课专任教师，培育遴选百个名班主任工作室、千个思想政治课教学创新团队，提升德育工作队伍的素质水平。遴选百个德育特色案例，建设万个思想政治课示范课堂，推广典型做法、先进经验。

二、突出时代主题

（四）深入开展习近平新时代中国特色社会主义思想教育

结合学生思想和行为特点，深入学习宣传习近平新时代中国特色社会主义思想，推动习近平新时代中国特色社会主义思想进教材、进课堂、进头脑。

（五）强化理想信念和社会主义核心价值观教育

把理想信念教育放在首位，深入开展社会主义核心价值观和中华民族伟大复兴中国梦教育，引导学生树立正确的世界观、人生观、价值观。

（六）加强中华优秀传统文化、革命文化和社会主义先进文化教育

实施中华文化传承工程，推动中华优秀传统文化融入教育教学，强化非物质文化遗产传承意识培育。

（七）培育弘扬劳动精神、劳模精神和工匠精神

将劳动教育纳入人才培养方案，融入学校教学全过程。开设劳动教育必修课程，专题教育等不少于16学时。

三、切实发挥思想政治课关键课程作用

（八）开齐开足开好思想政治课

中等职业学校应按照规定开足开齐开好思想政治必修课程，并按照规定选用国家统编教材。

（九）建设高素质专业化思想政治课教师队伍

各地在核定编制时要充分考虑思想政治课教师配备需求。各学校要配齐配足思想政治课教师，加大专职思想政治课教师配备力度。

（十）增强思想政治课的针对性实效性

推动思想政治课教学改革创新，组织思想政治课教师定期开展集体备课、听课评课等教

研活动。思想政治课学科带头人要在集体备课中发挥带头作用。

四、强化教育引导和实践养成

（十一）创新开展文明风采等活动

紧扣新时代主旋律，以爱党、爱国、爱社会主义、爱人民、爱集体为主线，开展丰富多彩的主题活动，深入推进活动育人。

（十二）推动加强校企协同育人

完善德技并修、工学结合协同育人机制。充分挖掘和利用企业德育教育资源，鼓励引导校企共建德育实践基地。

（十三）建好用好网络德育阵地

拓展网络德育阵地，强化网络育人载体，提升学校应用新媒体开展德育工作的能力。运用互联网思维，充分利用大数据等新媒体手段，推动建设数字化德育平台，拓宽网络德育空间，扩大网络育人覆盖面。

（十四）强化学校文化育人功能

各地各校要高度重视学校文化建设，做好文化育人顶层设计，凝炼校训、校风、教风、学风，构建凸显地域文化特色、突出专业办学特点以及学校优良传统的精神文化体系。

（十五）加强行为规范养成教育

深入开展学习、签署、践行《中等职业学校学生公约》活动，教育引导学生自觉形成良好的思想品质和行为规范。

五、加强组织保障

（十六）形成协同育人合力

发挥学校主导作用，引导家庭、政府、社会共同育人。推进全员全过程全方位育人综合改革试点，完善"三全育人"机制。

（十七）选优配强德育工作队伍

各地各校要加强德育工作队伍建设，优化结构，选优配强，注重德育工作管理人员、班主任的选聘和培养培训。

（十八）加大工作保障力度

各地各校要将德育工作经费纳入年度经费预算，配备德育工作必需的场所、设施，配齐相应教育教学仪器设备，订阅必备的参考书、报刊杂志等，不断改善德育工作条件。

（十九）创新德育工作评价方式

各地教育行政部门要将学校德育工作情况纳入学校督导内容，倡导发展性评价、过程性评价、第三方评价以及教师、家长、企业参与的多主体评价机制。

六、加强党对德育工作的领导

各地教育行政部门要加强对中等职业学校德育工作的领导，定期对学校党组织履行德育工作主体责任情况进行督导督查。

第十章

职业指导

教学目标

1. 理解职业指导的功能。
2. 了解职业学校职业指导的主要内容。
3. 掌握职业指导的方法。
4. 掌握创新创业教育工作的内容及方法。

随着社会主义市场经济体制的逐步建立与完善,职业教育的服务领域、服务对象、培养目标、就业制度、就业渠道、就业方式都在发生着重大变化,就业配置市场化、就业形式多样化、就业状态流动化、就业指导专业化、就业服务网络化、就业关系合同化已成为现实。面对就业形势的千变万化,就业市场的激烈竞争,职业学校的学生常常无所适从。《中华人民共和国职业教育法》(2022修订)提出:"职业学校应当建立健全就业创业促进机制,采取多种形式为学生提供职业规划、职业体验、求职指导等就业创业服务,增强学生就业创业能力。"因此,职业学校教师应该成为职业指导的专家,促进学生职业生涯的规划与发展。本章着重阐述职业指导的功能、内容和实施以及创业教育的实施等问题。

第一节 职业指导的功能

一、职业指导的涵义

职业指导自20世纪产生以来,许多国家都视其为解决失业、促进就业的良方而加以重视。但由于不同的历史发展道路和社会文化背景,各国关于职业指导的涵义与范围目前尚无统一的界定,名称也不尽相同。如美国、加拿大称其为"职业指导"或"生计指导";苏联称其为"职业定向教育";日本称其为"前途指导""进路指导";德国称其为"职业咨询";我国则一直沿用"职业指导"这一名称。随着形势的发展、职业指导内涵的扩大,又衍生出"就业指导"或"创业指导"之称谓。但总的来说,对职业指导涵义的理解不外乎以下三种:

第一种理解认为,职业指导就是协助求职者选择职业。这一观点强调每个人都具有自己独特的能力类型和人格特征,而这种个性特征又与某些特定的职业相对应,把职业指导界定为帮助求职个体"清楚地了解自己、了解职业、正确选择职业",从而实现"人—职"匹配的实践活动。这种理解建立于职业指导先驱——帕森斯提出的"人职匹配论"的基础上。1908年,帕森斯第一次提出"职业指导"的概念,提出职业指导工作者的任务就是通过提供直接的信息及获取信息的方式和手段,使求职者尽可能清楚地了解自己的性格、能力、兴趣及其他特质,了解从事各种职业的条件、优缺点、酬劳、机会及发展前途,合理推论前述两类资料的关系,最终作出正确的、合理的职业选择。

第二种理解则把职业指导看成是一种为求职者提供帮助的社会服务活动,包括预测和分析人才需求动态,汇集、传递就业信息,组织人才交流,以及开展各种与劳动就业有关的综合性社会咨询服务活动,把为企业推荐人才与为求职者介绍适合的职业当作职业指导的根本任务。持这种观点的人重视求职技巧与面试艺术以及如何处理求职过程中的各种问题等。这些服务活动主要集中在升学就业这一阶段,因此,常被等同于择业指导或就业指导。

以上两种理解,都仅仅着眼于职业指导的一个环节——就业安置,把职业指导看成是一种静态的服务,并指向特定的职业,没有把职业指导与求职者的成长联系起来。同时,这种意义上的职业指导只局限于发挥个体的特长和满足于个体的要求,对个人要适应社会需要这方面有所偏废。

第三种理解则把职业指导指向更为广阔的职业领域,同时注重个人职业形象的确立与人的终身职业发展,把职业指导视为一个动态的教育过程,主张用发展的眼光看待求职者,尤其是学生。其目标是通过系统的教育,有意识地发展学生的职业意识、职业兴趣和职业决策能力,使学生在学习期间能了解、熟悉自我与职业世界,在毕业时能根据社会需要和个人特点自觉地选择职业目标,顺利完成角色转变。以此观点为基础的职业指导不是指向特定的职业,更多的是帮助学生进行职业分析,提供择业咨询。

第二次世界大战以后,随着关注人的内在动机和生命意义的自我心理学及心理健康运动的兴起,职业指导受到了很大的影响。1951年,萨帕根据自我心理学的基本观点,对职业指导作了一个全新的定义:职业指导是将个人自己和职业世界中的自身作用进行统合,并让其得以妥善地发展与容纳的过程;是把以上概念与现实加以对照推敲的过程;是既能自我满足,又能给社会带来利益,将自我概念向现实转变的援助过程。萨帕的定义以个人的职业发展为着眼点,将自我与职业、个人与社会联系在一起,强调人与职业、人与社会之间的相互作用,协调发展。既充分考虑个人在职业活动中获得发展的机会,又充分考虑社会发展的需要,在不断的调整中达到职业角色的完善,达到人生的完善。这个定义要求职业指导不仅要把局部、静态的"人—职"匹配作为职业指导工作的目标,还应该将树立自我形象与职业角色形象作为职业指导的更高目标。

在我国,现代职业指导开展的时间并不长,职业指导的涵义也没有统一的界定,结合我国的实际以及职业教育的特点,一般把职业指导界定为:职业指导是一个教育、培养和援助的过程。在学校教育的全过程中,通过对职业学校学生职业意识、职业道德和职业能力的培养,促进其职业素质发展,并指导学生的职业行为,最终帮助学生根据国家需要、职业要求和自身特点进行职业决策,即选择职业、准备职业、获得职业及适应职业。

二、职业指导的功能

(一)职业指导的社会发展功能

1. 职业指导促进人力资源的合理配置

职业指导作为人力资源开发的重要措施,有利于人力资源的合理配置。随着社会主义市场经济体制的建立,市场成为资源配置的基础,政府职能转为宏观调控,不再进行具体的资源配置。毕业生就业制度由传统的统一分配逐渐转变为"双向选择,自主择业"。市场有效配置人力资源需要有一定的载体,才能避免人力资源配置的盲目性与无序性,而职业指导正是合理配置人力资源的有效活动。

人力资源的供给与职业结构和经济发展水平密切相关。由于社会劳动体系存在不同种类、不同等级、不同复杂程度和不同工作环境的职业岗位,这就要求有相应的类别和层次的劳动者去适应。职业指导一方面根据社会需要的实际情况，采用科学的方法和手段求得"人—职"的合理匹配，实现事得其人、人适其事、人尽其用，最大限度地发挥人才的作用；另一方面，职业指导又促进人才合理流动。职业指导通过分析职业结构和劳动力结构，提供职业信息，预测职业发展，为人才有序流动提供指导，对劳动力的供求关系实现控制和调节。

2. 职业指导促进社会和谐发展

第一，通过解决失业问题促进社会和谐发展。失业问题是经济领域的常见问题，也是全社会关注的问题，如果不能得到合理解决，就会影响社会的稳定。

失业类型主要有结构性失业、摩擦性失业及技术性失业等。结构性失业是指劳动力供给结构与需求结构不平衡、不对应而造成的失业。其原因一是求职人员不具备职业岗位所要求的工作能力；二是求职人员不愿从事某类工作。职业指导通过对就业人员的教育与引导，转变人们的职业价值观和传统就业观，帮助人们掌握新技能，指导人们适应新职业，以达到减少结构性失业的目的。

摩擦性失业是指求职者在初次就业或转换职业时所出现的失业现象。其原因主要是职业信息渠道不畅或人们对职业的岗位特点缺乏了解。职业指导可以通过各种信息渠道把握用人信息并及时将其提供给求职人员，帮助求职者顺利地求职或转换职业。

技术性失业是指由于缺乏职业技能而造成的失业状态。职业指导对技术性失业问题的解决是通过指导专业技术教育部门进行社会急需的专业技术培训，提高求职者的专业知识水平和职业能力，以减少技术性失业。

第二，职业指导还能通过提高受指导者的从业水平，培养高素质的公民而促进社会的和谐发展。通过合理分流人才，形成和谐的教育结构、社会结构及人才结构，促进社会系统的平衡和持续发展。

3. 职业指导预测职业发展

职业指导不仅要研究职业现象的个别性和具体性，而且要在此基础上尽可能全面和准确地研究职业现象的本质联系，探索职业发展、变化的一般规律，从而对社会职业发展前景和趋势作出科学推测，以达到指导人们选择职业和促进职业发展的目的。

职业指导对职业的预测主要包括：产业结构及职业结构变化趋势；未来职业对劳动者数量、结构及素质要求的特点和趋势；从业人口数量和质量的现状及变化趋势；就业观念和就业态度的变化趋势等。职业指导对这些问题的分析预测不仅有利于社会发展规划和有关方针政策的制定，而且有利于个人自觉地调整自己的行为方式以适应未来社会的要求，对职业学校学生选择专业方向和职业岗位具有重要的参考价值。

（二）职业指导的教育发展功能

1. 职业指导促进教育与社会的结合

学校只有了解社会需要，教育才有针对性，才能避免人才培养的盲目性；也只有让社会充分了解学校的专业方向、培养规格以及各专业人才所能从事的职业或岗位范围,才能使用人单位科学、合理地使用人才。所以,职业指导是学校向社会介绍人才、推荐人才的重要渠道;同时,职业指导作为学校面向社会的一个窗口,不断通过接受用人单位对毕业生使用情况的反馈信息,调整教育服务方向及人才培养方案,指导学校提高教育质量,克服学校教育与社会需求脱节的现象,增强教育对经济发展的适应能力,从而促进教育与社会的结合。

2. 职业指导促进教育结构的优化

教育结构主要是指教育的层次结构和专业结构,它决定着教育所培养的各种规格人才的比例。教育成果的经济效益首先取决于教育的层次结构和专业结构与社会发展要求之间相适应的程度。由于社会各行各业对人才需求的广泛性和复杂性、培养人才的周期性、学校教育效果的滞后性,学校所能提供的人才往往不能满足社会的需要,教育结构与社会经济结构常产生错位现象。职业指导运用科学的方法和手段综合分析社会职业变动及其对人才结构、数量、质量、规格的需求趋势,从而有效地指导教育结构的调整,增强教育服务社会经济发展的主动性。

(三) 职业指导的个人发展功能

1. 职业指导促进学生的社会化

个体社会化的一个核心内容即个体的职业化。职业指导是为使人职业化,并从根本上达到社会化所进行的连续性的专业辅导工作。职业学校职业指导的任务在于帮助学生了解社会对不同职业角色的具体要求,并从这种要求出发帮助学生掌握职业技能和培养职业角色意识,使学生了解自己在社会关系和职业岗位上的地位,领悟社会对职业的角色期待,懂得自己应承担的社会责任和义务,并朝着这一目标去努力、去追求。

2. 职业指导激发学生的学习动机

职业指导从适应社会需要、增强个体在未来职业生涯中的创造力出发,对学生进行学习目的教育;通过分析现代职业对从业人员的素质要求,帮助学生明确学习目标;通过分析未来可能从事的某些职业的类型特点,使学生意识到所学课程的社会意义。同时,职业指导还帮助学生加深对所学专业的了解,认识当前学习与实现个人职业理想的关系,激发和调动其学习积极性,强化学习动机,增强学习主动性,从而提高学习效率。

3. 职业指导帮助学生科学地选择专业或职业

职业选择是人生的选择,是对未来的选择,是对人生幸福的选择。职业指导从态度和方法等方面指导人们选择职业。在态度方面,主要是引导学生以现实的态度,正确处理个人发展与社会需要的关系。职业指导强调从社会需要出发,让求职者明白个人才能的发挥总是与一定的社会历史条件和社会责任密切相关的,社会需要是发挥个人才能的条件和基础。为了最大程度地发展自己,发挥自己的创造力,应该引导学生到社会最需要的岗位上去。在方法上,职业指导帮助学生分析各类专业和职业的区别与联系,使人们懂得个人才能、兴趣和个性特征与所适应的职业类型之间的关系。通过心理测验等手段帮助个体了解自身的职业心理倾向,确定适合的职业范围;同时,职业指导帮助学生掌握求职的方法与技巧,使之顺利地选择并获得职业。

4. 职业指导有利于学生的身心健康和个性发展

心理学研究表明,人的心理健康水平乃至人的身体状况和生命运动都与职业活动密切相关。在现代社会,职业应该成为人们最能发挥自身能力、展示个性的载体。人们从事着自己愿意且适合的职业,内心就会感受到生命存在的价值,获得个人心理上的满足,从而保持旺盛的精力。职业指导通过帮助职业学校学生正确地选择职业、顺利地获得职业和适应职业,并在职业岗位上做出贡献,使他们不断地体验到满足,获得愉快和幸福。此外,职业指导还可以有效地帮助职业学校学生克服或避免心理冲突和心理障碍,提高对挫折的耐受能力,保持身心健康和个性的全面发展。

第二节　职业指导的内容

职业指导包括从观念的形成到品德的培养,从知识的掌握到能力的运用等一系列内容。全面把握职业指导内容,是有效开展职业指导的前提。

一、职业生涯发展规划指导

职业生涯发展规划是个人对自己一生职业发展的总体计划和总轮廓的勾画,具有目标性、长期性和全局性的特点,它为人一生的职业发展指明了途径和方向。所以要想在有限的时间里发挥自己最大的潜能,有所作为,应该做好职业发展规划。职业学校学生正处在职业生涯发展规划的探索期,合理的规划能够使他们的职业旅程更加顺利,未来的发展之路更加开阔。因此,职业生涯发展规划指导是职业学校职业指导的重要内容。

职业生涯发展规划指导不同于一般的就业指导,它不是简单地传授与就业相关的知识技能、就业技巧或提供就业信息,而是重在对学生自我职业发展综合素质的培养。首先,要提高学生对职业生涯发展规划的意识,主动自觉地规划自我,确立职业生涯是一个不断发展的过程的观念,就业并不意味着一劳永逸,职业的发展伴随着人的一生。其次,教给学生制定个人职业生涯规划方面的知识和技能,在职业生涯的准备期加以科学规划,在发展中解决个人与职业的合理匹配;最后,教会学生不断反省并修正职业生涯发展目标,适应环境的改变,最大程度地发挥自己的才能。

二、职业准备指导

职业准备指导是职业学校职业指导的中心内容。只有职业准备充分的人,才能顺利就业并在职场中应付自如。

(一) 身心素质的准备指导

健康的身体与心理素质是人们从事职业活动的前提与基础。生理素质制约着其他素质的形成与发展。特别是随着现代社会生活节奏的加快，工作压力的增大，无论是对人们的体力、脑力还是心理承受能力，都提出了极大挑战。职业指导工作者，必须有意识地引导职业学校学生注重生理素质的健康发展，科学指导他们进行体育锻炼，增强体质，充分作好身体素质的准备。

由于就业竞争加剧，青年学生的心理问题呈上升趋势。职业学校学生生理与心理的成熟程度存在差异，自我心理调节能力的发展明显滞后，特别是面临职业选择和就业竞争，往往容易引发各种心理障碍和疾患，影响职业学校学生顺利走向社会。从教育的角度来看，职业指导主要是唤起学生的自信心，引导学生确立恰当的职业期望值，帮助学生全面准确地认识自己、了解职业，培养学生良好的个性心理，培养学生坚强的意志以及提高学生的抗挫折能力等。

(二) 知识与能力素质的准备指导

知识与能力素质主要指特定职业对从业人员知识结构和能力结构及其水平的要求，具备合格的知识能力素质是从业的必要条件。职业学校学生应具备的知识技能结构包括文化知识准备、专业知识准备及专业技能准备等。虽然知识与能力素质主要通过基础文化课程与专业课程的学习获得，但是职业指导工作者必须通过职业指导活动，有意识地协助各任课教师，指导职业学校学生作好这方面的准备。其指导内容主要包括：加强职业学校学生的学习观教育；开展学习方法的指导；培养职业学校学生的学习兴趣，激发其学习动机；教会学生学会学习，提高他们的自学能力；为学生做好专业知识、专业技能、专业能力的准备打下坚实的基础，为他们的终身学习、持续发展指明方向。

(三) 思想素质的准备指导

思想素质是指对从业人员的职业理想、职业道德、职业价值观、思想观念以及工作作风等方面的要求。对于职业学校学生而言，主要强调职业道德的教育与指导。

职业道德是对一定范围内职业的特殊要求，是人们在一定的职业活动范围内所必须遵守的行为规范的总和。培养良好的职业道德是抵制各种不正之风，建立良好的人际关系，建设高度的社会主义精神文明的有效途径之一。职业道德教育包括对学生进行择业动机教育；责任心和事业心的教育；帮助学生认识自己未来所从事的工作在社会分工体系中的地位和作用，把对事业的热爱变成履行职业道德规范的行为。

三、职业选择指导

职业选择是职业学校学生毕业时面临的最大问题。影响职业学校学生职业选择的因素有很多,这些因素常常使得职业学校学生进行职业选择时犹豫不决,从而错失很多就业、创业良机。同时,由于就业竞争的加剧、就业形势的严峻,职业学校学生可能会在职业选择过程中遭遇一些挫折,产生消极的影响。因此,教会学生正确选择职业是职业学校职业指导的重点工作之一。职业选择指导内容主要包括以下几个方面:

首先,引导学生正确认识职业选择的意义。职业指导的重点在于通过指导使学生对职业选择的意义有所认识,使学生懂得:只有选择自己最适合的职业和社会最需要的职业,才能为社会作出最大的贡献。

其次,指导学生全面考虑影响个体择业的因素。影响因素主要有:家庭、学生个人、社会(主要是职业岗位)、学校以及政策、经济、环境等因素。职业指导教师应该引导学生不要完全被主客观因素所左右,而应从自身实际出发,把社会需要与个人需要结合起来,充分利用各种有利因素,自主、自信地去面对职业选择。

最后,指导学生遵循择业原则,按照职业选择的程序,顺利地选择职业。职业选择的原则主要有社会需要原则、发挥特长原则及创新原则等。职业选择的程序一般包括确定择业目标、了解职业信息、了解自身条件及作出择业决策。职业指导教师要指导学生按照程序制定择业计划,正确进行职业选择。

四、求职指导

帮助学生获得职业是职业指导的目的之一。在这个指导过程中,主要有三方面的工作:

(一) 指导学生有效搜集职业信息

指导学生有效搜集职业信息主要是指导学生如何捕捉职业信息,了解职业信息的来源。职业信息包括:工作性质、工作条件、经济收入、社会地位、发展机会、内在的工作满意度、未来展望等。

职业信息可以通过多种渠道获得,主要有:社会组织机构,如学校主管部门、社会就业咨询机构;传播媒介发布的信息,包括宣传媒介(广播、电视、报纸杂志、网络等)、计算机网络、就业市场、求职者的各种社会关系等。

(二) 指导学生撰写求职信及其他相关材料

求职材料是求职者与用人单位沟通的重要桥梁。求职材料一般包括毕业生推荐表、求职信、个人简历、自传及其他各类证明材料等。职业指导工作的一个重要内容是指导学生学会写求职信和签订聘用合同等,帮助他们准备一份既实事求是,又别具特色的求职材料,提高学生求职的成功率。

(三) 求职面谈技巧的指导与训练

要获得满意的职业,除了要具备职业所要求的专业知识与技能等素质外,还需要掌握包括自我推销的技巧、面谈面试技巧、笔试技巧等应聘技巧,这都是学生展示自我并给招聘方留下第一印象的关键环节。因此,必须将求职技巧的指导与训练纳入学校职业指导的内容中。通过讲座、情境模拟、社会实践等各种活动形式,锻炼学生的语言表达能力和现场表现能力、应变能力,掌握面谈面试的技巧与技能,以使学生在向用人单位进行自我推荐时能做到驾轻就熟,给用人单位留下深刻的印象。

五、职业适应指导

职业指导不仅要关注职业学校学生就业前的指导,也要关注其职后发展。每个人踏上新的工作岗位都要经历从不适应到适应的心理过程,这一过程称为职业适应期。职业适应期的长短、职业适应能力的强弱,对刚走上工作岗位的职业学校毕业生有着深刻的意义。这不仅关系到他们当前职业的稳定,影响工作积极性和工作效率的提高,而且对其今后的发展乃至整个未来的生活都将产生重大影响。因此,职业适应指导是职业指导工作的重要内容,对于学生能否顺利踏上社会,走好人生第一步至关重要。

每个人的职业适应期因主客观条件的不同而有差别,但一般来讲,职业适应期包括四个阶段:兴奋好奇期、矛盾冲突期、协调平衡期及稳定发展期。职业适应指导的内容主要有:

(一)工作岗位的适应指导

指导学生对职业岗位的性质、特点、劳动制度、岗位规范、岗位所需的知识、技能、能力的适应,这是最主要的内容。

(二)人际关系的适应指导

职业指导工作者要帮助学生给自己正确定位,摆正与其他人员的关系,恰当处理好与同事、上下级领导的关系,努力营造融洽和谐的工作环境,创造更高的工作效率。

(三)个人生活的适应指导

如何安排好自己的人生,提高生活质量,也是职业学校职业指导工作的重要内容。职业指导工作者要引导青年学生做好人生规划,安排好工作、学习、生活,做到事业成功,生活美满。

第三节　职业指导的实施

党的十八大提出"推动实现更高质量的就业",加快构建以就业为导向的现代职业教育体系,对我国职业学校职业指导工作提出了更高的要求。实践证明,任何一个发达国家的成长都是依赖于高质量的职业教育培养出高素质的从业人员而发展起来的。职业教育越发达,其职业指导体系也就越完善、人本化,并伴随职业人的终身发展。职业指导是一项复杂的系统工程。

一、职业指导的原则

（一）教育性原则

职业指导是职业院校全员、全面育人的重要工作。职业指导本质上是职业院校的教育活动，应坚持立足于教育与引导，突出职业理想、职业道德、职业知识的教育和求职就业、开拓创业能力的训练，注重与职业学校德育工作、校园文化建设和教学管理服务的有机结合。不仅要重视为学生传授职业知识，传递就业信息，提供择业帮助，更要重视对学生进行专业思想、职业价值观、人生观等方面的引导和教育，充分发挥职业指导应有的教育意义。

（二）全面性原则

首先，职业指导必须面向全体学生。无论学生将来是继续升学，还是自谋职业或自主创业，职业院校都须为其提供职业、择业、创业等方面的知识、信息和咨询指导。同时，也要注重根据每个学生的具体情况进行个别指导，真正做到因材施教、人职匹配。

其次，职业指导应该伴随职业院校学生学习的全过程。要根据每个年龄段、年级段的学生特点与需求，组织相应的教育教学内容，选择丰富多样的教学方式。如针对一年级的职校生，更多的是通过参观、考察、社会实践等活动，让他们对自己选择的专业有所了解和认识，从而更好地为今后的专业学习做准备。有效的职业指导更应该延伸到学生未来的整个职业生涯。

最后，职业指导必须全员参与。职业院校的职业指导不仅仅是职业指导课教师的责任，还需要学校其他部门，尤其是各专业教师以及社会企事业单位、学生家长的密切配合。应该统筹协调各种教育力量与教育资源的优势，形成教育合力，充分发挥职业指导为学生的专业学习、就业创业服务的功能。

（三）援助性原则

援助是对学生就业或升学提供具体的帮助和服务，援助的根本在于教育。首先，职业指导要为学生择业、就业、创业创造条件，提供具体的指导和帮助，为毕业生做好推荐工作，充分发挥桥梁作用，在学生与用人单位之间积极沟通与协调，既指导学生找到满意的单位，又为用人单位找到满意的员工。

其次，职业指导要秉承"助人自助"的理念，避免将职业指导片面地理解为就业指导或仅是帮助学生找到工作，更重要的是要帮助学生确立正确的职业价值观，增强学生的就业创业能力，为学生的职业生涯发展打下坚实的基础。

最后，职业指导要尊重学生的自主选择。职业指导要尊重学生的主体地位，尊重学生对专业与职业的选择权与决定权，职业院校的职业指导应该是为他们的选择提供服务、指导与帮助，切忌为了提高学校的就业率而干涉学生对职业的自主选择。

（四）实践性原则

实践性原则强调职业指导要加强理论与实践的联系，应该以切实解决学生的实际问题为目标。一是教师应深入了解学生,掌握他们的思想状况、心理动态及面临的问题,并建立学生个人档案,使职业指导更具有针对性。二是要加强与劳动力市场、用人单位和学生家庭的联系、合作与沟通,及时掌握社会经济发展、职业变化的动态,全面把握就业的相关政策与信息,为学生提供及时的、准确的指导。三是要注重理论教学与实习和社会实践活动的结合,多设计一些实践性教学活动环节,如开展情境教学、模拟招聘及设计创业方案等,使学生在实践中受到教育并得到提高。

(五)发展性原则

职业指导要以学生发展为本。第一,职业指导要用发展的观点对学生进行科学指导,以学生职业能力的终身发展、与职业相联系的学生的整体发展为着眼点,注重学生职业生涯的可持续发展与学生素质的全面发展。职业指导的终极目标不是培养"职业人"或"工具人",而是培养具有健全人格、全面发展的人。第二,要引导学生学会挖掘自身潜力和优势,主动适应专业和职业的需求,积极开拓新的职业领域。社会职业的更新日新月异,新兴职业不断涌现,要鼓励职业院校学生大胆创新、自主创业,主动迎接挑战,不断提升自身素质,提高就业质量与生活质量。

二、职业指导的途径与方法

(一)开设职业指导课

职业指导课是职业学校开展职业指导的主要渠道。职业指导课是指在固定的教学时间,通过正规教学途径,由专职教师或职业指导专业人员、专家担任教学工作,全面而系统地向学生传授职业知识,帮助学生了解自我,了解职业世界,合理地设计自己的职业道路,制定职业发展计划和选择未来的职业。为了满足信息时代的需求,教师应根据课程教学的需要和学生的个性特征,构建多维一体化教学模式,即课堂教学、网络教学、校企合作、实践活动等互动协同、相辅相成的职业指导教学模式。

职业指导课程的开设应坚持以下要求:

一是理论联系实际。职业指导课程的实践性、应用性很强,无论是就业观念、心理素质的培养,还是职业能力、求职技巧的获得,都必须在实践中磨炼才能形成。因此,应积极改进教学方法和教学手段,改革考核办法,促进学生在实践中检视自己的素质,真正有利于解决学生的实际问题。

二是因材施教。黄炎培先生曾说:"职业指导,外适于社会分工制度之需要,内应天生人类不齐才性之特征。"每个人的职业兴趣、职业能力、个性特点各不相同,要根据专业特点和学生实际,选用不同的教学内容,采用不同的教学方法,进行个别化的辅导,给学生以切实有效的帮助。

可以综合以下方法:

1. 案例分析法

教师可结合往届毕业生创业就业的案例讲授课程理论知识,以使学生树立正确的职业理想,提高发现问题和解决问题的能力。

2. 讨论、辩论法

教师在教学的过程中应以学生为主体设计教学内容,围绕就业新形势,选择学生感兴趣的话题,引导学生进行课堂讨论,营造开放、平等、活跃的课堂气氛,了解学生的思想动态,激发学生的参与热情。对有争议的话题,教师可让学生分组辩论,通过讨论与辩论,学生对问题的认识会更加深刻,能够提高分析问题与解决问题的能力、思辨能力、人际交往能力、团队协作能力以及演讲能力。

3. 职场模拟法

教师应结合职场的实际需求设计就业模拟情景,进行就业模拟面试。针对学生的表现及时反馈、点评与指导,让学生获得就业面试的感性认识和体验,弥补学生实践经验的不足,以便更有信心地应对真正的职场考验。

4. 社会调查法

教师应结合课程内容组织学生走进社会,开展社会调查与实践,深入了解职场的需求,观摩招聘、应聘全过程,弄清问题,寻找原因,总结体会,巩固课堂所学的理论知识,提高分析问题、思考问题与解决问题的能力。

(二) 广泛渗透于专业教学中

学生对职业的认识正确与否,很大程度上取决于他们对职业的了解。专业课程可以加深学生对所学专业及相关职业的了解,增强学生的职业兴趣,巩固学生的专业思想。再者,不同的职业虽有不同的职业资格要求,但各种职业都需要敬业和乐业的精神,需要诚实、勤奋、谦虚、守信、坚定、合作等职业素质,因而专业任课教师在传授专门知识和技能的同时,应不失时机地指导学生树立正确的职业态度和职业价值观。利用专业课程进行指导,主要靠教师发掘课程中的职业指导素材,把职业指导渗透于各科教学之中。

(三) 主动提供职业咨询服务

职业咨询是指学校咨询人员运用相应的技巧和方法,通过与学生面对面的谈话,帮助学生了解自己、了解职业,并有效地作出职业选择,为实现职业目标拟定行动计划的动态过程。职业咨询主要是通过教师与学生之间的语言交流进行的,因此,在咨询中掌握如下技术对于职业咨询教师来说是十分重要的。

1. 建立友好关系的技术

沟通顺畅、效果良好的咨询,始于双方建立良好的关系。因此,从学生进入职业指导(咨询)工作室,咨询教师就要表达适宜的礼貌,直到打开话题、谈话,以至谈话结束,指导人员始终都应保持对当事人的尊重,体察当事人的兴趣与情绪,使其感到轻松,不要轻易触及个人隐私，并适当作出保守秘密的承诺。

2. 促进学生自我了解的技术

职业指导教师应帮助学生理性地认识自己，尽可能使他对自己产生新的、积极的了解，并帮助其扬长避短。

3. 劝导策划技术

在学生明了问题、理解自己的情况下，职业指导教师就要具体地帮助他选择目标、方法，并协助他制定可行的计划。

4. 计划推进技术

职业指导教师凭借自己丰富的经验和知识，在学生作出选择和决定的基础上，帮助学生制定更为具体的行动计划并协助督促其完成。

5. 任务转介技术

职业指导教师重要的职业特点就是专业定向很强，有的问题如果超出自己的专业范围，就应该及时、恰当地转介给其他专业人员，如生理检查或疾病诊断需要转介给医生。尽量避免由于超出自己专业领域而招致的失败，是保证职业指导人员专业声誉和自信的必要条件，也是保证指导效果的前提。

（四）充分利用校内力量开展职业指导

在学校，除了职业指导专门机构和专业指导人员的工作之外，还要注意发挥其他部门和人员的作用。

1. 学生管理部门

将培养学生正确的职业观、形成良好的职业品质和日常学生管理工作结合起来，从适应未来职业要求出发，有目的、有针对性地对学生开展职业指导。

2. 毕业生就业管理部门

毕业生就业管理部门作为与学生选择职业最为密切的部门，要结合毕业教育和就业工作对学生进行国情教育、择业观教育等。需要强调的是，这种教育不应只在毕业班进行，在其他年级也应适当进行，以此不断增强学生的职业意识和就业、创业意识。经常发布毕业生就业动态、人才市场需求形势、职业发展变化情况等信息，引导学生关心社会对人才的需求，并能根据人才市场变化的情况自觉调整自身的择业意向，为适应社会早做准备。

3. 班主任

班主任是学校班级工作的组织者和指导者，与学生接触最多，了解最全面，同班上的各科任课教师有密切联系，同学生家长保持着经常的接触，所以在职业指导方面具有特别有利的条件。班主任对学生进行职业指导，除了要贯彻职业指导的基本原则外，还要注意公平地对待每一位学生，努力提高职业指导的业务水平，制定出切实可行的职业指导计划，协调各方面的力量，共同做好职业指导工作。

4. 专业教师

专业教师也是与职业学校学生联系密切的教育者之一。专业教师应该发挥主观能动作用,寓职业指导于专业教学中,通过专业知识的传授、专业发展的介绍、未来职业实际情境的生动描述,把学生当前的学习与未来的职业有机地联系起来,有意识地结合教学内容培养学生的专业意识、职业兴趣,帮助他们树立职业理想。

(五) 积极开展职业实践活动

为给职业学校学生的职业探索提供机会,真实感受职业生活,可以引导学生结合所学专业,深入到相关用人单位实习、进修。这不仅有利于扩大学生的知识面,提高其专业水平,而且有利于增强学生的责任感和独立性,明确个人职业生涯发展方向。通过组织多种形式的模拟创业、举办创业有成者的典型案例教学和报告会等活动,帮助学生学习创业知识,培养创业意识和创业能力,提供创业信息和咨询;利用学校的资源优势,为学生创业提供有利条件和帮助。

职业指导应该与课外活动、社会实践活动相结合。通过组织参观访问、社会职业调查、举行主题班会、组织兴趣小组等活动,挖掘并培养学生的职业兴趣与职业能力。这类活动容易引起学生学习的兴趣,锻炼学生的职业选择、职业决策能力,提高学生对学习内容的认同程度和内化程度,利用这一途径实施职业指导往往能取得事半功倍的效果。学校要主动加强校企合作,通过建立实习基地,实施"订单式"培养和实践就业等方式,构建新的就业模式,促进就业方式多元化。

(六) 及时组织供需见面会

教育行政部门和职业学校要加强与劳动人事等部门、就业中介组织等的联系与合作,广泛收集并提供就业信息。建立本地职业教育的人才就业网络或利用现有的职业教育网站,发布毕业生信息和社会人才需求信息,为毕业生就业和用人单位招聘提供高效便捷的服务。通过组织或与有关单位联合举办供需见面会,为毕业生与用人单位实现双向选择创造条件,加强学校和用人单位的合作,疏通毕业生就业渠道。

第四节 创业教育的实施

随着我国劳动用工制度的改革,就业市场的竞争非常激烈,职业学校毕业生面临着十分严峻的就业形势,迫切要求学生不仅成为就业者,而且成为能为他人提供就业岗位的创业人才。

对于职业院校而言,创业教育主要是指以开发创业基本系质为目标,通过课程体系、教学内容与方法改革,以开展第二课堂以及开创业意识培训课程、资金资助、提供咨询等方式,培养职业院校学生在创业实践活动中所必须具备的知识、能力以及创新意识、创业精神、创业人格等教育。

一、创业指导的内容

(一) 培养学生的创业意识

创业意识是指在创业实践活动中对人起动力作用的个性心理倾向,它规范着人们选择职业的方向和目标,规定着人们在创业实践活动中的态度行为及其方向和强度,具有突出的选择性和能动性。

创业意识主要包括创业需要、创业动机、创业兴趣、创业理想、创业信念以及创业世界观等六大要素。创业意识是创业实践的源泉与动力,只有具有强烈的创业欲望、明确的创业意识的人才能有勇于创业创新的行动。因此,创业指导要通过对就业形势的分析,转变学生的就业观念,认识创业的意义;同时通过学科渗透教育、营造创业教育环境,激发学生创业意识的觉醒与生成,树立创业的雄心壮志。

(二) 完善学生的创业知识结构

在创业活动中,影响创业活动效果、促进创业成功的知识主要包括专业知识、经营管理知识以及一些综合性知识,如政策法规知识、公共关系等方面的知识。创业知识的获得除了通过课程教学获得外,还可以通过开设专题讲座、举办知识竞赛等各种方式获得。

(三) 提高学生的创业能力

创业能力是影响创业实践活动效率、保证顺利实现创业目标的特殊能力,一般包括专业技术能力、经营管理能力和综合能力。创业能力是通过理论学习与实践锻炼逐渐形成的,在职业学校可以通过开设创业指导课、学习创业典型、创业体验课及举办创业设计大赛等方式提高学生的创业能力。特别是学校可以利用教师、学校实习基地等资源,带领学生开展创业实践活动,在真实的创业情境中锻炼学生的创业能力。

(四) 指导学生的创业实践

学生创业实践指导主要是引导学生利用学校、家庭提供的条件,在校期间就开始从事创业活动。职业指导教师必须及时给以指导,帮助学生选择创业目标,拟定创业计划,并关注其创业过程,保证每个环节的正常运转。

二、创业教育的实施途径

(一) 开设创业教育课程

学校应根据国家和当地教育部门对创新创业教育的政策要求,将创业教育纳入整个人才培养体系中。一要修订人才培养方案,将创新创业教育纳入整个人才培养体系中。出台相应的管理制度,对自主创业学生提供政策保障;允许学生办理休学创业,并对该部分学生实行弹性学习和弹性学制;修订学分制文件,允许学生在自主创业、参加创业项目比赛、创新创业课题研究后进行学分转换。二要建立"创业项目分析""就业指导与创业教育""创新实践项目"等课程体系,将创业教育、就业指导等课程纳入学生大学期间职业能力必修课程学习中,设定相应的学分和学时。三是修订或编写课程标准,将创业教育内容融入各课程学习中。四是成立创业型学历班,并制定相应的人才培养计划。利用订单班、现代学徒制班、创业型学历班等教学班形式,提高学生的创业学习主动性。

(二)积极开展创业实践活动

成立学生创业社团。学校可成立学生创业社团,并指派有丰富的创业实践经验的创业指导教师,有针对性地对创业社团的学生进行创业指导。

组织学生参加创业比赛活动。组织学生积极参加各项创业技能比赛;鼓励学生参与各种类型的创新创业教育比赛,以赛促学、以赛促教,激发学生创新创业的热情。

组织创业教育活动。学校可引导学生成立科技兴趣活动小组,每年定期举行一些竞赛活动,同时也可以组织学生报名参加各个层次的科技比赛,通过制作小创造、小发明将创新理论转化为创新产品,将创新教育真正落到实处。另外,在创新教学过程中,有组织、有目的地引导学生充分利用课外实践活动来增长知识与技能,将学生的课外活动及发明也纳入学分范畴,并由相应的导师进行评分与学习指导,让学生可以有效地利用课余活动来深化课堂知识,拓宽创新能力培养的途径。

(三)加强校内外实训基地建设

首先,要造一批校内创新创业实训基地,出台开放校内实训基地,开展学生创业实践教育的管理办法,免费开放给学生开展创业教育实践活动,在一定程度上满足学生对创业实训场所的需求。其次,加强校企合作,建立一批校外优质实训场所,引导企业参与职业院校学生的创新创业教育活动。邀请企业技术专家指导共同制定学生创新创业方案,协同建设校内创新创业教育基地,编写相关教材,共同开发建设创新创业教育教学资源。

三、创业教育的实践模式

(一)注重整体能力提升的创业教育模式

这种模式主要是将创业教育融入素质教育之中,强调创业教育重在培养学生的创业意识,构建创业所需的知识结构,提高学生综合素质,将第一课堂与第二课堂结合开创创业教育。第一课堂加大选修课程比例,开设创业教育系列课程,改革教学方法,增加参与式教学;第二课堂鼓励学生创造性地投身于各种社会实践与社会公益活动中,形成以专业为依托、以项目和社团为组织形式的创业教育实践群体。

(二)注重创业知识与技能学习的创业教育模式

学校设置专门机构,开设创新教育课程,教授学生如何创业,尝试设立专门的数量不一的创业基金,通过为学生提供实践锻炼的环境与条件,使学生在创业实践中磨炼意志,培养创业能力,得到创业训练。

（三）注重创业意识培养的创业教育模式

学校将重点放在学生创业意识的培养上。根据学科、专业特点，采取课堂教学与创业实践相结合的形式，将培养学生的创业意识和创业能力结合起来，将创业教育与就业指导结合起来。学校开设创业意识的相关选修课课程，转变传统就业观念，培养学生树立创业即就业的观念。

（四）注重创新能力提高的创业教育模式

这种创业模式一方面将创新教育作为创业教育的基础，在专业知识的传授中注重学生基本素质的培养，另一方面为学生提供创业所需资金和必要的技术咨询。学校建设创新实验中心和创业基地，向学生开放，培养学生的动手和实践能力，对学生的创业、创新活动进行指导、咨询和评价。学校还可以举办创业大赛，创造条件将竞赛中选拔出来的成果向应用领域延伸，使学生成果走向产业化。

思考题

1. 查阅文献资料，了解职业指导的发展历史，准确把握职业指导的内涵。
2. 全面理解和掌握职业指导的功能与基本内容。
3. 结合职业学校实际，谈谈怎样有效地开展职业指导工作。
4. 职业学校可以通过哪些途径提高学生的创业能力？

相关链接

国外主要职业指导理论简介

弗兰克·帕森斯的特性—因素理论

特性—因素理论是美国职业指导专家弗兰克·帕森斯创立的，后由威廉逊·佩特森发展成型。该理论是基于人（特性）与职业（因素）之间不匹配的矛盾的解决而建立的，认为每个人都具有自己独特的人格特性与能力模式，这些可以通过心理测验得以体现。职业因素也是可以分析的，如果个人的能力、气质、兴趣等与职业因素一致，那么这样的职业选择就是最理想的，职业指导就是解决人的特性与职业因素的相互适应与匹配的问题，因此该理论又称为匹配理论。特性—因素理论包括三方面的内容：第一，特性分析。职业指导者测量与评价被指导者的生理和心理条件以及社会、教育背景，分析其特有的个性特点。第二，因素分析。职业指导者分析职业对人的要求（因素），向求职者提供有关信息。第三，人职匹配。职业指导者在了解被指导者特性和职业因素的基础上，帮助其进行比较分析，进而作出明智的职业决策。

特性—因素理论具有一定的合理性，强调个体因素在职业选择中的重要作用，强调人与职业的完美结合。但人的职业选择权毕竟是有限的,社会需要也是影响职业选择的重要因素。此外,人的特性的测定也是局部的,不能完整反映人格的整体性,有些心理测验带有一定的主观性,且把人的特性当成固定不变的静态的一个条件,过于理想化,与现实复杂的社会环境有较大的差距。

约翰·霍兰德的人格—职业匹配理论

美国职业指导专家霍兰德认为,职业选择与个体的人格特征相关,而个体的人格特征在一段时期内是相对稳定的。霍兰德将人们的职业选择归入六种人格类型中的一种,称作"个人取向"。与此情况相似,职业也被分成六种理想的"工作环境"。在霍兰德看来,当个体的人格类型与特定的工作环境相匹配,而这种工作环境又与他们的能力、兴趣和自我信念一致时,人们的职业满意度就较高。个人取向与令人满意的工作环境的匹配如下。

人格类型	个人取向	工作环境	职业
现实主义的人格—环境匹配	价值取向具体,强调操作性任务;认为自己擅长机械操作的工作,但缺乏社交技能	工作环境要求机械技能,工作内容具体,而且程序性和持续性较强	机械操作人员、卡车司机、绘图员、理发师
理性的人格—环境匹配	希冀解决与智能有关的科学、文字和数理问题,认为自己擅长分析、批判、方法、内省和创造性等工作	科学研究实验室,新学科的创建,跨领域的比较,医学个案会诊,各种内容的调研	水生生物学研究人员、电脑程序编制人员、临床专家、建筑设计师、医学研究人员
艺术的人格—环境匹配	偏爱没有结构性的工作,愿意承担绘画、雕塑或戏剧等艺术项目,认为自己擅长想象的、表现的和独立的任务	剧场、音乐厅、图书馆、广播站、电视台	雕塑家、演员、设计师、音乐家、作家
社交的人格—环境匹配	倾向于从事教育的、帮助的和宗教的职业,喜欢社会参与,认为自己擅长在人员组织、群体表演、家庭访问、支持网络、社会洞察、人际说服和责任监督等领域与人合作	学校,企事业单位的办公室,人力资源部门,宗教活动场所,娱乐中心	咨询顾问、护士、教师、社会工作者、司法调解人员、牧师
具有进取心的人格—环境匹配	重视政治的、经济的和教育的成就,偏爱监督和领导工作;喜欢控制、言语表示、观念引导和力量体现。认为自己擅长外向的、社交的、决断的、自信的和受人尊敬的工作	法庭、政治集会、产品销售、房地产销售、房地产开发、企业管理、广告公司	房地产经纪人、政治家、律师、销售人员、经理
传统的人格—环境匹配	偏爱言语的、文字的、数理的任务,认为自己擅长有序的、系统的和具体的工作	出版社、银行、邮局、档案室、统计部门、税收部门	编辑、银行工作人员、会计师、计时员、财务顾问、打字员、接待员

需要指出的是，这六种个人取向只是一些理想的类型，没有一个人会完全符合其中的任何一种类型。事实上，大多数人是两种或两种以上类型的结合。不过，通过对这些类型的了解，个体能够大致对自己的个人取向进行归类，并且与特定的工作环境相匹配，为职业选择提供一些启示。

职业发展理论

该理论的代表人物是金兹伯格和萨帕。该理论认为人的职业意识发展与成熟是一个连续的、长期的发展过程，因此，职业选择不是面临择业时的单一事件，而是一个连续的长期的过程。职业指导也应该是一项长期的、系统的工作，并贯穿于人生的各个阶段。

金兹伯格把职业选择的过程分为三个时期，即幻想期（10岁左右）、尝试期（11—17岁左右）和实现期（18岁以后）。实现期又分为三个小阶段：探索阶段、成果化阶段、特定化阶段。

美国学者萨帕把人的职业生涯分为五个阶段：

第一阶段为成长阶段（出生—14岁）。这一阶段人的心理特点以需要和幻想占主导地位，职业指导的任务，对于学龄前儿童来说是培养其自立和自主能力；对小学儿童而言主要是培养其与他人合作的能力，增进上进心，选择适合他们能力的活动，参与一定的家务劳动，并要求对自己的行为负责。

第二阶段为探索阶段（15—24岁）。中学时期，学生开始思考抽象意义的职业方向。到中学结束时，他们期望将抽象的职业方向转化为具体的职业。此阶段后期，有些人已经结束学业，并将主要时间投入工作的世界；有些人则仍然暂时地接触他们所选的职业，如果他们对工作产生满意的体验，那么他们就会将暂时接触变为长时滞留；如果他们对工作产生不满意的体验，那么他们就会转换职业，或者继续他们的学业深造。

第三阶段为确立阶段（25—44岁）。个体对职业的犹豫不决仍然存在。如果个体的职业选择被证明是令人满意的，那么他们就会坚守这一职业阵地。可是，若要取得成功，他们必须利用以前获得的知识和技能，并且学习新的知识和技能，以便在适应组织变化的过程中表现出灵活性；而在适应方面存在困难的人，有可能参与职后培训，或者考虑工作流动。

第四阶段为维持阶段（45—64岁）。在此阶段，人们更多的担心如何保持他们已经获得的地位，而不是如何提高他们目前的地位。迅速发展的科学技术可能迫使中年员工在面对年轻员工竞争的态势下提高和更新他们的知识或技能。不过，这个阶段的主要目的还是保护个体已经获得的安全、权力、利益和待遇。

第五阶段为衰退阶段（65岁以上）。在个体就业的晚期，随着退休临近，个体会逐渐出现包括工作活动在内的一些衰退。人们开始将注意力指向如何适应这种转折的计划中去。

第十一章

职业教育教师与学生

教学目标

1. 理解职业教育教师的作用与职责。
2. 掌握职业教育教师的素质结构。
3. 理解和掌握职业教育教师专业化的基本内涵及路径。
4. 掌握"双师型"职业教育教师的培养路径。
5. 理解和掌握新型师生关系建立的意义和艺术。

教师是一个古老的职业。自从人类开始有教育活动,就产生了教师这一职业,但直到近代培养教师的专门机构——师范学校的出现,教师职业才开始显现其专业性特征。百年大计,教育为本。教育大计,教师为本。《中华人民共和国教师法》第三条明确规定:"教师是履行教育教学职责的专业人员,承担教书育人,培养社会主义事业建设者和接班人、提高民族素质的使命。"作为学校教育活动中最积极、最活跃的因素,教师在整个教育教学工作中起主导作用。

从广义上说,凡是能把知识、经验、技能等传授给别人的人都可称为教师。从狭义上说,教师即指学校教师,是指受一定社会的委托,在教育机构中对学生的身心有组织、有计划、有目的地施加系统影响的专门人员。职业教育教师是指在各级各类职业学校中从事教育教学工作的人员,是现代教师队伍的一个重要组成部分。职业教育教师随着职业教育产生而出现,是影响职业教育发展的关键因素。

第一节 职业教育教师的作用与角色

一、职业教育教师的作用

(一) 传播和创造文化知识

"师者,所以传道受业解惑也。"教师作为社会文明的传播者、人类灵魂的工程师,对社会的发展起着巨大的推动作用。教师是人类文化知识的积极传播者和创造者,他们把上一代人的文化精华传递给下一代,又不断地融合和创造着新文化,使之更适合于青少年学习和社会发展需要。教育职能的实施和体现主要依靠教师。发展社会生产力,推动科技进步,传递知识与繁荣文化都离不开教师。作为文化知识的传播者和创造者,教师是社会发展和人类进步的一支不可忽视的力量。没有教师系统的人类文化知识的传播,社会发展和人类进步都是不可想象的。

(二) 培育新生劳动力

人类在长期的社会实践中积累了丰富的经验,创造了灿烂的科学技术文化,留下了极为宝贵的精神财富。要使人类的精神财富世代相传,单靠劳教合一、口耳相传是极为不够的,而且人要成为现实的劳动力,必须以学习掌握生产知识、职业技能为条件,因此,必须依靠专门的从事教育活动的教师,对包括职业技能在内的人类精神财富加以吸收和总结,然后传授给学生,使他们在较短的时间内能参加社会实践活动,使其由潜在的劳动力成为现实的劳动力。可见,教师是人类延续和发展的关键因素,对整个社会的发展起着承前启后的作用,对人类文化成果、职业技能、技艺的创造、继承和发展等起着重大的作用。

(三) 促进精神文明和政治文明建设

教师不仅是物质文明建设的参与者,同时更是精神文明、政治文明的建设者。职业教育教师不单传授知识、技能，还承担着政治思想品德的教育工作。教师通过言传身教，用自己的模范行动和必要的思想灌输来影响学生，以提高其思想觉悟，树立良好风气，促进精神文明和政治文明建设。在我国，教师在社会主义精神文明、政治文明建设方面的作用主要表现在：传播共产主义远大理想，弘扬社会主义核心价值观，塑造学生优良道德品质，净化社会精神文化环境，宣传党的方针政策等。

（四）激励学生开拓创新

在传媒发达、信息畅通的今天，学生可以通过各种渠道获得教师尚不了解的知识和信息，教师不再是学生学习知识的唯一来源。越来越多的事实证明，当今职业教育教师不仅对学生产生作用，促进学生成长，同时他们自身的成长与发展也日渐受到来自学生的反作用。这一现象被人们称为"文化反哺"。要把学生培养成为实事求是、独立思考、勇于创新的一代新人，职业教育教师必须是开拓创新的促进者。

二、职业教育教师的角色

（一）传道、解惑者

教师负有传递社会道德、价值观念的使命，"道之所存，师之所存也"；同时，教师对学生的"做人之道""为业之道""治学之道"等也有引导和示范的责任，帮助学生确立科学的世界观和人生观，使他们有一个明确的政治方向和崇高的精神境界。《中华人民共和国教师法》第三条中明确规定了作为履行教育教学职责的专业人员的教师具有"承担教书育人，培养社会主义事业建设者和接班人、提高民族素质的使命"。对于从事职业教育的教师来说，首先要教好书，要教给学生扎实的文化基础知识、先进的专业知识和必要的专业技能，培养学生不断学习进步的能力，为学生日后走上工作岗位打下坚实的基础。

（二）教学设计、实施者

职业教育教师作为教学设计者，主要考虑三个问题：教学目标是什么？选择什么教学方法与教学策略来实现这一目标？选择什么评价方法与手段来检验教学效果？传统教师就是天生的教学设计者，但是随着信息技术的进步，现代职业教育教师要更多地考虑学生的因素，因为没有学生的学就没有教师的教，教最终要通过学来体现。因此，职业学校教师必须要基于学生特点组织和实施教学活动，特别是要通过有效的教学过程组织，保证教学活动有序、高效实施，使所有学生包括后进生都能够在现有基础上有所发展，获得尽可能好的发展。

（三）活动组织、管理者

教师是学校和班级教育教学活动的组织者和管理者，需要肩负起教育教学管理的职责，并对教育教学活动进行控制、检查和评价。教师的工作对象是活生生的人，具有复杂性、主动性及可塑性等诸多特性，因而职业教育教师要更好地完成自己的使命，就必须对其工作对象、教育活动的积极参与者——学生的特性有正确的认识，即教师必须具有正确的学生观，并基于职业教育的性质和学生自身特点组织、开展班级各项活动。

(四) 教育反思、研究者

学生是充满生命力的、各不相同的个体,教师传授的内容也是不断变化的社会科学和自然科学知识,这就决定了教师要以一种变化发展的态度来对待自己的工作对象与工作内容。一个成功的、优秀的教师,就是需要对自己的教学、管理进行不断的总结、反思,并善于以学者的心态对教育教学和管理中遇到的问题进行反思性研究。实践不仅是单纯的理论应用,更是实践性理论形成的领域。对于教师而言,理论的实践化固然重要,实践性理论或实践的理论化也是必须的。作为反思性实践者的教师,要能够从自身的实践经验中悟出行动理论,从而走出教书匠的桎梏,变成学者型、研究型教师,成为教育实践理论的创造者。

(五) 行为示范、引领者

教书育人是教师职业规定的其日常最基本的生活或行动方式,"教书"与"育人"必须融为一体。学高为师,身正为范。学生具有向师性的特点,教师是学生学习和模范的榜样。教师的言论行为,为人处世的态度会对学生产生耳濡目染、潜移默化的作用。所以,教师应以自身的榜样、标杆作用,为学生做好各方面的示范,引领学生的行为,促进学生的发展。

第二节 职业教育教师的素质结构及专业化

职业教育教师的素质结构是指职业教育教师所具备的各项素质要求,以及它们之间稳定的联系方式。职业教育教师要使自己的作用发挥到最佳状态,就必须具有合理的素质结构。

一、职业教育教师的素质结构

(一) 现代教育理念

德国哲学家黑格尔把"理念"解释为"思维的特有规定和规律自身发展而成的全体","理念是自在自为的真理,是概念和客观性的绝对统一"。[①]《辞海》将"理念"解释为:一是指看法、思想,思维活动的结果;二是指观念。

教育理念是教育者在对教育活动深入解读的基础上产生的、指导教育实践活动的教育价值取向与教育行为指导思想。教育理念作为一种教育指导思想,在很大程度上影响教师的教育教学行为和结果,其本身就是教师素质结构中的一个重要组成部分。教育理念能对教育活动的过程及结果产生实质性的影响。不同的教育理念,引领不同的教育行为,产生不同的教育结果。

---

① 北京大学哲学系外国哲学史教研室.西方哲学原著选读(下卷)[M].北京:商务印书馆,1982:296.

现代职业教育的培养目标已经不单纯是培养社会所需的职业人才,更是为了促进人的全面发展。作为现代职业教育,职业教育教师应该具备以人为本、全面发展、能力本位、终身学习的教育理念等。

1. 以人为本的教育理念

以人为本的教育理念指教师在教育活动中,充分尊重学生在教育过程中的主体地位、充分发挥学生的主观能动性、最大限度地调动学生的积极性和创造性,促进学生的全面发展。以人为本的教育理念与人类思想史上人文主义、人道主义思想传统一脉相承,是针对应试教育中出现的"人的物化"现象的弊端并基于教育的本质功能提出的。以人为本的教育理念深刻地诠释了教育的本质功能——育人功能。

教师坚持以人为本的教育理念具有重要的教育价值。首先,以人为本的教育理念反映了素质教育的本质。"素质教育明确地把教育和人的生命发展联系起来,从而最大限度地实现了教育向人的本体的回归。"[①]素质教育的本质在于凸显教育服务于人的发展这个根本目的和本质要求。不仅在结果上体现了以人为本的教育理念,而且在过程中也注重对学生生命过程的关怀。其次,以人为本的教育理念有助于学生主体地位的真正确立。最后,以人为本的教育理念有助于学生责任意识的培养。

基于以人为本的教育理念,教师应该在以下几个方面作出努力:一是要真心尊重学生;二是要诚心理解学生;三是要全心关爱学生;四是要贴心服务学生。

2. 全面发展的教育理念

全面发展的教育理念指教师在教育过程中,在坚持教育民主与公平的前提下,促进全体学生全面成长与成才的教育理念,包含两层意思:一是指面向全体学生;二是指每个学生要获得全面发展。"当代人的全面发展应包含人的自然性与社会性、体力与脑力、生理与心理的全面、和谐、统一的发展。"[②]

教师坚持全面发展的教育理念具有以下意义:一是全面发展的教育理念反映了素质教育的本质与要求;二是坚持全面发展的教育理念,有利于学生需要的充分满足;三是全面发展的教育理念有利于促进学生的社会化。

坚持全面发展的教育理念,要求教师在工作中坚持公平民主方向,提供面向全体学生的平等发展机会;坚持多元目标导向,提供面向学生个体的个性发展环境;坚持科学合理取向,提供面向实际的综合评价机制。

3. 能力本位的教育理念

能力本位的教育理念指职业教育教师在实际工作中,始终坚持把培养学生的能力作为教育的核心目标和价值追求。以能力作为人才培养的核心目标与促进学生的全面发展并不

---

① 郭思乐. 素质教育的生命发展意义[J]. 教育研究,2002(03):9—13.
② 邵晓枫,廖其发. "以学生为本"教育理念内涵的解读[J]. 中国教育学刊,2006(03):3—5+9.

矛盾,两者是辩证统一的。

教师坚持能力本位的教育理念对学生发展具有积极意义:一是有利于提高学生的就业能力;二是有利于提高学生的职业发展能力;三是有利于提高学生的可持续发展能力。

坚持能力本位的教育理念要求教师做好以下几个方面:一是坚持能力本位引领下的实践锻炼,切实提升教师自身的综合能力;二是坚持能力本位引领下的教学过程,切实保障学生能力素质的提升;三是坚持能力本位引领下的综合评价,切实执行能力标准的评价机制。

4. 终身学习的教育理念

终身学习是21世纪的生存概念。终身学习理念指人们为了较好地适应社会生活的需要,通过各种方式持续学习的行动指导思想。终身学习是终身教育思想的继承与发展,相对而言,终身学习更加强调个人的主观能动性。终身学习的内涵非常丰富,其主要精神包括:"第一,终身学习是一种生存方式。终身学习正在成为人的一种至关重要的生存能力和生存责任,没有终身学习就无所谓人的一生的社会存在。"①第二,终身学习更加强调学习者的自主性和能动性。第三,学习是一个终身的过程。第四,学习是一个全面发展的过程。第五,终身学习方式和途径的灵活性和多样性。

1994年首届"世界终身学习会议"在意大利罗马召开,会议的基本精神是,人们如果不具备终身学习的理念,那他就难以在21世纪生存;2008年6月,国际第五届终身学习会议在澳大利亚举行,大会的主题为"终身学习:反思成功,勾勒未来";2019年12月,清华大学联合北京市教育委员会在北京国家会议中心共同主办"2019终身学习与未来人才国际会议"。会议重点探索人工智能时代背景下终身学习体系建设及未来教育理念和模式创新,促进教育对外交流合作、相互启发与借鉴,分享终身学习力和未来人才培养的实践经验。

教师坚持终身学习的理念对学生发展具有重要意义:一是有利于人才培养质量的持续提升;二是有利于学生终身学习理念的形成;三是有利于学生终身学习能力的提升。

(二) 思想与道德素质

思想、道德素质是职业教育教师素质的核心内容,也是其积极开展教育教学工作的基础和精神支柱。它决定着教师职业活动的方向和态度,影响其作用的发挥,并且直接关系到学生政治思想品德的形成。

1. 优良的思想政治素质

有了对事业的热爱才能做好工作。职业教育教师必须克服鄙薄职业教育的观念,拥有热爱职业教育的思想感情,积极献身于职业教育事业。职业教育教师应当是党的教育方针政策的积极拥护者和坚定执行者。因此,职业教育教师必须认真学习马克思列宁主义、毛泽东思想、邓小平理论、"三个代表"重要思想、科学发展观和习近平新时代中国特色社会主义

---

① 高志敏. 关于终身教育、终身学习与学习化社会理念的思考[J]. 教育研究,2003(01):79—85.

思想,认真学习党的基本路线、方针政策,不断提高自己的思想政治和政策水平;自觉地运用辩证唯物主义和历史唯物主义的世界观和方法论,认识和掌握人类社会发展的客观规律,热情地传播并勇敢地捍卫真理,推动社会进步。

2. 崇高的职业道德

教师职业道德简称师德,指教师在教育活动中必须履行的行为准则和规范,是每一个教师对社会和受教育者所承担的道德责任和义务。它从教育伦理学的角度规定了教师在教育工作中应当以怎样的思想、情感、态度、行为和作风去待人接物,处理工作中出现的问题。因此,教师职业道德是一种强有力的教育因素和教育手段,它制约着教育目标的实现。职业教育教师的职业道德具体表现在以下四个方面:

(1) 热爱职业教育,爱岗敬业。

这是教师对待职业教育事业的道德要求。职业教育教师应当忠诚于人民的教育事业,热爱职业教育,探索教育规律,爱岗敬业。

教育工作是一项长期的复杂的创造性劳动,它需要从事这一职业的人倾注全部的精力和心血。热爱职业教育事业是教师工作的动力源泉,它不仅可以激发教师工作的责任感和对事业的忠诚,而且可以使教师产生对教育工作高涨的热情和浓厚的兴趣。

敬业是对职业责任和职业荣誉等有了深刻理解后所表现出来的行为态度。它具体表现为对待自己的工作认真负责、一丝不苟、任劳任怨、精益求精。在我国古代典籍《礼记·学记》中就有关于敬业的说法。宋代学者朱熹解释说:"敬业者,专心致志,以事其业也。"敬业总和爱岗相联系,爱岗是敬业的前提,敬业是爱岗的升华。

(2) 尊重学生,严而有爱。

这是教师对待学生的道德要求。职业教育教师应当热爱、关心全体学生;尊重学生,信任学生;学会激励每一位学生,严格要求学生。

爱学生才能教育学生。苏霍姆林斯基说过:"教育技巧的全部奥妙也就在于如何爱护儿童,不热爱学生的教师绝不是好教师。"教师对学生的热爱突出表现在两个方面:一是在对全体学生热爱关心的同时,尤其热爱关心特殊学生,包括后进生、有心理问题的学生、特殊家庭的学生等。职业学校学生相对于普通学校学生而言,往往情况更复杂,其学习基础、行为规范、心理问题等更需要老师的关注,需要老师投入更多的精力,这些学生更需要得到来自每一位教师的尊重与热爱,教师不能让一个不合格的职业学校学生流向社会。二是在对学生学习状况关心的同时,还要关心其生活、思想和心理状况。教师要根据职业学校学生的特点开展教学工作和思想、心理教育工作。教师若能成为学生可以信赖的朋友,会更有利于职业学校学生人格的健全与发展。

尊重学生就是将学生当成一个个独立的人,对其独立人格加以积极的肯定。教师应当承认学生是用自己的头脑来感知世界和处理各类问题的,这是学生的基本人权。教师在施行教育学生的权力时不能凌驾于这一基本人权之上,侵犯它们。教师为了避免学生对抗、逃避等不合作表现,就必须放弃诸如斥责、讽刺、挖苦,甚至辱骂和体罚等对待学生的错误手段。当然,这并不意味着教师要放弃教育的权利,放弃对学生的激励和严格要求。其实,只有严格要求学生与尊重学生相统一,教育才会取得最佳效果。诚如教育家马卡连柯所说:"永远尽量多地要求一个人,也要尽可能地尊重一个人。"因为"对我们不尊重的人,不可能提出更多的要求。当我们对一个人提出很多要求的时候,在这种要求里也就包含着我们对这个人的尊重,正因为我们向他提出了要求,正因为他完成了我们的要求,所以我们才尊重他"。

(3) 尊重同志,团结协作。

这是每个教师对待教师集体的道德要求。职业教育教师应当尊重同事,胸襟开阔,相互学习,相互帮助,正确处理竞争与合作的关系,维护集体荣誉。

职业教育目标的实现是由教师集体互相配合、互相协作、共同完成的。每一位教师担任不同的工作任务,他们分别担任着文化课、专业课、实习教学的任务,或者各类管理任务。这一教师集体在认识、能力、情趣、个性、经验、年龄、教育观、学生观等诸多方面存在差别,加之学校管理中可能存在的不合理、不公正的做法,可能会导致教师之间人际关系的紧张,产生矛盾和冲突。而教师要想使自己在工作中发挥应有的作用,就必须和全体教师心往一处想,劲往一处使,形成坚强的教师集体,做到既"敬业"又"乐群"。乐群表现了教师个人与社会(他人)之间能相互促进并和谐发展的一种状态。朱熹说:"乐群,乐于取益,以辅其仁也。"教师应善于肯定同事的优点和成绩,善于向他们学习,取长补短,克服"文人相轻""妒贤嫉能"等不良行为,树立相互尊重、相互信任的社会主义道德风尚。只有在良好的同志关系之中,教师才能保持愉快的精神状态,获得较高的工作效能,从而感受到职业幸福。也就是说,教师只有把个人的利益置于集体之中,其价值才能得到更好的体现。"假如学校里有这样的教师集体,在这个集体里的每个教师看来,全校的成功占第一位,而班上的成功占第二位,至于每个教师的成功只放在第三位,那么在这样的集体里才会有真正的教育工作。"马卡连柯说的就是这个道理。

(4) 以身作则,为人师表。

这是教师对待自己的道德要求。职业教育教师应当以身作则,为人师表,勤奋学习,进取向上,在反思中不断提高自己的业务水平。

教师的思想、行为、作风和品质对学生具有潜移默化的影响,因而教师不仅以言立教,更要以身立教,以此确定自己在学生心目中的威信。倡导"以身作则,为人师表"这一师德规范的大教育家孔子被尊奉为"万世师表"决不是偶然的。孔子认为,教师应当严以律己、以身作则,并忠实地履行之。"其身正,不令而行,其身不正,虽令不从";"不能正其身,如正人何"?可以说,强调身正,注重教师的表率作用,以自身形象直接感化学生,一直是自孔子以来中国教师师德规范的传统。对于职业学校学生而言,教师的表率作用较之于一般的道德说教往往能够起到更为积极的作用。

（三）文化与专业素质

知识是连接教师和学生的重要纽带。职业教育教师所拥有的文化知识、专业知识、技术知识的结构与水平直接影响到教师在教学过程中主导作用的发挥。

1. 宽厚的文化基础知识

文化基础知识是知识体系中较为稳定、持久的部分，是一切知识的基础。对职业教育教师来讲，宽厚的文化基础知识不仅包括与其专业有关的自然科学知识，还包括社会科学知识和哲学人文方面的知识。"有渊博的知识"是学生选择教师的重要条件，学生的年龄越大越是如此。俗话说："要给学生一杯水，教师要有一桶水。"当然，教师光有一桶现成的"死水"是远远不够的，必须能够提供给学生"源头活水"。

2. 扎实的专业知识与精湛的技术技能

职业教育教师多数应该为"双师型"教师。一方面，他们应精通本专业的理论知识，熟悉其历史、现状和未来的发展趋向。不仅要"知其然"，还要"知其所以然"；同时，由于职业教育的专业设置需随职业的变化而不断调整，故职业教育教师还必须掌握相近专业或多种专业的知识，并善于更新知识，才能适应工作需要；另一方面，他们还必须熟练掌握本专业的技术技能，有较强的实践能力，并善于学习新知识，掌握新技术，以满足职业教育培养兼有专业理论与操作技能的人才的需要。

3. 较强的解决生产实际问题的能力以及创业和科技推广的能力

职业教育是与生产活动紧密联系的教育，教师应成为沟通教育与生产的纽带，具有一定的生产经验，以及解决生产实际问题的能力、创业和科技推广的能力。

当然，随着社会主义市场经济体制的建立和完善，职业教育教师还必须具有一定的市场经济意识和经营管理能力，社会交往和组织协调能力，才能更好地适应经济和社会的发展。

（四）教学与科研素质

对职业教育教师来说，教学与科研就如同两个轮子或两只翅膀，两者协调发展，在更为有效地达到教育或教学目的的同时，也有助于促进教师的专业化发展。

1. 高超的教学能力

教师的教学能力主要表现在教书育人的教学行为上。教师的教学行为是教师教学水平的直接体现。职业教育教师的教学能力主要包括加工教学信息能力、传导教学信息能力和教学组织管理能力等。

（1）加工教学信息能力。

在职业教育过程中，影响学生学习的因素有很多，但并不是所有的影响因素都具有教育教学价值。因此，教师必须具有根据专业特色和学生的实际情况对多种影响因素进行加工的能力，取其精华，去其糟粕，达到教育学生的目的。此外，就职业学校或职业培训来说，许多专业没有统一的教材，有的甚至没有现成的教材，因而不能很好地适应职业学校或职业培训的教学需求,这就要求教师具有选择、增删、自编教材的能力,以期实现相应的教学目标。

(2) 传导教学信息能力。

教师加工过的教学影响或教学信息必须经过合理有效的传导,才能被学生掌握和接受。语言是教师传递教育影响所要凭借的最为重要的工具。苏霍姆林斯基说:"教师的语言在很大程度上决定着学生在课堂上的脑力劳动效果,我深信高度的语言修养是合理利用时间的重要条件。"当然,语言修养的提高是一个综合锤炼的功夫,它同样需要非语言修养的相应提高。1968 年,美国心理学家艾伯特·梅拉宾经过大量的实验得出一个公式:信息交流的总效果 = 7%语言 + 38%音调 + 55%身体各部位的姿势和动作。苏联教育家赞可夫也曾说:"要知道,人说出来的话,不单是靠它的内容来激发对方的思想和感情的。这里有交谈者一副兴致勃勃的面孔,有一双忽而在科学的丰功伟绩面前燃烧赞美的火花,忽而又好像在怀疑所作结论的正确性而眯缝起来的眼睛,有表情,还有手势……"职业教育教师的语言运用必须准确鲜明、生动形象、逻辑严密、富有节奏,同时以娴熟的操作示范、生动的体态语言加以配合,这样才能吸引和感染学生,以达传导教学信息的最佳效果。

(3) 教学组织管理能力。

职业教育教学内容丰富,教育场所广阔,有课堂教学,也有丰富多彩的课外活动;有校内的教学和生产实习,也有校外广泛的社会服务。可见,职业教育教师与普通教育教师相比,除了具有一般性组织管理能力外,还应具有较强的组织、管理生产实习教学工作的能力。尤其是专业课教师和生产实习指导教师,他们既要懂得生产实习教学的组织管理,又要懂得基本的企业管理知识,以便结合生产实际,让学生对企业的生产管理、计划制定、财务管理、技术改造、车间班组管理等有所了解,使学生养成文明生产的良好习惯,形成良好的职业道德,以增强学生毕业后的社会适应能力和职业岗位适应能力。职业教育教师只有具有较强的组织管理能力,才能完成教育教学任务。

2. 教育科研素养

职业教育研究是一种以科学理论为指导,运用科学研究方法,揭示职业教育规律,解决职业教育发展中存在问题的活动。加强职业教育研究,有助于提高领导决策的科学性,有助于解决职业教育发展中的理论问题和实践问题,有助于促进职业教育理论的完善。联合国教科文组织曾指出,"在当前,从教师在教育体系中的作用来看,教师与研究人员的职责趋向一致"。这意味着具有一定的教育研究能力已成为当代教师必备的素质。从教育科学理论体系的创建和发展与教育实践所存在的密切联系来看:一方面,教育科学理论发展的直接动力和源泉来自教育实践;另一方面,教育理论的科学性和可行性又必须依赖教育实践的检验。因此,只有从事教育实践的人,才更具有条件促进教育理论的丰富和发展。职业教育教师是教育实践的主体,他们最有条件发现职业教育中存在的问题。倘若他们具备教育科研素质,那么,他们将是一支宏大的教育科研队伍,不仅大有裨益于教育科学的繁荣,同时也会直接影响教育教学质量的改善。这是因为它能使教师的教育教学活动更具创造性,能使教师不断地超越现有水平,向更高的层次迈进。具备教育科研素质的教师能更快地、批判性地选择接受新的教育理论,迅速将其应用于自身的教育活动中,并能避免简单的模仿性的、模式化的重复。具备教育科研素质的教师,还可以利用教育科研能力的迁移效应,提高教学能力,从而有效地全面提高教育教学质量。

如果说专职教育科研工作者开展科研的根本目的在于构建系统的教育科研理论并指导教育实践,那么,职业教育教师科研的主要目的则在于沟通教育理论与实践,解决学校的现实教育教学问题。要达到此目的,职业教育教师的科研素质至少包含如下几个方面:一是广博的知识面。除专业方面的知识外,具有较扎实的教育学、心理学理论知识和方法论知识。二是具有搜集、开发和利用信息的能力。知道怎样才能迅速准确地找到自己所需的资料,并对文献资料进行筛选、摘录和综述,使自己站到教育科学研究的前沿。三是具有较好的语言应用能力。特别是外语应用能力,是教师了解世界新知识、新技术必不可少的工具。四是具有开拓创新的精神、严谨的治学作风。正如人民教育家陶行知先生所说:"今日的教育家,必须具备两个要素:一是敢探索未发明的新理论;二是敢入未开化的边疆。"五是具有独立设计实验和进行计算的能力。六是具有发现教育过程中存在问题的敏锐性和深入性。具有科学地分析问题并从理论的高度进行科学论证的能力。七是具有组织管理和社会活动的能力。任何一个科研项目的完成,都是多种因素、多道工序的综合产物,这就要求教师必须具备较强的组织管理能力和社会活动能力。八是具有将已有教育研究成果创造性地运用于自己的教育活动中的能力。

(五) 身体与心理素质

身体与心理素质是人才素质的基础部分。人是身心统一体,生理与心理之间总是相互影响的。一个人的心理素质是在先天素质的基础上,经过后天的环境与教育的影响而逐步形成的。心理素质包括人的认识能力、情绪和情感品质、意志品质、气质和性格等个性品质诸方面。要增进学生的身心健康,教师自己首先必须拥有健康的身心。美国学者所罗门说:"在个体人格发展方面,教师的影响仅次于父母。一个孩子如果拥有甜蜜的家庭,享有父母的爱,又得到一个身心健康的教师,那是无比幸福的;相反,如果他既不能由父母那边得到足够的关怀与爱护,又受到情绪不稳定教师的无端困扰,必将造成许多身心发展的问题。"

教师的身体素质是其他各项素质的基础。职业教育教师承担着繁重的教书育人任务,工作头绪多,涉及面大,没有明显的工作时间界限。要完成如此繁重的工作,就必须具有健康的体魄和旺盛的精力。

教师的心理素质具体体现在其认知与情感的平衡度把握上。由于受应试教育影响,我国各类教育中偏重认知而忽视情感的教育观比较盛行。认知与情感的失衡会造成学生的"情感饥饿",并引发一系列教育问题,往往使学生成为"单面人",即缺乏情感生活的技术性动物,甚至成为知识能力上的巨人,情感精神上的低能儿。正如英国教育学者沛西·能所说:"如此众多的教育努力的相对无效性,主要是由于忽视了作为人的能量的最近来源的情感,它是教育发展的真正动力,不论在学习方面还是在行为方面。"因此,职业教育教师要想找准学生"能量的最近来源",就应当提升自身的"情感智力",即提升个人对自己情绪的把握和控制,对他人情绪的揣摩和驾驭,以及对人生的乐观程度和面临挫折的承受能力。也只有达到认知与情感和谐的状态,教师才能将对职业教育事业的忠诚与对学生的热爱充分表现出来。马卡连柯以自身的体会为教师树立了榜样,他说:"我从来不让自己有忧烦的神情和抑郁的面容;甚至我有不愉快的事情,我生病了,我也不在儿童面前表现出来。"

二、职业教育教师专业化的内涵及其过程

职业教育师资队伍直接决定着职业教育发展的规模、速度和人才培养的质量,加强师资队伍建设是办好职业教育的一项战略性措施。要建设一支高素质的职业教育教师队伍,就必须重视职业教育教师的专业化成长,重视"双师型"职业教育教师的培养。

(一) 职业教育教师专业化的时代背景

教师的成长与发展是其职业理想、职业道德、职业情感、职业能力不断走向成熟的过程,是作为社会成员的教师从接受教育的学生,到初任教师,到有经验的、成熟的教师,直至有成就的教育家的持续过程。1966年,国际劳工组织、联合国教科文组织共同发布《关于教师地位之建议书》,认为"应当把教育工作视为专门的职业,这种职业是一种要求教员具备经过严格而持续的研习才能获得并保持专业知识及专业技能的公共业务,它要求对所辖学生的教育和福利具有个人的及共同的责任感"。1996年,联合国教科文组织第45届国际教育大会指出:在提高教师地位和质量的整体政策中,专业化是最有前途的中长期策略。

(二) 职业教育教师专业化的内涵

所谓教师专业化,主要指教师在整个教育生涯过程中,不断通过自学、进修培训、教育教学实践等多种途径或方式,丰富教育专业知识,提高教育专业能力,提升专业道德,逐步成为一个优秀的教育专业工作者的专业成长过程。英国教育社会学家莱西(C. Lacey)认为,教师专业化"是指个人成为教学专业的成员并且在教学中具有越来越成熟的作用这样一个转变过程"[1]。教师专业化是一个发展的概念,它既是一种状态,又是一个不断深化的过程。教师专业化发展就是使教师的教育教学工作从一种职业或行业向一种专业发展,既包括教师所任学科专业知识的与日俱新,又包括教师的教育教学理念、情感、能力、方法的与时俱进,使教师成为终身发展的专业工作者。显然,这种专业化发展也是树立教师专业形象、提升教师专业地位、开发教师自身潜能、实现教师人生价值的需要。"非专业化"的教师是存在的,而"非职业化"的教师是不存在的。因此,对每一个教师来说,教师职业的专门化既是一种职业资格的认定,更是一个终身学习、不断提高的自觉追求。

---

[1] 邓金.培格曼最新国际教师百科全书[M].教育与科普研究所,编译.北京:学苑出版社,1989:553.

(三) 职业教育教师专业化的过程

职业教育教师的专业化发展大致可分为经师、能师、人师三个阶段,东晋史学家袁宏的《后汉纪》中有句名言:"经师易遇,人师难遭。""经师"指单纯传授知识的教师,凭借教书这一职业而谋生的,为了生活而从教的教师。"能师"指传授精湛的专业知识的教师,对教育教学内在规律有深刻的理解,视野开阔、个性鲜明,在教育教学上挥洒自如、游刃有余。"人师"指为人师表的教师,不仅教学,而且育人,以其高尚的人格塑造学生的人格;已经形成了特有的教育思想、风格或体系,达到了教是为了不教的境界,可以醉人而不知,可以育人而不觉;把教育当成了一种艺术,通古晓今,博采众长,能把最普通的事件信手拈来、融入课堂,而且显得天衣无缝;让学生心生喜悦、快乐学习、沉浸其中。大部分的职业教育教师最初是单纯传授知识的经师阶段,经过技能锤炼之后进入能师阶段,最高境界也是最难以达到的则是人师阶段。具体来说,职业教育教师的专业化发展大致可分为以下三个主要阶段:

1. "开始教学,寻求适应"阶段

对初任教师或新教师来说,都有一个适应的过程,而适应期的长短(一般在 1 年至 3 年之间)或成效的大小主要取决于学校环境与个人努力程度。学校环境主要与校风、教风和学风有关。

职业教育教师的个人努力一般包括如下方面:学习并熟悉本专业教学大纲(或课程标准)和教科书;熟悉学校教育教学环境,寻找可利用的相关课程资源;向经验丰富的教师学习;练习备课、教学、评价等教学基本功;熟悉实践(或试验)所需示范操作的技能;利用现代传媒作为教学手段等。

2. "目标明确,胜任教学"阶段

这一阶段往往持续时间较长。在这个阶段,职业教育教师积累了一定的教育教学实践经验,特别关注学校制定的教育教学任务目标的达成,并开始取得初步的教育教学成果,期望专业职称的晋升,争取更多的外部评价。这一阶段教师努力的主要方向是:对教学大纲(或课程标准)和教科书进一步领会;独立备课与设计教学,开始对教学有批判性的反思;总结教学经验与校内外同行交流、研讨;熟练使用现代教育技术手段辅助教学;开始认识到相关学科对于理解本专业内容的重要性,并寻求它们与本专业的结合点等。这一阶段是职业教育教师专业化成长的关键时期,是他们专业信心得以树立的重要时期,也是他们形成教学风格和特色的奠基时期。

3. "自主发展,形成风格"阶段

这是那些具有不懈追求精神的职业教育教师专业化成长的最高境界。他们已经走过关注目标和追求来自外部认可的阶段,进入到形成风格、追求特色、自我实现或自我超越的新阶段。集中表现在:对教学大纲(或课程标准)和教科书有独到的研究和见解,并能结合实际灵活使用教科书;教学设计从学生的实际出发,不拘一格;关注学生的全面发展,并能重视学生的差异性,引导学生制定职业生涯规划,充分挖掘每个学生的潜能;能对教育教学实践进行深刻的反思和自我调节,并将丰富的教学经验升华为教学理论;在教育教学某一方面形成了具有品牌效应的个人风格或特色;总结有特色的教学经验或撰写较高水平的论文,并对推广自己的教育教学成果具有强烈的自信心等。

当然,上述三个阶段只是理论上的大致划分。其实,教师专业化成长是一个连续的过程,并无绝对的界线,而且教师职业生涯也并非总是积极的成长过程,其间也会有停顿、低潮,甚至会出现职业倦怠、不思进取、得过且过、抗拒变革等现象。这表明教师的成长与发展过程是复杂的、动态的,是教师个体回应各种影响因素的互动过程,依据教师成长的规律及特点,给予教师适时而有力的帮助、教育和促进其自我教育,才能挖掘教师的潜能,促进教师的成长与发展。

(四)职业教育教师专业化的路径

第一,强化企业实践的训练。采取下企业实践、职业考察等多种形式,参加与教师职业发展有关的企业锻炼,了解、熟练、掌握特有的职业工作任务和职业工作过程,每隔一段时间都要安排下企业实践锻炼,保持职业教育教师与行业企业的与时俱进,适时了解产业变化情况。

第二,强化教育理论的学习。加强对教学法、教学论、心理学等教育理论的研究,强化对职业教育学、职业教育心理学、职业教学法等理论的学习,掌握职业教育的教学规律,特别是对职业教育的对象、专业、课程、人才培养模式等加深研究,掌握职业教学法。

第三,强化教学实践的效果。通过参加各个级别的教学技能大赛,提高教学基本技能,设计课程、开发课程、改造课程,成为职教教学能手,职教教学名师,开发建设名师工作室,促进教学行动能力的提高。

通过实践(企业实践)——理论(教育理论)——实践(教学实践)的过程,使职教教师理论与实践均能保持最新,对职教动态跟踪学习,对前沿知识了如指掌,在教学中不断反思,不断提高自身的专业素养,推动专业化进程的持续前进。

三、职业学校"双师型"教师的培养

(一)"双师型"教师的内涵

教师是职业教育培养目标能否实现的关键因素。我国职业教育长期以来一直都存在着重理论、轻实践的弊端,培养出来的人才动手能力不强,理论的系统性和深度往往又不及普通教育,而教师的素质结构单一化(即只会理论,不懂实践)是造成这种弊端的主要原因之一。

在20世纪80年代末,我国职业教育界创造性地提出了"双师型"教师这个概念。"双师型"教师概念体现了时代发展对职业教育的新要求,也体现了职业教育对人才培养质量的内在要求,更体现出一种教师终身学习的全新理念;与此同时,"双师型"教师概念的提出,适应了以能力为本位的职业教育理念,适应了彰显我国职业教育特色的新需要。总之,"双师型"教师是根据职业教育培养应用型人才的目标需要对专业课教师提出的素质要求。

关于"双师型"职业教育教师素质,我国学者进行了许多研究,并且提出了多种不同的理解。综合来看,具有代表性的观点有以下几种[①]:

"双证书说"——认为凡是持有"双证"(教师资格证和职业技能证)的教师就是"双师型"教师。

"双资格说"——认为"双师型"教师既要具有教师的职业资格,又要具有其他行业或职业的资格证书。

"双层次说"——认为"双师型"教师即为"双层次"型教师。第一层次为能力之师,即经师(经典专业知识)+技师(精湛专业技术);第二层次为素质之师,即人师(价值引导)+事师(职业指导)。

一般认为,所谓"双师型"教师,是指集普通教师素质和技术工人(工程师、技术员等)素质于一体的教师,是既能从事专业理论教学,又能指导技能训练的双能型教师。也就是说,他们应是学术性与师范性统一、理论与实践并重的高素质的复合型教师。

(二)职业学校"双师型"教师的培养路径

培养"双师型"教师,需要进行系统的设计。从培养的时间来看,必须在其职前、入职、在职三个阶段加以全程重视;从培养的方式及路径来看,必须结合职前师范教育、专项培训、企业实践、产学研合作、科学研究等多个方面。

1. 严格执行"双师型"教师的准入制度

任何职业的准入门槛不断提升,对从业者的要求也会随之提高。构建符合职业教育人才培养需求的"双师型"教师队伍,必须在教师准入制度方面加以严格控制。高等职业技术师范院校和其他类高等院校为了培养合格的职业教育教师,应在入学的师范生中推行"三证书"教育,即学生在毕业时要获得毕业证书和教师职业技能证书以及技能等级证书。学术性、师范性与实践性并重是许多发达国家职业教育师资培养最主要的经验。推行"双元制"的德国在培养职业教育师资过程中,有着严格的质量控制。报考职业教育师资专业,首先有一个入学资格要求,即除了必须持有文理学校的毕业证书外,还要至少有一年以上的企业实习等工作经历。其次,平时培养教育的内容由教育科学(含社会科学)、职业科学(专业工作)以及专业科学三部分组成,其比例分别约为 30%、50%、20%。再次,为了加强对学生实践性、技能性的培养,德国的高等专业学校、职业教育所往往建有自己的实践、实训基地,甚至实习工厂。他们通过部分接受实际生产订单来实现实践和理论培训的一体化。最后,学生完成九个学期的学习,大学毕业后,要参加两次国家考试。第一次是国家统考,这是对学生知识与技能的鉴定;之后经过两年的预备教师期或实习实践后,还要参加第二次国家考试,这是对学生经验与能力的验证。只有通过了国家两次统一考试,才能获得职业教育教师的

---

① 贺文瑾."双师型"职教教师的概念解读(上)[J].江苏技术师范学院学报(职教通讯),2008(07):48—51.

资格。日本的"职业能力开发大学"是专门培养职业教育师资的四年制本科大学,其办学宗旨是要求学生不仅学完与普通工科大学相同的课程,而且要学习职业教育类课程,还要进行技能训练,达到二级技能水平。

2. 灵活执行多元化的职业教育师资引进策略

鉴于"双师型"教师素质结构的多元性和特殊性,要构建数量充足的"双师型"职业教育教师队伍,必须依托多元化的教师引进策略。一方面,要依托师范教育,选拔优秀师范生并培养其成为"双师型"教师;另一方面,要面向社会或企业,通过灵活的引入机制,将具有较强技术实践能力的人才培养成为"双师型"教师。一是制定、完善和落实引进高层次人才的政策,面向行业企业一线,招考具有中级以上职称或技师以上资格的技术人才,重点引进专业技能拔尖人才、"双师型"专业带头人,壮大"双师"素质骨干教师队伍。二是加强兼职教师队伍建设,提高兼职教师的层次和质量。要不断加大投入,从与专业设置相关行业或企业的工程、技术、管理人员中重点选聘名师专家、首席技师和能工巧匠,使每个专业都有在行业内具有较高影响力的技术和管理专家担任专业教师。通过多元、灵活的教师引入机制,可以在一定程度上解决"双师型"职业教育教师队伍数量不足的问题。

3. 大力推行针对性强的专项培训

《中华人民共和国教师法》第十九条规定:"各级人民政府教育行政部门、学校主管部门和学校应当制定教师培训规划,对教师进行多种形式的思想政治、业务培训。""双师型"教师素质类型的多样性决定了推行专项培训的必要性。国内外的"双师型"职业教育教师的培养实践表明,要成为合格的"双师型"教师,就需要不断地接受各种各样的专项培训和继续教育。

一是注重"双师型"教师的继续教育。一方面,加强继续教育是夯实"双师型"职业教育教师专业基础知识和能力的重要途径。专业知识是双师型教师中非常重要的基础素质,要保证教师专业知识的深化和不断更新,必须加强继续教育。要制定相关优惠政策,保障教师参与继续教育的可能性和可行性,注重教师的学历提升,不断丰富和更新教师的专业知识基础。另一方面,加强职业教育教师的继续教育,也是应对时代发展对教师提出的新要求。2012年,《国务院关于加强教师队伍建设的意见》第十二条明确提出:"全面实施教师资格考试和定期注册制度。""定期注册制度"要求教师不断提升自身的业务素质,不断参与以培训为主线的继续教育。

二是强化教师教育教学专项能力培训。每年安排部分骨干教师进行多层次的研修学习,使之具备先进的教育理念、科学的教育教学方法和手段。这不仅是职业教育"双师型"教师队伍建设的基本内容,也是提升教师专业化水平的重要抓手。

三是加强教师的专业实践能力专项培训。社会经济的快速发展和技术的不断更新与进步,要求"双师型"教师必须不断提升自己的实践能力。首先,应深入到企业一线实践,不断更新和提升自己的技术、技能水平。可以组织教师到企业或生产一线参加技能提高专项培训和实践锻炼,使每个"双师型"教师都具有企业实践锻炼的工作经历,全面提高"双师型"教师的专业技能素质和实践教学能力。其次,可以定期举办专业教师技能比赛和比武活动,突出对专业理论课教师的"双师"素质要求,专业教师必须取得相应的职业技能资格证书或技术等级证书。最后,还可以实施重点专业名师带动工程,聘请企业技术专家、专业领域内的拔尖人才等为教师作技术和专业讲座,促使教师对企业、行业的前沿技术全方位了解。积极开展技能型教师与高学历教师的互相拜师活动,促进专业教师共同提高。

四是加大"双师型"教师境外专项培训力度。根据专业建设实际,每年选派部分"双师型"教师到职业教育发达的国家或地区参加技能培训,学习、引进国外先进的科学技术、职业教育管理理念和管理经验,提升"双师型"教师整体技能教学和科研水平。

4. 激励"双师型"教师开展职业教育研究和产学研活动

职业教育研究以及产学研活动是职业教育教师专业化的必经路径,是教师由"教书匠"向教育专家、技术专家转变的重要途径。参与教育研究和产学研活动,有利于教师掌握最新的专业知识和技术动态,促进教师主动学习和掌握最新的专业知识和专业实践技术技能,促进教师主动地在专业领域进行创造和创新。2019年教育部等有关部门颁布的"职教师资12条"[①]中提出要"建设100家校企合作的'双师型'教师培养培训基地和100个国家级企业实践基地,发挥行业企业在培养'双师型'教师中的重要作用;推进职业技术教育领域博士研究生培养,推动高校联合行业企业培养高层次'双师型'教师。"同时提出"加大政府统筹,依托职教园区、职教集团、产教融合型企业等建立校企人员双向交流协作共同体。"可见产教融合、校企合作是培养"双师型"教师的重要途径。提倡发挥央企、国企、大型民企的示范带头作用,鼓励建立校企人员双向流动相互兼职常态运行机制,在企业设置访问工程师、教师企业实践流动站、技能大师工作室等。鼓励校企共建教师发展中心,推动教师立足行业企业,开展科学研究,服务企业技术升级和产品研发。职业院校教师每年至少累计1个月以多种形式参与企业实践或实训基地实训。

第三节 职业教育学生的特点

职业教育与普通教育是两种类型的教育,具有同等重要地位,目的都是促进人的发展。正确认识职业教育学生的特点,促进良好师生关系的建立,有助于提升教学效果,进一步提升职业教育人才培养质量。

一、职业教育学生的基本特点

在中等职业学校学习的学生,与在普通高中学习的学生相比,是同一层次不同类型教育

[①] 教育部 国家发展改革委 财政部 人力资源社会保障部.深化新时代职业教育"双师型"教师队伍建设改革实施方案.教师〔2019〕6号[EB/OL].(2019-08-30)[2021-02-26].http://www.moe.gov.cn/srcsite/A10/s7034/201910/t20191016_403867.html.

的对象。因此,需要正确认识职业学校学生的特点,尤其与普通教育不同的是,职业教育学生的学习多是发生在理论与实践的结合或交替过程中,因此,更需要对学生在学习活动中的特点进行把握。

(一) 入学成绩偏低,群体差异明显

受传统社会文化的影响,大部分职业教育学生入学时的文化课成绩普遍偏低;同时,由于近年来中职教育兜底、高职教育扩招等职业教育政策的调整,学生内部的差异也在不断扩大。职业教育学生学力基础整体偏低以及内部明显的差异性都会给教师的教学带来影响。从实际课堂教学的情况来看,一方面,职业教育学生的学力偏低主要体现在文化课方面,虽然职业教育是以培养技术技能人才为目标的教育类型,但是由于文化课的缺失,学生在学习一些复杂技能时也会存在困难。另一方面,学生之间存在显著差异,集中体现在入学成绩差距较大,以及由此导致的在学生学习的过程中,很容易让后进生产生"学不会,不想学"的现象,同时也会让基础学力较好的学生产生"没意思,随便学"的心态,因此,在关注学生本身学力基础的同时,也要关注学生内部的差异。

(二) 学习动机不明,心理准备不足

随着社会对职业教育的认识不断加深,越来越多的学生主动选择进入职业学校学习,但是,从目前职业教育的招生现状来看,中等职业学校仍然有相当部分学生是由于学习成绩而被筛选入学的。这部分学生一般学习成绩都不够理想,学习的主动性、自觉性相对较弱,不少学生在小学、初中阶段就是"后进生",遭受的挫折和心理打击较多,往往缺乏向上向好的信心,缺乏学习规划,进入职业学校后更是缺乏明确的学习目标。与此同时,由于长期得不到积极的反馈,学生在进入职业教育学校后,往往会带有破罐破摔的心态,缺乏学习的动力,也缺乏对自我的认同和认可。

(三) 方法能力较弱,学习过程需要辅助

从相关研究可以看到,中等职业学校的学生在方法能力,即在解决问题、获取信息、深入分析、策略运用等方面的表现都较为薄弱。职业教育学生在初、高中毕业时文化课学习成绩一般,甚至处于班级整体水平的偏低状态,这些一方面与他们学习方法不合适,或者缺乏适合自己特点的学习方法有关;另一方面,职业学校学生在学习过程中,往往只是学习表面的知识和技能,而没有学会教师所教授的如何学习这些知识和技能的方法,因此,在学习过程中,相比普通教育的学生而言,学生更需要外部的辅助来支持整个学习过程。通过学习过程中的"脚手架",帮助学生在理解和掌握知识技能的同时,学习其中分析、解决问题的方法。

(四) 同伴关系紧密,师生互动不畅

职业教育以促进就业和适应产业发展需求为导向,与普通教育相比,职业教育具有专业性、实践性、多样性、可变性等特点,更加强调工学结合、知行合一。因此,学习过程多与工作实践相似,学生同伴之间的互动相对较多,往往贯穿课堂学习全过程,无论是单个学生的实

践还是合作交流的学习,互动在学生的学习过程中起着重要的作用;而教师与学生之间的互动主要体现在教师上课讲解的过程中,一般是教师一人对多人的交流互动,学生和教师之间一对一的互动较少,主要集中在实践过程中的答疑解惑,或是课后指导之中。学生和教师之间的互动相对较为被动,需要教师充分调动学生的积极性,学生才会在课堂以及课后与教师之间产生比较主动的互动。但是,学生一旦对教师产生了积极的情感,对其本身的学习以及生活也会产生促进作用。

二、职业教育学生的心理健康特点

(一)职业教育学生表现在心理健康方面的问题[①]

(1)不能正确认识自我,缺乏自信心。目前,我国中职生大都是升学考试失败或家庭经济条件较差的学生,由于社会上存在的对中职生的偏见与歧视,往往使中职生在理想与现实发生矛盾时,不能正确地认识自我,在学生群体中自惭形秽,对自身能力缺乏信心,从而丧失努力学习的动力,加之他们原有的知识基础薄弱、学习能力较差,面对陌生的专业理论与技能训练难免感到束手无策,困难重重,久而久之,便产生了自卑心理。

(2)逆反消极心理严重。在中等职业学校,部分学生由于受家庭、社会、亲友的影响,过多或过早地目睹了社会阴暗面,内心深处不自觉地形成一种心理定势,对学习与班规校纪抱有严重的逆反消极心理,对教师的批评教育置若罔闻,我行我素,生活上自暴自弃,得过且过。

(3)人际交往障碍。职业学校学生自跨入校门起,所面对的是一个相对开放的、全新的环境,内心迫切渴望与人交往、宣泄情感,但主动性不强,且缺乏基本的交往知识和技巧,在实际交往中,存在着以自己的价值观和是非观念去要求他人的情况,对他人的优点难以认同,对他人的缺点又难以容忍,往往容易引发人际冲突。

(4)情绪控制能力较低。情绪良好是心理健康的晴雨表。正处于青春期的中职生,情感丰富,情绪富于变化,对事物充满好奇心,易感情用事,但缺乏冷静,不能明辨是非。情绪波动大,两极化现象明显,快乐时常兴奋过头,挫折悲伤时常抑郁消沉,情绪控制能力差,易冲动。

(5)盲目追求个性发展。部分中职生由于对学习无兴趣、无目标、无动力,对所学专业冷淡,精神无所寄托,其行为由紧张、压抑转向标新立异,盲目追求个性发展,主要表现为追求奇装异服,寻求刺激,蛮横任性,目空一切,争强好斗。

(二)职业教育学生心理健康问题的产生原因

1. 家庭原因

父母是孩子的第一任老师,父母的文化层次、教育程度等,都会给孩子的教育带来一些或正面或负面的影响。家庭经济条件对学生心理也有一定的影响,经济条件不好可能导致

---

① 葛莎莎. 中职生的心理健康问题及教育方法[J]. 山西财经大学学报,2020,36(S1):181+183.

学生产生自卑、胆怯的心理；经济条件太好也可能导致学生产生骄傲、炫耀的心理。研究显示，大部分选择职校的学生，存在家庭经济条件一般的情况，导致其压力增大，不能无忧无虑地学习与生活，同时担心日后的就业与出路。

2. 学校原因

由于学校教育制度的缺陷、教育评价的相对单一，使得教育还不够完美。在学校里有部分老师只重视学习成绩好的、听话的学生，对成绩差的、不听话的学生爱答不理，造成了部分学生越来越厌恶学习与学校。

3. 社会原因

社会中存在的不良风气，也会影响到学生。比如追星求酷的娱乐世界，使学生不注重追求内在修养，只求外在表现；网络上各种不良信息的冲击也考验着学生的意志力；虚拟游戏、不良书籍则直接对学生的思维方式造成影响。家庭无法有效地过滤掉这些不良信息，无法保证孩子获得一个相对健康的成长环境。

4. 个人原因

自信、执着、富有远见、勤于实践，会让人握有一张人生之旅永远的坐票。很多学生都通过自己的学习、努力取得了较好的成绩。有些学生即使并不爱学习，但贵在坚持，且能设定目标，肯花时间，便能学好，但并不是那些热爱学习的学生才会成绩好，学习更讲究的是方法和意志。职业学校学生缺失的往往就是勤奋的精神，坚强的意志和坚持的毅力，再加上自卑心理作祟，使得职业学校学生更易产生不健康的心理。

因此，必须重视职业学校学生的生理与心理的健康教育，引导职业教育学生形成健全健康的人格。要针对学生在学习、生活、升学、择业等成长过程中遇到的心理问题，设立心理咨询室，由富有经验的心理学专业教师担任心理咨询师，积极开展心理咨询与辅导，正确及时疏导学生的心理困惑，培养学生树立积极乐观和自尊、自信、自强、自立的精神，增强职业教育学生的承受挫折、战胜困难和适应社会生活的能力，为职业教育学生营造安全、文明的学习环境与良好的精神环境。

第四节 职业教育的师生关系

一、职业教育师生关系的内涵

职业教育的师生关系是指职业教育教师和学生在教育教学过程中结成的相互关系，包括彼此所处的地位、作用和相互对待的态度等。[1] 师生关系是教育活动过程中人与人关系中最基本、最重要的关系。它是一种特殊的社会关系和人际关系，是职业教育教师和学生为实

---

[1] 张东娇. 师生关系新走向：双向式"师道尊严"[J]. 教育科学，2007(01)：60—63.

现职业教育目标,以各自独特的身份和地位通过教与学的直接交流活动而形成的多性质、多层次的关系体系。① 现代师生关系是建立在民主平等基础上的一种新型师生关系。良好的师生关系不仅是顺利完成教学任务的必要手段,而且是职业教育师生在教育教学活动中的价值、生命意义的具体体现。②

师生关系作为多性质、多层次的关系,从关系内容上看,包括教师对学生进行教育教学管理的关系和教师为学生身心发展服务的关系;从关系层次上看,师生关系是浅表性的行为关系即教与学的关系,还涉及更进一步的感情交流的关系、心理交往的关系以及深层次蕴含的法律关系等;从关系主体上看,师生关系既是教师与学生之间的关系,也是社会人与社会人的关系。师生关系既有作为人际关系的共性,也有为师生角色制约的特殊人际关系的个性。教师与学生之间的角色关系即是以权利和义务为基础,渗透社会对教师和学生的角色期待。③

师生关系主要表现为:社会关系、教育关系、心理关系、伦理关系等四种关系,其中教育关系为基本关系,伦理关系为最高层次关系。良好的师生关系是教育教学活动顺利进行的保证,是构建和谐校园的基础,是实现教学相长的催化剂。

二、职业教育师生关系的变迁

(一) 古代的师生关系

中国历史上历来有重视培养和建立良好师生关系的传统。春秋时期,孔丘同他的弟子的关系,是古代的楷模。他热爱学生,循循善诱,诲人不倦;学生对他尊重景仰,亲密无间。战国时期,荀况用"青,取之于蓝;而青于蓝;冰,水为之,而寒于水",比喻学生可以后来居上,超过老师。唐代韩愈说:"师者,所以传道、受业、解惑也。"

(二) 近代的师生关系

到了 20 世纪 30 年代,要素主义教育派强调教师的权威和教师在教育过程中的主导作用。它主张教育过程的主动性在于教师而不在于学生,教师是"整个教育体系的中心"。勒温曾在 1939 年将教师的领导方式分为:专制型、民主型和放任型,其中民主型最有利于学生的发展。这类师生关系以开放、平等、互助为主要心态和行为特征。在教学中教师能够民主待生、尊重学生的想法、与学生共同商议学习计划,给学生一定的指导和帮助,倾听学生的心声,同时学生也能够尊重教师,能够以朋友的身份与教师进行交流,师生关系和谐融洽。

(三) 现代的师生关系

1949 年以后,继承了老解放区师生之间的民主平等、尊师爱生的传统,坚决反对教师体罚学生,批判地继承了历史上师生关系方面的优秀遗产,在社会主义教育实践中不断调整和

---

① 全国十二所重点师范大学联合编写. 教育学基础[M]. 北京:教育科学出版社,2002:155.
② 全国十二所重点师范大学联合编写. 教育学基础[M]. 北京:教育科学出版社,2013.
③ 钱焕琦. 教师职业道德[M]. 上海:华东师范大学出版社,2020:115.

发展师生关系,用新的经验丰富了师生关系的内容。新型师生关系应该是教师和学生在人格上是平等的、在交互活动中是民主的、在相处的氛围上是和谐的。理想的师生关系特征包括尊师爱生、教学相长、民主平等和心理相容。随着社会的发展,师生关系有了质的飞跃与进步,师生可能是亦师亦友的关系。

三、职业教育师生关系的特征

中学阶段的师生关系结构具有冲突性、依恋性、亲密性和回避性四个维度。总体上,职业学校师生关系的特点是亲密性减少、冲突性增加,师生之间疏远与冷漠、冲突与对立的现象经常发生。中职学校师生冲突发生得比较频繁,师生冲突主要集中在年轻教师和班级大部分是男生的班级,有47.37%的学生因为和教师发生冲突,进而看见这个教师就别扭或者就不喜欢上他的课。引发冲突的原因主要有:

1. 个体差异引发的冲突

教师与学生都有着自己独特的个性,如在年龄、观念等方面均有认知差异,同时身份、立场不同,看问题的角度不同,均有可能在学校教学活动与集体生活中引发师生冲突。

2. 管理活动引发的冲突

在理论教学与实践教学中,教师对学生的管理活动是最容易引起冲突的。教师对学生的课堂管理、成绩管理、交往管理、校纪校规管理等,都是矛盾产生的导火索。特别是班主任老师,对全班实行全天候、无缝隙监管,大到学习、学籍管理,小到迟到早退、仪容仪表,与学生发生冲突的可能性更大。

3. 教育成绩引发的冲突

教师在教学过程中,教师课堂激励不当、作业布置过量,以及在成绩评定过程中出现不合理的评定,或者对学生奖学金等各种荣誉评定不公平、不民主等,都容易引发冲突。

四、职业教育师生和谐关系构建

(一) 树立新型的教师观和学生观[①]

随着职业教育和信息技术的发展,传统的师生关系正在发生巨大的变化,教师已经不仅仅是学生获取知识、信息的唯一渠道。同时,教师教育教学的重点应放到教授学生学习方法和世界观、人生观、价值观的轨道上来,通过课程对学生进行思想政治教育,引导学生全面发展。教师观和学生观的相互转变,可以形成良好的师生互动的学习氛围,真正体现教师的主导作用和学生的主体作用。

(二) 提升教师自身职业道德修养

职业学校教师要加强自身职业道德修养,拥有高尚的职业理想,明确自己的职业责任,

[①] 伍尚海,毛立刚. 高校师生和谐关系的构建[J]. 教育与职业,2011(15):177—178.

热爱自己的职业岗位,关心呵护每一位学生,言行一致,严谨治学,以科学严肃的态度和认真负责的精神去对待自己的教学工作和每一位学生,努力使自己以德才兼备的修养塑造在学生心目中的优良人格和魅力,树立自己在学生心目中的良好形象,只有这样,学生才会尊敬、接近教师,为构建和谐的师生关系奠定基础。

(三) 加强师生心理健康教育

师生健康的人格有利于和谐师生关系的发展,因此,要重视加强师生心理教育,为良好师生关系的建立打下扎实的心理基础。首先,要正确纠正和引导教师、学生在学习和生活中遇到的心理问题,帮助他们树立信心,缓解工作和学习带来的压力,形成健康的人格。其次,教育教师和学生端正态度,认识自我。通过心理健康教育,教育教师和学生换位思考,相互理解和体谅,拉近师生之间的距离。最后,要多组织师生参加各种形式的心理健康交流活动,在实践中加强沟通和理解。

思考题

1. 联系实际,谈谈你对教师职业的认识。
2. 职业教育教师的素质要求有哪些?与普通教育教师的素质要求有何不同?
3. 成为一个合格的"双师型"职业教育教师,必须从哪些方面进行努力?
4. 如何构建职业学校和谐的师生关系?

相关链接一

中等职业学校教师专业标准(试行)

教师[2013]12号

促进中等职业学校教师专业发展,建设高素质"双师型"教师队伍,根据《中华人民共和国教师法》《中华人民共和国职业教育法》《中华人民共和国劳动法》,特制定《中等职业学校教师专业标准(试行)》(以下简称《专业标准》)。

中等职业学校教师是履行中等职业学校教育教学工作职责的专业人员,要经过系统的培养与培训,具有良好的职业道德,掌握系统的专业知识和专业技能,专业课教师和实习指导教师要具有企事业单位工作经历或实践经验并达到一定的职业技能水平。《专业标准》是国家对合格中等职业学校教师专业素质的基本要求,是中等职业学校教师开展教育教学活动的基本规范,是引领中等职业学校教师专业发展的基本准则,是中等职业学校教师培养、准入、培训、考核等工作的基本依据。

一、基本理念

(一) 师德为先

热爱职业教育事业,具有职业理想、敬业精神和奉献精神,践行社会主义核心价值体系,履行教师职业道德规范,依法执教。立德树人,为人师表,教书育人,自尊自律,关爱学生,团结协作。以人格魅力、学识魅力、职业魅力教育和感染学生,做学生职业生涯发展的指导者和健康成长的引路人。

(二) 学生为本

树立人人皆可成才的职业教育观。遵循学生身心发展规律,以学生发展为本,培养学生的职业兴趣、学习兴趣和自信心,激发学生的主动性和创造性,发挥学生特长,挖掘学生潜质,为每一个学生提供适合的教育,提高学生的就业能力、创业能力和终身学习能力,促进学生健康快乐成长,学有所长,全面发展。

(三) 能力为重

在教学和育人过程中,把专业理论与职业实践相结合、把职业教育理论与教育实践相结合;遵循职业教育规律和技术技能人才成长规律,提升教育教学专业化水平;坚持实践、反思、再实践、再反思,不断提高专业能力。

(四) 终身学习

学习专业知识、职业教育理论与职业技能,学习和吸收国内外先进职业教育理念与经验;参与职业实践活动,了解产业发展、行业需求和职业岗位变化,不断跟进技术进步和工艺更新;优化知识结构和能力结构,提高文化素养和职业素养;具有终身学习与持续发展的意识和能力,做终身学习的典范。

二、基本内容

维度	领域	基 本 要 求
专业理念与师德	(一) 职业理解与认识	1. 贯彻党和国家教育方针政策,遵守教育法律法规。 2. 理解职业教育工作的意义,把立德树人作为职业教育的根本任务。 3. 认同中等职业学校教师的专业性和独特性,注重自身专业发展。 4. 注重团队合作,积极开展协作与交流。
	(二) 对学生的态度与行为	5. 关爱学生,重视学生身心健康发展,保护学生人身与生命安全。 6. 尊重学生,维护学生合法权益,平等对待每一个学生,采用正确的方式方法引导和教育学生。 7. 信任学生,积极创造条件,促进学生的自主发展。
	(三) 教育教学态度与行为	8. 树立育人为本、德育为先、能力为重的理念,将学生的知识学习、技能训练与品德养成相结合,重视学生的全面发展。

续 表

维度	领域	基 本 要 求
		9. 遵循职业教育规律、技术技能人才成长规律和学生身心发展规律,促进学生职业能力的形成。 10. 营造勇于探索、积极实践、敢于创新的氛围,培养学生的动手能力、人文素养、规范意识和创新意识。 11. 引导学生自主学习、自强自立,养成良好的学习习惯和职业习惯。
	(四)个人修养与行为	12. 富有爱心、责任心,具有让每一个学生都能成为有用之才的坚定信念。 13. 坚持实践导向,身体力行,做中教,做中学。 14. 善于自我调节,保持平和心态。 15. 乐观向上、细心耐心,有亲和力。 16. 衣着整洁得体,语言规范健康,举止文明礼貌。
专业知识	(五)教育知识	17. 熟悉技术技能人才成长规律,掌握学生身心发展规律与特点。 18. 了解学生思想品德和职业道德形成的过程及其教育方法。 19. 了解学生不同教育阶段以及从学校到工作岗位过渡阶段的心理特点和学习特点,并掌握相关教育方法。 20. 了解学生集体活动特点和组织管理方式。
	(六)职业背景知识	21. 了解所在区域经济发展情况、相关行业现状趋势与人才需求、世界技术技能前沿水平等基本情况。 22. 了解所教专业与相关职业的关系。 23. 掌握所教专业涉及的职业资格及其标准。 24. 了解学校毕业生对口单位的用人标准、岗位职责等情况。 25. 掌握所教专业的知识体系和基本规律。
	(七)课程教学知识	26. 熟悉所教课程在专业人才培养中的地位和作用。 27. 掌握所教课程的理论体系、实践体系及课程标准。 28. 掌握学生专业学习认知特点和技术技能形成的过程及特点。 29. 掌握所教课程的教学方法与策略。
	(八)通识性知识	30. 具有相应的自然科学和人文社会科学知识。 31. 了解中国经济、社会及教育发展的基本情况。 32. 具有一定的艺术欣赏与表现知识。 33. 具有适应教育现代化的信息技术知识。
专业能力	(九)教学设计	34. 根据培养目标设计教学目标和教学计划。 35. 基于职业岗位工作过程设计教学过程和教学情境。 36. 引导和帮助学生设计个性化的学习计划。 37. 参与校本课程开发。
	(十)教学实施	38. 营造良好的学习环境与氛围,培养学生的职业兴趣、学习兴趣和自信心。 39. 运用讲练结合、工学结合等多种理论与实践相结合的方式方法,有效实施教学。 40. 指导学生主动学习和技术技能训练,有效调控教学过程。 41. 应用现代教育技术手段实施教学。

续 表

维度	领域	基 本 要 求
	（十一）实训实习组织	42. 掌握组织学生进行校内外实训实习的方法,安排好实训实习计划,保证实训实习效果。 43. 具有与实训实习单位沟通合作的能力,全程参与实训实习。 44. 熟悉有关法律和规章制度,保护学生的人身安全,维护学生的合法权益。
	（十二）班级管理与教育活动	45. 结合课程教学并根据学生思想品德和职业道德形成的特点开展育人和德育活动。 46. 发挥共青团和各类学生组织自我教育、管理与服务作用,开展有益于学生身心健康的教育活动。 47. 为学生提供必要的职业生涯规划、就业创业指导。 48. 为学生提供学习和生活方面的心理疏导。 49. 妥善应对突发事件。
	（十三）教育教学评价	50. 运用多元评价方法,结合技术技能人才培养规律,多视角、全过程评价学生发展。 51. 引导学生进行自我评价和相互评价。 52. 开展自我评价、相互评价与学生对教师评价,及时调整和改进教育教学工作。
	（十四）沟通与合作	53. 了解学生,平等地与学生进行沟通交流,建立良好的师生关系。 54. 与同事合作交流,分享经验和资源,共同发展。 55. 与家长进行沟通合作,共同促进学生发展。 56. 配合和推动学校与企业、社区建立合作互助的关系,促进校企合作,提供社会服务。
	（十五）教学研究与专业发展	57. 主动收集分析毕业生就业信息和行业企业用人需求等相关信息,不断反思和改进教育教学工作。 58. 针对教育教学工作中的现实需要与问题,进行探索和研究。 59. 参加校本教学研究和教学改革。 60. 结合行业企业需求和专业发展需要,制定个人专业发展规划,通过参加专业培训和企业实践等多种途径,不断提高自身专业素质。

三、实施要求（略）

 相关链接二

教师成长理论

教师发展贯穿于职业生涯全程还是职业生涯的一段时间？关于这个问题,学者们的认

识并不一致。

1. 傅乐(Fuller,1969)认为,教师在发展成长过程中,所关注的事物是依据一定的次序更迭的,是经由关注自身、关注教学任务,最后才关注到学生的学习以及自身对学生的影响这样的发展阶段而逐渐递进的。

2. 卡茨(Katz,1972)在访谈与调查的基础上,提出教师成长可分为求生存时期、巩固时期、更新时期和成熟时期等四阶段。新教师首先要在陌生环境中生存下来,经过一至三年,逐步熟悉掌握教学基本知识和技能,到第四年教师可能产生职业倦怠,欲寻求新的事物,探讨教学革新,一直到成功地担当教师角色,走向成熟。

3. 伯利纳(Berliner,1988)认为,教师发展成长经历新手教师、熟练新手教师、胜任型教师、业务精干型教师和专家型教师五个阶段。他指出,所有教师都是从新手阶段起步的,随着知识和经验的积累,大约经过2—3年,新手教师逐渐发展成熟练新手教师,其中大部分熟练新手教师经过教学实践和继续教育,需要3—4年才能成为胜任型教师。此后,大约经过五年左右知识和经验的积累,有相当部分的教师成为业务精干型教师,其中部分业务精干型教师在以后的职业发展中成为专家型教师。

4. 费斯勒(Fessler,1985)提出教师生涯循环论,从整体上考察教师发展历程。他认为,教师发展经历职前教育阶段、引导阶段、能力建立阶段、热心和成长阶段、生涯挫折阶段、稳定和停滞阶段、生涯低落阶段和生涯退出阶段。教师首先要接受一定的教育和培训,为职业做准备;任职后寻求各方面的帮助,接纳新的思想,逐步掌握教学知识和技能,并不断进取,追求完美的专业形象。但是,教师到一定任职期,会产生教学上的挫折感,工作满足感下降,不思进取、敷衍塞责、得过且过等问题随之出现,并以各自不同的职业体验和心态准备离开教育岗位,直到退休。

5. 斯德菲(Steffy,1989)吸取了费斯勒等人的研究成果,把教师发展成长历程分为预备生涯阶段、专家生涯阶段、退缩生涯阶段、更新生涯阶段、退出生涯阶段。他所提出的"更新生涯阶段"是对费斯勒理论的超越。从费斯勒和斯德菲的教师发展理论中可以发现,在教师职业生涯中,教师的发展并非总是一种正向的成长过程,也有停滞期、低潮期,呈现出明显的阶段性。

6. 休伯曼教师的职业生涯阶段论,将职业生涯归纳为5个时期:①入职期,时间是入职的第一至三年,是"求生和发现期";②稳定期,时间是工作后的第四至六年;③实验和歧变期,时间是工作后的第七至二十五年;④平静和保守期,时间在从教的第二十六至三十三年左右;⑤退出教职期,时间是教师工作的第三十四年以后,教师的职业生涯步入了逐步终结的阶段。

第十二章
职业教育研究

教学目标

1. 理解职业学校开展教育研究的意义。
2. 掌握职业教育研究的基本原则。
3. 熟悉和掌握职业教育研究的基本过程。
4. 掌握职业教育研究的常用方法。

重视教育研究已成为世界教育改革和发展的潮流。早在1999年,中共中央国务院《关于深化教育改革全面推进素质教育的决定》就指出,要"重视和加强教育科学研究"。2019年教育部《关于加强新时代教育科学研究工作的意见》再次指出,"教育科学研究是教育事业的重要组成部分,对教育改革发展具有重要的支撑、驱动和引领作用。"实践也证明,教育研究是教育改革取得成功的一个重要保障条件。本章旨在通过对职业学校开展教育研究意义的论述,激发广大教师的科研意识,通过对职业教育研究过程及常用方法的阐述,增强职业学校教师的教育科研素养,提升教育研究能力。

第一节 职业教育研究的意义和定位

一、职业教育研究的涵义

职业教育研究是一种以科学理论为指导,运用科学研究方法,揭示职业教育规律,发现和解决职业教育发展中存在的问题,指导职业教育实践的活动。如职业教育与经济和社会发展、科技发展的关系,职业教育与普通教育和高等职业教育的沟通和衔接,职业教育教学特征及其改革等都需要人们通过理论的、实践的研究来揭示其规律,并指导职业教育的实践活动。

职业教育研究的对象是教育存在以及学习者的学习活动。教育存在包括教育现象、教育过程和教育理论以及与教育发展和教育活动相关的各种因素。影响职业教育发展和教育活动的因素具有多样性和复杂性,它不仅包括客观的条件因素,还与个体自身的主观心理因素以及社会因素密切相关。正因为职业教育的研究对象是教育活动以及人的内心世界,所以,职业教育研究与自然科学研究具有明显的差异性,许多情形下难以像自然科学研究那样可以进行直接的观察与测量,在实验研究中也难以进行严格的条件或者因素控制。

职业教育研究是一种创造性的实践活动。它是在前人研究成果的基础上,经过深入钻研,解决前人没有解决过的问题,揭示和发现规律的过程,因此,具有创造性的特点。

职业教育研究有赖于科学研究方法的支持与选择。研究方法是人们从未知领域向已知领域迈进的中介和桥梁。因此,任何研究都需要借助一定的研究方法。有时可能是单一的某种方法,但更多的是要综合使用多种方法。不仅如此,开展教育研究,还必须注意研究方法的科学性。只有方法科学,才能得出科学的结论。例如,教育调查中样本的大小及样本抽取的方法,实验研究中无关因子的控制、干扰因素的排除等都极为重要。

职业教育研究的目的是通过对职业教育复杂教育现象的研究,揭示职业教育内部的运行规律,以及与外部的互动规律;通过研究不断解决职业教育发展过程中所出现的各类问题,使职业教育健康运行,办学质量、办学水平不断提高。

二、开展职业教育研究的意义

首先,加强职业教育研究,有助于提高领导决策的科学性。决策是人们综合各种条件而进行目标选择,以及为实现目标而制定和优选行动方案的过程。要使决策科学、有效,就必须首先进行教育研究,如此才能避免职业教育发展过程中的盲目性。

其次,加强职业教育研究,有助于解决职业教育发展中的理论问题和实践问题。一方面,职业教育与普通教育相比,有其特殊性,许多规律有待揭示。如职业教育与经济社会发展的互动规律、职业教育与学生个性发展、职业教育教学质量评价体系等问题迫切需要人们进行理论的研究。另一方面,职业教育实践也迫切需要理论的先行与指导。如中高职衔接模式的实践已经启动,但理论研究滞后于高等职业教育发展实践的需要,基于非传统生源的职业教育教学设计与改革需要人们进行理论的研究和实践的探索。

最后,加强职业教育研究,有利于促进教师的专业化成长。联合国教科文组织曾指出"在当前,从教师在教育体系中的作用来看,教师与研究人员的职责趋向一致"。即具有一定的教育研究能力已成为当代教师必备的素质。其原因主要是,通过教育研究,可促使教师自觉地进行理论的学习与提高,通过对研究问题的理性思考,可以促进教师自觉地进行教育教学改革,提高教育教学水平,成为"学者型"("研究型")教师;通过教育研究,促进广大教师进行教育经验的积累、总结和上升,促进教师更加自觉地按教育科学规律办事。

三、职业学校教育研究的定位

关于职业学校要不要搞教育研究和能不能搞教育研究的问题,人们在认识上已经有了很大转变,人们在实践中逐步认识到"科研是教育发展力"。因此,职业学校对教育研究也越来越重视。但是,在职业学校开展教育研究的过程中也确实存在着不正确的倾向:有的学校对教育研究很重视,但对与学校办学相关的问题、与教师教育教学以及教师成长和学生发展有关的问题却不关心;有的学校把学校的研究等同于专门的教育科研机构或大学的科研。这些现象实际上是对职业学校教育研究定位不正确的表现。职业学校教育研究的定位主要体现在以下几个方面:

(一) 指导思想定位

职业学校教育研究必须坚持"三个服务"和"三个结合"。"三个服务"是指职业学校教育研究必须为学校教育改革和发展服务,必须为人(教师和学生)的成长与发展服务,必须为教育科学理论的繁荣和发展服务。"三个结合"是指职业学校教育研究必须坚持科研与教研结合,必须坚持科研与教师成长发展结合,必须坚持科研与完善学校管理结合。

(二) 教育研究目的定位

职业学校教育研究的功能在于促进教师教育教学理念的更新,提高教师教育、教学和管理的水平与艺术,促进教师自觉地进行教育和教学改革,改进教育教学实践。如果说专职教育科研工作者开展教育研究的目的在于构建系统的教育科研理论并指导教育实践,那么职业学校教育研究的主要目的则在于沟通教育理论与实践,解决学校现实的教育教学问题。

(三) 参加对象定位

教师是教育研究的主体。只有广大教师积极参与教育研究,才能真正对学校的发展起到促进作用,所以,一方面,职业学校应该鼓励广大教师在教育实践活动中结合自己的专业建设、课程建设、教学改革等自觉地参与到教育研究活动中来,成为教育研究的主动参与者、实践者;另一方面,职业学校要支持教师在专家引领下开展教育研究,提升自己的教育科研能力。

(四) 教育研究过程定位

教育研究强调理论与实践的结合,并以实践性研究为主。所谓实践性研究,是指研究者从教育实践的需要出发,选择研究课题,在教育实践中学习教育理论,设计解决问题的方案,把研究过程和解决实际问题结合起来。教育经验总结法、教育行动研究法以及实践反思法都属此类。

(五) 教育研究方法定位

职业学校教育研究应以行动研究为主。较之理论研究者"书斋式""实验室式"的研究而言,职业学校教师的教育研究更多地表现为一种"行动研究",或者称"做中学"式的研究。这种研究既有意义,也符合职业学校教师自身的特点,更具可行性,自然也更受职业教育教师的欢迎。

第二节 职业教育研究的基本原则

一、客观性原则

规律是事物本质属性和特征的反映,它不以人们的意志而转移。因此,要揭示职业教育运行规律,就必须坚持科学的研究态度,必须尊重、反映客观事实的本来面貌,如此,才能正确认识事物的因果关系和必然联系,才能透过现象看到本质,并得出科学的结论,否则,主观臆造,先入为主,任意扩大研究成果,或仅为"自圆其说",那是违背科学性的。为此,在职业教育研究过程中,必须注意以下几点:

首先,必须注意资料搜集的广泛性。凡是与课题研究有关的材料都应纳入搜集的范围,即搜集材料必须注意全面性,也就是必须详尽地占有多方面的材料。所搜集的材料越是广泛、丰富,就越能准确地反映事物的真实面貌,揭示事物的本质。另外,要注重第一手资料的搜集。这些资料既具有新颖性,还有助于在研究中有新的发现,使研究结论更加科学。

其次，必须注意资料整理和分析的客观性。在整理资料时，不能单以自己的主观需要为依据，不能对事实材料抱任何偏见，要同时搜集反映各种观点的材料；对数据的统计整理必须做到准确，不以自己的观点随意取舍，更不能随意更改统计数据。

最后，必须基于对事实和结果的分析得出结论。提出理论假设要有据可依，得出结论更需要基于事实，基于严密的论证过程，不得随意篡改结论。

二、定性与定量相结合的原则

在进行职业教育研究中，既要注重运用理论分析和逻辑分析等方法来把握事物的因果关系，认识、揭示事物的本质和规律，还要注意用数学统计的方法来研究表达事物的内在联系及规律，以得出更为科学的结论。在职业教育研究中如能做到定性与定量的结合，会有利于对问题作出更为准确、更令人信服的结论。

三、可靠性原则

可靠性即信度，包括资料搜集来源和方法可靠，研究过程可靠，研究结论可靠。具体地说，是指对同一事物的研究用不同的方法、从不同的角度都能得出相同的结论，具有可验证性。为此，必须做到：以严谨、科学的态度贯穿研究过程的始终；所搜集的材料要真实、全面、典型；整理材料善于去粗取精、去伪存真；能选取恰当的研究方法，并注意各种方法的结合；对研究结果表达准确。

四、教育伦理原则

在教育研究中，研究者必须尊重研究对象依法享有的一切权利；必须承担保护研究对象的责任，使其权益免受研究活动的侵害；必须保证研究结果被合法、正当地加以利用。教育伦理原则对研究的可行性起着决定性作用。当研究的客观性与伦理性产生矛盾时，研究者应当放弃违背伦理的研究，或采取其他不违背伦理的研究。这是基本原则，因为教育研究的对象是人，不是动物。为此：

（1）要评估研究的伦理可接受性：是否对研究对象有直接或间接的伤害性；在研究中是否为研究对象采取了特别的保护措施等。

（2）要充分认识并尊重研究对象的权利：尊重研究对象的意愿；尊重研究对象退出研究的自由；研究对象有知情权；研究对象有权拒绝对某些问题的回答；尊重研究对象的隐私权。

（3）要明确研究者应承担对研究对象负责任的义务。

五、创新性原则

职业学校开展教育研究不能简单地重复他人的研究，至少必须在前人研究的基础上有所发展，或者对理论的发展有所贡献，或者对教育教学效益的提高具有促进作用，否则，其研究既浪费人力、财力、物力,最终也会丧失生命力。

第三节 职业教育研究的基本过程

科学研究的一般程序大致分为五个阶段:准备阶段、研究设计阶段、搜集资料阶段、整理分析阶段和得出研究结果阶段。具体到职业教育研究过程大体上可分为五个阶段:选择研究课题、设计课题研究方案、搜集研究资料、资料的整理与分析以及撰写教育研究成果(学术论文或研究报告等)。

一、选择研究课题

选择研究课题简称选题,它是指根据选题原则,综合多种因素,最终确定所要研究的问题的过程。选题一般包括确定研究方向和选择所要研究的问题。选题是研究工作的第一步,也是十分关键的一步。选题成功与否直接关系到研究是否具有价值,研究过程能否顺利进行,关系到能否得出科学的结论。因此,要完成一项研究课题,即或是一篇论文都必须十分重视论题的选择。

(一)课题的来源

职业教育研究课题来源十分广泛,一般而言,其课题主要来自四大方面:一是从教育实践中选题;二是从教育文献中选题;三是从社会变革和教育改革的需求中选题;四是从教育科学规划指南中选题。

1. 从教育实践中选题

就职业学校教师及管理人员而言,搞科研最迫切、最有价值、最有可行性的是从教育实践中选题。职业教育实践中的许多问题很有研究价值,也迫切需要人们进行理论的思考,或通过理论研究寻找答案。根据人们在职业教育实践中所面临的问题的性质及类型,可将从教育实践中获得的选题归纳为:从职业教育改革和发展的需要中选题;从教育实践的矛盾和困惑中选题;从成功的教育经验中选题。

2. 从教育文献中选题

从教育文献中选题,即是指从现有的教育理论体系中去发现空白,把理论上还没有研究过的问题,或者虽有研究但研究有缺陷、不深刻,或别人虽有研究,但自己有不同观点或有更新见解的问题作为研究课题。这些问题归纳起来主要包括:一是填补理论空白,如基于非传统生源的教学模式或教学策略研究;二是学术界有争论的热点问题,如中高职衔接问题的研究;三是职业教育发展历史问题,如陶行知、黄炎培的职业教育思想问题等。

3. 从社会变革和教育改革的需求中选题

社会在不断发展,教育在持续地改革,这些改革与发展都会不断地向职业教育研究提出新的课题,新的要求。为使职业教育实践能够及时、积极应对社会发展的需要,职业教育研究必须围绕反映了职业教育领域中的理论问题、实践问题开展先导性的研究,以指导职业教育实践活动的开展,回答困扰人们的理论问题。高职扩招带来的非传统生源的教学与管理、融合趋势下的城乡职业教育体系构建、新时代职业教育教学、教师的评价改革等问题,都需要人们开展积极的探索性研究。

4. 从教育科学规划指南中选题

各级教育科学研究管理部门基于社会、教育发展需要,进行教育科学研究的年度或阶段性的规划,从而提出课题指南,为教育科学研究者提供方向性和指导性的研究选题。研究者可以结合自己的研究方向和优势,选择、确定自己的研究课题。基于教育科学规划指南选题要注意避免雷同,要处理好课题方向指导性与个体研究兴趣和特长的关系。职业学校教师开展教育研究,更要注意选题与自己的专业、课程定位以及实践相一致的原则。

(二) 选题的基本原则

1. 需要性原则

基于需要选题是一个基本原则,它是指要根据社会发展、教育改革和发展以及教育科学自身发展的实际需要进行选题。实践的需要是职业教育研究的第一需要。职业教育研究只有为教育实践服务,才具有现实意义和应用价值,也才受职业教育实践的欢迎。如产教融合培养"双师型"师资问题,职业学校学困生的教学与管理问题等。

职业教育实践需要理论的指导,因此,职业教育研究必须对职业教育未来实践中可能遇到的问题进行超前的理论研究。如在现代职业教育体系构建中,本科职业教育发展模式问题、乡村振兴背景下城乡职业教育融合发展问题等都值得研究。

2. 新颖性原则

即所选择的课题应是别人没有提出过的或虽有人研究,但还没有解决或解决得不够圆满的问题。如职业体育的研究。新颖性主要表现为:新课题,所选择的课题与时俱进,与社会变革和教育发展密切相关;新方法,所选择课题可以通过对其他学科研究方法的移植、改造取得新的突破;新视角,也就是对同样的课题可以另辟蹊径,进行新的探索,获得新的发现。

要做到选题新颖,一方面必须广泛查阅国内外资料,核查他人的研究成果,以避免出现因信息闭塞而作无意义的重复研究的状况;另一方面,在职业教育实践中发现新问题。

3. 可行性原则

即所选的课题应是自己主客观条件基本具备,经过努力可以完成研究目标的课题。主观条件包括自己的阅历、知识准备、前期研究基础,时间、精力有无保证,课题研究的组织、协调能力;客观条件包括资料是否具备,经费、设备是否有保障等。

对于职业教育研究初学者,在选题时还应注意:一是宜把题目选得小一些,做到"小题大做",或把一个大问题分解成若干个小问题分别进行研究,即"大题小做";二是选题应是自己比较有兴趣的问题;三是选题最好与自己的专业、课程或教学实践有关。

(三) 选题的过程与方法

1. 选题的过程

从产生想法到确定课题是一个比较复杂的过程,选题一般要经历以下过程:

(1) 形成假设:每个人形成假设的途径不一样。有的人可能通过阅读有关文献得到启发,从而产生初步的想法;有的可能在教育教学实践中遇到问题,产生想法;或对其他人的研究有不同看法,产生新的想法。

(2) 查证资料:研究者带着问题查阅有关资料,了解前人有关该课题的研究情况(包括研究的涉及面、深度、采用的研究方法),确定该课题的研究价值,以及研究该课题是否具有相关的资料。

(3) 确定课题:综合各方面的情况,最终确定研究课题。

2. 选题的方法

经验判定法:即根据自己的教育、教学和管理工作经验或自己的科研经验,作出课题研究价值的判断。

借题滋生法:指由某个事件,或国家政策调整等引出的课题。

课题指南法:各级教育管理部门以课题指南等形式提供的一系列教育研究课题。

二、设计课题研究方案

设计课题研究方案,即研究人员为完成课题研究任务而进行的总体谋划工作。也就是指对课题研究从开题到结题所作的系统、周密、具体的设计与规划。它是课题研究的施工蓝图。它包括对课题研究所必需的人、财、物和信息等的系统考虑与设计。课题研究方案设计的基本任务主要是:选择科学有效的搜集、整理和分析研究数据、事实的方法,以确保所选择的研究方法是尽可能合理、可靠和经济的;为达成研究目标科学设计实施程序和控制方案,以确保研究是有效的、客观的和明确的。

一个完整的课题研究方案一般包括以下几个部分的内容:

(一) 课题研究背景和意义的阐释

这部分内容即一般研究中的"问题提出",主要是阐述选题的缘由以及课题研究的理论价值和实践意义。研究背景一般包括宏观、中观和微观三个层面的背景。宏观背景更多是指国家有关教育尤其是职业教育发展的政策,以及与之相关的经济社会发展对职业教育发展及研究提出的要求或可能产生的影响;微观背景更多是指在职业教育发展过程中存在的问题以及需要研究的对策等。职业教育研究要以问题为导向,基于职业教育发展过程中迫切需要从理论层面等回答的问题进行研究。

课题研究的意义,包括研究的理论价值和实践指导意义。这就是研究要能在一定程度上体现对职业教育理论发展的价值或贡献,对职业教育实践问题的解决具有现实指导意义。

对研究意义的清楚论述,有助于人们正确判断研究价值,使研究项目以及研究过程得到必要的支持。

(二) 课题研究核心概念和研究范围的界定

范围界定即对课题核心概念、研究类型、研究对象和研究内容等总体范畴的限定。只有对课题研究的核心概念、研究范围有明确的界定或限定,才有助于避免研究过程中目标的变更或方向上的转移,避免概念的混淆以及研究范围的随意扩大或缩小。

(三) 课题假设的设计

课题假设即研究者依据所掌握的资料和事实,根据自己的知识、经验对所要研究的问题进行综合性思考后,提出初步的假定。假设也即对所要解决问题的结果所作的猜测,或对课题中涉及的变量间相互关系的设想。提出假设是设计课题研究方案的关键。一般来说,假设提得越准确、越具体,研究目标就越清楚,研究范围也就越明确。

提出假设必须注意:一是假设应以陈述的方式表达,不能采用疑问式表述;二是假设应该是合理的、符合一定逻辑关系的;应该是与已知的事实或公理相一致的;三是每一假设只能陈述两个变量之间的关系;四是假设的正确性有待检验,而且必须可以检验;五是假设应全面反映课题中所涉及的变量的不同值之间可能存在的关系。

(四) 课题研究思路的表述

对课题研究过程总体的构思,一般包括课题研究的切入点、研究的视角、通过怎样的研究路径和研究方法实现阶段性目标及最终目标。研究思路是否清晰,既反映着研究者对课题理解、把握的程度,又会影响课题研究的进程和结果。研究思路可以图表形式表述,这样直观、清晰,表述效果更好。

(五) 课题研究内容的分解

在设计与撰写课题研究方案时,要紧密围绕课题假设,将课题总目标分解成可以量化或可以评价检测的更为具体的目标,以方便实施阶段的具体操作。研究目标的阐述力求具体、实在。一般可以根据课题大小以及研究目标设定等将课题分解成多个子课题,还可在子课题的基础上进一步分解,以使课题研究更加深刻。在子课题中,应指出该子课题的研究要点和重点、需要突破的问题及方法。

(六) 课题研究方法的选择

研究方法在很大程度上决定着课题研究的进程和结论的得出,科学、正确的研究方法有助于提高研究的效率,特别是研究方法的创新或者科学组合,有利于在研究中有新的发现,相反有时由于方法选择不当,会影响研究的进程。因此,研究工作者必须精心选择研究方法。

由于课题研究类型的不同,一般可将研究的基本方法归为以下四类:一是思辨方法,如分析与综合、抽象与概括、归类与演绎等研究方法;二是实证方法,如观察法和调查法等;三是数学方法,如统计与测量法等;四是符号表述法,如列表法、图示法等。

在教育研究中,各种具体的研究方法各有其优缺点和特定的适用条件,因此,在研究方法设计时,一方面应根据研究目标、研究对象特点、研究的时间和经费等选用最适当的研究方法;另一方面在更多的情况下,要善于根据各种方法的优缺点综合应用多种研究方法,如此就更加经济、有效。

(七)课题研究步骤的确定

确定课题研究步骤即确定课题研究的时间和进度。课题研究的时间和进度是根据研究的任务以及性质、难度、规模和研究条件等因素而确定的。一般可将整个研究过程分为前、中、后三个阶段。前期研究主要包括选择和确定研究课题、制定研究方案;中期研究主要包括实施研究、搜集资料、整理和分析资料;后期研究主要是撰写和修改研究论文或报告。

(八)课题研究可行性的分析

必要性是课题研究的前提条件,然而,即使课题研究价值很高,如果不具有可行性,则会影响课题研究进程和目标的实现。可行性分析主要是指要对影响课题的各种因素进行论证和判断。就主观条件而言,主要是指研究者是不是具备完成相关课题的知识准备、前期基础研究、科研能力,以及时间和精力能否得到保障。就客观条件而言,是否具有满足课题研究需要的图书资料、经费、研究所需的工具,以及合理的研究队伍等。

(九)课题研究成果形式的设定

研究成果包括中期成果或阶段性成果和最终成果。中期成果主要有发表的学术论文、调查报告等。最终成果主要有研究报告、系列论文、专著(教材)、音像资料、软件等。

(十)课题研究队伍的组建

这主要是确定课题研究的主要成员,成立领导小组,明确研究成员职责。课题研究需要一支学历层次、职称结构、专业结构、研究方向合理的队伍。建立课题研究的组织,有助于确保课题研究有序、有效开展,保障研究目标的实现。

三、搜集研究资料

搜集研究资料主要包括文献资料的搜集和其他与课题研究相关的事实资料、数据资料的搜集。资料搜集是研究工作的重要内容,也是后续研究分析,得出结论的关键,所以从一定意义上说,资料是否丰富、新颖直接决定着研究结论的得出和研究目标的达成。

(一)教育文献资料检索的意义

查阅文献资料是职业教育研究过程中一个十分关键的环节。它贯穿整个研究过程,关系到研究过程的进展以及能否取得预期研究成果。因此,研究工作者必须娴熟地掌握文献资料的查阅方法和技巧。

查阅文献资料有助于研究者全面正确地掌握所要研究问题的价值,帮助研究人员选定研究课题和确定研究方向;有助于研究者更好地了解前人在相关领域的研究现状,吸取前人研究的经验、教训，避免重复研究；同时，掌握丰富的资料还有助于研究者扩大学术眼界，提供更多更科学的论据和方法，从而得出科学的结论。

（二）教育文献资料检索的途径和方法

一般来说，在从事某一课题研究、准备搜集有关资料前，首先必须用心精读一两本有关该课题的有价值的论著，这样，易于驾驭其他资料。

查阅文献资料的途径多种多样。如通过书刊等查阅文献资料。一般可先查阅图书目录、期刊的论文索引、专业文摘、专集资料以及总结材料。结合研究课题，依据上述线索便可较为顺利地查到所需资料。具体而言，教育文献资料检索的方法包括：

顺查法：以课题研究发生的时间为起点，按照事件发展的时序，由远及近地查找有关文献的方法。

逆查法：以课题目前研究的时间为起点，按照由近及远的顺序查找有关文献的方法。这种方法多用于新文献的搜集。

引文查找法：又称为跟踪法、追溯法，是指以现有的与研究课题有关的文献资料为依据，以其中的"引用""附录""参考文献"等为线索查找所需的文献的方法。

综合查找法：综合运用各种查找方法，借助各种类型的检索工具，准确、全面、迅速地查找有关文献的方法。

（三）教育文献资料检索的内容

在检索有关文献时，研究者应该注意搜集如下与研究相关的重要内容：①与当前研究课题相关的课题研究报告；②相关课题研究方案的设计；③研究总体的确定及取样方法；④研究中涉及的变量以及对可能影响研究结果的无关变量和干扰变量的控制和排除；⑤进一步研究的建议。

需要指出的是，互联网越来越发达，因此，研究者要学会充分利用现代技术手段查阅查找资料。通过网络查阅资料既方便快捷，且内容丰富，信息及时。

（四）教育文献资料检索的要求

搜集文献资料时应注意以下问题：要对拟搜集资料的来源和形成时间加以限制；要尽可能搜集第一手资料；要注意同时搜集与自己观点相同或相悖的观点，不先入为主；要注意所搜集资料的时效性；资料收集应尽可能全面等。

四、资料的整理与分析

研究人员对于在研究过程中所搜集到的各种资料必须加工整理后才能进行分析并供写作时应用。资料的整理就是对有价值的信息进行自觉加工与管理。通过整理，使资料系统化、条理化和有序化；保证资料的完整性和充分性；获取有价值的信息，得出科学的结论；提高研究成效。

(一) 资料的分类

所谓资料的分类,是指运用比较的方法鉴别出众多资料的异同点,从而将所搜集到的资料分成具有一定从属关系的不同等级层次的系统。简单地说,就是区分出资料的归属、顺序以及主次等。在分类时应注意每一次分类都必须根据同一类标准进行,避免混淆;同时还要注意分类必须按照一定的层次逐渐进行,避免出现越级划分等逻辑错误。

(二) 资料的整理

研究者所搜集的资料多而杂,作用大小不一,因此,有必要对资料进行加工整理,以便选用。资料整理一般包括以下几个环节:

1. 资料的审核

资料的审核就是对搜集到的资料进行检查,去除无效信息,保留与研究相关的信息,补充不足的信息,主要包括:一是检查资料的完整性,包括检查资料整体的完整性和每份资料的完整性;二是检查资料的合格性,包括提供或反映资料的人是否符合所规定的研究对象的条件,所提供的资料是否符合研究目的;三是检查资料的准确性,主要包括资料的来源是否正确,搜集资料的方法是否科学,资料内容是否以偏概全或有人为夸大或缩小的现象等。

2. 资料的筛选

资料筛选就是对正确、可靠、有价值的资料予以保留,错误的、不适用的或作用较小的、重复的资料则淘汰。

3. 资料的汇总

资料汇总即将搜集来的经过初步整理的分散的资料,按类分别汇总。在汇总过程中,可以按一定规律将分类后的材料排序编目,以便于撰写论文或研究报告。

(三) 资料的分析

资料的分析是职业教育研究过程中最为重要的步骤之一,它直接决定着研究成果的质量。资料分析包括定性分析法和定量分析法两种,大多数研究中都是将两类方法结合使用。

1. 定性分析法

定性分析法即运用科学的抽象、逻辑思维等方法,确定研究对象是否具有某种性质或确定引起某一现象产生或变化的原因、过程等。它是通过对事实材料的分析和综合、归纳和演绎、抽象和概括而进行的。

定性分析法的优点是,有利于从整体上把握教育活动,有利于对教育现象作全面深刻的认识。其局限性是对研究者要求高;分析过程以及得出结论时往往具有较强的主观性,容易受先入为主、思维定势、研究者个人情感等因素的影响。

2. 定量分析法

定量分析法即对通过观察、调查和实验等途径获得的数据资料和事实材料,采用一定的数学方法进行统计处理,以揭示所研究事物之间的数量关系,进而确定事物的本质及发展规律,得出科学的结论。

定量分析法包括:绝对数分析法和相对数分析法、平均数分析法、表格法、图示法等。

在职业教育科研中如能综合运用定性分析法和定量分析法,则所撰写的研究论文或报告往往更具说服力,更有助于得出科学的结论。

五、撰写教育研究成果

研究者的研究成果最终要以学术论文或研究报告的形式表达出来。学术论文和研究报告在原则要求上大体相同,但在内容和表现形式及具体的撰写格式和要求上有区别。

(一)职业教育学术论文的撰写

职业教育学术论文是指对职业教育领域问题进行研究,并表述其研究成果的文章。相对于研究报告而言,论文比较简洁精练,突出阐述具有创造性的内容,一般不包括研究过程的叙述。

学术论文的最主要特点是学术性(理论性)和创造性。学术性是反映论文水平高低的标准;创造性(创新性)则是反映论文价值大小的标准。创造性可以是对他人理论、思想的扩展和深化,也可以是将他人的理论、思想运用于新的领域,或者是对旧的问题用新的视角、站在新的高度进行新探索。

1. 学术论文的基本结构及撰写要求

学术论文虽没有固定的格式或程序,但有基本的结构和写作要求,一般认为职业教育学术论文主要由以下几个部分组成:

题目——题名,即文章的题目、标题、文题。题名是以最恰当、最简明的词语反映论文中最重要的特定内容的逻辑组合。拟定的题目要以准确、贴切、醒目、概念清楚、观点鲜明的语言,恰如其分地表达学术论文的特定内容。题目要一目了然,使读者一读到题名,就能初步了解论文的主题和中心内容。另外,题目要精练。

摘要——论文一般应有摘要,以便于读者迅速了解全文大意。摘要应具有独立性和包含性,即不阅读论文全文,就能获得必要信息。摘要的总要求是简短、精练、完整、忠于原文。

引言——主要是扼要地阐述课题提出的背景、意义和研究运用的方法、手段,以及本成果的理论意义和现实意义。引言要言简意赅,不要与摘要雷同。

正文——这是论文的主体部分。即对于研究的内容进行较系统的阐述和论证。写作时可根据论文的长短,或一气呵成,或冠以大小标题,或使用不同的序号加以显示。

注释或参考文献——即对研究中所引用的前人研究成果或统计数据进行说明,这既是对他人劳动的尊重,也便于读者据此进一步研究有关文章,还能避免一些学术矛盾。引文加注的形式有:夹注、脚注(页注)、尾注。

2. 学术论文的撰写步骤

论文从构思到完成一般要经历以下几个步骤:

确定论文题目——题目是论文的眼睛,因此,要写好论文首先必须确定一个好的题目。

拟定写作提纲——即根据题意,对论文的基本框架和总体布局进行整体设计。提纲一般有简单提纲和详细提纲之分,究竟采用何种提纲则因人因题而异。对于初学写作者,则宜尽可能写详细提纲。

拟定写作提纲,一般应注意:一要提出中心论点,在此基础上安排阐明中心论点的分论点;二要统筹考虑全文的布局结构;三是安排好材料的使用;四是确定论文的大致篇幅。另外,提纲必须具有严密的逻辑性、较强的学术性(理论性)以及表达形式的美观性等。

撰写论文初稿——即按照拟写的提纲组织材料,并运用适当的逻辑推理方式进行论证和相应的语言表达。在撰写过程中应注意:一要紧扣论题展开论证,避免走题;二要说理透彻,有理有据,逻辑严密,层次分明;三要善于对搜集到的各种资料进行定量与定性分析,而后形成自己的观点;四要文辞精练,流畅朴实。

修改定稿——即对已经完成的论文初稿进行全面的整理。修改的内容主要包括:观点表述是否正确,论证过程是否严密,文章结构是否合理,材料的引用是否正确,文句是否规范易懂。

修改方法包括自我修改法和求助法。文章初稿完成后一般不必立即修改,可先搁在一边,过一段时间再进行修改,这样更易发现问题,这种修改法即为冷改法;初稿完成后也可以趁热打铁进行修改,这就是热改法。由于自己写的文章往往难以发现问题,或对内容难以忍痛割爱,所以,有条件时可请他人帮忙修改。

(二) 职业教育研究报告的撰写

研究报告是通过对研究过程和结果的概括和总结,以具体的事实、数据来说明和解释问题的论文。相对于学术论文而言,研究报告需全面反映研究的背景、过程、方法和结论等;有约定俗成的格式和规范,但各种类型的研究报告在写作风格和要求上有一定差别;研究报告语言表述较为质朴,强调通俗易懂;在研究报告中常注重以数量化形式呈现或者解释研究的结果。

1. 研究报告的基本结构及撰写要求

研究报告一般由三大部分组成:

前置部分,包括:题名、署名、序或前言、摘要、关键词、目录。

主体部分,即报告的正文,主要包括:绪论("引言"或"问题提出")、研究对象及方法与过程、研究结果、讨论与分析、结论与建议等。

结尾部分,包括:注释(脚注、夹注、尾注)、参考文献、致谢、附录等。

研究报告各部分都有具体的、与学术论文不同的撰写要求:

绪论(问题的提出)——主要是阐明课题研究的背景;课题研究的理论价值、实践意义;研究工作的简单过程,研究的原则和方法等。

正文的撰写——这是研究报告的主体。正文是研究报告的主体部分,各类研究报告的"个性"主要在这部分中得到充分体现。正文的撰写主要包括以下几个方面:

(1) 研究对象的阐释。主要是对取样过程与结果进行说明以及对研究对象和范围的说明与界定。

(2) 研究方法与过程的叙述。实证性研究报告特别注重对研究过程与方法进行清晰、系统的描述,其目的是使读者能了解研究的整个过程,甚至有可能根据实验报告作出验证性实验的设计。如,在实验报告中,应写清楚研究对象的选择、假设、实验分组的原则、条件的控制、实验材料、测量工具、实验过程与每一个实验所测得的数据及统计处理的方法等。关于实验方法叙述的顺序,可以根据实验进行的先后排列,或按实验报告内容上的逻辑顺序插入方法的叙述。

(3) 论点的阐述。这是研究报告应关注的核心问题。论点阐述必须注意:一是论点表述清晰。二是要依靠科学事实支撑论点。一方面要选好事实,另一方面要恰当地配置事实和数据;要处理好论点与其他观点的关系。三是必须注意论点与论点之间的逻辑联系,处理好本论点与其他观点的关系;四是定量与定性分析结合,并善于借助图表的直观性阐述论点。

研究结论——结论是研究报告全文的最后一部分,所占篇幅虽不多,但它往往是整个研究成果精华的高度概括与集中体现,能起到画龙点睛的作用。结论未必是肯定式的,也可以是否定式或假言式的。

结论的写作要注意以下问题:一是结论要突出重点;二是结论要抓住本质;三是结论表达要高度准确、精练、实事求是、恰如其分;四是结论推导的过程逻辑要严密、论证要充分;五是结论应具有一定的指导意义且适合推广;六要把结论与研究所获得的事实结果区别开来。

建议——主要是根据研究成果,提出有关问题的建设性意见,供领导决策或教育改革时参考;同时还可就课题研究工作提出建议,包括存在的不足,努力的方向,以为后人进一步研究提供参考。

附录或参考资料——附录通常包括调查或实验、观察所用的问卷或量表,以及研究过程中得到的主要原始资料等。

参考资料是每一篇研究报告都需要有的。主要是说明研究过程中所参考的有关文献,引用的统计材料等。

2. 撰写研究报告的注意事项

(1) 要根据课题性质及内容特点,确定研究报告的基本格式。

(2) 根据研究报告工作量及复杂程度,确定撰写人员。撰写报告人员应是课题的主要参加者、核心成员,具有较强的文字表达能力和水平。

(3) 由报告撰写人首先起草研究报告提纲,交课题组会议讨论,经修改商定后再行撰写。报告撰写人最好在动手写作前将思路在一定范围内作一次口头报告,广泛征求意见,使报告写得更为成熟。

(4) 一个研究报告只有一个主题,且在撰写过程中,不能只罗列现象而不作观点分析。

(5) 研究报告应观点鲜明、简明扼要、文风朴实、通俗易懂、用词准确,不得有含糊表述。

(6) 研究报告初稿写好后应经课题组成员进行多次的反复讨论,逐步完善,必要时还需征求课题组以外的专家或实践工作者的意见,然后再进一步修改定稿。

第四节　职业教育常用研究方法

职业教育研究方法有很多种,这里主要介绍四种常用的方法。

一、教育调查法

(一) 什么是教育调查法

所谓教育调查法是指研究者借助于一定的手段和方式,有目的、有计划、有组织地对有关教育事实和现象进行材料的搜集、整理、分析,从而了解教育现状,揭示有关教育现象之间的关系,解决存在的教育问题的方法。

教育调查法的作用主要表现为有助于发现教育实践中存在的问题及产生原因,帮助教育工作者总结和推广先进的教育思想和教育经验,为教育管理和教育决策提供服务。

教育调查法的特点:一是教育调查可在自然状态下进行,而不一定要像实验法那样控制许多因子;二是教育调查不受时空因素等制约;三是可以通过多种途径、多种手段搜集资料,可以对客观的教育现象进行描述和解释。

(二) 教育调查法的类型

1. 访谈调查法

访谈调查法是指调查者通过与被调查者面对面的谈话,从而了解情况、搜集资料的方法。

依据访谈调查的目的性、计划性及控制性,一般将访谈调查分为三种类型:结构型访谈法、半结构型访谈法和非结构型访谈法。

结构型访谈法又称为标准型访谈法。访谈者根据访谈目的,按照事先拟好的访谈提纲,对被访者进行相同的询问。这种访谈法的主要特点是具有明确的目的性、计划性和程序性。

半结构型访谈法又称为半标准型访谈法。这种方法只是将要向被访者询问的有关问题交给访问者,但无一定的问题顺序。这种访谈方法的特点是比较方便、灵活,访谈者可以基于访谈情景、进程等,以及基于访谈内容与被访者进行相对灵活的交流,而且被试易于配合。

非结构型访谈法,又称非标准型访谈法。是指事先不预设问题,也不按固定的问题顺序与被访者交流,而是基于访谈主题与被访者进行自由的交谈。这种访谈法适合于探索性研究,对访谈者的访谈技巧、经验等都有较高要求。人们在访谈前常常是先进行非结构式访谈,然后据此掌握的信息再进行结构式访谈。

运用访谈调查法必须注意：一要事先拟定谈话提纲；二要选择恰当的时间和地点；三要编排好谈话的内容和顺序；四要善于根据谈话提纲激发被调查者谈话的积极性，并能根据谈话的进展情况深入提问；五要善于洞察被访者的心理变化，因势利导；六要掌握提问的技巧；七要注意作好谈话记录。

2. 问卷法

(1) 问卷法的涵义及特点。

问卷法即以书面形式进行调查的一种方法。也即把所要调查的内容事先精心编制成标准统一的问卷，通过对被调查者问卷的回答来搜集有关资料的方法。

问卷法的特点主要是：一是调查过程的标准化。问卷法对所有的被调查者都以同一问卷进行询问，并以统一规定的方式发放与填写问卷。二是调查形式的匿名性。被试不需要填写自己的姓名或其他可能影响调查结果真实性的相关个人信息。三是调查的高效性。可以基于问卷星等形式进行在线调查，因而可以在相对较短的时间内对众多被试进行问卷调查，并得到统计处理结果。四是间接性。使用问卷法多数是调查者不与被调查者直接见面，而由被调查者自己填写问卷。

问卷法具有相对简单、易行；省时、省力、省钱；问卷不受人数限制；真实性强等优点，但也存在一些缺点，主要是难以对被试进行追问；如题目考虑不周，则难以收集到需要的信息；问卷设计要求很高；还要求被试能够积极配合，特别是在线调研过程中，被试配合往往不够密切。

(2) 问卷的设计。

一份完整的问卷一般包括：标题、背景项目（性别、年龄、年级、专业、籍贯等）、指导语、问题和结束语几个部分。

指导语：主要是指导被调查者如何正确、真实地填答问卷，对于提高问卷的有效性和真实性有重大影响。指导语有卷头指导语和卷中指导语之分。指导语总的要求是通俗易懂，简洁明了，没有暗示性。

问题的类型：问题通常包括以下四种类型，在实际进行问卷设计时应根据调查研究的需要、调查内容特点以及被调查者自身的特点选择问题类型。

① 划记式。即在每个问题的后面，列有几个答案，要被调查者在同意的答案上作一记号。这是定案型的问卷格式。这种题型主要包括单选题和多选题等。

② 是否式。把问题的可能答案列出两种极端情况，要求被调查者从中二选一，即"是"与"否"，或者"同意"与"不同意"。

③ 排列式。即在每个问题后面列有许多答案，要被调查者依重要性大小（由高到低或由低到高）评定其等第。这是半定案型的问卷格式。

④ 问答式。即在问卷内列举若干问题，每个问题后面留有空白，以便被调查者回答。这是不定案型的问卷格式。

编制问卷时要注意以下一些问题：根据需要选择适当的问题形式，特别要考虑被试的年龄特征和教育文化程度等；不要出现双重问题，即一个问句中不应包含两个以上的问题；问题要中性，不要出现诱导性、暗示性问题，以提高问卷的效度；问题要明确，不要出现模棱两可或含糊不清的问题；不要出现具有较强学术性的用语；指导语要简洁、明确；问题要适量，以避免被调查者出现厌烦情绪，从而影响问卷有效性和答题质量等。

(3) 问卷的发放与整理。

问卷初步设计好以后，要进行一定范围的试测，根据试测中发现的问题再进一步完善问卷，以提高问卷的质量。

问卷修改完善以后便可以实测，由于问卷发放形式的多样性，所以，尤其要重视对问卷的整理。问卷整理主要是剔除不合格问卷，包括事实资料与态度资料填写不全，理解错误等问卷；合理分类：根据需要进行统计处理；对典型回答进行整理。

(三) 教育调查法的一般步骤

1. 制定调查计划

这主要是根据所研究课题的性质、目的和任务，确定调查对象、时间、地点，选择相应的调查类型和方式。

2. 拟定调查提纲、设计问卷和表格

调查提纲是搜集资料的依据，要根据调查提纲的需要研制调查问卷和调查表格。

3. 搜集整理材料

搜集到的材料可分为叙述性材料和数据材料。研究者要依据材料性质进行不同的整理。

4. 撰写调查报告

对经过整理后的材料进行定性、定量的分析，并尽可能定性定量结合，在此基础上得出研究结论，提出改进意见或整改措施等。

二、教育观察法

(一) 什么是教育观察法

所谓教育观察法，是指在自然状态下，研究者通过感官或借助于仪器设备，对教育现象所进行的有意识、有目的的观察和分析的一种研究方法。

观察法的特点：一是观察的客观性和真实性。研究者是在自然状态下进行观察，对被观察的教育现象不采取任何的人为控制行为；二是观察的目的性和计划性。观察是一种有目的、有计划的过程。研究者的一切观察活动都按事先制定的提纲和程序进行，如观察的时间和内容都要按事先规定进行；三是观察的主观性和能动性。研究者也可根据观察的需要选择或创造一些观察手段或条件。

观察法的优点主要表现为研究者不仅能够在自然状态下进行观察,并且能够根据需要进行长时间的观察;观察法简便、易行;另外,观察结果相对真实。

观察法的缺点主要是观察易受观察者的阅历、经验和自身生理因素以及观察对象条件的限制;并且难以进行重复观察,借助于仪器设备进行的观察缺乏生动性。

(二) 教育观察法的基本步骤

1. 选好观察对象

根据研究课题的需要,选择好观察对象,包括观察对象的数量、层次等。

2. 拟订观察计划

观察计划包括观察的目的、意义,观察的时间、地点,观察的范围、次数,观察的仪器、设备,观察的内容,编制观察表格等。

3. 实施观察

即按照观察计划进行观察。在观察中要注意以下问题:①要选择最佳观察位置,以方便对观察目标和整个场景进行全面、更好的观察;②善于抓住引起现象的原因;③要与观察对象建立良好的关系,特别是在对个案进行观察时要建立起信任关系;④要能够抓住事物的本质。

4. 记录、整理与分析观察资料

观察记录的内容和方式主要包括:

(1) 频率记录。记录被观察者在特定时间内某些行为出现的频率。

(2) 等级记录。按照事先确定的等级的划分和含义记录等级,或者在相应的等级处做记号。

(3) 行为核查记录。事先编制行为核查记录表,把要核查的行为按照一定的类别列出,对观察对象的某些行为是否出现、出现的时间、频率等进行核查后记录。

(4) 现象描述记录。对观察对象的某些特定行为和事件的完整过程进行观察,并用语言进行描绘叙述。

观察资料整理分析的一般步骤:

第一步,检查资料的准确性和完整性;第二步,对原始资料在进一步整理的基础上进行编码、分类;第三步,在整体把握观察事件的基础上,确定分析单位和进一步分析的工具与框架;第四步,借助于确立的概念和分析工具,对原始资料进行量化处理、定性分析和建构理论,或通过分析得出结论。

(三) 教育观察法的基本要求

1. 具有明确的观察目的

研究者必须明确每次观察的内容、观察的重点和观察的方式,特别是要认真选择典型的观察对象、观察的环境条件和观察的工具。

2. 注意观察的客观性

观察必须坚持实事求是的科学态度，不先入为主，不掺杂个人偏见，不被观察过程中的假象所迷惑。

3. 坚持观察的全面性

要对研究对象进行周密系统的观察，既要对事物的整体进行观察，又要观察事物的各个侧面，还要观察事物的变化过程。

4. 观察对象的典型性

要选择不同层次、不同类型的代表性事物进行观察，这样更有利于得出科学的结论，研究成果也才具有更普遍的推广意义。

5. 要与被观察者建立良好的合作关系

主要是建立信任关系，消除被观察者的思想顾虑。

6. 要及时做好观察记录

做观察记录时要做到及时、全面，必要时要利用照片和摄像作记录。

三、教育经验总结法

（一）什么是教育经验总结法

教育经验总结法是指在不受控制的自然状态下，通过各种方式全面搜集反映某种教育实践经验的事实材料，经过分析概括和精心的加工整理，使之上升到理论高度的一种研究方法。教育经验总结法是以实践为认识的源泉，没有实践经验作基础，也就不可能形成教育理论。

总结教育经验一方面有助于广大教育工作者将丰富的实践经验上升到理论的高度，从而不断充实、完善教育理论。职业教育相对于普通教育而言，历史较短，许多方面有待实践的探索与研究，因而，更需要人们在探索过程中不断总结经验，并将之理性化，使之得到更为广泛的借鉴和运用。另一方面有助于提高广大教育工作者科研的自觉性，更加主动地学习教育理论，指导教育实践。再一方面还有助于促进教育行政部门和领导者深入实际，更好地理解贯彻执行党的教育方针，并及时地解决和纠正管理实践中存在的问题或决策的失误。

（二）教育经验总结法的基本步骤

通常将教育经验总结法的步骤作以下划分：

1. 确定研究课题与研究对象

研究者在研究中应选择有意义、有价值的经验进行总结，因此，在选题时要注意经验的典型性、代表性，具有向理论升华的可能性或具有较大的推广意义。在选择好课题的同时，也要十分注意选择好对象。研究对象可以是个人，也可以是集体；可以是一个单位，也可以是一个区域。对于一些重要经验的总结或涉及比较大的教育问题，往往更要注意样本的规模,并通过高、中、低三种类型的比较,取得更完整、更有说服力的经验。

2. 掌握相关资料

这些资料包括:有关发展教育的方针、政策,上级的文件,国内外研究动态,被研究对象的背景资料以及有关文献资料。资料搜集得越广泛,越有利于进行科学、有效的总结,并可避免盲目总结、重复总结等。

3. 制定总结计划

计划是经验总结的基本框架,是研究者必须遵循的行动指南和基本操作程序。

计划包括经验总结的目的、意义、任务和基本要求,研究的组织机构及人员分工,总结过程的实施程序,还包括经验的验证及经费支出等。制定总结计划事先必须有周详的考虑,要考虑到计划执行的可行性。

4. 搜集事实材料

要根据研究任务的需要,搜集与研究有关的各方面材料,尤其要搜集具有典型性的事实或案例,要强调第一手资料的搜集。

5. 分析与综合

首先,是对所搜集到的资料进行归类,而后根据研究的需要进行资料的筛选,核查各类统计数据和事实;还要分析事实本身所隐含的普遍意义和社会效果;在此基础上区分资料的主次,确定有待进一步考察的内容;最后,要通过分析与综合,使经验条理化、系统化,并揭示出具体经验中所包含的规律性的内容。

6. 组织论证

依据所掌握的资料写出经验总结报告初稿或详细提纲后,应组织专家论证。为了使论证取得预期的效果,必须注意做到:

一是将经验总结报告的初稿或详细提纲于会前发给有关论证专家;二是论证会要采取适当的形式,让每位与会人员都有发表真知灼见的机会;三是要充分发扬学术民主,广泛听取正反两方面的意见。对于歧义较大、难以形成统一认识的意见应记录在案,以备进一步研讨;四是要根据专家论证意见及时进行补充、修改,以完善经验总结报告。

7. 撰写经验总结报告

经验总结报告要求做到观点与材料统一,且报告必须布局合理、层次分明、条理清楚、观点鲜明、中心突出、论证严密、有理有据。

(三) 教育经验总结法的基本要求

运用教育经验总结法一般应遵循以下基本要求:

(1) 总结对象要有代表性,具有典型意义。只有具有代表性的经验才具有总结的现实意义,才能起到示范、推广的作用。

(2) 要注意掌握实证资料。即要多搜集事实材料、统计数据、典型案例等。

(3) 要注意考察的全面性。既要对事物进行整体考察,又要注意对局部现象的研究,还要考察与之相关的事物,以揭示事物内外部存在的规律性的关系。

(4) 要善于区分现象与本质,并透过现象揭示事物的本质。

(5) 要善于进行理论的创新。即对经验的总结不是就事论事,而要通过对现象的分析、规律的揭示,提出有学术价值的理论,或对实践有指导意义的理论。

四、个案研究法

(一) 什么是个案研究法

个案研究是以一个典型的事例或人物为具体研究对象,通过对其进行全面系统深入的考察研究,了解其发生发展的特点和规律,在此基础上提出积极的教育措施或解决问题的方案,并为解决其他问题提供经验或者参考。

个案研究法可以依据研究对象、研究内容与目的进行分类,这里将其分为两类:

第一类是以个体为对象进行的个案研究。就是通过对个案的观察、调查等研究,从而认识个案的现状或发展变化的进程和规律,这就是通常所说的"解剖麻雀"法。

第二类是以对个案的研究为基础,尝试性地提出一些积极的教育措施,以促进个案的发展,并由此探求所采取的措施与发展之间存在的因果关系的研究。这类研究是在"解剖麻雀"的基础上探索出可以用于推广应用的一般经验,这种个案研究类似于通常所说的教育改革"试点"。

个案可以是一个具体的个体,如一名学生、一名教师;也可以是群体,如,一所学校、一个社区或一个社会团体。

(二) 个案研究法的特点

(1) 个案研究简便易行。个案研究主要是基于一个或若干个典型进行研究,所以,一方面,研究样本选择比较容易;另一方面,个案研究主要是在自然状态下进行观察、调查,并不需要进行特别的控制或者处理,不影响正常的教育活动;而且,个案研究工作量也不大,可以收到事半功倍之效。

(2) 个案研究分析深刻。通过对个案的研究,不仅能够发现所存在的问题,或者成功的经验,而且可以从根源上进行分析研究,从而找到问题产生的原因,或者总结事物发展的规律,并由此提出对教育实践具有指导意义的建议,因此,个案研究具有深刻性的特点。

(3) 个案研究着重于典型案例的研究。个案研究是要了解和掌握某一具体的、典型教育现象的特征,因此,具有个别性和典型性的特点。也就是说,个案研究更多地用于对教育中典型的个体或群体进行的研究。如对职业学校学困生群体学习障碍的研究,对特级教师成长规律的研究等。

(三) 个案研究法的操作步骤

1. 确定对象

作为个案研究的对象应该具有典型性，能够通过对个案的深入分析，发现典型问题或者总结典型经验，并能由此提出对实践具有指导意义的教育建议。所以，作为个案必须具有某些方面的典型特征，相关测量指标应该与众不同。个案对象的选择直接影响到研究的进程以及研究结论和建议的指导性。

2. 个案现状评定

个案评定要全面，一方面，对个案的总体情况，尤其是个案研究对象的基本情况有全面的了解，并且做出客观的评定。因为作为一个典型案例，其突出问题的产生或者典型经验的形成，与个案中所涉及的研究对象所处的现状存在一定的关联性。另一方面，在有些个案研究中，还需要对个案中研究对象的某些方面进行专门的测量与评定。如对问题学生心理发展水平及可能存在的心理问题的测量与判断，以便对研究对象某些方面的发展有正确的认识和评判，这也可以为对个案的深入分析奠定基础。

3. 个案资料的搜集

个案研究的重要基础是能够对个案发展历史有清晰的把握。对个案历史资料的搜集与分析，主要是从个案历史资料中发现个案在某些方面发展演化的脉络，探寻其形成、发展的标志性事件。因此，在研究中全面、客观地搜集有关个案的一切材料是一项十分重要的基础工作。例如，研究某教学名师的成长经验和规律时，就需要搜集该名师入职前后的相关材料。这些内容包括：该教师入职前的学习经历、职业理想，入职后的教学、科研、继续教育以及对其成长发展有影响的重要的人和事。搜集这些材料可以通过对其所在单位的领导、老师、学生进行了解，也可以根据其获得的荣誉等进行分析和评价。

4. 个案诊断与分析

个案研究的关键是善于对所搜集到的个案以及对其发展变化有影响的资料进行深度分析。也就是在对所搜集的有关个案发展变化的历史资料与现实发展状态的资料进行比较分析的基础上，一方面，能够厘清和确定个案发展变化的脉络，包括发展的阶段、每个阶段的典型特征、标志性事件；另一方面，能够基于所搜集到的资料对影响个案发展的因素进行分析、概括，找到影响个案发展的关键因素，包括个案问题产生的原因，或表现优秀的因素，在此基础上，发现个案发展变化的规律，或总结出成长的典型经验等。

5. 个案发展指导

个案发展指导就是在诊断、分析的基础上，针对个案存在的问题提出具体的、具有可操作性的解决问题或者改善现状的方案。方案中所涉及的措施包括如何从个体内部改变的策略，以及如何从个案发展环境改变两大方面着手。对于反映正面经验的个案，则主要是考虑如何将这些成功的经验进一步提炼，并提升到理论的高度，使得这些典型个案的经验得以推广应用。教育活动具有周期长和效果显现滞后的特点,因此,要能比较全面准确地判断某种教育措施的有效性,还需要对个案进行跟踪研究,以进一步完善指导措施。

6. 撰写个案研究报告

研究者通过对个案的深入分析研究,逐步地形成自己的思想观点,并具有初步的理性认知。为完整地反映对个案的研究成果,并对其他相关问题或教育情境具有指导意义,因此,有必要将此研究成果写成研究报告。

五、教育行动研究法

(一) 什么是教育行动研究法

所谓教育行动研究法,是指由教育工作者和研究者共同参与,在实际教育工作中研究,使研究成果为教育工作者理解、掌握和应用,从而解决教育实际问题的研究方法。行动研究是一种融教育理论、教育实践于一体的教育研究方法。

(二) 教育行动研究法的类型和适用范围

1. 教育行动研究法的类型

教育行动研究法的类型大体上有两种:一是独立进行的行动研究,二是联合进行的行动研究。教育行动研究可分为三个层次:独立性的行动研究、协作性的行动研究、学校范围内的联合行动研究。

2. 教育行动研究法的适用范围

主要是适用于教育实际问题研究以及中小规模的研究。

(三) 教育行动研究法的特征

(1) 以解决问题,改进教育实践为目的。研究的目的不是构建系统的学术理论,而是解决实践工作者在所处的情境中遇到的问题。

(2) 研究与行动相结合。行动研究过程是研究进行的过程,也是通过行动解决问题的过程。

(3) 以"共同合作"的方式进行。行动研究以相互参与和共同研究的方式在研究者与教师之间架起了桥梁,使之共同合作,扬长避短。

(4) 行动研究的主体是实际工作者。行动研究的主体是实际工作者,而不是外来的专家学者。专家对实际工作者的实践和研究主要起主导作用。

(5) 行动研究是一个不断展开的螺旋过程。从行动研究的框架中可见第一个循环结束之后,进入第二个循环,从而使行动研究的整个过程构成一个不断上升的螺旋过程。

(四) 教育行动研究法的操作步骤

行动研究法自产生以来,人们除了公认行动研究法是一种扩展的螺旋式结构外,对于实施的具体步骤提出了各自不同的看法,这里介绍"四环节教育行动研究"模式。

四环节(四阶段)模式包括计划、行动、考察、反思四个循环阶段。

"计划"是行动研究的第一个环节。计划应以所发现的大量事实和调查研究为前提。它始于解决问题的需要和设想。设想是行动研究者（行动者和研究者）对问题的认识，以及他们掌握的有助于解决问题的知识、理论、方法、技术和各种条件的综合；设想还包含了行动研究的计划。计划包括总体计划和每一个具体行动步骤的设计方案，特别重视计划中的第一、二步行动。

"行动"即实施行动计划。行动计划的执行和实施具有灵活性。随着研究者对问题认识的逐渐明确，以及行动过程中各种信息及时的反馈，不断吸取参与者的评价和建议，对已制定的计划可在实施中修改和调整。行动可以基于研究不断进行动态调整。

"考察"是第三个环节。考察内容有：一是行动的背景因素以及影响行动的因素；二是行动的过程，包括什么人以什么方式参与了计划实施、使用了什么材料、安排了什么活动、有无意外的变化、如何排除干扰；三是行动的结果，包括预期的与非预期的、积极和消极的行动结果。

在考察阶段，要注意搜集三方面的资料：背景资料——分析计划设想有效的基础材料。过程资料——判断行动效果是不是由方案带来和怎样带来的考察依据。结果资料——分析方案带来了什么样的效果的直接依据。考察要灵活运用各种观察技术以及数据、资料的采集和分析技术，充分利用录像、录音等现代化手段。

"反思"是第四个环节。反思既是行动研究第一个循环周期的结束，又是过渡到另一个循环周期的中介。这一环节包括：整理描述，评价解释，写出研究报告。

思考题

1. 教育研究对于教师的专业化发展有何意义？
2. 试述选题的意义及应遵循的基本原则。
3. 撰写教育学术论文和研究报告应注意哪些问题？
4. 试设计一个教育观察方案。
5. 怎样理解和运用教育行动研究法？

相关链接

教育部关于加强新时代教育科学研究工作的意见（节选）

教政法〔2019〕16号

一、总体要求

（一）指导思想

以习近平新时代中国特色社会主义思想为指导，深入贯彻党的十九大精神，全面落实全国教育大会精神,树牢"四个意识",坚定"四个自信",做到"两个维护",围绕中心,服务大局,坚持改革创新,推动建设具有中国特色、世界水平的教育科学理论体系,不断提升教育科研质量和服务水平,为加快推进教育现代化、建设教育强国、办好人民满意的教育提供有力的智力支持和知识贡献。

(二) 基本原则

——坚持正确方向。坚持党对教育科研工作的全面领导,坚持马克思主义指导地位,坚持以人民为中心,牢牢把握意识形态的领导权和主导权。

——服务实践需求。立足中国大地,面向基层一线,坚持问题导向,突出教育科研的实践性,以重大教育战略问题和教育教学实践问题为主攻方向,支撑引领教育改革发展。

——激发创新活力。深化科研组织形式和运行机制改革,推进研究范式、方法创新,推动跨学科交叉融合,完善教育科研考核和人才评价制度,充分调动教育科研工作者的积极性、主动性、创造性。

——弘扬优良学风。坚持实事求是、理论联系实际,发扬科学家精神,推动形成求真务实、守正创新、严谨治学、担当作为的优良学风,营造风清气正、民主和谐、互学互鉴、积极向上的学术生态。

(三) 发展目标

按照国家教育现代化总体部署,构建更加健全的中国特色教育科研体系,力争用5年左右的时间,重点打造一批新型教育智库和高水平教育教学研究机构,建设一支高素质创新型科研队伍,催生一批优秀教育科研成果。教育科研体制机制更加完善,科研机构和科研人员更有活力,组织形式和研究方法更加科学,科研成果评价更加合理,原创研究能力显著增强,社会贡献度大幅提升,推进建设教育科研强国。

二、提高教育科研工作质量和服务水平

(四) 丰富完善中国特色社会主义教育理论体系

(五) 全面提高服务决策能力

瞄准国家重大战略和区域发展需求,把握国际教育竞争、人口结构变化、科技创新、社会变革等大形势大趋势,强化预研预判,加强基础性、前瞻性、针对性、储备性教育政策研究,创新决策咨询服务方式,发挥大数据分析、决策模拟等在政策研制中的作用,注重监测评估中的成效追踪与问题预警,切实提高教育决策科学化水平,不断增强教育服务党和国家事业发展的能力。注重教育立法研究,推动教育法治建设。

(六) 推动解决教育实践问题

围绕中央关心、社会关注、人民关切的教育热点难点问题开展深入研究,推动重点领域和关键环节取得新突破。加强调查研究,深入教育实践一线,掌握第一手资料,寻求破解教育难题的有效策略和办法。充分发挥地方和学校在教育科研中的实践主体作用,鼓励结合实际开展教育改革实验。鼓励支持中小学教师增强科研意识,积极参与教育教学研究活动,

不断深化对教育教学改革的规律性认识,探索适应新时代要求的教书育人有效方式和途径,推进素质教育发展。深入开展服务全民的终身学习体系和学习型社会建设研究。

  (七)充分发挥专业引领作用

  (八)着力提升国际影响力

  (九)加强科研成果转化

三、推进教育科研体制机制创新

  (十)健全教育科研机构体系

  (十一)完善协同创新机制

  (十二)提升治理水平

  (十三)创新科研范式和方法

  适应教育改革发展和学科建设需要,坚持吸收借鉴和创新相结合,综合运用各种研究方法,创新教育科研范式,不断提升教育科研质量。加强理论研究,坚持马克思主义基本原理和方法,注重学理逻辑和理论思辨,探索教育本质和规律。加强实证研究,坚持以事实和证据为依据,对重大问题持续跟踪,注重长期性、系统性研究。加强比较研究,深入挖掘中国优秀教育传统和经验,注重借鉴国外教育研究范式、方法,积极吸纳国际教育研究的前沿进展和优秀成果。加强跨学科研究,促进教育科学和自然科学交叉融合,充分运用认知科学、脑科学、生命科学等领域最新成果和研究方法,综合运用人工智能等新技术开展教育研究,深入探讨人工智能快速发展条件下教育发展创新的思路和举措,不断拓展教育科研的广度和深度。

  (十四)改革教育科研评价

四、建设高素质创新型科研队伍

  (十五)高度重视教育科研队伍建设

  (十六)切实增强教育科研人员的使命担当

  (十七)促进教育科研人员专业发展

五、提高教育科研工作保障水平

  (十八)加强党对教育科研工作的全面领导

  (十九)加大教育科研经费支持力度

  (二十)加强对教育科研工作的政策保障

主要参考文献

[1] 曹晔.我国职业教育的主要贡献[J].职教论坛,2013(04):4—8.

[2] 陈春霞.2030年,还需要职业学校吗?[N].中国教育报,2016-01-12(005).

[3] 陈慧梅,谢莉花.美国标准职业分类的新发展及其启示[J].当代职业教育,2019(02):95—101.

[4] 陈敬朴.教育的功能、目标及其特性[J].教育研究,1990(10):8—11.

[5] 陈兴东.试论职业教育就业功能和发展功能的平衡[J].职教论坛,2004(13):18—21.

[6] 陈兴林.中国史纲[M].北京:人民教育出版社,2001.

[7] 陈拥贤.对科学确立现代职业教育培养目标的探讨[J].河南职技师院学报(职业教育版),2003(3):5—8.

[8] 陈永明.现代教师论[M].上海:上海教育出版社,1999.

[9] 陈幼德.德国职业教育教师资格及其培养模式的启迪[J].教育发展研究,2000(02):80—83.

[10] 丛立新.课程论问题[M].北京:教育科学出版社,2000.

[11] 邓泽民,赵沛.职业教育教学设计[M].北京:中国铁道出版社,2006.

[12] 邓志革.高等职业教育人才培养目标及规格探析[J].教育与职业,2006(03):11—13.

[13] 丁忠毅,林栋.当前中国非政府组织的作用及影响因素[J].成都大学学报(社会科学版),2008(04):10—12.

[14] 董仁忠.制约中职校本课程开发的因素及对策[J].中国职业技术教育,2004(28):49—50.

[15] 冯增俊.教育现代化与面向21世纪的高等职业技术教育[J].嘉应大学学报(社会科学),1996(03):63—69.

[16] 付菊,孙弼.国外职业教育发展趋势及启示[J].河南职业技术师范学院学报(职业教育版),2004(05):51—54.

[17] 高德步,王珏.世界经济史[M].北京:中国人民大学出版社,2001.

[18] 国家教委职业技术教育中心研究所.职业技术教育原理[M].北京:经济科学出版社,1998.

[19] 国家教委职业教育司.中国职业技术教育简史[M].北京:北京师范大学出版社,1994.

[20] 何文明.构建现代职业技术教育体系的思考[J].职教论坛,2010(13):9—12.

［21］贺文瑾. 职教教师教育的反思与建构［D］. 上海：华东师范大学，2007.

［22］贺文瑾. 中等职业技术学校学生心理问题分析［J］. 教育与职业，2003（24）：29—32.

［23］胡斌武. 职业教育学［M］. 北京：高等教育出版社，2015.

［24］怀特（White John）. 再论教育目的［M］. 李永宏，等，译. 北京：教育科学出版社，1992.

［25］宦平. 论新时期我国职业教育培养目标的界定与实现［J］. 现代技能开发，2003（01）：12—16.

［26］黄甫全. 现代课程与教学论学程［M］. 北京：人民教育出版社，2006.

［27］黄克孝. 职业和技术教育课程概论［M］. 上海：华东师范大学出版社，2001.

［28］黄龙威. 职业教育协调发展散论［J］. 职业技术教育，2005，26（22）：5—9.

［29］黄尧，刘京辉. 国际职业教育发展趋势——第二届国际技术与职业教育大会综述［J］. 中国职业技术教育，1999（07）：12—15.

［30］黄育云. 职业技术教育在中国［M］. 成都：电子科技大学出版社，2004.

［31］纪芝信. 职业技术教育学［M］. 福州：福建教育出版社，1995.

［32］姜大源. 职业教育学研究新论［M］. 北京：教育科学出版社，2007.

［33］姜大源. 职业学校专业设置的理论、策略与方法［M］. 北京：高等教育出版社，2002.

［34］教育大辞典编纂委员会. 教育大辞典（第1卷）：教育学、课程和各科教学、中小学校［M］. 上海：上海教育出版社，1990.

［35］雷正光. 现代职教培养目标定位研究［J］. 职教论坛，2003（09）：7—10.

［36］李飞龙. 现代企业班组长［M］. 北京：中国劳动社会保障出版社，2006.

［37］李黄珍，强音.《中华人民共和国职业分类大典（2015年版）》新在哪？［J］. 职业，2015（34）：12—13.

［38］李蔺田. 中国职业技术教育史［M］. 北京：高等教育出版社，1994.

［39］李庆祝. 职业学校校长培训模块集粹［M］. 北京：中国劳动社会保障出版社，2005.

［40］李维. 社会心理学新发展［M］. 上海：上海教育出版社，2006.

［41］李向东，卢双盈. 职业教育学新编［M］. 北京：高等教育出版社，2005.

［42］李铮，姚本先. 心理学新论［M］. 北京：高等教育出版社，2001.

［43］李智舜. 中华经济五千年［M］. 呼和浩特：内蒙古人民出版社，2002.

［44］李子云，童寒川."1+X"证书的职业教育课程模式研究［J］. 成人教育，2020，40（11）：70—75.

［45］练琪. 我国高等职业教育培养目标定位与办学导向［J］. 中山大学学报论丛，2005（06）：447—449.

［46］林崇德. 品德发展心理学［M］. 上海：上海教育出版社，1989.

［47］刘春生，马振华. 发达国家职业教育发展趋势述略［J］. 职教论坛. 2003（21）：62—66.

［48］刘春生，徐长发. 职业教育学［M］. 北京：教育科学出版社，2002.

［49］刘春生.职业教育课程改革目标取向研究［J］.职业技能培训教学(北京),1999(2).

［50］刘德恩,等.职业教育心理学［M］.上海：华东师范大学出版社,2001.

［51］刘合群.职业教育学［M］.广州：广东高等教育出版社,2004.

［52］刘建湘.略论职业教育功能问题［J］.教育与职业,2005(18):10—11.

［53］刘文杰.新中国成立70年我国职业教育发展回顾与前瞻［J］.内蒙古社会科学(汉文版),2019,40(02):192—197.

［54］吕建国,孟慧.职业心理学［M］.大连：东北财经大学出版社,2000.

［55］吕育康.职业教育新论［M］.北京：经济科学出版社,2001.

［56］马建富,陈春霞,吕莉敏.乡村振兴与农村职业教育变革［M］.北京：知识产权出版社,2020.

［57］马建富,宦平.职业教育开发农村人力资源的经济探讨［J］.职业教育论坛,2004(9).

［58］马建富.我国职业教育体系存在问题及其构建的思考［J］.职业技术教育,2012,33(28):13—18.

［59］马建富.现代职业教育体系构建的制度配置与政策创新［J］.河北师范大学学报(教育科学版),2012,14(07):68—72.

［60］马建富.职业教育学［M］.上海：立信会计出版社,2002.

［61］马庆发.当代职业教育新论［M］.上海：上海教育出版社,2002.

［62］马树超,范唯,郭扬.构建现代职业教育体系的若干政策思考［J］.教育发展研究,2011,31(21):1—6.

［63］马欣悦,石伟平.现阶段我国中等职业教育招生"滑坡"现象的审视与干预［J］.中国教育学刊,2020(11):66—71.

［64］孟凡华.鲁昕:关键是"衔接"关于促进中等和高等职业教育协调发展座谈会的报告［J］.职业技术教育,2011,32(18):48—50.

［65］孟广平.当代中国职业技术教育［M］.北京：高等教育出版社,1993.

［66］苗静.台湾地区技职教育体系研究［D］.石家庄：河北师范大学,2009.

［67］牛金成.德国学校职业教育体系及其特点［J］.职业技术教育,2018,39(31):66—72.

［68］欧阳河.职业教育基本问题初探［J］.中国职业技术教育,2005(12):19—26.

［69］欧阳育良,戴春桃.论我国现代职业教育体系的构建［J］.职业技术教育,2004,25(01):56—59.

［70］裴娣娜.教育科学研究方法导论［M］.合肥：安徽教育出版社,1994.

［71］齐学红,马建富.职业学校班主任［M］.南京：南京师范大学出版社,2007.

［72］钱焕琦.教师职业道德［M］.上海：华东师范大学出版社,2020.

［73］钱民辉.职业教育与社会发展研究［M］.哈尔滨：黑龙江教育出版社,1999.

［74］秦亚先.黄炎培职业教育思想及其现实意义［J］.绍兴文理学院学报,2006(01):

69—71.

[75] 邵永良,等.现代教育科研方法与应用[M].宁波:宁波出版社,1998.

[76] 申家龙.职业岗位分类与高等职业技术教育的培养目标[J].机械职业教育,2004(03):3—5.

[77] 沈勤.面向高技术发展的技术教育课程改革[J].华东师范大学学报(教育科学版),1995(04):79—88.

[78] 石伟平,徐国庆.职业教育课程开发技术[M].上海:上海教育出版社,2006.

[79] 石伟平.比较职业技术教育[M].上海:华东师范大学出版社,2001.

[80] 孙琳.职业教育的发展空间分析——兼论职业教育功能的转变与适应[J].职业技术教育,2002,23(07):5—9.

[81] 孙培青.中国教育史[M].上海:华东师范大学出版社,2000.

[82] 汤生玲,曹晔.职业教育若干问题的理论与实践研究[M].长春:吉林科学技术出版社,2003.

[83] 田奔.对职业技术教育称谓的评价[J].宁波大学学报(教育科学版),2005(1).

[84] 万松柏.适应经济社会发展需要 调整职业教育培养目标[J].武汉市教育科学研究院学报,2006(02):16—18.

[85] 王岚.高等职业教育的功能及其实现[J].职教通讯,2002(02):22—24.

[86] 王荣发.职业发展导论[M].上海:华东理工大学出版社,2004.

[87] 王育培.大众化背景下中高等职业教育衔接的问题研究[J].厦门教育学院学报,2009,11(04):30—34.

[88] 闻友信,杨金梅.职业教育史[M].海口:海南出版社,2000.

[89] 吴刚平.校本课程开发[M].成都:四川教育出版社,2002.

[90] 吴康宁.教育社会学[M].北京:人民教育出版社,1998.

[91] 吴钦景,董寅双.产教融合 打造新时代高质量协同育人新引擎[N].联合日报,2021-02-03(016).

[92] 吴式颖.外国教育史教程[M].北京:人民教育出版社,1999.

[93] 吴雪萍.国际职业技术教育研究[M].杭州:浙江大学出版社,2004.

[94] 席东梅.职业资格制度、就业准入制度对职业技术教育的影响[J].中国职业技术教育,2004(01):7—9.

[95] 夏子贵,罗洪铁.专业变革[M].成都:四川教育出版社,1996.

[96] 现代课程与教学论学程[M].北京:人民教育出版社,2006.

[97] 徐国庆.实践导向职业教育课程研究:技术学范式[M].上海:上海教育出版社,2005.

[98] 徐涵,高鸿.中外职业教育体系比较研究[M].沈阳:东北大学出版社,2005.

[99] 徐志鹏.国外职业教育体系及对我国的启示[J].中国电力教育,2011(19):7—8.

[100] 阎永胜.日本职业教育发展模式的启示[J].辽宁高职学报,2008(09):10—12.

[101] 杨葆焜,范先佐.教育经济学新论[M].南京:江苏教育出版社,1995.

[102] 杨金梅,常运英,杨艳.高等院校职业指导的理论探讨[J].天津工程师范学院学报,2007(01):62—66.

[103] 杨金土.90年代教育改革大潮丛书(职业教育卷)[M].北京:北京师范大学出版社,2002.

[104] 杨智,杨定玉,陈亦桥.城乡融合视域下易地扶贫搬迁移民社区教育发展探究[J].现代远程教育研究,2021,33(01):56—64+86.

[105] 叶澜.叶澜:一堂好课的标准[J].考试(理论实践),2014(12):15.

[106] 尹伟民,张跃东,张赟.江苏现代职业教育体系建设的策略与成效[J].中国职业技术教育,2015(10):82—86.

[107] 于光照."中等职业教育"培养目标定位及教学实施的研究[D].石家庄:河北师范大学,2005.

[108] 张华.课程与教学论[M].上海:上海教育出版社,2000.

[109] 张家祥,钱景舫.职业技术教育学[M].上海:华东师范大学出版社,2001.

[110] 张兆诚,曹晔.新中国成立70年来我国中等职业教育发展历程与成就[J].职教通讯,2019(23):16—22.

[111] 赵昌木.论教师成长[J].高等师范教育研究,2002(03):11—15.

[112] 赵志群.职业教育与培训学习新概念[M].北京:科学出版社,2003.

[113] 中华人民共和国教育部.中等职业学校专业目录[M].北京:高等教育出版社,2000.

[114] 钟启泉.课程与教学概论[M].上海:华东师范大学出版社,2004.

[115] 周明星,等.职业教育学通论[M].天津:天津人民出版社,2002.

[116] 周念云.高等职业教育人才培养目标体系研究[D].桂林:广西师范大学,2006.

[117] 周蕖.中外职业技术教育比较[M].北京:人民教育出版社,1989.

[118] 周永龄.发达国家职业教育发展趋势及我们如何应对[J].当代教育论坛,2003(11):114—116.

[119] 周正.从巴洛夫到福斯特——世界职业教育主导思想转向及启示[J].湖南师范大学教育科学学报,2006(01):84—89.

[120] 朱启臻.职业指导理论与方法[M].北京:人民教育出版社,1996.

[121] 朱新生.中等职业学校专业设置研究[M].苏州:苏州大学出版社,2001.

[122] 庄西真.职业学校的学与教[M].北京:知识产权出版社,2015.

[123] 《职业道德与就业创业指导》编写组.职业道德与就业创业指导[M].苏州:苏州大学出版社,2001.